Bülow/Artz

Handelsrecht

Peter Bülow/Markus Artz

Handelsrecht

7., neu bearbeitete Auflage

CFM
C.F. Müller

Peter Bülow, Dr. iur. (Frankfurt am Main), Dr. h.c. (Miskolc, Ungarn), lehrt Bürgerliches Recht, Handelsrecht, deutsches und europäisches Wirtschaftsrecht mit Steuerrecht, außerdem Zivilverfahrensrecht an der Universität Trier. Bis zu seiner Habilitation an der Universität Saarbrücken bei Dietrich Schultz und anschließender Berufung nach Trier sowie zahlreichen weiteren Rufen war er selbstständiger Rechtsanwalt bei dem Oberlandesgericht Frankfurt.

peterbuelow@t-online.de

Markus Artz ist seit 2009 Inhaber des Lehrstuhls für Bürgerliches Recht, Europäisches Privatrecht, Handels- und Wirtschaftsrecht sowie Rechtsvergleichung an der Universität Bielefeld. Dort verantwortet er im Schwerpunktbereich 3 die Veranstaltungen zum Vertriebsrecht. Weitere Forschungsschwerpunkte von Markus Artz liegen im Europäischen Privatrecht, insbesondere dem Verbraucherprivat- und AGB-Recht, im Recht des Unlauteren Wettbewerbs und im Mietrecht. Bis zu seiner Berufung nach Bielefeld war er als Assistent von Peter Bülow in Trier tätig.

Bibliografische Information der Deutschen Nationalbibliothek

Die Deutsche Nationalbibliothek verzeichnet diese Publikation in der Deutschen Nationalbibliografie; detaillierte bibliografische Daten sind im Internet über <http://dnb.d-nb.de> abrufbar.

ISBN 978-3-8114-9663-7

E-Mail: kundenservice@cfmueller.de

Telefon: +49 89 2183 7923
Telefax: +49 89 2183 7620

www.cfmueller.de
www.cfmueller-campus.de

Satz: Gottemeyer, Rot
Druck: Books on Demand, Norderstedt

Vorwort

Die Reform des Seehandelsrechts von 2013 hat Auswirkungen auch im übrigen Handelsrecht hervorgebracht, namentlich bei den gesetzlichen Pfandrechten und bei den Traditionspapieren. Die Europäisierung des Handelsregisterrechts und des Bilanzrechts schreiten voran. Berührungspunkte mit Verbraucherprivatrecht ergaben sich durch die Umsetzung der Verbraucherechte-Richtlinie von 2014. Weg weisende höchstrichterliche und Instanzrechtsprechung festigten das handelsrechtliche Gefüge, unterstützt von vielschichtiger Literatur. All diese Entwicklungen ließen eine Neuauflage geboten erscheinen.

Zu den Forschungsgebieten von *Markus Artz* gehört unter anderem auch das kaufmännische Vertriebsrecht. Seine Forschungsergebnisse fließen in die Neubearbeitung des Abschnitts über kaufmännisches Dienstvertragsrecht ein, die er übernommen hat, und bereichern das Gesamtwerk.

Die Fußnoten mögen zu vertieftem Studium anregen und Fundstellen für handelsrechtliche Hausarbeiten bieten. Rechtsprechung und Literatur sind auf dem Stand von Februar 2015.

Trier/Bielefeld, im März 2015

Peter Bülow
peterbuelow@t-online.de

Markus Artz
markus.artz@uni-bielefeld.de

Aus dem Vorwort zur 5. Auflage

Die Fortführung der Neuauflage in der START-Reihe des Verlages bedeutet nicht, dass sich der Grundriss an Anfänger des rechtswissenschaftlichen Studiums wenden würde; im Gegenteil erfordert die Erarbeitung von Handelsrecht solide Kenntnisse im Bürgerlichen Recht, sowohl in der Rechtsgeschäftslehre wie im Personenrecht, im Schuldrecht und im Sachenrecht bis hin zum Erbrecht. Auf dieser Grundlage eines fortgeschrittenen Studierenden kann in die Sondermaterie des Handelsrechts gestartet, zu späterer Zeit die Examensvorbereitung unterstützt und der Weg in den Schwerpunktbereich begonnen werden.

Das Bemühen in der Darstellung gilt bei aller Kompaktheit der Sichtbarmachung dogmatischer Problemlagen; Literatur und Rechtsprechungshinweise sollen zum Nachlesen einladen, für Seminar- und Hausarbeiten Hilfe leisten und zur Vertiefung anregen.

Inhaltsverzeichnis

2. Abschnitt

Der Begriff des Kaufmanns ... 41 13

4. Abschnitt

Abkürzungsverzeichnis

a.A.	anderer Ansicht
a.a.O.	am angegebenen Ort
abl.	ablehnend
ABlEG/ABlEU	Amtsblatt der europäischen Gemeinschaften (Nummer, Seite, Erscheinungstag) bis 2003/Amtsblatt der Europäischen Union, ab 2004
Abs.	Absatz
Abschn.	Abschnitt
abw.	abweichend
AbzG	Abzahlungsgesetz v. 16.5.1894 (RGBl. 450); aufgehoben am 1.1.1991 durch Art. 10 des Gesetzes über Verbraucherkredite, zur Änderung der Zivilprozessordnung und anderer Gesetze v. 17.12.1990 (BGBl. I, 2840)
AcP	Archiv für civilistische Praxis (Band, Jahr und Seite)
ADHGB	Allgemeines deutsches Handelsgesetzbuch von 1861
ADSp	Allgemeine deutsche Spediteurbedingungen i.d.F. v. 1.1.1999, Bek. Nr. 59/98 v. 6.7.1998, BAnz. Nr. 130 v. 17.7.1998, zuletzt geändert durch die Bek. Nr. 4/99 v. 13.1.1999, BAnz. Nr. 18 v. 28.1.1999
a.E.	am Ende
AEUV	Vertrag über die Arbeitsweise der Europäischen Union, konsolidierte Fassung v. 26.10.2012 (ABlEU 2012, C 326/1), zuvor EGV
A.f.A.	Absetzung für Abnutzung
AG	Aktiengesellschaft; auch Amtsgericht
AGB	Allgemeine Geschäftsbedingungen
AGB-Banken	Allgemeine Geschäftsbedingungen der (privaten) Banken i.d.F. v. 1.1.2000
AktG	Aktiengesetz v. 6.9.1965 (BGBl. I, 1089), zuletzt geändert am 23.7.2013 (BGBl. I, 2586)
a.M.	anderer Meinung
Anm.	Anmerkung
AnwKomm/Autor	Anwaltskommentar BGB (Nomos Komm., NK), 2004/2005; Sachenrecht 4. Aufl. 2015
AO	Abgabeordnung v. 1.10.2002 (BGBl. I, 3866, berichtigt 2003 BGBl. I, 61), zuletzt geändert am 22.12.2014 (BGBl. I, 2415)
AP	Arbeitsrechtliche Praxis (Vorschrift, Nummer)
Arch.	BR Archiv des Bürgerlichen Rechts (Band, Jahr, Seite)
arg.	argumentum
Art./Artt.	Artikel/(Plural)
AT	Allgemeiner Teil
Aufl.	Auflage
BAG	Bundesarbeitsgericht
BayOblG	Bayerisches Oberstes Landesgericht (bis 2005)
BB	Der Betriebsberater (Jahr, Seite)
BBankG	Gesetz über die Deutsche Bundesbank v. 26.7.1957 (BGBl. I, 745) i.d.F. der Bekanntmachung v. 22.10.1992 (BGBl. I, 1782), zuletzt geändert am 21.12.2007 (BGBl. I, 3089)
Bd.	Band
BeckRS	Beck Rechtsprechung (online)
betr.	betrifft/betreffend

BeurkundungsG	Beurkundungsgesetz v. 28.8.1969 (BGBl. I, 1513), zuletzt geändert am 15.7.2013 (BGBl. I, 2378)
BGB	Bürgerliches Gesetzbuch v. 18.8.1896 (RGBl. 195), i.d.F. der Bekanntmachung v. 2.1.2002 (BGBl. I, 738), zuletzt geändert am 22.7.2014 (BGBl. I, 1218)
BGBl.	Bundesgesetzblatt, Teil (Jahr) und Seite
BGH	Bundesgerichtshof
BGHZ	Entscheidungen des Bundesgerichtshofs in Zivilsachen (Band, Seite); amtliche Sammlung
BilanzrichtlinienG	Bilanzrichtliniengesetz, Gesetz zur Durchführung der 4., 7. und 8. Richtlinie des Rates der Europ. Gemeinschaften zur Koordinierung des Gesellschaftsrechts v. 19.12.1985 (BGBl. I, 2355)
BilMoG	Bilanzrechtsmodernisierungsgesetz v. 25.5.2009 (BGBl. I, 1090)
BinnenSchG	Gesetz betr. die privatrechtlichen Verhältnisse der Binnenschiffahrt v. 15.6.1895, zuletzt geändert am 20.4.2013 (BGBl. I, 831)
BKR	Zeitschrift für Bank- und Kapitalmarktrecht (Jahr und Seite)
BMJ	Bundesministerium der Justiz und für Verbraucherschutz
BörsenG	Börsengesetz vom i.d.F. v. 16.7.2007 (BGBl. I, 1351), zuletzt geändert am 15.7.2014 (BGBl. I, 934)
BPatG	Bundespatentgericht
BRAO	Bundesrechtsanwaltsordnung v. 1.8.1959 (BGBl. I, 565), zuletzt geändert am 15.7.2014 (BGBl. I, 934)
BR-Drucks.	Bundesratsdrucksache (Nummer/Jahr)
Bspr.	Besprechung
BT-Drucks.	Bundestagsdrucksache (Legislaturperiode/Nummer, Seite)
BVerfGE	Entscheidungen des Bundesverfassungsgerichts (Band und Seite)
bzw.	beziehungsweise
CISG	Convention on Contracts for the International Sale of Goods v. 11.4.1980 (BGBl. II 1989, S. 588)
CMR	Übereinkommen über den Beförderungsvertrag im internationalen Straßenverkehr v. 19.5.1956 (BGBl. 1961 II, 1119)
Co.	Compagnie, Consorten
CR	Computer und Recht (Jahr, Seite)
DB	Der Betrieb (Jahr, Seite)
DepotG	Gesetz über die Verwahrung und Anschaffung von Wertpapieren i.d.F. v. 11.1.1995 (BGBl. I, 34), zuletzt geändert am 4.7.2013 (BGBl. I, 1987)
ders.	derselbe
d.h.	das heißt
diff.	differenzierend
Diss.	Dissertation
DNotZ	Deutsche Notar-Zeitschrift (Jahr und Seite)
DStR	Deutsches Steuerrecht (Jahr, Seite)
DStZ	Deutsche Steuerzeitung (Jahre, Seite)
DZWIR	Deutsche Zeitschrift für Wirtschaftsrecht (Jahr, Seite), früher DWiR
EG	Europäische Gemeinschaften
EGHGB	Einführungsgesetz zum Handelsgesetzbuch v. 10.5.1897 (RGBl. 219), zuletzt geändert am 1.8.2013 (BGBl. I, 1987)
EGInsO	Einführungsgesetz zur Insolvenzordnung v. 5.10.1994 (BGBl. I, 2911), zuletzt geändert am 23.12.2011 (BGBl. I,3044)
EHUG	Gesetz über elektronische Handelsregister und Genossenschaftsregister sowie das Unternehmensregister v. 10.11.2006 (BGBl. I, 2553)
EStG	Einkommenssteuergesetz v. 28.10.2002 (BGBl. I, 4210, BGBl. 2003 I, 179), ständig geändert
et. al.	et alii (und andere)

etc.	et cetera (und so weiter)
e.V.	eingetragener Verein
EVO	Eisenbahnverkehrsordnung i.d.F. v. 20.4.1999 (BGBl. I, 782), zuletzt geändert am 26.5.2009 (BGBl. I, 1146)
EGV	s. AEUV
EU	Europäische Union
EuGH	Europäischer Gerichtshof (Gerichtshof der Europäischen Union)
EuGVVO	Verordnung (EU) 1215/2012 des Europäischen Parlaments und des Rates vom 12.12.2012 über die gerichtliche Zuständigkeit und die Anerkennung von Entscheidungen in Zivil- und Handelssachen (ABlEU 2012, L 351/1), Brüssel Ia-VO (zuvor VO 44/2001)
EU-VO/EG-VO	Verordnung der Europäischen Union/Gemeinschaft
EuZW	Europäische Zeitschrift für Wirtschaftsrecht (Jahr, Seite)
EwIV	Europäische wirtschaftliche Interessenvereinigung
EWiR	Entscheidungen zum Wirtschaftsrecht (kommentierte Entscheidungen, Kennzahl mit Jahr, Seite), ab 2014 Jahr, Seite
EWS	Europäisches Wirtschafts- und Steuerrecht (Jahr, Seite)
FamFG	Gesetz über das Verfahren in Familiensachen und in Angelegenheit der Freiwilligen Gerichtsbarkeit v. 17.12.2008 (BGBl. I, 2583), zuletzt geändert am 20.6.2014 (BGBl. I, 786), zuvor FGG
FernUSG	Gesetz zum Schutz der Teilnehmer am Fernunterricht v. 24.8.1976 (BGBl. I, 2525), zuletzt geändert am 20.9.2013 (BGBl. I, 3642)
f./ff.	folgende/fortfolgende
GenG	Gesetz betreffend die Erwerbs- und Wirtschaftsgenossenschaften i.d.F. v. 19.8.1994 (BGBl. I, 2202), zuletzt geändert am 15.7.2013 (BGBl. I, 2379)
GewO	Gewerbeordnung i.d.F. v. 22.2.1999 (BGBl. I, 202), zuletzt geändert am 28.11.2014 (BGBl. I, 1802)
ggf.	gegebenenfalls
GmbH	Gesellschaft mit beschränkter Haftung
GmbHG	Gesetz betreffend die Gesellschaft mit beschränkter Haftung i.d.F. der Bekanntmachung v. 20.5.1898 (RGBl. S. 846), zuletzt geändert am 23.7.2013 (BGBl. I, 2586)
GmbHR	GmbH-Rundschau (Jahr, Seite)
GoB	Grundsätze ordnungsgemäßer Buchführung
GRUR	Gewerblicher Rechtsschutz und Urheberrecht (Jahr, Seite)
GRUR-RR	GRUR-Rechtsprechungsreport (Jahr, Seite)
GüKG	Güterkraftverkehrsgesetz vom 22.6.1998 (BGBl. I, 1485), zuletzt geändert am 28.8.2013 (BGBl. I, 3313)
GuV	Gewinn- und Verlustrechnung
GVG	Gerichtsverfassungsgesetz v. 9.5.1975 (BGBl. I, 1077), zuletzt geändert am 23.4.2014 (BGBl. I, 410)
GWB	Gesetz gegen Wettbewerbsbeschränkungen in der Fassung v. 26.6.2013 (BGBl. I, 1750/3245), zuletzt geändert am 21.7.2014 (BGBl. I 1066)
HGB	Handelsgesetzbuch v. 10.5.1897 (RGBl. 219), zuletzt geändert am 15.7. 2014 (BGBl. I, 934)
h.M.	herrschende Meinung
h.L.	herrschende Lehre
HRR	höchstrichterliche Rechtsprechung (Jahr, Seite)
Hrsg.	Herausgeber
HRV	Handelsregisterverordnung v. 11.12.2001 (BGBl. I, 3688), zuletzt geändert am 4.7.2013 (BGBl. I, 1981)
i.d.F.	in der Fassung
i.G.	in Gründung

Inh.	Inhaber
insb.	insbesondere
InsO	Insolvenzordnung v. 5.10.1994 (BGBl. I, 2866), in Kraft gem. Art. 110 Abs. 1 des Einführungsgesetzes zur Insolvenzordnung (EGInsO) v. 5.10. 1994 (BGBl. I, 2911, 2952), zuletzt geändert am 20.12.2011 (BGBl. I, 2856)
i.V.	in Vertretung
i.V.m.	in Verbindung mit
JA	Juristische Arbeitsblätter (Jahr, Seite)
JFG	Jahrbuch für Entscheidungen in Angelegenheiten der freiwilligen Gerichtsbarkeit und des Grundbuchrechts (Band, Seite)
JR	Juristische Rundschau (Jahr, Seite)
JuS	Juristische Schulung (Jahr, Seite)
JW	Juristische Wochenschrift (Jahr, Seite)
JZ	Juristenzeitung (Jahr, Seite)
KG	Kammergericht, Kommanditgesellschaft
KGaA	Kommanditgesellschaft auf Aktien
Komm.	Kommentar
krit.	kritisch
KStG	Körperschaftssteuergesetz i.d.F. vom 15.10.2002 (BGBl. I, 4144), zuletzt geändert am 22.12.2014 (BGBl. I, 2417)
KWG	Gesetz über das Kreditwesen i.d.F. vom 9.9.1998 (BGBl. I, 2776), zuletzt geändert am 10.12.2014 (BGBl. I, 2091)
LG	Landgericht
lit.	littera (Buchstabe)
LM	Lindenmaier-Möhring, Nachschlagewerk des BGH in Zivilsachen, herausgegeben von Lindenmaier, Möhring u.a. (Paragraph, Nummer)
LMK	Kommentierte BGH-Rechtsprechung Lindenmaier-Möhring (Jahr, Seite)
LuftVG	Luftverkehrsgesetz v. 10.12.2001 (BGBl. I, 3414) i.d.F. v. 10.5.2007 (BGBl. I, 698), zuletzt geändert am 10.10.2013 (BGBL.I, 3830)
MarkenG	Markengesetz v. 25.10.1994 (BGBl. I, 3082), zuletzt geändert am 19.10. 2013 (BGBl. I, 3830) mit MarkenVO v. 30.10.1994 (BGBl. I, 3555), zuletzt geändert am 19.10.2013(BGBl. I, 3830)
m.	mit
m.a.W.	mit anderen Worten
mbH	mit beschränkter Haftung
MDR	Monatsschrift für Deutsches Recht (Jahr, Seite)
m.w.N.	mit weiteren Nachweisen
nachf.	nachfolgend
NachhaftungsBG	Gesetz zur zeitlichen Begrenzung der Nachhaftung von Gesellschaftern (Nachhaftungsbegrenzungsgesetz) v. 18.3.1994 (BGBl. I, 560)
NJW	Neue Juristische Wochenschrift (Jahr, Seite) mit Beilage NJW-Spezial
NJW-RR	NJW-Rechtsprechungsreport (Jahr, Seite)
NK	Nomos-Kommentar (s. AnwKomm)
Nr.	Nummer
NZA	Neue Zeitschrift für Arbeits- und Sozialrecht (Jahr, Seite)
NZG	Neue Zeitschrift für Gesellschaftsrecht (Jahr, Seite)
NZI	Neue Zeitschrift für Insolvenzrecht (Jahr, Seite)
NZM	Neue Zeitschrift für Mietrecht (Jahr, Seite)
o.	oben
öOGH	Oberster Gerichtshof Österreich
OGHZ	Entscheidungen des Obersten Gerichtshofes für die Britische Zone in Zivilsachen (Band, Seite)
OHG	Offene Handelsgesellschaft

OLG	Oberlandesgericht
OLGZ	Entscheidungen der Oberlandesgerichte in Zivilsachen einschließlich der freiwilligen Gerichtsbarkeit (Jahr, Seite)
PartGG	Gesetz über Partnerschaftsgesellschaften Angehöriger freier Berufe v. 25.7.1994 (BGBl. I, 1744), zuletzt geändert am 15.7.2013 (BGBl. I, 2386)
ppa	per procura
ProdHaftG	Gesetz über die Haftung für fehlerhafte Produkte v. 15.12.1989 (BGBl. I, 2198), zuletzt geändert am 19.7.2002 (BGBl. I, 2674, 2679)
PublizitätsG	Gesetz über die Rechnungslegung von bestimmten Unternehmen und Konzernen v. 15.8.1969 (BGBl. I, 1189) i.d.F. v. 19.12.1985 (BGBl. I, 2355), zuletzt geändert am 4.10.2013 (BGBl. I, 3746)
RefE	Referentenentwurf
RegE	Regierungsentwurf
ReichsbahnG	Reichsbahngesetz v. 4.7.1939 (aufgehoben)
resp.	respektive (beziehungsweise)
RGRK-BGB/Autor	Das bürgerliche Gesetzbuch mit besonderer Berücksichtigung der Rechtsprechung des Reichsgerichts und des Bundesgerichtshofs – Kommentar, 12. Aufl. 1971–2000
RGSt	Entscheidungen des Reichsgerichts in Strafsachen (Band, Seite)
RGZ	Entscheidungen des Reichsgerichts in Zivilsachen (Band, Seite)
RIW	Recht der internationalen Wirtschaft (Jahr, Seite)
Rn.	Randnummer
RNotZ	Rheinische Notarzeitung (Jahr, Seite)
Rom-I-VO	Verordnung (EG) 539/2008 des Europäischen Parlaments und des Rates v. 17.6.2008 über das auf vertragliche Schuldverhältnisse anwendbare Recht, ABlEU 2008, L 177/6
Rom-II-VO	Verordnung (EG) 864/2007 des Europäischen Parlaments und des Rates v. 11.7.2007 über das auf außervertragliche Schuldverhältnisse anwendbare Recht, ABlEU 2007 L 199/40
ROHG	Reichsoberhandelsgericht; Entscheidungen des ROHG (Band, Seite)
Rpfl	Der Deutsche Rechtspfleger (Jahr, Seite)
RpflG	Rechtspflegergesetz i.d.F. v. 14.4.2013 (BGBl. I, 778), zuletzt geändert am 8.7.2014 (BGBl. I, 890)
RVS	Rollfuhrversicherungsschein
S.	Seite
s.	siehe
ScheckG	Scheckgesetz v. 14.8.1933 (RGBl. I, 597), zuletzt geändert am 19.6.2006 (BGBl. I, 866)
scil.	scilicet (nämlich)
Sparkasse	Die Sparkasse (Jahr, Seite)
sog.	sogenannt/e
s.u.	siehe unten
StGB	Strafgesetzbuch i.d.F. v. 13.11.1998 (BGBl. I, 3322), zuletzt geändert am 23.4.2014 (BGBl. I, 410)
str.	streitig
SVS	Speditionsversicherungsschein
TranspR	Transportrecht (Jahr, Seite)
Tz.	Textzahl
u.	unten
u.a.	unter anderem
UmwG	Umwandlungsgesetz v. 28.10.1994 (BGBl. I, 3210 ber. 1995 I S. 428), zuletzt geändert am 22.12.2014 (BGBl. I, 3044)
UStG	Umsatzsteuergesetz i.d.F. v. 21.2.2005 (BGBl. I, 386), zuletzt geändert am 22.12.2014 (BGBl. I, 2417)

UWG	Gesetz gegen den unlauteren Wettbewerb i.d.F. v. 3. 3.2010 (BGBl. I, 254), zuletzt geändert am 1.10.2013 (BGBl. I, 3714)
v.	von/vom
VAG	Gesetz über die Beaufsichtigung der privaten Versicherungsunternehmungen und Bausparkassen i.d.F. v. 17.12.1992 (BGBl. I, 3), zuletzt geändert am 10.12.2014 (BGBl. I, 2085)
Var.	Variante
VerbrKrG	Gesetz über Verbraucherkredite i.d.F. v. 29.6.2000 (BGBl. I, 940), aufgehoben (jetzt: §§ 491 ff. BGB)
VersR	Versicherungsrecht (Jahr, Seite)
vgl.	vergleiche
VIZ	Zeitschrift für Vermögens- und Immobilienrecht (Jahr, Seite)
VO	Verordnung
vorst.	vorstehend
VuR	Verbraucher und Recht (Jahr, Seite)
VVG	Gesetz über den Versicherungsvertrag v. 23.11.2007 (BGBl. I, 2631), zuletzt geändert am 1.8.2014 (BGBl. I, 1330)
WA	Abkommen zur Vereinheitlichung von Regeln über die Beförderung im internationalen Luftverkehr v. 12.10.1929 (Warschauer Abkommen) Protokoll v. 28.9.1955 (BGBl. 1958 II, 312), jetzt: Montrealer Übereinkommen v. 28.6.2004 (BGBl. II, 458)
WG	Wechselgesetz v. 21.6.1933 (RGBl. I, 399), zuletzt geändert am 10.10. 2013 (BGBl. I, 3797)
WiB	wirtschaftsrechtliche Beratung (Jahr, Seite)
WM	Wertpapier-Mitteilungen, Teil IV (Jahr, Seite)
WP	Die Wirtschaftsprüfung (Jahr, Seite)
WpHG	Wertpapierhandelsgesetz v. 9.9.1998 (BGBl. I, 2708), zuletzt geändert am 12.8.2008 (BGBl. I, 1666)
WRP	Wettbewerb in Recht und Praxis (Jahr, Seite)
WuB	Wirtschafts- und Bankrecht (Entscheidungs- und Anmerkungssammlung) mit Kennziffer, ab 2015 Jahr, Seite
z.B.	zum Beispiel
ZEV	Zeitschrift für Erbrecht und Vermögensnachfolge (Jahr, Seite)
ZfIR	Zeitschrift für Immobilienrecht (Jahr, Seite)
ZGR	Zeitschrift für Unternehmens- und Gesellschaftsrecht (Jahr, Seite)
ZGS	Zeitschrift für das gesamte Schuldrecht (Jahr, Seite), bis 2011
ZHR	Zeitschrift für das gesamte Handelsrecht und Wirtschaftsrecht (Band, Jahr, Seite)
ZIP	Zeitschrift für Wirtschaftsrecht und Insolvenzpraxis (Jahr, Seite)
ZJS	Zeitschrift für das Juristische Studium (Online-Zeitschrift, Jahr und Seite)
ZPO	Zivilprozessordnung v. 12.9.1950 (BGBl. 533), zuletzt geändert am 30.10. 2008 (BGBl. I, 2122)
ZRP	Zeitschrift für Rechtspolitik (Jahr, Seite)
zust.	zustimmend
ZVertriebsR	Zeitschrift für Vertriebsrecht (Jahr, Seite)
zzgl.	zuzüglich

Schrifttum

Lehrbücher, Grundrisse, Examinatorien

Brox/Henssler	Handelsrecht und Wertpapierrecht (Grundriss), 21 . Aufl. 2011
Bülow, Peter	Recht der Kreditsicherheiten, (Lehrbuch), 8. Aufl. 2012
Canaris, Claus-Wilhelm	Handelsrecht (Lehrbuch), 24. Aufl. 2006
Canaris, Claus-Wilhelm	Die Vertrauenshaftung im deutschen Privatrecht, 1971 (zit.: Vertrauenshaftung)
Flume, Werner	Allgemeiner Teil des Bürgerlichen Rechts, Band 2: Das Rechtsgeschäft, 3. Aufl. 1979 (unv. Nachdruck 1992)
Gierke, Julius von/ Sandrock, Otto	Handels- und Wirtschaftsrecht, Bd. I, 9. Aufl. 1975
Gursky, Karl-Heinz	Wertpapierrecht, 3. Aufl. 2007
Hofmann, Paul	Handelsrecht (Lehrbuch), 11. Aufl. 2002
Hueck, Alfred/Canaris, Claus-Wilhelm	Recht der Wertpapiere, 12. Aufl. 1986
Hübner, Ulrich	Handelsrecht (Lehrbuch), 5. Aufl. 2004
Jung, Peter	Handelsrecht (Lehrbuch), 10. Aufl. 2014
Kindler, Peter	*Handels- und Gesellschaftsrecht, 4. Aufl. 2009*
Klunzinger, Eugen	Grundzüge des Handelsrechts, 13. Aufl. 2006
Lettl, Tobias	Handelsrecht, 2. Aufl. 2011
Oetker, Hartmut	Handelsrecht, 6. Aufl. 2010 (zitiert: Oetker)
Raisch, Peter	Unternehmensrecht, Band 1: Unternehmensprivatrecht, Handels- und Gesellschaftsrecht (Handbuch), 1973
Roth, Günter H./Weller	Handels- und Gesellschaftrecht (Lehrbuch), 6. Aufl. 2001
Schmidt, Karsten	Handelsrecht, Lehrbuch, 7. Aufl. 2010
Steinbeck, Anja	Handelsrecht, 3. Aufl. 2014
Timm, Wolfram/ Schöne, Thorsten	Handels- und Wirtschaftsrecht, Band I: Pflichtfachstoff, 3. Aufl. 2004, Band II: Wahlfachstoff, 2. Aufl. 2002
Maties/Wank	Handels- und Gesellschaftsrecht, 3. Aufl. 2014
Windbichler, Christine	Gesellschaftsrecht, 23. Aufl. 2012
Zöllner, Wolfgang	Wertpapierrecht (Lehrbuch), 14. Aufl. 1987

Kommentare, Handbücher

Anwaltskommentar	zum Bürgerlichen Gesetzbuch (Nomos-Komm., NK), 2004/2005, Sachenrecht 4. Aufl. 2015, bearbeitet u.a. von *Bülow, Leible, Raab*
Baumbach/Hopt	Handelsgesetzbuch (Kommentar), 36. Aufl. 2014
Ebenroth/Boujong/ Joost/Strohn	Handelsgesetzbuch (Kommentar), 3. Aufl. 2014
Heymann, Ernst	Handelsgesetzbuch, 2. Aufl. 2002/2005, bearbeitet u.a. von *Emmerich, Horn, Sonnenschein/Weitemeyer*
Koller/Kindler/Roth/ Morck	HGB, Kommentar, 8. Aufl. 2014 (zitiert Koller/*Bearbeiter*) 8. Aufl. 2014

Münchener Kommentar — zum Bürgerlichen Gesetzbuch, 6. Aufl. 2012 ff., bearbeitet u.a. von *H.P. Westermann* (§§ 433 ff.), *Artz* (§§ 562 ff.)

Münchener Kommentar — zum Handelsgesetzbuch, 3. Aufl. 2012 ff., bearbeitet u.a. von *Krebs, Thiessen*

Pfeiffer — (Hrsg.) Handbuch der Handelsgeschäfte, 1999, bearb. u.a. von *Pfeiffer, Gounalakis*

Oetker — Handelsgesetzbuch, Kommentar, 3. Aufl. 2013 (zitiert: *Oetker,* Komm.)

RGRK/BGB — Reichsgerichtsrätekommentar zum BGB, 12. Aufl. 1984 bis 2000, bearbeitet u. a. von *Steffen* (§§ 158-185)

Röhricht/v. Westphalen — Handelsgesetzbuch, 4. Aufl. 2014

Staub — Großkommentar HGB, 5. Aufl. 2008 ff., bearbeitet u.a. von *Oetker, Burgard, Emde, Thiessen, Koller*

Staudinger — Großkommentar zum BGB, erscheint seit 1993 in Teilbänden, bearb. u.a. von *Beckmann, Marburger, Kaiser*

Ulmer/Habersack/Löbbe — GmbH-Gesetz, Kommentar, 2. Aufl. 2014

Fälle und Lösungen

Fezer — Klausurenkurs im Handelsrecht, 5. Aufl. 2009

Hadding — Die HGB-Klausur, 3. Aufl. 2005

Lettl — *Fälle zum Handelsrecht, 2. Aufl. 2013*

Martinek/ Bergmann — Fälle zum Handels-, Gesellschafts- und Wertpapierrecht, 4. Aufl. 2008

Timm/Schöne — Fälle zum Handels- und Gesellschaftsrecht I, 9. Aufl. 2014 (Fortführung der 1. Aufl. von Dietrich Schultz), II 8. Aufl. 2013

Einführung

Handelsrecht und Unternehmensrecht

1. Sonderprivatrecht

Wenn das Handelsrecht als Sonderprivatrecht der Kaufleute bezeichnet wird[1], so ist darunter nicht zu verstehen, dass für Kaufleute eine eigene, vom allgemeinen Zivilrecht losgelöste Privatrechtsordnung gälte. Das Handelsrecht baut vielmehr auf dem allgemeinen Zivilrecht (also vor allem auf dem BGB) auf, setzt es voraus und bestimmt für einen abgegrenzten Personenkreis, nämlich für Unternehmer mit besonderen Qualifikationsmerkmalen, ergänzende oder das allgemeine Zivilrecht auch ändernde Vorschriften. Diese Komplementärvorschriften bilden das Handelsrecht. So setzt z.B. das Recht des Handelskaufs in §§ 373 bis 381 den Abschluss eines Kaufvertrages nach Maßgabe von §§ 433 ff., 145 ff. BGB voraus und trifft nur Sonderbestimmungen, z.B. zum Annahmeverzug des Käufers, zum Gewährleistungsrecht etc. (s. dazu Art. 2 EGHGB). Auch Anspruchsgrundlagen sind meistens dem allgemeinen Zivilrecht zu entnehmen, z.B. § 433 Abs. 1 oder Abs. 2 BGB, während das Handelsrecht nur wenige Anspruchsgrundlagen enthält (z.B. §§ 37, 87, 110, 353, 355, 394 Abs. 2, 407 Abs. 1 und 2); auch §§ 25, 27, 28 setzen einen Anspruch voraus (u. Rn. 227). **1**

2. Unternehmer und Kaufmann

Normadressaten des HGB sind nicht alle Unternehmer (natürliche oder juristische Personen, die ein Unternehmen, Rn. 6, 36, betreiben), sondern zunächst nur gewerbliche, zu denen namentlich nicht freiberufliche Unternehmer gehören (Rn. 30). Aber auch nicht alle gewerblichen Unternehmer sind Normadressaten des HGB, sondern nur solche mit darüber hinausgehenden, genau abgegrenzten Qualifikationsmerkmalen. Sie nennt das Gesetz Kaufleute. Jeder Kaufmann ist zugleich gewerblicher Unternehmer (Rn. 8), aber nicht jeder Unternehmer ist auch Kaufmann. Ausgangspunkt ist, dass ein Unternehmer, der nicht die gesetzlichen Merkmale eines Kaufmanns erfüllt, nicht Normadressat des HGB ist, sich die Rechtsverhältnisse vielmehr nach den Regeln des allgemeinen Zivilrechts, aber nicht nach dem Sonderprivatrecht bestimmen. Daraus folgt dreierlei: **2**

a) Subjektives System. Anknüpfungspunkt ist die Person des Beteiligten, die durch die handelsrechtlichen Qualifikationsmerkmale einen Status erlangt, nicht die Art des durchzuführenden Geschäfts (subjektives statt objektives Anknüpfungssystem, wie letzteres z.B. im Ansatz der französische Code de Commerce, Artt. 1, 632, aber auch **3**

1 Etwa *Canaris*, § 1 vor Rn. 1; *Hofmann*, S. 19; *Schmidt*, § 1 I.1.

der Unternehmer nach § 14 BGB[2], nachf. Rn. 8)[3]. So mag die Begebung von Wechseln eine typisch kaufmännische Tätigkeit sein, jedenfalls gewesen sein; Anknüpfungspunkt des Handelsrechts ist die Wechselzeichnung nicht.

4 **b) Nichtkaufmännische Unternehmer.** Zum anderen ist Handelsrecht nicht Unternehmerrecht, also als subjektives Anknüpfungssystem nicht Sonderprivatrecht aller Unternehmer, aber auch nicht aller gewerblich Tätigen („Außenprivatrecht" der Unternehmen). Nicht Normadressaten sind namentlich die freien Berufe und die Kleingewerbetreibenden. Eine andere Frage ist, ob einige bestimmte handelsrechtliche Normen auch auf sie übertragbar sind. Zwar ist die Bewertung, welche Normen auf welche Art von Unternehmern anwendbar sein sollen, gesetzgeberische Aufgabe[4], und der Gesetzgeber hat seine Entscheidung getroffen: Das Handelsrecht ist nicht auf alle Arten von Unternehmern anwendbar. Aber dennoch ist eine Erweiterung des Normadressatenkreises de lege lata, jedenfalls teilweise, möglich[5]:

5 Zunächst sind im Handelsrecht die Handelsbräuche (§ 346, u. Rn. 354 ff.) bedeutende Rechtsquelle; ein Handelsbrauch mag auch unter nichtkaufmännischen Unternehmern zur Verkehrssitte geworden sein. Rechtsquelle ist auch das Gewohnheitsrecht: Wo handelsrechtliche nicht kodifizierte Normen, wie z.B. zum Problemkreis des kaufmännischen Bestätigungsschreibens (u. Rn. 366 ff.), auch unter Nichtkaufleuten als verbindlich anerkannt werden, können sie Geltung beanspruchen. Wo Handelsgewohnheitsrecht nicht feststellbar ist, können dispositive Normen über Handelsgeschäfte zum Vertragsinhalt gemacht werden. Bei zwingenden Normen ist für jede einzelne ihre Analogiefähigkeit zu prüfen, also im Hinblick auf gleiche Interessenlage und unbewusste Gesetzeslücke. Im neueren Gesetzgebungsverfahren zum Bilanzrecht (u. Rn. 258) wurde es ausdrücklich für richtig befunden, „auf den übergreifenden Begriff ‚Unternehmen' zu verzichten und dafür den Begriff ‚Kaufmann' beizubehalten"[6]: Hier fehlt es an der Lücke[7]. Insgesamt ist zu beobachten, dass sich die Dynamik des Unternehmensverkehrs vielfach am Handelsrecht, insbesondere innerhalb des allgemeinen Zivilrechts, vorbeientwickelt und das HGB vice versa in einer gewissen Statik verharrt[8]. So ist beispielsweise das Bankrecht gerade kein Sonderprivatrecht, sondern die fallgruppenbildende Anwendung des BGB (z.B. § 675 Abs. 1) auf Rechtslagen, an denen Kreditinstitute beteiligt sind. Einen Modernisierungsschub brachten die Handelsrechts- und die Transportrechtsreform 1998 (u. Rn. 18).

6 **c) Unternehmer und Unternehmen.** Dritte Folgerung aus dem subjektiven System ist die (natürliche oder juristische) Person des Kaufmanns resp. der Gesellschaft (oder auch des gleichgestellten Nichtkaufmanns) als Anknüpfungspunkt handelsrechtlicher Normen, nicht aber das Unternehmen als organisatorischer Einheit und Inbegriff von materiellen wie immateriellen Vermögensgegenständen, mit der die gewerbliche Tätigkeit verwirklicht wird[9]. Kaufmann und Normadressat ist der (in besonderer Weise

---

2 *Weyer*, WM 2005, 490; *K. Schmidt*, BB 2005, 837.

3 *Heinemann*, Festschrift Fikentscher 1998, 349, 354; *Kort*, AcP 193 – 1993 –, 453; *Dreher*, in: Die Reform des Handelsstandes und der Personengesellschaften, 1999, S. 1.

4 Dazu *Arndt*, NJW 1963, 1273.

5 *Schmidt*, Lehrbuch, § 3 II; *ders.*, BB 2005, 837; *Weyer*, WM 2005, 490.

6 BT-Drucks. 10/4268, S. 89.

7 Zum Ganzen im Übrigen *Schmidt*, § 3 I und JuS 1985, 249 mit Entgegnung *Vossius*, JuS 1985, 936 sowie Erwiderung *Schmidt*, JuS 1985, 939; *Preis*, ZHR 158 – 1994 –, 567; *Neuner*, ZHR 157 – 1993 –, 243; *Raisch*, Geschichtliche Voraussetzungen, dogmatische Grundlagen und Sinnwandlung des Handelsrechts, 1965, S. 105 ff. sowie Festschrift Ballerstedt, 1975, S. 493; JuS 1967, 533 und ZHR 154 – 1990 –, 567; *Canaris*, Lehrbuch, S. 11 ff.

8 Wogegen sich *Schmidt*, ZHR 151 – 1987 –, 302 stemmt.

9 *Schmidt*, in: 100 Jahre Handelsgesetzbuch, 1998, S. 1, 5.

qualifizierte) Unternehmer, nicht das Unternehmen. In Ansätzen fungiert aber auch die organisatorische Einheit („Handelsgeschäft" in § 25) als Haftungsvoraussetzung (u. Rn. 217 ff., 36, 205), auf ihr beruht der Grundsatz der Firmenbeständigkeit (u. Rn. 202)[10].

3. Verwandtes und Gegensätzliches

a) Wirtschafts-, Mitbestimmungs- und Gesellschaftsrecht. Im Gegensatz dazu ist Normadressat des privaten Wirtschaftsrechts (UWG und GWB) jeder Unternehmer, wenn er sich nur am Wettbewerb (ihn beschränkend oder in unlauterer Weise oder sich dagegen wehrend) beteiligt. Noch nicht einmal der Gewerbebetrieb (u. Rn. 24, 35) ist Anwendungsvoraussetzung. Der Begriff des Unternehmensrechts im Sinne des Mitbestimmungsrechts durch Beteiligung von Arbeitnehmern an Aufsichtsrat und Vorstand geht vom Unternehmen, der organisatorischen Einheit aus. Gesellschaftsrecht schließlich ist Teil des Handelsrechts, als es den Personenverband als Teilnehmer am Handelsverkehr regelt, darüber hinaus aber ein Organisationsrecht der Verbände überhaupt. **7**

b) Verbraucherprivatrecht. Insgesamt kann man sagen, dass handelsrechtliche Normen die Erleichterung und Beschleunigung des Handelsverkehrs im Auge haben und demgegenüber der Schutz des einzelnen Teilnehmers zurücktritt, aus anderer Sicht: Seine Verantwortlichkeit für sich selbst ist höher als im allgemeinen Zivilrechtsverkehr. Gegensatz dazu ist das Verbraucherprivatrecht, das die rechtsgeschäftliche Verantwortlichkeit eines Verbrauchers (§ 13 BGB) relativiert, indem z.B. die Bindung an die Willenserklärung durch Widerruf vereitelt werden kann (§§ 312g, 485, 495 BGB, 4 FernUSG i.V.m. § 355 BGB). Der Begriff des Verbrauchers nach § 13 BGB und seines Vertragspartners, des Unternehmers nach § 14 BGB, ist durch ihr rechtsgeschäftliches Tätigwerden, also durch die dabei eingenommene Rolle, aber nicht durch ihren Status (wie dem Betrieb eines Unternehmens) bestimmt[11]. Der rollenbezogene Begriff des Unternehmers nach § 14 BGB stimmt deshalb nicht mit dem statusbezogenen Begriff des handelsrechtlichen Unternehmers überein. Der Kaufmann, der ein betriebszugehöriges Geschäft tätigt, ist zwar auch Unternehmer nach § 14 BGB, aber ein solcher Unternehmer ist keineswegs auch zugleich stets Kaufmann (s. auch Rn. 2, 33). Das Rollenkonzept verwirklicht sich gleichwohl auch im Handelsrecht, nämlich im kaufmännischen Vertragsrecht, wo der Begriff des Handelsgeschäfts von der Betriebszugehörigkeit abhängt (§ 343, Rn. 349)[12]. Ein Kaufmann als natürliche Person ist Verbraucher nach § 13 BGB, wenn er ein privates Rechtsgeschäft tätigt. **8**

4. Zur Entstehungsgeschichte

a) ADHGB. Vorläufer des HGB ist das Allgemeine Deutsche Handelsgesetzbuch (ADHGB) gewesen[13]. Es wurde seit 1857 von der Nürnberger Kommission erarbeitet **9**

10 *Lessmann*, in: *Hadding* (Hrsg.), Festgabe Zivilrechtslehrer 1934–1935, 1999, S. 361.
11 *Bülow/Artz*, Verbraucherprivatrecht, Rn. 7; *Bülow*, Festschr. Nobbe 2009, S. 495.
12 *K. Schmidt*, JuS 2006, 1 (3).
13 Ausführlich Staub/*Oetker* Einleitung vor § 1 HGB Rn. 4 ff.

und später von den meisten deutschen Einzelstaaten in ihre Landesrechte transformiert. Damit war das Handelsrecht neben der Allgemeinen Deutschen Wechselordnung die erste gesamtdeutsche Kodifikation. 1871 wurde das ADHGB Reichsrecht. Ein Bundesgericht half zu einer einheitlichen Handhabung, nämlich das spätere Reichsoberhandelsgericht (ROHG), das 1879 im Reichsgericht aufging. Zahlreiche Normen des HGB führen die Tradition des ADHGB fort, so dass dessen gesetzgeberische Erwägungen für die Auslegung von Normen des HGB bedeutsam sein können (Protokolle der Commission zur Berathung eines Allgemeinen Deutschen Handelsgesetzbuches[14]; im Übrigen *Denkschrift* zum Entwurf eines Handelsgesetzbuchs und eines Einführungsgesetzes in der Fassung der dem Reichstag gemachten Vorlage, 1897).

10 **b) Europäisches, internationales und supranationales Recht.** Neuere Änderungen des HGB beruhen auf europäischem Sekundärrecht[15], beispielsweise im Bilanzrecht (u. Rn. 258), im Handelsvertreterrecht (u. Rn. 552), die Vorschrift von § 15 Abs. 3 (u. Rn. 151); hinzu kommt die Richtlinie zur Bekämpfung von Zahlungsverzug im Geschäftsverkehr (u. Rn. 375). Im Transportrecht ist die sog. Kabotage Gegenstand einer EG-Richtlinie (u. Rn. 622). Unabhängig davon sind auch zivilrechtliche Normen auf ihre möglicherweise bestehende Eignung zu überprüfen, den freien Waren- oder Dienstleistungsverkehr innerhalb der **Europäischen Union** zu beeinträchtigen, so dass Artt. 28, 49 EGV ihren Geltungsanspruch relativieren könnten. Allerdings ist eine solche Konsequenz bislang zwar für wettbewerbsrechtliche Normen (vorst. Rn. 7) gezogen worden[16], aber nicht für handelsrechtliche Normen[17]. Im Übrigen wird das Handelsrecht durch die **Internationalisierung von Handelsgeschäften**, namentlich im Transportrecht, überlagert, man denke an die CMR (u. Rn. 600), aber auch an das UN-Kaufrecht (CISG) oder an Modellgesetze wie die UNCITRAL-Konvention über internationale Wechsel.

11 **c) Handelsrechts- und Transportrechtsreform 1998, Seehandelsrechtsreform 2013.** In zentralen Fragen weist das Handelsrecht seit dem 1.7.1998 modernere Züge auf. Sie gelten dem Begriff des Kaufmanns und dem Firmenrecht, dazu personengesellschaftsrechtlichen Fragen, sowie dem Transportrecht. Die Reform des Seehandelsrechts (welches nicht zum Prüfungskanon gehört und auch in diesem Lehrbuch nicht behandelt wird) führte auch zu einer nochmaligen Modernisierung des übrigen Transportrechts mit einem Schwerpunkt auf den gesetzlichen Pfandrechten und ihrem gutgläubigen Erwerb.

12 **aa)** Der Kaufmann als Ausgangspunkt des subjektiven statusbegründenden Anknüpfungssystems (o. Rn. 3) war durch zwei sich überlagernde Bewertungsebenen geprägt gewesen, nämlich der Art des betriebenen Gewerbes und der Größe des Unternehmens. Nur bestimmte Gewerbearten waren als Handelsgewerbe definiert und mach-

---

14 Neu herausgegeben von *W. Schubert* 1984; *Baums*, Entwurf eines allgemeinen Handelsgesetzbuchs (1848/49), Beiheft 54 zur ZHR, 1982.

15 *Grundmann*, ZHR 163 – 1999 –, 636, 665; *Magnus*, Festschrift Drobnig 1998, S. 57; *Langenbucher/Riehm*, Europarechtliche Bezüge des Privatrechts, 2005, § 4, S. 207 ff.

16 Z.B. EuGH NJW 1993, 3187 – Yves Rocher –.

17 Für das Firmenrecht aber *Bokelmann*, DB 1990, 1021.

ten den Unternehmer zum Kaufmann. Der Katalog dieser Gewerbearten in § 1 Abs. 2 Nr. 1 bis 9 a.F. hatte den Anschluss an die Rechtswirklichkeit teilweise verloren und galt als antiquiert[18]. Die Kaufmannseigenschaft desjenigen, der ein Handelsgewerbe betrieb, war von der Unternehmensgröße unabhängig, sodass sich folgende Kategorisierungen ergeben hatten:

Den Betreiber eines Handelsgewerbes nannte man **Musskaufmann**. Bei größerem Zuschnitt seines Unternehmens war er zugleich **Vollkaufmann** und zur Anmeldung beim Handelsregister verpflichtet. Der kleingewerbliche Betreiber eines Handelsgewerbes war als Musskaufmann nur teilweise Normadressat, z.B. nicht handelsregisterfähig; er hieß **Minderkaufmann** (§ 4 a.F.). Wer kein Handelsgewerbe betrieb, aber ein gewerbliches Unternehmen größeren Zuschnitts hatte, war kein Kaufmann, aber verpflichtet, seine Handelsregistereintragung herbeizuführen, wodurch er als **Sollkaufmann** (§ 2 a.F.) die Kaufmannseigenschaft erlangte. Jeder Gewerbetreibende mit größerem Unternehmen wurde also mittels Handelsregisters zum Kaufmann. **13**

Im neuen Recht kommt es für den Kaufmannsbegriff auf die Gewerbeart nicht mehr an. Gewerblichkeit und Betriebsgröße machen den Kaufmannsbegriff aus. Der frühere Sollkaufmann ist jetzt mithin Anknüpfungsfigur für den Kaufmannsbegriff mit dem Unterschied, dass die Kaufmannseigenschaft unabhängig von einer Handelsregistereintragung zugewiesen wird. An der Stelle des Sollkaufmanns steht gem. § 1 Abs. 2 n.F. der **Ist-Kaufmann**. Die Handelsregistereintragung war für jenen konstitutiv und ist für diesen deklaratorisch. In der praktischen Anwendung sind die Unterschiede geringfügig. **14**

Ein kleingewerblicher Unternehmer begründet nach neuem Recht keinerlei Kaufmannsqualifikation, gerade auch keine minderkaufmännische. Aber der Kleingewerbetreibende hat es in der Hand, sich vollständig dem Sonderprivatrecht zu unterwerfen, indem er seine Kaufmannseigenschaft durch Anmeldung zum Handelsregister herbeiführt. Die Eintragung ist konstitutiv. Der Kleingewerbetreibende ist zum **Kannkaufmann** geworden. **15**

Muss-, Voll- und Minderkaufmann sind Vergangenheit. An ihre Stelle sind Ist- und Kannkaufmann getreten. Dadurch sind Vorschläge der Bund-Länder-Arbeitsgruppe „Handelsrecht und Handelsregister" zur 65. Konferenz der Justizministerinnen und Justizminister vom 3. bis 5.5.1994 weitgehend Gesetz geworden[19]. **16**

bb) Das Recht des kaufmännischen Namens, das Firmenrecht, wurde liberalisiert, indem die Freiheit der Firmenbildung, namentlich durch die Zulassung von Phantasiebezeichnungen, mehr Raum erhielt. Die Notwendigkeit eines aus Personen- oder Sachfirma bestehenden Firmenkerns wurde aufgegeben. Der Irreführungsbegriff hat eine neue Grundlegung erfahren. **17**

---

18 *Schmidt*, § 10 I 1. a.

19 Zwischenbericht „Reform des Handelsrechts und Handelsregisterrechts", 1994, dazu ZRP 1993, 456 und *Schmidt*, DB 1994, 515.

18 **cc)** Das Recht der Güterbeförderung, das **Transportrecht**, ist durch Rechtszersplitterung gekennzeichnet gewesen[20]. Kraftverkehrsordnung (KVO), Eisenbahnverkehrsordnung (EVO), Binnenschifffahrtsgesetz, ubiquitär angewandte AGB führten beispielsweise dazu, dass sich der Anwendungsbereich des Frachtrechts in den damaligen §§ 425 bis 452 auf den Transport durch Pferdefuhrwerke und Fahrräder beschränkte. Die Lagerung von Gütern wurde durch die nunmehr aufgehobene Orderlagerscheinverordnung (OLSchVO) verkompliziert. Das neue Transportrecht hat die Übersichtlichkeit wiederhergestellt.

19 **dd)** Die gesetzgeberischen Beweggründe für das Gesetz zur Neuregelung des Kaufmanns- und Firmenrechts und zur Änderung anderer handels- und gesellschaftsrechtlicher Vorschriften (Handelsrechtsreformgesetz – HRefG) sind ausführlich erläutert in BT-Drucks. 13/8444 = BR-Drucks. 340/97 = ZIP 1997, 298 (Allgemeiner Teil) = ZIP 1997, 942; Referentenentwürfe in ZIP 96, 1401, 1445, 1485; 97, 942, 997; 98, 712 (Beschlussempfehlung des Rechtsausschusses, BT-Drucks. 13/10332).

20 Die Erläuterungen des Gesetzes zur Neuregelung des Fracht-, Speditions- und Lagerrechts (Transportrechtsreformgesetz – TRG) finden sich in der BT-Drucks. 13/8445 = BR-Drucks. 368/97.

21 Die Literatur hatte sich des **HRefG** angenommen (alphabetisch) durch

Bayer-Stiftung für deutsches und internationales Arbeits- und Wirtschaftsrecht: Die Reform des Handelsstandes und der Personengesellschaften, 1999; *Bokelmann*, GmbHR 1998, 57; *Bülow/Artz*, JuS 1998, 680; *Busch*, Rpfl 1998, 178; *Bydlinski*, ZIP 1998, 1169; *Frey/Bredow*, ZIP 1998, 1621; *Heinemann*, Festschrift Fikentscher 1998, S. 349; *Henssler*, ZHR 161 (1997) 13, 44; *Kaiser*, JZ 1999, 495; *Kögel*, BB 1997, 793 und 1998, 1645; *Körber*, Jura 1998, 452; *Krebs*, DB 1996, 2013; *Kornblum*, DB 1997, 1217; *D. Möller*, DIHT-Publikation, 1998; *Ring*, Das neue Handelsrecht, 1999; *Saenger*, Festschrift Leser 1998, S. 199; *Schaefer*, DB 1998, 1269; *Schmidt*, ZIP 1997, 909; NJW 1998, 2161 und DB 1998, 61; *Schulz*, JA 1998, 890; *Schumacher*, Handelsrechtsreformgesetz, 1998; *Treber*, AcP 199 (1999), 525; *Weber/Jacob*, ZRP 1997, 152; *Weber, Jürgen*, Sparkasse 1999, 140; *Wolff*, DZWiR 1997, 397; ein Resümee nach fünf Jahren bietet *Schmidt*, JZ 2003, 585,

und dem TRG durch

Basedow, TranspR 1998, 58; *Brett*, WiB 1997, 1221; *Fremuth*, TranspR 1997, 48; *Herber*, NJW 1998, 3297; *Heuer*, TranspR 1998, 45; *Koller*, VersR 1996, 1441; *de la Motte*, TranspR 1997, 85; *Thume*, BB 1997, 585 und BB 1998, 2117; *Valder*, TranspR 1998, 51.

---

20 *Dubischar*, Gütertransportrecht, 1987, S. 3.

1. Teil

Handelsstand

1. Abschnitt

Überblick und Grundbegriffe

A. Kauffrau/Kaufmann als Normadressat

I. Handelsgewerbe als Anknüpfung

Ausgangspunkt ist, dass Adressaten der Normen des Handelsgesetzbuches nur Kaufleute sind. Soweit sich eine Rechtsfolge an eine Norm des Gesetzes knüpft, ist die Kaufmannseigenschaft zumindest eines der Beteiligten also Voraussetzung dafür. Sie ist auch Tatbestandsvoraussetzung von §§ 29 Abs. 2, 38 Abs. 1 ZPO, 95 Abs. 1 Nr. 1, 109 Abs. 1 Nr. 3 GVG. Den kaufmännischen Normadressatenkreis bestimmen §§ 1 bis 6 HGB. Sie enthalten Einteilungskriterien unterschiedlicher Zielrichtung. Zunächst knüpft die Kaufmannseigenschaft an das Gewerbe an. Aber nicht jeder, der ein Gewerbe betreibt, ist Kaufmann. Vielmehr ist Voraussetzung, dass das Gewerbe einen Größenzuschnitt hat, der eine im Gesetz näher bestimmte professionelle Betriebsführung erfordert. Wird dieser Zuschnitt erreicht, ist das Gewerbe zugleich Handelsgewerbe. Wer ein Handelsgewerbe betreibt, der ist Kaufmann oder Kauffrau. Aber auch, wer ein kleines Gewerbe betreibt, kann es als Handelsgewerbe gelten lassen und folglich die Kaufmannseigenschaft erwerben. Dies geschieht durch seinen Antrag aufgrund eines behördlichen Akts, nämlich der Eintragung in das Handelsregister. Diese Eintragung macht den vormaligen Nichtkaufmann und schlichten Gewerbetreibenden zum Kaufmann, d.h. zum Normadressaten in vollem Umfang. Die Kaufmannseigenschaft haben außerdem die Personenhandelsgesellschaften sowie die Kapitalhandelsgesellschaften und Genossenschaften als juristische Personen. Schließlich können auch Personen, bei denen zweifelhaft sein mag, ob sie überhaupt ein Gewerbe betreiben, Kaufmann werden, nämlich in der Land- und Forstwirtschaft. Entsprechendes gilt für Vermögensverwaltungsgesellschaften (§ 105 Abs. 2, dazu u. Rn. 93). Dagegen spielt es für den Begriff des Handelsgewerbes und damit der Kaufmannseigenschaft keine Rolle, welcher Art das betriebene Gewerbe ist. Vielmehr ist jedes Gewerbe mit bestimmtem Größenzuschnitt zugleich Handelsgewerbe. Mit dieser Maßgabe entsprechen sich Kaufmannsbegriff und Gewerbebegriff. 22

II. Nichtkaufmännische Gewerbetreibende

23 Daneben gibt es Sachverhalte, in denen das Gesetz die Anwendung einiger seiner Normen auf Personen bestimmt, die nicht Kaufmann sind. Zunächst sind die Vorschriften über Handelsgeschäfte, die im 4. Buch (§§ 343 bis 475h) niedergelegt sind, im Allgemeinen auch für diejenigen Nichtkaufleute anwendbar, die mit einem Kaufmann oder einer Kauffrau ein Handelsgeschäft abschließen (§ 345, u. Rn. 353). Außerdem gelten für bestimmte nichtkäufmännische Berufsgruppen zwar nicht alle, aber einige Vorschriften. Es handelt sich um Kleingewerbetreibende, die sich nicht entschließen, durch Handelsregistereintragung Kaufmann zu werden. Auf den kleingewerblichen Handelsvertreter oder Handelsmakler sind die Vorschriften des Handelsvertreterrechts (§§ 84 bis 92c) resp. des Maklerrechts (§§ 93 bis 104) anwendbar (§§ 84 Abs. 4, 93 Abs. 3). Entsprechendes gilt für den kleingewerblichen Kommissionär und den Transportunternehmer. Auf die letztgenannten sind außerdem die Normen der Allgemeinen Vorschriften über Handelsgeschäfte (§§ 343 bis 372) weitgehend anwendbar (u. Rn. 78).[1]

B. Grundbegriffe

I. Gewerbe

24 **1.** Das Gewerbe ist Anknüpfungspunkt des Kaufmannsbegriffs neben Betriebsgröße oder Handelsregistereintragung. Es ist ein tätigkeitsbezogener Begriff und anders als der Begriff des Unternehmens kein gegenständlicher (nachf. Rn. 35). Das Gewerbe ist eine Tätigkeit, die dadurch gekennzeichnet ist[2], dass sie

25 **a) rechtlich selbständig** ausgeübt wird; kein Gewerbe übt also ein Arbeitnehmer aus, wohl aber, wer nur intern gebunden ist und wirtschaftlich unselbständig sein mag, z.B. ein Strohmann als Treuhänder;

26 **b) planmäßig** und auf **Dauer** ausgeübt wird; kein Gewerbe betreibt also, wer nur gelegentlich tätig wird;

27 **c)** äußerlich erkennbar auf mindestens einem **Markt** hervortritt[3]. Kein Gewerbe betreibt also der stille Teilhaber an einem anderen Unternehmen (§§ 230 ff.) oder eine Beamteneinkaufsstätte, die nur an Mitglieder verkauft[4], auch nicht, wer nur eigenes Vermögen verwaltet (aber oHG möglich: § 105 Abs. 2)[5].

28 **d) entgeltlich** ist; damit einher geht – um der Überlebensfähigkeit des Unternehmens willen – in aller Regel die Absicht, und sei es für die Zukunft, Gewinn zu erzielen, also

1 *Ralph Schmitt*, Die Rechtsstellung der Kleingewerbetreibenden, 2003, S. 118.
2 BT-Drucks. 13/8444, S. 24.
3 Zum Marktbegriff *Möschel*, Rn. 94, 95.
4 *Schmidt*, § 9 IV.2.b.bb.
5 *Siems*, NZG 2001, 738.

dafür zu sorgen, dass die Einnahmen die Kosten übersteigen; das ist auch bei Unternehmen der Fall, die die öffentliche Hand betreibt[6];

e) rechtsgeschäftlichen und damit privatrechtlichen Charakters ist, ohne dass es auf die zivilrechtliche Wirksamkeit des Geschäfts im Einzelfall ankäme; auf der anderen Seite kann sich auch die **öffentliche Hand** im Privatrechtsverkehr betätigen und Kaufmann sein[7], deshalb sind z.B. öffentlich-rechtliche Sparkassen Kaufleute; **29**

f) nicht wissenschaftlicher, künstlerischer, sportlicher, gemeinnütziger oder freiberuflicher Natur ist – an sich können auch auf solche Tätigkeiten die aufgezählten Voraussetzungen zutreffen. Wenn diese Berufe trotzdem nicht unter den Gewerbebegriff fallen, so mag dahinter die Vorstellung stehen, dass sie über den Niederungen des Profits als Primärzweck stehen – die Fragwürdigkeit dieser Vorstellung ist offenkundig, Ergebnisse erscheinen willkürlich: So betreibt zwar der Apotheker, nicht aber der Arzt ein Gewerbe (§§ 8 ApothekenG, 1 Abs. 2 Bundesärzteordnung)[8]. An die Unterscheidung knüpfen sich steuerrechtliche Folgen. **30**

g) Umstritten ist, ob der Verstoß gegen Gesetz oder gute Sitten den Gewerbebegriff ausschließt (Hehler und Ehevermittler als Kaufleute?[9]; aber soll ausgerechnet der Hehler z.B. von den Buchführungspflichten, § 238 – unten Rn. 257 ff. –, befreit sein?[10]; das Gewerbe dürfte zu bejahen, aber die Berufung auf günstige handelsrechtliche Normen, z.B. auf § 353 – unten Rn. 390 – unzulässig sein). Die Gewerbeeigenschaft darf **nicht durch Gesetz ausgeschlossen** sein – so gem. dem früheren § 16 ReichsbahnG, aber auch gem. § 3 Abs. 1 für die Land- und Forstwirtschaft, sofern nicht die Gewerbeeigenschaft durch Handelsregistereintragung begründet wird (u. Rn. 61). Der Verstoß gegen gewerberechtliche Vorschriften berührt die Kaufmannseigenschaft nicht, wie § 7 bestimmt. **31**

h) Allemal erfüllen den Begriff des Gewerbes der Handel auf allen Wirtschaftsstufen, das Handwerk, der Güter- und Personentransport, die Finanzdienstleistungen und überhaupt die nicht freiberuflichen Dienstleistungen (vorst. Rn. 30), das Verlagsgeschäft, das Versicherungsgeschäft, die Werbung, die Industrie. **32**

2. Wer ein Gewerbe betreibt ist zugleich **Unternehmer**. Der Unternehmerbegriff geht aber weiter, indem er namentlich auch die freien Berufe (vorst. Rn. 30, 3, vgl. auch § 14 Abs. 1 BGB) erfasst. Identisch sind die Begriffe Gewerbetreibender und gewerblicher Unternehmer. Nur ein gewerblicher Unternehmer kann Kaufmann sein, nämlich bei bestimmter Betriebsgröße, oder Kaufmann werden, nämlich durch Handelsregistereintragung. Ein nicht gewerblicher Unternehmer kann, von den Sonderfällen der Land- und Forstwirtschaft oder der Vermögensverwaltungsgesellschaften (§ 105 Abs. 2) abgesehen, als solcher nicht Kaufmann sein oder werden (s. freilich u. Rn. 47, 48). **33**

---

6 OLG Stuttgart, NJW-RR 1999, 1557 mit abl. Bspr. *Schmidt*, JuS 2000, 298, a.A. *Schmidt*, § 9 IV.2.d.
7 Vgl. OLG Stuttgart, NJW-RR 1999, 1557.
8 BayObLG, NJW-RR 2002, 968.
9 *John*, JR 1977, 364, dagegen *Brox/Henssler*, § 2 Rn. 21.
10 *Canaris*, § 2 Rn. 13.

34 3. Dieselbe Unternehmerin kann **Mehrfachunternehmerin,** d.h. mit mehreren Unternehmen tätig sein. Jedes ihrer Unternehmen kann unterschiedlich kaufmännisch oder auch nichtkaufmännisch qualifiziert sein. Wer eine kleine Boutique betreibt, kann außerdem mit einer Großdruckerei und als Chansonsänger sein Geld verdienen und eine Landwirtschaft führen. Die Geschäfte mit seiner Boutique betreibt er als kleingewerblicher Nichtkaufmann, die mit der Druckerei gem. § 1 Abs. 2 als Kaufmann, die mit der Landwirtschaft gegebenenfalls als Kannkaufmann gem. § 3 Abs. 2 und die als Sänger als nichtgewerblicher Nichtkaufmann. Allerdings muss jedes einzelne Geschäft dem jeweiligen Tätigkeitsfeld zugeordnet werden können (vgl. §§ 343, 344, u. Rn. 347). Vorausgesetzt ist weiter, dass alle Unternehmen organisatorisch getrennt sind[11], so dass dieselbe Person das eine Mal Normadressat von Handelsrecht ist, das andere Mal nicht. Sind die Unternehmen nicht organisatorisch getrennt („gemischter Betrieb")[12], kommt es auf den Schwerpunkt des Geschäftsbetriebs an. Weist dieser Schwerpunkt die Strukturmerkmale von § 1 Abs. 2 auf, ist die Unternehmerin Kauffrau.

II. Gewerbebetrieb, Geschäftsbetrieb

35 In der Terminologie des Gesetzes (§ 1 Abs. 2, 2 Satz 1) ist Gewerbebetrieb nicht etwa die Betriebsstätte, sondern wiederum die gewerbliche Tätigkeit, das Betreiben. Gewerbe und Gewerbebetrieb sind demgemäß synonyme Begriffe. Die Betriebsstätte, der Betrieb resp. Geschäftsbetrieb (§ 1 Abs. 2), ist Bestandteil des Unternehmens als gegenständlichem Begriff (nachf. Rn. 36).

III. Unternehmen, Handelsgeschäft, Unternehmensträger

36 Das gewerbliche Unternehmen ist der Inbegriff von Vermögensgegenständen [13] (materiellen wie immateriellen, z.B. Erwerbschancen, der sog. „good will") als organisatorische Einheit, mit der die gewerbliche Tätigkeit verwirklicht wird, anders gewendet die betriebsfähige Wirtschaftseinheit, die dem Unternehmer das Auftreten am Markt ermöglicht[14]. Ist das Gewerbe ein tätigkeitsbezogener Begriff, so ist das gewerbliche Unternehmen ein gegenständlicher[15]. Dieser für die Zwecke des Handelsrechts zugrunde gelegte Unternehmensbegriff deckt sich nicht mit demjenigen des Konzernrechts (§§ 15 ff., 291 ff. AktG), des Kartellrechts (§§ 1 GWB) oder des Mitbestimmungsrechts (§§ 1 Abs. 1 MitbestG, 47 BetrVerfG). Das Unternehmen ist Anknüpfungsort des Größenmerkmals, das ein Gewerbe gem. § 1 Abs. 2 zum Handelsgewerbe und den Unternehmensträger zum Kaufmann macht. Das Unternehmen, welches einem Handelsgewerbe seines Inhabers dient, also notwendigerweise (Rn. 22.) eines kaufmän-

11 Koller/*Roth*, § 1 HGB Rn. 24.
12 BGH, NJW 1999, 2962 mit Bspr. *Schmidt*, JuS 2000, 193 und Komm. *Pfeiffer*, EWiR § 1 HGB 1/99, 797.
13 BGH, NJW 1968, 392.
14 Siehe bereits *v. Gierke*, ZHR 111, – 1948 –, 1.
15 *Sandrock*, S. 272 f.

nischen Unternehmensträgers, bezeichnet das Gesetz in §§ 22 bis 27 sowie 28, wo es Gegenstand von Veräußerungs- und Erwerbsvorgängen ist, als „Handelsgeschäft" resp. „Geschäft" (u. Rn. 218), wohingegen in § 343 mit Handelsgeschäft die einzelne kaufmännische Handlung bezeichnet wird, Rn. 347). Im Übrigen knüpfen handelsrechtliche Normen nicht an das Unternehmen als ein Rechtssubjekt, sondern an den Unternehmer als natürliche oder juristische Person bzw. als Personenhandelsgesellschaft[16] und zugleich als Unternehmensträger an[17] (subjektives System, o. Rn. 3). Dieser und nicht das Unternehmen ist Rechtssubjekt. Parteifähig im Prozess ist deshalb auch nur der Unternehmer, nicht das Unternehmen[18].

Ein, wenn auch nicht gewerbliches und folglich nicht kaufmännisches Unternehmen **37**
betreibt auch ein Freiberufler[19], aber etwa auch der vielbeschäftigte Gutachter zu wissenschaftlichen Fragestellungen oder der rastlose Künstler, denkbar auch der Profi-Sportler. Sie sind trotzdem, wenn sie sich nicht als juristische Person des Handelsrechts, insbesondere als GmbH organisieren[20](Rn. 76), nicht Normadressaten.

IV. Handelsregister

1. Das Handelsregister ist eine elektronische Liste, in der Kaufleute und ihre Zweig- **38**
niederlassungen (§§ 13 bis 13h) eingetragen werden. Es wird vom Amtsgericht nach Maßgabe von §§ 374 bis 399 FamFG als öffentliche, nämlich fürsorgende Aufgabe des Staates geführt. Für jeden Eingetragenen wird in dem für Handelsregistereintragungen bestimmten Datenspeicher ein Datenblatt (§ 8a) angelegt[21]. In die Datei und die dazugehörigen Schriftstücke (z.B. Gesellschaftsverträge, Prokurabestellungen) hat gem. § 9 Abs. 1 jedermann **Einsichtsrecht** durch Datenabruf: Wer sich mit einem Kaufmann oder einer Kauffrau einlässt, soll sich über bestimmte, vom Gesetz festgelegte (u. Rn. 129) geschäftliche Umstände informieren dürfen, ein ordentlicher Kaufmann hat hierüber nichts zu verbergen. Es herrscht **Publizität**[22], die sich auf Traditionen bereits in vorindustrieller Zeit stützen kann[23]. Wird etwas im Handelsregister eingetragen, ist die Eintragung zusätzlich im Internet-Portal „www.handelsregister.de" bekanntzumachen, § 10. Publizitätsakte sind also **Eintragung** und **Bekanntmachung** (vgl. u. Rn. 151). Die Eintragungen im Handelsregister werden im Allgemeinen (Ausnahme: z.B. § 31 Abs. 2, Amtslöschung § 393 FamFG, sowie u. Rn. 215)[24] nicht von Amts we-

16 BGHZ 61, 59 (69) = NJW 1973, 1647.
17 *Schmidt*, § 5 I.
18 OLG Frankfurt, BB 1985, 1219.
19 Die Abgrenzung kann schwierig sein, OLG Zweibrücken NJW-RR 2013, 241 (Ingenieurbüro gewerblich).
20 *Bachmann*, NJW 2001, 3385.
21 BGHZ 108, 32; OLG Köln, NJW-RR 1991, 1255; *Windbichler*, CR 1988, 447; *Kollhosser*, NJW 1988, 2409.
22 *Paefgen*, ZIP 2008, 1653; *Noack*, Festschr. Eisenhardt 2007, S. 475.
23 Z.B. Prokuren- und Gesellschaftsregister nach der Frankfurter Wechselordnung von 1666, *Amend-Traut*, Schriftenreihe der Gesellschaft für Reichskammergerichtsforschung, Heft 37, 2009, S.8.
24 OLG Karlsruhe ZIP 2015, 39; OLG Celle ZIP 2014, 1837; OLG Düsseldorf ZIP 2014, 874; OLG Schleswig, NJW-RR 2001, 30; *Müther*, RPfl 1999, 10.

gen vollzogen, sondern auf Antrag (elektronisch in öffentlich beglaubigter Form als Vollzugs-, nicht Wirksamkeitsvoraussetzung[25], § 12) desjenigen, in dessen Angelegenheiten eingetragen werden soll. Wie elektronische Dokumente öffentlich beglaubigt werden, ist § 39a Beurkundungsgesetz zu entnehmen, § 12 Abs. 2[26]. Das Gesetz bezeichnet den Antrag als Anmeldung. Wo das Gesetz die Anmeldung zur Eintragung in das Handelsregister zur Pflicht macht (s.u. Rn. 124), kann bei Nichterfüllung Zwangsgeld festgesetzt werden (§ 14).

38a Neben dem Handelsregister gibt es noch andere wirtschaftsrelevante Register wie z.B. das Genossenschaftsregister (§ 10 GenG) und das Partnerschaftsregister (§ 4 PartGG, vgl. unten Rn. 72, 173). Deren Eintragung und Bekanntmachung sowie andere Veröffentlichungen, z.B. Jahresabschlüsse (§ 325, unten Rn. 258), Kapitalmarktinformationen (in Umsetzung der Transparenzrichtlinie 2004/107/EG) werden im **Unternehmensregister** nach § 8b zusammengefasst und können elektronisch abgerufen werden.

39 **Zweck** des Handelsregisters ist es, die kaufmännischen Verhältnisse offenzulegen, worauf das Einsichtsrecht für jedermann beruht. Das Handelsregister ist aber nicht nur Publizitätsmittel, sondern infolge des Amtsermittlungsgrundsatzes nach § 26 FamFG auch Mittel gerichtlicher Überprüfung[27], ob zur Eintragung anstehende Tatsachen und Vorgänge dem Gesetz entsprechend abgewickelt worden sind. Trotz der Kontrolle durch das Gericht kommt es aber immer wieder vor, dass Eintragungen unrichtig oder unvollständig vollzogen werden oder gar nicht hätten vollzogen werden dürfen oder aber hätten vollzogen werden müssen, ohne dass dies geschehen wäre. Dadurch kann der Anschein von Umständen entstehen, die nicht oder so nicht existieren, und es stellt sich die Frage, ob und wie das Vertrauen Dritter in diesen Anschein, den Registerrechtsschein, zu schützen ist (§§ 5, 15, dazu u. Rn. 87 ff., 123 ff.).

40 **2.** Es gibt gesetzgeberische Überlegungen, die Führung des Handelsregisters von den Amtsgerichten auf die Industrie- und Handelskammern zu übertragen[28], die allerdings nicht durch das Gesetz über elektronische Handelsregister und Genossenschaftsregister sowie das Unternehmensregister vom 10.11.2006 (**EHUG**, in Umsetzung der EG-Richtlinien 2003/58 und 2004/109) verwirklicht wurden. Rechtspolitische Überlegungen befassen sich außerdem mit der Frage, ob ein Register für unternehmerische Gesellschaften bürgerlichen Rechts, die rechtsfähig, aber gerade nicht handelsregisterfähig sind, geschaffen werden sollte[29]. Eine elektronische Vernetzung der Handelsregister in der Europäischen Union, durch die Unternehmensdaten ausgetauscht werden können, wird durch die Richtlinie 2012/17/EU vom 13.6.2012 angestrebt[30], umgesetzt durch § 9b HGB[31].

---

25 OLG Jena, NJW-RR 2003, 99.

26 *Meyding/Bödecker*, BB 2006, 1009 (1012); *Liebscher/Scharff*, NJW 2006, 3745 (3747).

27 BGH, ZIP 2011, 1562; Staub/*Hüffer*, vor § 8 Rn. 1, 2.

28 BT-Drucks. 13/8443, S. 19 f.; *Ulmer*, ZRP 2000, 47; *Dieckmann*, ZRP 2000, 44; *Stumpf*, BB 1998, 2380; *Kassau*, Das Recht auf kommerzielle Nutzung des Handelsregisters, 1998, S. 223 ff.; *Gernoth*, BB 2004, 837; *Ries*, BB 2004, 2145.

29 *Demharter*, NJW-Sonderheft zur Auflösung des *BayObLG*, 2005, S. 18; abl. *Schöpflin*, NZG 2003, 606.

30 *Ries*, ZIP 2013, 866; BT-Drucks. 18/2137.

31 BGBl. I v.22.12.2014, S.2409.

2. Abschnitt

Der Begriff des Kaufmanns

A. System des Gesetzes im Überblick: Ist-Kaufmann, Kannkaufmann, Formkaufmann, Fiktions- und Scheinkaufmann

I. Kaufmann kraft Größenzuschnitts des Unternehmens

Wer ein Gewerbe betreibt (o. Rn. 24), ist gem. § 1 Abs. 1 Kaufmann, wenn das Gewerbe zugleich die rechtlichen Voraussetzungen eines Handelsgewerbes erfüllt. Diese Voraussetzungen liegen nach. § 1 Abs. 2 in Größenmerkmalen. Wird das Gewerbe durch ein größeres Unternehmen bestimmten Zuschnitts (o. Rn. 22 und nachf. Rn. 49) betrieben, ist der Gewerbetreibende (anders gewendet: der Unternehmensträger, o. Rn. 36) allein aufgrund dessen Kaufmann und Normadressat des Gesetzes. Wird das Gewerbe dagegen durch ein kleines Unternehmen betrieben, ist der Gewerbetreibende überhaupt nicht Kaufmann und, wie jedermann, gem. § 345 (dazu näher u. Rn. 353) nur dann Normadressat des HGB, wenn er mit einem Kaufmann in rechtsgeschäftliche Beziehungen tritt. Die zivilrechtlichen Verhältnisse des Kleingewerbetreibenden als Nichtkaufmann im Übrigen richten sich vielmehr ausschließlich nach allgemeinen zivilrechtlichen Vorschriften, aber nicht nach dem Sonderprivatrecht der Kaufleute. Nur in bestimmten Ausnahmefällen, nämlich im Kommissionsrecht nach § 383 Abs. 2 (u. Rn. 78 ff., 529), im Gütertransportrecht und im Handelsvertreter- und Maklerrecht kommt eine teilweise Anwendung handelsrechtlicher Normen auf kleingewerbliche Nichtkaufleute in Betracht. **41**

Das in bestimmter Unternehmensgröße betriebene Gewerbe macht den Unternehmensträger, ob er will oder nicht, zum Kaufmann, ohne dass weitere Voraussetzungen zu erfüllen wären. Allein der tatsächliche Zuschnitt des Unternehmens gibt Maß. Man mag den Unternehmensträger deshalb als Ist-Kaufmann bezeichnen[32]. Namentlich ist der Unternehmensträger unabhängig von einer Eintragung im Handelsregister Kaufmann. Zwar ist ein Kaufmann gem. § 29 (o. Rn. 38) verpflichtet, seine Firma zum Handelsregister anzumelden, aber die daraufhin vollzogene Eintragung bekundet nur einen ohnehin bestehenden Zustand. Die Eintragung ist deklaratorisch, nicht aber rechtsbegründend, sie ist also nicht konstitutiv. **42**

II. Kaufmann kraft Handelsregistereintragung

1. Kleingewerbetreibender

a) Dem nichtkaufmännischen, d.h. kleingewerblichen Unternehmer gewährt das Gesetz durch § 2 die Möglichkeit, Kaufmann zu werden und sich dadurch vollständig, **43**

32 So BT-Drucks. 13/8444, S. 31, 32.

nicht etwa nur teilweise dem Sonderprivatrecht zu unterwerfen. Da er als Kleingewerbetreibender gerade nicht Ist-Kaufmann sein kann, bedarf seine Verwandlung vom Nichtkaufmann zum Kaufmann, des Gewerbes zum Handelsgewerbe, eines Begründungsakts. Mit Hilfe dieses Begründungsakts kann der Kleingewerbetreibende zum Kaufmann werden. Man mag ihn als Kann-Kaufmann bezeichnen[33]. Der Begründungsakt ist die Eintragung im Handelsregister. Diese Eintragung hat folglich konstitutiven Charakter (u. Rn. 57).

44 **b)** Für einzelne Gewerbegruppen macht das Gesetz auch Nichtkaufleute zu Normadressaten, die jedoch nicht dem Sonderprivatrecht insgesamt, sondern nur einzelnen Vorschriften unterworfen sind (Rn. 81 ff.). Hinzu kommt die Frage der entsprechenden Anwendung auf Nichtkaufleute und Nichtgewerbetreibende (u. Rn. 78 ff.).

2. Land- und Forstwirtschaft

45 Für land- und forstwirtschaftliche Unternehmen mag man bereits die Gewerblichkeit ihres Handelns für zweifelhaft halten[34], jedenfalls ist Ausgangspunkt, dass sie in anderen Formen und Bedingungen betrieben werden als kaufmännische Unternehmen und deshalb das Sonderprivatrecht der Kaufleute nicht passt[35]. Aber auch dem Land- oder Forstwirt überlässt das Gesetz die Entscheidung, durch konstitutive Handelsregistereintragung gem. § 3 Kaufmann zu werden. Eintragungsvoraussetzung für diese Variante des Kannkaufmanns ist eine Unternehmensgröße, wie sie für die Bestimmung des Handelsgewerbes Maß gibt (u. Rn. 61).

III. Freie Berufe und andere Nichtgewerbetreibende

46 Dagegen kann ein Freiberufler, Wissenschaftler, Künstler oder Sportler nicht Kaufmann werden. Sie können zwar Unternehmer sein, betreiben aber kein Gewerbe (o. Rn. 30). Jedoch hat dieser Personenkreis die Möglichkeit, sich als juristische Person, namentlich als GmbH, zu organisieren[36]. Auf diese Weise nehmen sie an der Kaufmannseigenschaft dieser juristischen Person als Formkaufmann teil (nachf. Rn. 47).

IV. Kaufmann kraft Organisationsform

47 Die Organisationsform kann die Kaufmannseigenschaft begründen. Die Kapitalhandelsgesellschaften GmbH und AG sowie Genossenschaften sind Formkaufleute (unten Rn. 72 ff.), auch wenn die allgemeinen Voraussetzungen der Kaufmannseigenschaft nicht erfüllt sind.

---

33 So BT-Drucks. 13/8444, S. 32.

34 *Hofmann*, NJW 1976, 1297.

35 *Denkschrift*, S. 14.

36 Sonderregelungen gelten für Wirtschaftsprüfer und Steuerberater, die sich gem. §§ 27 Abs. 2 WPG, 49 StBerG als Personengesellschaften organisieren können, BGH, NJW 2015, 61 mit Komm. *Armbrüster* EWiR 2014, 705.

V. Kaufmann kraft Handelsregisterlage oder Rechtsscheinzurechnung

Es mag vorkommen, dass Eintragungen im Handelsregister mit den wirklichen Verhältnissen nicht übereinstimmen. Unter Umständen muss sich der Eingetragene dem Handelsregisterausweis entsprechend als Kaufmann behandeln lassen (§§ 5, 15), Gleiches kann aus der Zurechnung anderer Rechtsscheintatbestände folgen (u. Rn. 87 ff.). **48**

B. Kaufmann nach der Größe des gewerblichen Unternehmens

I. Notwendigkeit kaufmännischer Betriebsführung

Kaufmann kann nur sein, wer ein Gewerbe betreibt. Wie aber aus § 1 Abs. 1 folgt, ist nicht jeder Gewerbetreibende zugleich Kaufmann, sondern nur, wer ein Handelsgewerbe betreibt. Was ein Gewerbe zum Handelsgewerbe macht, bestimmt § 1 Abs. 2 nach der Struktur des Unternehmens (o. Rn. 36), mit dem das Gewerbe betrieben wird. Handelsgewerbe ist das Gewerbe nur, wenn das Unternehmen nach Art oder Umfang einen in kaufmännischer Weise eingerichteten Geschäftsbetrieb erfordert, die unternehmerische Tätigkeit, anders gewendet, eine kaufmännische Unternehmensführung notwendig macht[37]. **49**

Die Erforderlichkeit richtet sich nach **objektiven** Kriterien. Zu fragen ist, ob die Geschäftsvorfälle so vielschichtig sind, dass es des Einsatzes spezifisch kaufmännischer Instrumente (z.B. doppelte Buchführung, unten Rn. 268) bedarf, um den Überblick wahren zu können[38]. Es kommt also nicht darauf an, ob der Gewerbetreibende tatsächlich eine kaufmännische Betriebsführung eingerichtet hat, obwohl weder die Art des Betriebes oder sein Umfang diese erforderte. Es kommt auch nicht auf Umsatz oder Gewinn an. Wer etwa als Kunsthändler pro Jahr ein Bild anschafft und weiterverkauft und dabei Millionengewinne erzielt, bedarf dennoch keiner kaufmännischen Betriebsführung: Der Umfang des Gewerbes, die Anzahl der Geschäftsabschlüsse, ist zu gering. Ein Kiosk, eine Eisdiele, kann umfangreich Geschäfte abschließen – in aller Regel erfordert die Art solcher Unternehmen keine kaufmännische Betriebsführung. Das Merkmal der Erforderlichkeit entzieht sich schematischer Betrachtung. Ausschlaggebend ist eine Gesamtbetrachtung[39], wobei der tatsächliche Zuschnitt der Betriebsführung durchaus indizielle Bedeutung haben kann, also etwa die Ausstattung mit Buchhaltern, die Zahl der Beschäftigten, das Anlage- und Umlaufkapital, die Inanspruchnahme von Kredit. Andererseits kann ein unzureichend ausgestattetes Unternehmen der kaufmännischen Betriebsführung durchaus bedürfen und der Unternehmensträger deshalb Kaufmann sein. Nicht reicht es aus, dass ein Unternehmen nur **50**

---

37 Hinreichender Grad an Professionalität: OLG Dresden, NJW-RR 2002, 33 mit insoweit krit. Komm. *Pfeiffer*, EWiR § 1 HGB 1/01, 673; *Siems*, NJW 2003, 1296.

38 *Pfeiffer*, a.a.O.

39 BGH, DB 1960, 1097.

nach der Art oder nur nach dem Umfang des Gewerbebetriebes der kaufmännischen Betriebsführung bedarf.

II. Handelsregister

51 Ist das Gewerbe zugleich Handelsgewerbe (vorst. Rn. 49), ist sein Inhaber Kaufmann oder Kauffrau, ohne dass weitere Voraussetzungen hinzu kommen müssten. Namentlich kommt es nicht auf die Eintragung im Handelsregister an. Zwar ist der Kaufmann gem. § 29 zur Handelsregisteranmeldung verpflichtet, aber die Kaufmannseigenschaft hat er auch ohne Anmeldung oder Eintragung. Das Handelsregister bekundet nur eine Tatsache, die ohnehin besteht. Die Handelsregistereintragung ist deshalb deklaratorischer Natur, nicht aber konstitutiver. Fehlt die Eintragung, weist das Handelsregister die Kaufmannseigenschaft also nicht aus, ist es unrichtig. Dieses Verlautbarungsdefizit kann dem Kaufmann gem. § 15 Abs. 1 zum Nachteil gereichen (Rn. 125).

III. Zeitablauf

52 **1.** Umfang, aber auch Art des Gewerbes können sich im Laufe der Zeit ändern, namentlich sich die Notwendigkeit kaufmännischer Betriebsführung erst später ergeben. Demgemäß kann ein kleingewerblicher Nichtkaufmann ipso iure, d.h. ohne dass es einer besonderen Rechtshandlung bedürfte, zum Kaufmann werden. Die zunächst mit Fug unterbliebene Verlautbarung im Handelsregister führt erst zu späterer Zeit zum Verlautbarungsdefizit. Das Verlautbarungsdefizit bewirkt Rechtsschein, nämlich Divergenz zwischen Handelsregisterausweis und wirklicher Rechtslage, der zu differenzierten Konfliktslösungen führt (u. Rn. 87 ff.). In anderer Hinsicht aber braucht der Zeitfaktor keine Rolle zu spielen: Wer mit großem Kapitalaufwand ein aussichtsreiches kaufmännisches Unternehmen gründet, wird in der Anfangsphase typischerweise noch einen geringen Geschäftsumfang haben. Abzuwarten, bis der erwartete Umfang wirklich erreicht ist und ihn erst dann als Kaufmann (und Normadressaten des gesamten HGB) anzusehen, wäre verfehlt. Er ist vielmehr von Anfang an Kaufmann[40].

53 **2.** Auf der anderen Seite kann ein im Handelsregister eingetragener Kaufmann sein gewerbliches Handeln so einschränken, dass der Zuschnitt seines Unternehmens kleingewerblich wird. Er bleibt dennoch Kaufmann, weil sein Unternehmen gem. § 2 Satz 1 als Handelsgewerbe gilt (u. Rn. 56, 93, 95)[41]. Das Handelsregister bleibt richtig, aber der Kaufmann kann die Löschung seiner Eintragung gem. § 2 Satz 3 herbeiführen (u. Rn. 58).

---

40 BGHZ 10, 91 (96); BayObLG, GmbHR 1985, 216.

41 Str., a.A. z.B. *Lieb*, NJW 1999, 35: Fiktionskaufmann nach § 5, u. Rn. 93.

IV. Beweislast

54 Die Gesetzesformulierung „es sei denn" in § 1 Abs. 2 bedeutet eine tatsächliche Vermutung. Besteht unter den Beteiligten Streit, ob ein Gewerbetreibender handelsrechtlichen Normen unterliegt, wird vermutet, dass sein Gewerbe zugleich ein Handelsgewerbe sei. Beruft sich der Gewerbetreibende auf den nichtkaufmännischen Zuschnitt seines Unternehmens, trägt er dafür die Beweislast; gelingt ihm der Beweis nicht, ist er Adressat der handelsrechtlichen Norm. Macht der gewerbliche Käufer gegenüber dem kaufmännischen Verkäufer beispielsweise Gewährleistungsansprüche geltend, obliegt ihm die unverzügliche Mängelrüge nach § 377 (u. Rn. 487), wenn er nicht beweisen kann, nur einen Kleinbetrieb zu führen. Leitet auf der anderen Seite der nichtkaufmännische Kleingewerbetreibende Rechte aus handelsrechtlichen Normen her, z.B. auf Fälligkeitszinsen gem. § 353 (u. Rn. 390), streitet die Vermutung für ihn, sodass dem kaufmännischen Gegner der Beweis des fehlenden Handelsgewerbes obliegt. Im Verfahren vor dem Registergericht trifft den Unternehmer die Beweislast nicht, sondern es gilt gem. § 26 FamFG der Amtsermittlungsgrundsatz[42]. Bleiben Zweifel bestehen, hat aber auch das Registergericht von der handelsgewerblichen Größenstruktur auszugehen[43].

C. Kaufmann kraft fakultativer Handelsregistereintragung

I. Entscheidung des Unternehmers

55 Wer aufgrund seines überschaubaren Unternehmenszuschnitts gem. § 1 Abs. 2 Nichtkaufmann ist oder wer die Land- oder Forstwirtschaft betreibt und gem. § 3 Abs. 1 nicht Normadressat des Handelsrechts ist, kann dennoch Kaufmann werden. Das Gesetz überlässt ihm die Entscheidung, ob er sich dem Sonderprivatrecht unterwirft. Diese Entscheidung ist gegenständlich unteilbar, indem der Unternehmer Normadressat aller Vorschriften des Gesetzes und nicht etwa nur von Teilen daraus wird. Sie ist für den Kleingewerbetreibenden aber zeitlich teilbar, kann nämlich ohne weiteres wieder – mit Wirkung ex nunc – rückgängig gemacht werden (nachf. Rn. 58), bei Land- oder Forstwirten kann sie aber endgültig sein (u. Rn. 68).

II. Kleingewerbetreibende (§ 2)

56 **1.** Erfordert die Tätigkeit des Gewerbetreibenden nach Art oder Umfang einen in kaufmännischer Weise eingerichteten Geschäftsbetrieb nicht, anders gewendet, ist eine kaufmännische Unternehmensführung entbehrlich und folglich das Gewerbe kein Handelsgewerbe (o. Rn. 49), ist der Gewerbetreibende als Kleinunternehmer nicht Kaufmann und nicht Normadressat. Trotzdem gilt er als Kaufmann, wenn und sobald er seine Eintragung im Handelsregister herbeiführt. Es bleibt dabei, dass das Gewerbe

42 BT-Drucks. 13/8444, S. 48.
43 *von Olshausen*, RPfl 2001, 53 (55).

nach der Begriffsbestimmung von § 1 Abs. 2 kein Handelsgewerbe ist, aber es wird infolge der Eintragung so behandelt; darin liegt eine Fiktion. Aufgrund dieser Fiktion wird der Gewerbetreibende zum Kaufmann. Die Kaufmannseigenschaft selbst wird also nicht fingiert, sondern nur ihre Voraussetzung, nämlich das in Wahrheit nicht betriebene Handelsgewerbe.

57 Dem Kleingewerbetreibenden steht es frei, Nichtkaufmann zu bleiben, aber er hat die **Option**, Kaufmann zu werden[44]. Infolgedessen ist er zur Handelsregisteranmeldung berechtigt, aber nicht verpflichtet, wie § 2 Satz 2 klarstellt. Indem die ins Belieben des Gewerbetreibenden gestellte und von ihm herbeigeführte Eintragung die Verwandlung vom Nichtkaufmann zum Kaufmann bewirkt, hat sie **konstitutiven**, nicht bloß deklaratorischen Charakter wie im Falle des Ist-Kaufmanns (o. Rn. 51). Es handelt es sich um eine eintragungsfähige, nicht aber um eine einzutragende, d.h. eintragungspflichtige Tatsache (vgl. § 15 Abs. 1, u. Rn. 126).

58 **2. – a)** Reut den Kannkaufmann die freiwillige Unterwerfung unter das Sonderprivatrecht, bleibt er an seinen Entschluss nicht gebunden. Vielmehr kann er sich in einen Nichtkaufmann und bloßen Gewerbetreibenden zurückverwandeln. Die Rückverwandlung kann er durch **Löschung** der Eintragung herbeiführen. Mit ihrem Vollzug endet die Kaufmannseigenschaft, sodass auch die Löschung konstitutive Wirkung hat. Für die Zeit während der Eintragung bleibt es bei der Anwendung des Sonderprivatrechts auf den Kleingewerbetreibenden. Die Löschung wirkt ex nunc.

59 **b)** Die Löschungsoption hat auch der vormalige Ist-Kaufmann, dessen Unternehmen sich auf kleingewerblichen Zuschnitt vermindert hatte (str., o. Rn. 53).

60 **3.** Im **Zeitablauf** kann die Fiktion des Handelsgewerbes entfallen, weil sich das Unternehmen des Gewerbetreibenden derart verändert hatte, dass eine kaufmännische Betriebsführung erforderlich geworden, das Unternehmen also in den Zuschnitt eines Handelsgewerbes hineingewachsen war. Der Kannkaufmann ist zum Ist-Kaufmann geworden. Infolgedessen wäre er gem. § 29 Abs. 1 zur Anmeldung zum Handelsregister verpflichtet, hätte er sie nicht ohnehin schon vorher erklärt. Die seinerzeitige fakultative Anmeldung wäre jetzt obligatorisch. Deshalb kommt eine Löschung nicht mehr in Betracht, wie § 2 Satz 3 klarstellt.

III. Land- und Forstwirtschaft (§ 3)

1. Großbetriebe

61 **a)** Landwirtschaft ist derjenige Wirtschaftszweig, der die **organische Nutzung von Grund und Boden** zur Gewinnung von Nutzpflanzen und von Nutztieren und deren Erzeugnissen zum Gegenstand hat[45]. Forstwirtschaft ist die auf Gewinnung und Erhaltung von Wäldern gerichtete Wirtschaftstätigkeit. In erster Linie befassen sich diese

---

44 BT-Drucks. 13/8444, S. 31, 33.
45 *Schmidt*, § 10 VI.2.a; abw. *Raisch*, Festschrift Ballerstedt, S. 443, 457.

Unternehmen mit **Urproduktion,** sodass schon deshalb, obwohl sie bewegliche Sachen weiterveräußern, die Gewerbeeigenschaft zweifelhaft erscheinen mag. Jedenfalls bestimmt § 3 Abs. 1, dass die Regelung über Handelsgewerbe auf die land- und forstwirtschaftliche Tätigkeit und mithin das Sonderprivatrecht nicht anwendbar ist. Der landwirtschaftliche Unternehmer ist Nichtkaufmann. Sofern das landwirtschaftliche oder forstwirtschaftliche Unternehmen aber einen in kaufmännischer Weise eingerichteten Geschäftsbetrieb erfordert, also größeren Zuschnitt hat, kann der Unternehmer die Kaufmannseigenschaft erlangen, indem er gem. § 3 Abs. 2 die Eintragung im Handelsregister herbeiführt. Ebenso wie der kleingewerbliche Kannkaufmann (§ 2 Satz 2) ist er aber nicht zur Herbeiführung der Eintragung verpflichtet, sondern lediglich **berechtigt**. Der Erwerb der Kaufmannseigenschaft ist also auch für den Land- oder Forstwirt, dessen Unternehmen kaufmännischer Betriebsführung bedarf, fakultativ, die Eintragung im Handelsregister hat demgemäß **konstitutiven** Charakter.

b) Grund der Regelung ist vor allem, der Land- und Forstwirtschaft die Möglichkeit zu **62**
Zusammenschlüssen in der Form der oHG oder KG zu ermöglichen[46].

c) Gem. § 3 Abs. 3 kann die Kaufmannseigenschaft auf ein **Nebengewerbe** be- **63**
schränkt werden, soweit dieses in kaufmännischer Weise betrieben wird, z.B. eine Molkerei, Kornbrennerei, Aufbereitung von Grasabfällen als Viehfutter (Silierung)[47].

d) Hat der Land- oder Forstwirt mit einem Unternehmen größeren Zuschnitts erst **64**
einmal von seinem Wahlrecht Gebrauch gemacht, ist er daran gebunden: Gem. § 3 Abs. 2 findet die **Löschung** im Handelsregister nach allgemeinen Regeln statt, also vor allem bei Wegfall der Eintragungsvoraussetzungen oder Betriebsstilllegung. Der Land- oder Forstwirt kann es sich aber nicht nachträglich anders überlegen. Die Löschung ist also anders als für den kleingewerblichen Kannkaufmann (o. Rn. 58) und anders als die Eintragung selbst nicht fakultativ.

2. Kleingewerbliche Betriebe

Fraglich ist, ob ein land- oder forstwirtschaftlicher Unternehmer, dessen Geschäfts- **65**
betrieb zugleich und wie meist die Voraussetzungen eines gewerblichen Unternehmens erfüllt, aber keiner kaufmännischen Betriebsführung bedarf, die Eintragung nach § 2 herbeiführen kann.

a) Die Regelung aus § 3 Abs. 1 steht nicht entgegen, weil danach nur die Vorschriften **66**
über Ist-Kaufleute nach § 1 für unanwendbar erklärt werden, nicht aber die Vorschriften über kleingewerbliche Kannkaufleute gem. § 2. Die Bestimmung von § 3 Abs. 2 erfasst nur die größeren gewerblichen Geschäftsbetriebe (o. Rn. 49), enthält aber gerade keine Regelung über kleingewerbliche land- oder forstwirtschaftliche Unternehmen. Auf der anderen Seite ist nicht ersichtlich, aus welchem Grunde die Land- oder Forstwirtschaft von der Eintragungsoption für kleingewerbliche Unternehmen

46 *Hofmann*, NJW 1976, 1297 m.w.N:
47 OLG Köln, NJW-RR 2001, 897; *Schmidt*, JuS 2001, 921.

ausgeschlossen sein könnte. Richtigerweise[48] ist deshalb davon auszugehen, dass ein land- oder forstwirtschaftlicher gewerblicher Unternehmer nicht nur nach § 3 Abs. 2, sondern auch nach § 2 die Kaufmanns-Option hat.

67 **b)** Infolgedessen richtet sich die **Löschung** der kleingewerblichen Firma nicht nach § 3 Abs. 2, sondern nach § 2 Satz 3 (o. Rn. 58 und 60): Die Löschung ist für den kleingewerblichen Land- oder Forstwirt fakultativ, für den Großbetrieb nicht (vorst. Rn. 64)[49].

3. Unterschiede und Folgerungen

68 **a)** Die Gewerblichkeit des land- oder forstwirtschaftlichen Unternehmens vorausgesetzt, ist die beantragte Eintragung zu vollziehen, gleich welchen Größenzuschnitt das Unternehmen hat. Unterschiedlich sind die Unternehmer erst zu behandeln, wenn sie die Löschung der Handelsregistereintragung anstreben. Bedarf das land- oder forstwirtschaftliche Unternehmen im Zeitpunkt der Löschung keiner kaufmännischen Betriebsführung, ist die Löschung fakultativ. Hat das Unternehmen größeren Zuschnitt, richtet sich die Löschung gem. § 3 Abs. 2 nach allgemeinen Vorschriften (o. Rn. 63). Man mag sich noch überlegen, ob dem Unternehmer, der im Zeitpunkt seiner Eintragung noch einen Kleinbetrieb hatte, der sich aber im Zeitablauf zum Großbetrieb wandelte (vgl. o. Rn. 52), die Löschungsoption erhalten bleibt, mag er doch seine Entscheidung zur Eintragung auf die damals noch bestehende Löschungsoption gestützt haben. Aber nunmehr greift die Regelung aus § 2 Satz 3, 2. Hs. ein: Die Verwandlung zum Großbetrieb dürfte die Löschungsoption vernichten (vgl. vorst. Rn. 67 a.E.). Hatte der Land- oder Forstwirt auf der anderen Seite im Eintragungszeitpunkt einen Großbetrieb gehabt, der im Löschungszeitpunkt zum Kleinbetrieb geschrumpft war, steht ihm die Löschungsoption zu.

69 **b)** Ist ein land- oder forstwirtschaftlicher Unternehmer als Kaufmann im Handelsregister eingetragen, kann dieses nur in einem Fall unrichtig sein, nämlich dem, dass es dem Kleinbetrieb bereits an der Gewerblichkeit fehlt (hierzu u. Rn. 98). In den übrigen Fällen ist der Unternehmer Kaufmann, ohne dass es auf die Unternehmensgröße ankäme. Deshalb treten Probleme des Registerrechtsscheins nicht auf.

IV. Die Prüfung durch das Registergericht

70 **1.** Im Falle von § 2 hat das Registergericht auf Anmeldung des Gewerbetreibenden die Eintragung zu vollziehen, gleich ob ein Handelsgewerbe oder ein Kleingewerbe betrieben wird, oder aus anderem Blickwinkel: Gleich, ob die Eintragung deklaratorischen oder konstitutiven Charakter hat. Deshalb ist das Gericht von der Prüfung entlastet, welchen Größenzuschnitt das Unternehmen hat, mit dem das Gewerbe betrie-

---

48 *Schmidt*, NJW 1998, 2161 (2163); *v. Olshausen*, JZ 1998, 717; *Canaris*, § 3 Rn. 36; *Baumbach/Hopt*, § 3 Rn. 2, 8; *Lenz*, JuS 2002, 30.

49 Noch weiter gehend *v. Olshausen*, RPfl 2001, 53: Option auch für den seinerzeit kleingewerblichen, jetzt zum Großbetrieb gewordenen Landwirt.

ben wird[50]. Die Prüfung der materiellen Eintragungsvoraussetzungen (§ 26 FamFG, Rn. 38) beschränkt sich auf die Gewerblichkeit der unternehmerischen Tätigkeit. Erst wenn der Gewerbetreibende von seiner Löschungsoption Gebrauch machen will (o. Rn. 58 und Rn. 67), ist zu prüfen, ob das Unternehmen inzwischen handelsgewerblichen Größenzuschnitt erreicht hat.

2. Im Falle von § 3 Abs. 2 ist der handelsgewerbliche Zuschnitt dagegen Eintragungsvoraussetzung, wenn die Gewerblichkeit nicht feststeht. Das Registergericht hat, gegebenenfalls gestützt auf ein Gutachten der Industrie- und Handelskammer, den maßgebenden Größenzuschnitt zu ermitteln. Das gilt auch dann, wenn das Unternehmen im Eintragungszeitpunkt noch Kleinbetrieb war und sich die Eintragung auf § 2 Satz 1 gründete, aber im Löschungszeitpunkt zum Großbetrieb geworden war (vorst. Rn. 60). **71**

D. Kaufmann kraft Organisationsform (Handelsgesellschaften und Formkaufleute)

I. Handelsgesellschaften

1. Gesetzliche Festlegung

Gem. § 6 Abs. 1 sind die Vorschriften über Kaufleute auch auf Handelsgesellschaften anwendbar. Handelsgesellschaften sind die juristischen Personen des Handelsrechts (Aktiengesellschaft § 3 AktG, Gesellschaft mit beschränkter Haftung § 13 Abs. 3 GmbHG, Kommanditgesellschaft auf Aktien § 278 Abs. 3 AktG[51], aber auch ausländische Kapitalgesellschaften[52]) sowie die Personenhandelsgesellschaften (offene Handelsgesellschaft und Kommanditgesellschaft §§ 105 ff. nicht aber die Stille Gesellschaft § 230), die, ohne juristische Personen zu sein, als solche Normadressaten sind (vgl. § 124). Handelsgesellschaft ist gem. § 1 EwIV-AusführungsG auch die Europäische Wirtschaftliche Interessenvereinigung, obwohl sie selbst nicht gewerblich tätig wird, sondern nur die gewerbliche oder sonstige wirtschaftliche Tätigkeit ihrer Mitglieder zum Zwecke grenzüberschreitender Zusammenarbeit koordiniert. Handelsgesellschaft ist gem. § 105 Abs. 2 außerdem die Vermögensverwaltungsgesellschaft, bei der die Gewerblichkeit ihres Handelns zweifelhaft sein mag (o. Rn. 27)[53]. Gerade nicht Handelsgesellschaft ist aber die für die freien Berufe vorgesehene Organisationsform, die Partnerschaftsgesellschaft und ihre Variante der PartG mit beschränkter Berufshaftung (mbB)[54]. **72**

---

50 BT-Drucks. 13/8444, S. 32.
51 BGHZ 134, 392.
52 OLG Düsseldorf, NJW-RR 1995, 1184 mit Komm. *Mankowski*, EWiR § 25 HGB 1/96, 29.
53 *Schön*, DB 1998, 1169.
54 *Römermann* NJW 2013, 2305.

2. Besonderheiten für Personenhandelsgesellschaften

73 Die Organisationsform der gewerblichen Personengesellschaft begründet für sich allein nicht die Kaufmannseigenschaft. Vielmehr müssen sämtliche Voraussetzungen erfüllt sein, die auch erst einen Einzelunternehmer zum Kaufmann machen. Betreibt also eine Personenvereinigung ein Gewerbe und ist außerdem ein in kaufmännischer Weise eingerichteter Geschäftsbetrieb objektiv erforderlich (o. Rn. 50), so ist die Personenvereinigung als Handelsgesellschaft oHG oder KG und damit selbst Kaufmann[55], unabhängig von einer Handelsregistereintragung, die lediglich deklaratorische Bedeutung hat (u. Rn. 124). Die kleingewerbliche Personenvereinigung ist Gesellschaft bürgerlichen Rechts gem. §§ 705 ff. BGB und nicht oHG, gleichermaßen die nichtgewerbliche, insbesondere freiberufliche Personenvereinigung wie etwa eine Anwaltssozietät, der auch die Rechtsform der Partnerschaftsgesellschaft offensteht. Die kleingewerbliche BGB-Gesellschaft wird aber durch – konstitutiv wirkende – Handelsregistereintragung gem. § 105 Abs. 2 zur Handelsgesellschaft und ist infolgedessen Kaufmann[56]. Dieser Weg ist einer nichtgewerblichen, namentlich freiberuflichen Gesellschaft versperrt[57]; jedenfalls kann aber die Rechtsform der GmbH oder auch der AG gewählt werden, nachf. Rn. 76, nicht aber die Rechtsform der GmbH & Co KG[58]. Eine im Handelsregister als solche eingetragene Gesellschaft, deren Geschäftsbetrieb kleingewerblich geworden war, bleibt oHG oder KG, wie aus § 2 Satz 1 folgt (str., u. Rn. 93). Hieraus ergibt sich die Kaufmannseigenschaft, aber nicht aus § 6. Auch eine solche Gesellschaft ist mithin nicht Formkaufmann (anders bei extensiver Auslegung von § 105 Abs. 2)[59], sondern Kannkaufmann.

II. Formkaufleute

74 Für die Kapitalgesellschaften trifft § 6 Abs. 2 drei weitere Regelungen. Sofern sie schon Handelsgesellschaften nach Abs. 1 sind, bleiben sie unabhängig von ihrem Größenzuschnitt kraft ihrer Rechtsform Kaufmann. Sie bleiben es auch unabhängig von der Gewerblichkeit ihres Unternehmensgegenstands. Beides gilt auch für juristische Personen, die nicht Handelsgesellschaften sind.

1. Kleingewerbliche Kapitalhandelsgesellschaften

75 Die Kaufmannseigenschaft von GmbH, AG oder KGaA bleibt unberührt, auch wenn das von ihnen betriebene Unternehmen kaufmännischer Betriebsführung nicht bedarf, also kleingewerblichen Zuschnitt hat. Ist folglich die Rechtsform einer Kapitalgesellschaft gewählt und das Unternehmen in dieser Rechtsform im Handelsregister eingetragen worden, so ist es Kaufmann, gleichgültig, ob es ein Handelsgewerbe be-

55 OLG Dresden, NJW-RR 2003, 257; OLG Brandenburg, EWiR § 15 HGB 1/03, 1249 (*Klepsch*).
56 *Koller/Roth*, § 6 HGB Rn. 3.
57 A.A. *Schmidt*, NJW 1998, 2161, 2165 sowie Festschr. Kreutz 2009, S. 837 (845).
58 BGH, NJW 2011, 3036.
59 *Schmidt*, NJW 1998, 2161, 2166.

treibt, also einen in kaufmännischer Weise eingerichteten Geschäftsbetrieb erfordert. Die Rechtsform begründet die Kaufmannseigenschaft (Formkaufmann).

2. Nichtgewerbliche Kapitalgesellschaften

Eine nichtgewerbliche, insbesondere freiberufliche Kapitalhandelsgesellschaft ist eben- 76
falls und unabhängig von der Notwendigkeit kaufmännischer Betriebsführung Formkaufmann, sodass ihre Mitglieder mittelbar über die Organisationsform namentlich einer GmbH[60] an deren Kaufmannseigenschaft (aber auch der Gewerbesteuerpflicht[61]) teilhaben[62]. Eine besondere Ausprägung ist die Rechtsanwalts-Gesellschaft nach § 59c BRAO. Gleichermaßen kann ein landwirtschaftliches Unternehmen unabhängig von § 3 Kapitalgesellschaft und damit Kaufmann sein (o. Rn. 61).

3. Nicht-Handelsgesellschaften

Keine Handelsgesellschaft, aber trotzdem Kaufmann ist die eingetragene Genossen- 77
schaft (eG) gem. § 17 Abs. 2 GenG. Sie wird nicht im Handelsregister, sondern in einem besonderen, dem Genossenschaftsregister (§ 10 GenG), eingetragen. Die Genossenschaft bleibt Kaufmann auch, wenn eine kaufmännische Betriebsführung entbehrlich ist[63]. Kein Formkaufmann ist der Versicherungsverein auf Gegenseitigkeit (VVaG), der überhaupt kein Gewerbe betreibt[64].

E. Nichtkaufmann als Normadressat

Nichtkaufleute sind in begrenztem Umfang Normadressaten, wenn sie mit einem 78
Kaufmann kontrahieren (einseitige Handelsgeschäfte nach § 345, näher u. Rn. 353). Für bestimmte kleingewerbliche Unternehmergruppen bestimmt das Gesetz außerdem die teilweise Anwendung handelsrechtlicher Normen. Schließlich kann sich die Frage der entsprechenden Anwendung handelsrechtlicher Normen auf Nichtkaufleute stellen.

Auf der anderen Seite knüpft die Frage, ob die Schutzbestimmungen von §§ 305 79
Abs. 2, 308 und 309 BGB für die Vertragspartner des Verwenders von Allgemeinen Geschäftsbedingungen ausgeschlossen sind, nicht an die Kaufmannseigenschaft, sondern gem. § 310 Abs. 1 Satz 1 BGB an die Unternehmereigenschaft schlechthin an (vgl. Rn. 8).

---

60 Aber auch einer AG: BGHZ 161, 376 = NJW 2005, 1568 für Rechtsanwalts-AG; OLG Köln EWiR § 59b BRAO 1/08, 749 (*Henssler/Deckenbrock*).

61 § 2 Abs. 2 Satz 1 GewStG, BVerfG NJW 2010, 2116.

62 *Henssler*, NJW 1999, 241; BGH, NJW 2005, 1568; BayObLG, NJW 1995, 149 und OLG Hamm, BB 1998, 1759 zur Rechtsanwalts-AG resp. GmbH; *Bachmann*, NJW 2001, 3385.

63 Vgl. *Stumpf*, JuS 1998, 701; Kaufmann war auch die Landwirtschaftliche Produktionsgenossenschaft (LPG) der DDR, BGH, NJW-RR 2006, 1267.

64 Koller/*Roth*, § 6 HGB Rn. 6.

80 Ein ganz anderes Problem ist, ob es sich überhaupt um einen Unternehmer handelt oder vielmehr nach Lage des Einzelfalls in Wahrheit um einen Arbeitnehmer oder eine i.S.v. § 5 Abs. 2 Satz 2 ArbGG arbeitnehmerähnliche Person. Persönliche Abhängigkeit und Weisungsgebundenheit oder wirtschaftliche Unselbständigkeit[65] schließen die Unternehmereigenschaft und damit die Gewerbeeigenschaft aus, sodass Handelsrecht nicht anwendbar sein kann (s. § 84 Abs. 2, u. Rn. 552).

I. Kleingewerbetreibende

1. Kommissionär

81 Der im Kleingewerbe arbeitende (und auch nicht fakultativ im Handelsregister gem. § 2 eingetragene) Kommissionär ist Nichtkaufmann. Trotzdem finden nicht nur die Vorschriften über das Kommissionsgeschäft der §§ 383 bis 406 auf ihn Anwendung, sondern, wie § 383 Abs. 2 bestimmt, auch die Allgemeinen Vorschriften über Handelsgeschäfte aus §§ 343 bis 372 in Ansehung des Kommissionsgeschäfts[66]. Bedingt sich der nichtkaufmännische Einkaufskommissionär beispielsweise bei der Durchführung des Kommissionsgeschäfts ein Abtretungsverbot nach § 399 BGB aus, ist die abredewidrig vollzogene Abtretung seines kaufmännischen Gläubigers nach Maßgabe von § 354a Abs. 1 gleichwohl wirksam (u. Rn. 412); er kann beispielsweise gem. § 353 Fälligkeitszinsen verlangen; der gute Glaube an die Verfügungsbefugnis des Verkaufskommissionärs schützt den Erwerber nach § 366 Abs. 1; der Kommissionär hat das Zurückbehaltungsrecht aus § 369. Einige Schutzvorschriften, die das Gesetz zu Lasten von Kaufleuten für entbehrlich hält, bleiben dem nichtkaufmännischen Kommissionär aber erhalten: In Bezug auf Vertragsstrafen sowie die dem Bürgen zustehende Einrede der Vorausvollstreckung und die Schriftform von Bürgschaft, Schuldanerkenntnis und Schuldversprechen (u. Rn. 381, 384) bleibt es bei den Regelungen des BGB, indem § 383 Abs. 2 Satz 2 die entgegenstehenden für Kaufleute geltenden Vorschriften für unanwendbar erklärt. Der kleingewerbliche Kommissionär kann die Bürgschaft also nur in der Form von § 766 BGB erteilen. Betreibt der Kleingewerbetreibende noch andere Geschäfte als die Kommission, finden dafür die Vorschriften über Handelsgeschäfte keine Anwendung.

2. Gütertransportrecht

82 In gleicher Weise wie der nichtkaufmännische Kommissionär sind teilweise Normadressaten der kleingewerbliche Frachtführer gem. § 407 Abs. 3 Satz 2, der Spediteur gem. § 453 Abs. 3, der Lagerhalter gem. § 467 Abs. 3 Satz 2 und der Verfrachter gem. § 481 Abs. 3 Satz 2.

65 BAG, NJW 1998, 701.

66 *Ralph Schmitt*, Die Rechtsstellung der Kleingewerbetreibenden, 2003, S. 118.

3. Handelsvertreter, Handelsmakler

Die Rechtsverhältnisse der kleingewerblichen Handelsvertreter und Handelsmakler (§§ 84 Abs. 4, 93 Abs. 3) zu ihrem Vertragspartner (Unternehmer, Auftraggeber) gestalten sich ebenso wie diejenigen ihrer kaufmännischen Berufskollegen. Sie sind aber nicht Normadressaten der Vorschriften über Handelsgeschäfte (Rn. 554, 590). **83**

II. Entsprechende Anwendung

1. Allgemeiner Zivilrechtsverkehr

Der Standort einer Norm in einem Sonderprivatrecht schließt nicht aus, dass die Norm doch Ausdruck eines allgemeinen Rechtsgedankens ist, der auch unter Nichtkaufleuten Beachtung erheischt. Dies wird für § 354 über die Entgeltlichkeit von Geschäftsbesorgungen (u. Rn. 690) angenommen werden können[67]. Auch die Regelungen über die Zeitbestimmung gem. §§ 358, 359 (u. Rn. 386), Sorgfaltspflichten (§ 347, Rn. 389) und Gattungsschulden (§ 360, Rn. 388) sowie über das Kontokorrent in §§ 355 bis 357 sind weitgehend nicht handelsrechtsspezifisch und auf Nichtkaufleute anwendbar (u. Rn. 425). Soweit die Grundsätze über das Schweigen auf Bestätigungsschreiben außerhandelsrechtlichen Verkehrssitten entsprechen, können sie im Rechtsverhältnis unter Nichtkaufleuten Geltung beanspruchen, z.B. gegenüber Freiberuflern (u. Rn. 376). **84**

Auf der anderen Seite stellt § 310 Abs. 1 BGB bei der Begrenzung des Schutzes vor den Allgemeinen Geschäftsbedingungen des Verwenders (u. Rn. 379) kleingewerbliche und freiberufliche Unternehmer den Kaufleuten gleich. **85**

2. Scheinkaufmann

Die Zurechnung handelsrechtlicher Normen kraft zurechenbar veranlassten Rechtsscheins der Kaufmannseigenschaft außerhalb des Handelsregisters findet ihre Grenze in indisponiblen Schutzvorschriften. Deshalb ist die von einem Scheinkaufmann mündlich erteilte Bürgschaftserklärung gem. §§ 766, 125 BGB trotz der Regelung von § 350 HGB (u. Rn. 689) nichtig (u. Rn. 115). **86**

F. Fiktion der Kaufmannseigenschaft und Zurechnung kraft Rechtsscheins

I. Überblick

1. Im Vorangegangenen sind mehrfach Fälle aufgetaucht, in denen die Eintragung im Handelsregister mit der wirklichen Rechtslage nicht übereinstimmte, in denen im Handelsregister eine Eintragung fehlte, die hätte herbeigeführt werden müssen, aber **87**

67 BGH, NJW 2007, 1198 Tz. 38; *Canaris*, § 21 Rn. 1, § 26 Rn. 2.

auch, dass jemand außerhalb des Handelsregisters durch sein Verhalten den Eindruck erweckt, er habe Tatsachen begründet, die eigentlich handelsregisterfähig wären. Wenn es Sinn des Handelsregisters ist, dem Geschäftsverkehr handelsrechtliche Verhältnisse offenkundig zu machen, also **Publizität** zu erzeugen, ginge dieser Sinn ins Leere, wenn das Recht aus der Unrichtigkeit und der wirklichen oder vermeintlichen Unvollständigkeit des Handelsregisters keine Folgerungen zöge. Publizität erzeugt nur Wirkung, wenn sich der Geschäftsverkehr auf das Handelsregister verlassen kann.

88 **2.** Die **Verlässlichkeit des Handelsregisters** wird auf verschiedenen Wegen gewährleistet:

- In einigen Fällen fingiert das Gesetz die Richtigkeit der Eintragung unabhängig vom Vertrauen in die Richtigkeit desjenigen, der sich auf die Eintragung beruft (so § 5, Rn. 91),
- in anderen Fällen schützt es nur den Gutgläubigen (so § 15, Rn. 105),
- jenseits des Handelsregisters kann sich als Kaufmann behandeln lassen müssen, wer sich die Kaufmannseigenschaft anmaßt.

89 Im ersten Fall ist Ziel der Regelung der verlässliche **Schutz des Handelsverkehrs**, in den beiden anderen Fällen das Vertrauen des Geschäftspartners. **Vertrauensschutz** verwirklichen die Grundsätze der Rechtsscheinlehre, deren Teil § 15 ist. Nur hierbei kann vom Scheinkaufmann gesprochen werden; in Bezug auf § 5 ist dieser Terminus nicht richtig[68]. Gemeinsam ist den ersten beiden Fällen, dass sich die Rechtsfolgen bei Divergenz von wirklicher Rechtslage und Registerlage nach der Registerlage richten können.

90 Das Konzept des Verkehrsschutzes unabhängig von Vertrauensschutz ist in § 5 niedergelegt. Danach kann die Eintragung im Handelsregister die Fiktion begründen, das vom Eingetragenen betriebene Gewerbe sei ein Handelsgewerbe, obwohl die Voraussetzungen von § 1 Abs. 2 (o. Rn. 49) in Wahrheit nicht erfüllt sind (nachf. Rn. 91). Konflikte aus Registerrechtsschein löst § 15 (u. Rn. 105), überlagert von der allgemeinen Rechtsscheinlehre (nachf. Rn. 107).

II. Fiktion der Kaufmannseigenschaft (Kaufmann kraft Eintragung, § 5)

1. Gegenstand und Voraussetzung der Fiktion

91 **a)** Ist, so bestimmt es § 5, eine Firma im Handelsregister eingetragen, kann gegenüber demjenigen, der sich auf die Eintragung beruft, nicht geltend gemacht werden, das Gewerbe sei kein Handelsgewerbe.

92 **aa)** Der Begriff des Handelsgewerbes folgt aus § 1 Abs. 2. Erst die dort umschriebene Betriebsstruktur macht das Gewerbe zum Handelsgewerbe. Fehlt es an dieser Betriebsstruktur, weil das Unternehmen nur kleingewerblichen Zuschnitt hat, ist der Unternehmer nicht Kaufmann. Durch § 5 fingiert das Gesetz aber die in Wahrheit

68 So aber z.B. *Klunzinger*, S. 59.

fehlende Betriebsstruktur, sodass das Kleingewerbe als Handelsgewerbe und der in Wahrheit nichtkaufmännische Unternehmensträger als Kaufmann behandelt wird. Anwendungsvoraussetzung der Vorschrift ist mithin ein nichtkaufmännischer gewerblicher (nachf. Rn. 98) Unternehmer, der im Handelsregister eingetragen ist. In Bezug auf einen Kaufmann ist § 5 notwendigerweise gegenstandslos.

bb) Es fragt sich also, wer als im Handelsregister eingetragener, gleichwohl nichtkaufmännischer Gewerbetreibender in Betracht kommt. Nicht in Betracht kommt der Kleingewerbetreibende, der seine Eintragung herbeigeführt hatte, weil er als Kannkaufmann bereits die Kaufmannseigenschaft besitzt, es folglich nichts mehr zu fingieren gibt; die Fiktion des Handelsgewerbes beruht schon auf § 2 Satz 1 (o. Rn. 56). Der eingetragene Ist-Kaufmann, dessen Unternehmen im Zeitablauf kleingewerblich geworden war, behält seine Kaufmannseigenschaft mit Löschungsoption nach § 2 Satz 3 (o. Rn. 53)[69]. Der Land- oder Forstwirt als Kannkaufmann bleibt es unabhängig vom Größenzuschnitt seines Unternehmens (o. Rn. 68). Gleiches gilt gem. § 105 Abs. 2 für eine Personenhandelsgesellschaft trotz kleingewerblicher Unternehmensgröße. Gewerblicher Unternehmer oder Unternehmergemeinschaft mit kleingewerblicher Struktur sind in diesen Fällen also ohnehin Kaufleute und der Anwendung von § 5 entzogen. Für nichtgewerbliche Unternehmer gilt die Fiktion aus § 5 im Allgemeinen von vornherein nicht (Rn. 98). Nur in einem Sonderfall kann ein Unternehmensträger, der nicht gewerblich tätig oder bei dem die Gewerblichkeit seines Handelns doch zweifelhaft ist, Kaufmann werden, nämlich gem. § 105 Abs. 2 eine Personengesellschaft, die nur eigenes Vermögen verwaltet. Gemeint sind Immobilienverwaltungs-, Objekt-, Holding- und Besitzgesellschaften im Zuge von Betriebsaufspaltungen[70] (vgl. auch Rn. 220). Vom Wortlaut dieser Vorschrift nicht erfasst sind allerdings Holdinggesellschaften, die nicht ausschließlich eigenes Vermögen verwalten, sondern etwa auch die Konzernleitung ausüben. Der reine Wortlaut von § 105 Abs. 2 erstreckt sich auch nicht auf die Komplementär-KG in der doppelstöckigen GmbH & Co. KG (vgl. Rn. 185), deren Unternehmenszweck die Geschäftsleitung ist. Wird eine solche Gesellschaft in das Handelsregister eingetragen, obwohl sie bei restriktiver Auslegung von § 105 Abs. 2 nicht eintragungsfähig ist, wird die Kaufmannseigenschaft nach § 5 fingiert. Sofern man allerdings § 105 Abs. 2 in extensiver Auslegung auch auf solche Gesellschaften anwendet[71], bleibt für § 5 kein Raum mehr. 93

b) – aa) Warum steht im Gesetz eine – dogmatisch schwierige, siehe nachf. Rn. 98–192 – Vorschrift mit nur marginalem oder überhaupt nicht vorhandenem Anwendungsbereich? Vor der Handelsrechtsreform (o. Rn. 12) hatte § 5 vor allem aufgrund der Rechtsfigur des Minderkaufmanns erhebliche praktische Bedeutung[72]. Den Minderkaufmann gibt es nicht mehr, aber § 5 ist geblieben. 94

bb) Allerdings mag man sich fragen, ob die Bedeutungslosigkeit von § 5 angenommen werden kann, wo die Vorschrift durch das Handelsrechtsreformgesetz doch 95

69 A.A. *Lieb*, NJW 1999, 35.
70 BT-Drucks. 13/8444, S. 40.
71 *Schmidt*, NJW 1998, 2161 (2165) und JZ 2003, 585 (591).
72 *Bülow/Artz*, JuS 1998, 680.

Modifikationen erfahren hat, also aufrechterhalten werden sollte[73]. Die Vorschrift könnte ihre Anwendbarkeit erhalten für Fälle, in denen der Gewerbetreibende von einem kaufmännischen Größenzuschnitt seines Unternehmens nach § 1 Abs. 2 irrtümlich ausging und als Folge dessen seine Pflicht zur Handelsregisteranmeldung nach § 29 annahm (oben Rn. 51). Ihn mag man nicht als Kannkaufmann ansehen wollen, weil er sein Unternehmen nicht in dem Bewusstsein zum Handelsregister anmeldete, von seinem kannkaufmännischen Wahlrecht Gebrauch zu machen, sondern eben irrtümlich von einer Rechtspflicht ausging[74]. Gleichermaßen ist es erwägenswert, im vormaligen Ist-Kaufmann (vorst. Rn. 93, oben Rn. 53) keinen Kannkaufmann zu sehen. Man mag so denken; aber gesetzgeberischer Vorstellung entspricht dies nicht. Sie liegt u.a. darin, dem Registergericht die Prüfung des Größenzuschnitts zu ersparen, den das angemeldete gewerbliche Unternehmen hat. Aber in diese Prüfung müsste es eintreten, um die von Irrtum beeinflusste Anmeldung zurückzuweisen. Die Prüfung ist nur entbehrlich, wenn die Eintragung allemal und zutreffenderweise einen Kaufmann ausweist. Hinzu kommt, dass der vormalige Ist-Kaufmann die Löschungsoption nach § 2 Satz 3 verlieren würde (oben Rn. 53). Er wäre nämlich nach § 31 Abs. 2 zur Löschung verpflichtet (vgl. unten Rn. 215), könnte andererseits sogleich wieder seine Eintragung nach § 2 Satz 1 bewirken. Die gesetzliche Modifizierung von § 5 bezog sich nur auf die notwendig gewordene Streichung des weggefallenen § 4, der den früheren Minderkaufmann betraf (vgl. Rn. 13); den Gesetzesmaterialien ist aber mit keinem Wort zu entnehmen, dass die Problematik der weitgehenden Obsolenz von § 5 bewusst geworden wäre. Vielmehr ist der Vereinfachungseffekt hervorgehoben worden (Rn. 70). Richtigerweise dürfte deshalb anzunehmen sein, dass es beim Bedeutungsverlust von § 5 bleibt[75].

96 **c)** Soweit es denn einen Anwendungsfall von § 5 gibt (vorst. Rn. 93), kann sich auf die Eintragung nicht nur ein Dritter, sondern auch die eingetragene Gesellschaft selbst berufen: Die Registerlage ist auch insoweit ausnahmslos Anknüpfungspunkt. Die als oHG eingetragene Gesellschaft kann also, obwohl sie nach den Kriterien von § 105 Abs. 2 gar nicht Kaufmann ist, den kaufmännischen Zinssatz gem. § 352 und Fälligkeitszinsen gem. § 353 verlangen. Hat sie ein mündliches Bürgschaftsversprechen abgegeben, ist es gem. § 350 verbindlich (Rn. 381). Hat sie Prokura erteilt, wird sie durch alle im Rahmen von § 49 vorgenommenen Handlungen verpflichtet. § 5 wirkt **inter omnes**[76].

97 **d)** Auf die Bekanntmachung (Rn. 38) kommt es im Gegensatz zu § 15 (Rn. 132, 147 und 151) nicht an, da ratio legis allein die Verlässlichkeit des Handelsregisters ist.

73 *Canaris*, § 3 Rn. 50.

74 *Canaris*, a.a.O.; *Lieb*, NJW 1999, 36; Koller/*Roth*, § 5 HGB Rn. 1; *Oetker*, § 2 Rn. 52 ff.; *Pfeiffer*, Handelsgeschäfte, § 1 Rn. 138.

75 Ebenso im Ergebnis *Schmidt*, § 10 III.1.b; *ders.*, ZHR 133 – 1999 –, S. 93, 97; *ders.*, JZ 2003, 585 (589); *ders.*, NJW 1998, 2161 (2164); *Treber*, AcP 199, 525 (582); *P. Bydlinski*, ZIP 1998, 1169 (1172); *Hohmeister*, NJW 2000, 1921; *Hübner*, § 1 Rn. 22 a.E.; *Jung*, Kap. 2 Rn. 27.

76 *Schmidt*, § 10 III.3.a; BGH, NJW 1992, 45.

2. Grenzen der Fiktion

a) § 5 fingiert nur das Handelsgewerbe, nicht aber das Gewerbe überhaupt. Wer einen freien Beruf ausübt und trotzdem die Handelsregistereintragung bewerkstelligt hat, ist auch nicht durch § 5 handelsrechtlichen Normen ausgesetzt (von den Grenzen, die die unzulässige Rechtsausübung setzt, abgesehen, nachf. Rn. 102), ebenso wenig, wer seine gewerbliche Tätigkeit eingestellt hat (beides str.) oder eine stille Gesellschaft (§ 230, o. Rn. 27) oder ein Kleinlandwirt, soweit ihm bereits die Gewerbeeigenschaft fehlt (o. Rn. 65, 61). § 5 fingiert die Kaufmannseigenschaft auch dann nicht, wenn eine andere Person im Handelsregister eingetragen ist als diejenige, die das Handelsgewerbe betreibt oder wenn es überhaupt an einer Anmeldung der Unternehmerin fehlt. Unternehmensbetreiber und Eingetragener müssen also **identisch** sein[77]. Auch greift § 5 nicht ein, wenn die eingetragene Gesellschaft tatsächlich ein **anderes Gewerbe** betreibt, als es das Handelsregister ausweist: Ist ein Unternehmer als Komplementär im Handelsregister eingetragen, betreibt er aber alleine eine kleine Gastwirtschaft, wird er hier nicht als Kaufmann behandelt. 98

b) Ist der als persönlich haftender Gesellschafter im Handelsregister Eingetragene geschäftsunfähig und gibt er ein mündliches Bürgschaftsversprechen ab, bleibt es trotz § 5 gem. § 105 BGB nichtig, gleichfalls die in der Prokuraerteilung liegende Bevollmächtigung. Rechtsschein kompensiert **nicht Geschäftsfähigkeitsmängel**[78]. 99

c) Man kann infolgedessen nicht sagen, durch § 5 gelte das im Handelsregister Eingetragene als richtig. Anders als beim Grundbuch gem. § 892 BGB genießt die Eintragung also **nicht öffentlichen Glauben**, der Schutz vor der unrichtigen Registereintragung ist begrenzt. Ergänzenden Schutz bieten aber § 15 und die Lehre vom Scheinkaufmann (zum Begriff vorst. Rn. 89). 100

3. Guter Glaube

Für die Fiktion der Kaufmannseigenschaft kommt es **nicht** auf den Glauben dessen an, der sich auf die Eintragung beruft: Es kann sich ja sogar um die eingetragene Gesellschaft selbst handeln (vorst. Rn. 96). Auch wer also um die fehlende Eintragungsfähigkeit der Gesellschaft weiß, kann sich auf § 5 berufen, z.B. als Gläubiger Rechte aus einer mündlichen Bürgschaft herleiten[79], ebenso die eingetragene Gesellschaft selbst. Im Rahmen von § 5 ist die Verlässlichkeit des Handelsregisters ohne Ansehen der Person dessen gewährleistet, der vorteilhafte Rechtsfolgen für sich herleiten will (s. aber nachf. Rn. 102). Ratio legis ist Verkehrsschutz, nicht Vertrauensschutz (vorst. Rn. 87). 101

Eine allgemeine Grenze bildet aber **die unzulässige Rechtsausübung**. Wer etwa positiv weiß, dass die nichtgewerbliche Gesellschaft die Eintragung durch Täuschung des Registergerichts herbeigeführt hatte, handelt nach Lage des Einzelfalls auch dem Täuschenden gegenüber treuwidrig, wenn er sich auf die mündliche Bürgschaft beruft. 102

77 Koller/*Roth* § 5 HGB Rn. 5.
78 BGHZ 115, 78 (81) = NJW 1991, 2566 sowie *Dreher*, DB 191, 533 und *Schmidt*, JuS 1991, 1002.
79 Staub/*Brüggemann*, § 5 Rn. 19.

Ebenso wenig kann sich in solchen Fällen der Eingetragene auf ihm günstige Normen des Handelsrechts berufen[80]. Die Fiktion aus § 5 greift hier nicht.

4. Abstrakte Kausalität?

103 Für den Verkehrsschutz durch die Fiktion nach § 5 kommt es nicht darauf an, ob das Handelsregister überhaupt **eingesehen** wurde. Durch § 5 wird eben nicht das Vertrauen auf einen konkreten Registerinhalt geschützt[81], sondern die Verlässlichkeit des Handelsregisters als solche gewährleistet. Deshalb ist Voraussetzung der Anwendung handelsrechtlicher Normen auf die eingetragene Gesellschaft nicht die Kausalität zwischen Eintragung und dem Verhalten dessen, der sich auf die Eintragung beruft. Wenn das so ist, bleibt das Kausalitätserfordernis nicht nur da entbehrlich, wo Rechtsfolgen aus rechtsgeschäftlichem Kontakt hergeleitet werden, Verkehrsschutz aus § 5 kann sich vielmehr auch auf **deliktische Tatbestände** beziehen:

104 Allerdings hat sich die praktische Bedeutung dieser Frage erledigt, weil sie nur bei unterschiedlicher Anwendung von § 31 BGB (Haftung der Gesellschaft für Delikte ihrer geschäftsführenden Gesellschafter) auf OHG einerseits und (fälschlich im Handelsregister eingetragene) BGB-Gesellschaft andererseits auftrat[82]. Die Anwendung von § 31 BGB auf die BGB-Gesellschaft ist aber nunmehr anerkannt[83].

III. Zurechnung der Kaufmannseigenschaft kraft Registerverlautbarung (§ 15)

105 § 15 schützt das Vertrauen in den Rechtsschein, der dadurch entstehen kann, dass eine Handelsregisterlage der Wirklichkeit nicht entspricht. Daraus kann sich auch die Fiktion der Kaufmannseigenschaft ergeben. Publizitätsakte sind nicht nur die Eintragung, sondern auch die Bekanntmachung nach § 10 (o. Rn. 38). Es kann auch vorkommen, dass Eintragung und Bekanntmachung nicht übereinstimmen; man spricht von Verlautbarungsdivergenz.

106 Bei einer derartigen Divergenz kann sich ein Gutgläubiger gem. § 15 Abs. 3 auf die Bekanntmachung berufen, auch wenn sie unrichtig ist; sie hat Vorrang. Gleiches gilt, wenn sowohl Eintragung wie Bekanntmachung unrichtig sind (näher u. Rn. 152). Zur Fiktion der Kaufmannseigenschaft kann § 15 Abs. 3 führen, wenn jemand, der überhaupt kein Gewerbe betreibt, im Handelsregister eingetragen wurde. In diesem Fall begründet § 5 die Fiktion nicht (o. Rn. 98). Die Bekanntmachung der unrichtigen Eintragung schützt aber den Gutgläubigen.

---

80 *Sandrock*, S. 164.
81 Baumbach/*Hopt*, § 5 HGB Rn. 1.
82 *Schmidt*, § 10 III 4; *Canaris*, § 3 Rn. 58.
83 BGH, NJW 2003, 1445 gegen BGHZ 45, 311 = NJW 1966, 1807; BGH, NJW 2003, 2984; 2007, 2490 Tz. 12 ff.

IV. Zurechnung der Kaufmannseigenschaft durch Rechtsschein außerhalb des Handelsregisters („Scheinkaufmann")

1. Überblick

107 Wer zurechenbar den Rechtsschein entstehen lässt, er sei Kaufmann, ohne dass sich dieser Rechtsschein aus dem Handelsregister ergäbe, bleibt von § 5 unbehelligt, ebenso auch, wer den Rechtsschein erzeugt, ein Handelsgewerbe zu betreiben, obwohl er überhaupt kein Gewerbe betreibt. Ist ein früherer Kaufmann im Handelsregister gelöscht worden, tritt er aber immer noch im Geschäftsverkehr als Kaufmann auf, greift § 15 Abs. 1 nicht ein: Was einzutragen war, ist ja eingetragen worden. Die Vorschrift wirkt auch nicht gegen einen kleingewerblichen potentiellen Kannkaufmann (o. Rn. 57), der gem. § 2 die Option zur Herbeiführung der Eintragung hat, davon aber keinen Gebrauch macht und trotzdem als Kaufmann auftritt: Weil die Eintragung konstitutiv wirkt, kann **keine Divergenz zwischen wirklicher Rechtslage und Registerlage** bestehen, ohne Eintragung ist der Handelnde eben wirklich kein Kaufmann. Ist ein vormaliger Kannkaufmann aus der Land- oder Forstwirtschaft zu Unrecht im Handelsregister gelöscht und ist dies auch bekanntgemacht worden, tritt er aber weiter als Kaufmann auf, ist § 15 Abs. 1 aus demselben Grund nicht anwendbar. Wer auf Rechtsschein, der in dieser Weise erzeugt wurde, vertraut, ist trotzdem nicht ohne Schutz. § 15 ist nur Teil des dem gesamten Privatrecht innewohnenden allgemeinen Rechtsgedankens, nach dem Rechtsfolgen gegen sich gelten lassen muss, wie sie der scheinnbaren Rechtslage entsprechen, wer den Rechtsschein **zurechenbar veranlasst** hatte und soweit der andere auf den Rechtsschein **vertrauen** durfte und vertraute[84]. Dieser allgemeine Rechtsgedanke kommt u.a. auch in §§ 170 bis 173, 405 BGB zum Ausdruck. Wer deshalb in dieser Weise den Rechtsschein veranlasst, Kaufmann zu sein, muss sich als ein solcher behandeln lassen. Er wird allgemein als Scheinkaufmann bezeichnet[85].

108 Ist die Lehre vom Scheinkaufmann mithin Teil der allgemeinen **Rechtsscheinlehre**, kann sie nicht allein erklärt werden[86] mit Handelsgewohnheitsrecht[87], Treu und Glauben, insbesondere venire contra factum proprium[88], Verletzung von Verkehrspflichten[89], Erklärung an die Öffentlichkeit[90].

2. Voraussetzungen der Begründung kaufmännischer Rechtsfolgen

109 **a) Auftreten als Kaufmann.** Das Auftreten kann sich zunächst auf die Kaufmannseigenschaft schlechthin beziehen. Wichtigster Fall ist der Gebrauch einer Firma im Sinne von §§ 17 ff.: Sie kann und darf nur ein Kaufmann führen; weiter der Fall, einen

84 *Canaris*, Vertrauenshaftung, S. 157 f., 167 f., 180 ff.
85 *Nickel*, JA 1980, 570.
86 Übersicht bei Staub/*Brüggemann*, Anhang § 5 Rn. 9 bis 13.
87 *Sandrock*, S. 156 ff.
88 *Sandrock*, S. 166.
89 *Limbach*, ZHR 134 – 1970 –, 289.
90 Nachweise bei *Canaris*, Vertrauenshaftung, S. 153.

Prokuristen auftreten zu lassen; wohl kaum aber ein aufwendiger Briefkopf, die Eintragung im Branchenfernsprechbuch. Ebenso wenig dürfen einem Unternehmer Nachteile daraus erwachsen, dass er seinen Kleinbetrieb mit kaufmännischem Geschäftsbetrieb ausstattet, jedenfalls solange dieser Umstand Betriebsinternum bleibt. Anderes mag sich ergeben, wenn die kaufmännische Betriebsführung als Mittel der Geschäftsanbahnung eingesetzt wird.

110 Rechtsscheintatbestände können sich außerdem ergeben, wenn ein Nichtgewerbetreibender, namentlich ein Freiberufler, als scheinbarer kleingewerblicher Kommissionär, Frachtführer, Spediteur oder Lagerhalter auftritt (o. Rn. 81). Auf diese sind die meisten allgemeinen Vorschriften über Handelsgeschäfte (§§ 343 bis 372) anwendbar. Der Rechtsschein begründet die Anwendung auch auf den Nichtgewerbetreibenden. Für den Kleingewerbetreibenden, der nicht Kommissionär ist, gelten die kommissionsrechtlichen Vorschriften gem. § 406 Abs. 1 Satz 2 ohnehin (u. Rn. 529). Auch die Unterlassung kann Rechtsschein begründen: Lässt eine GmbH den Rechtsformzusatz nach § 4 GmbHG weg, kann der Rechtsschein einer Personenhandelsgesellschaft entstehen und die persönliche Haftung nach § 128 begründen[91]. Wer für eine Unternehmergesellschaft (UG) auftritt, die den Zusatz „haftungsbeschränkt" weglässt und sich GmbH nennt (Rn. 180), haftet selbst gem. § 179 BGB analog[92].

111 **b) Zurechnung des Rechtsscheins. – aa)** Die Anwendung kaufmännischer Rechtsfolgen auf den Nichtkaufmann setzt die Zurechnung des entstandenen Rechtsscheins voraus. Zurechenbar ist der Rechtsschein, wenn der Nichtkaufmann selbst oder ein für ihn befugtermaßen auftretender Vertreter

- diejenigen Tatsachen verursacht, die den falschen Eindruck beim Dritten begründen,
- wenn diese Folge für ihn erkennbar war und
- wenn er die Möglichkeit hatte, diese Tatsachen zu beseitigen.

112 Sind diese drei Voraussetzungen erfüllt, ist der Rechtsschein vom Nichtkaufmann veranlasst worden. Die Veranlassung begründet im Allgemeinen die Zurechnung. Da Tatbestandsmerkmal der Veranlassung die Erkennbarkeit ist, verbindet sie sich im Allgemeinen mit Fahrlässigkeit. Demgemäß kann das Verhalten **Dritter** die Zurechnung von Rechtsschein begründen: Ein Mitarbeiter eines kleingewerblichen Unternehmens tritt ohne Erlaubnis als Prokurist auf (zeichnet mit „ppa.", s.u. Rn. 318), aber der Unternehmer veranlasst keine Richtigstellung, obwohl er dazu in der Lage wäre. Der Unternehmer kann (unabhängig von seiner Haftung als Anscheinsvertretener) als Kaufmann zu behandeln sein.

113 **bb)** Trotz eigener Veranlassung ist der Rechtsschein nicht zurechenbar, wo **höherrangige Rechtsnormen** der Anwendbarkeit von Handelsrecht entgegenstehen, nämlich im Falle des **Schutzes Geschäftsunfähiger und beschränkt Geschäftsfähiger**. Der Schutz äußert sich zunächst in der Nichtigkeit oder schwebenden Unwirksamkeit von

91 BGH, NJW 2007, 1529; für das französisch/luxemburgische Äquivalent zur GmbH, die SARL (société à responsabilité limitée) OLG Saarbrücken NJW-Spezial 2009, 16.

92 BGH, NJW 2012, 2871 mit BSpr. *K. Schmidt*, JuS 2013, 165 und krit. Rez. *Altmeppen*, NJW 2012, 2833, a.A. OLG Düsseldorf, ZIP 2014, 1174.

Willenserklärungen (§§ 105 ff. BGB). Die Wirksamkeit des Rechtsgeschäfts kann allein durch das Auftreten des Geschützten nicht herbeigeführt werden. Für dieses Ergebnis braucht die Rechtsscheinlehre nicht bemüht zu werden: Rechtsschein kompensiert niemals mangelnde Geschäftsfähigkeit, ebenso wenig wie die Eintragung gem. § 5 (o. Rn. 99) oder die unterlassene Eintragung nach § 15 Abs. 1 (unten Rn. 136). Hatten die gesetzlichen Vertreter in die Willenserklärung **eingewilligt**, z.B. zum Abschluss eines Kaufvertrages, und tritt der Minderjährige dabei als Kaufmann auf, kommt zwar ein Kaufvertrag zustande, trotzdem wird ihm der Rechtsschein nicht zugerechnet. Er unterliegt deshalb nicht der besonderen kaufmännischen Untersuchungs- und Rügepflicht gem. § 377 und muss auch nicht Fälligkeitszinsen (§ 353) zahlen; natürlich kann er sie auch nicht fordern (s.u. Rn. 390, 503). War der Minderjährige gem. § 112 BGB zum **selbständigen Betrieb eines kleingewerblichen Kommissionärsunternehmens** (§ 383 Abs. 2, u. Rn. 529) ermächtigt und setzt er den Rechtsschein Kaufmann zu sein, ist die Zurechnung ebenfalls ausgeschlossen: Gem. § 112 Abs. 1 Satz 1 BGB ist der Minderjährige nur teilgeschäftsfähig und nicht zu kaufmännischen Rechtsgeschäften ermächtigt, die über den Rahmen von § 383 Abs. 2 hinausgehen. Daraus folgt: Der Minderjährige kann zwar z.B. im Betriebe seines Kleingewerbes eine Vertragsstrafe versprechen, aber eben nur eine kleingewerbliche. Tritt er dabei als Kaufmann auf, kann er trotz der Regelung von § 348 (s. Rn. 384) Herabsetzung gem. § 343 BGB verlangen, wie das auch ein kleingewerblicher Kommissionär könnte. Zur kaufmännischen Bürgschaft des Minderjährigen nach §§ 349, 350 bedarf der gesetzliche Vertreter trotz der gem. § 112 BGB erteilten Ermächtigung der vormundschaftsgerichtlichen Genehmigung nach § 1822 Nr. 10 BGB, auch zur Prokuraerteilung gem. Nr. 11, so § 112 Abs. 1 Satz 2 BGB.

Auf der anderen Seite kann trotz Geschäftsunfähigkeit die Zurechnung einer nichtigen **114**
Willenserklärung möglich sein, zwar nicht auf den Geschäftsunfähigen, aber auf einen **Dritten**. Wird der Geschäftsunfähige nämlich zum Vertreter bestellt, sind seine als Vertreter abgegeben Willenserklärungen nichtig, wie § 165 BGB bekräftigt. Wenn die Geschäftsunfähigkeit für den Vertretenen aber erkennbar war und er das Handeln des Geschäftsunfähigen für ihn hätte verhindern können, kann dem Vertretenen die Berufung auf die Nichtigkeit der Willenserklärung verwehrt sein, so dass er für das Vertreterhandeln haftet. Demgemäß kann eine GmbH aufgrund des rechtsgeschäftlichen Handelns eines geschäftsunfähigen, aber im Handelsregister eingetragenen Geschäftsführers verpflichtet werden[93].

cc) Auch andere Personen als Minderjährige können dem Schutz des Gesetzes vor **115**
eigenen übereilten Handlungen anvertraut sein. So kann zwar ein Kaufmann gem. § 350 eine mündliche **Bürgschaft** wirksam abgeben. Alle anderen Personen sind dazu aber nicht in der Lage, seien sie auch noch so erfahren und imstande, die Folgen ihrer Erklärungen zu überschauen. Man hat es also nicht in der Hand, sich des durch die Schriftform der Bürgschaft gem. § 766 BGB gewährten Schutzes durch eigenes Verhalten zu entledigen. Man kann dies folglich auch nicht dadurch erreichen, dass man sich als Kaufmann geriert. § 766 BGB ist gegenüber der Scheinkaufmannslehre viel-

93 BGHZ 115, 78 (83) = NJW 1991, 2566.

mehr höherrangiges Recht mit der Folge, dass ein Scheinkaufmann nicht aus mündlicher Bürgschaft in Anspruch genommen werden kann (sehr str.)[94]. Richtigerweise ist Gleiches anzunehmen, wenn eine als solche unwirksame Blankobürgschaft[95] den Rechtsschein einer formwirksamen Erteilung erwecken mag, sodass es bei der Unverbindlichkeit bleibt[96]. Nach allgemeinen Grundsätzen kann die Berufung auf den Formmangel aber rechtsmissbräuchlich sein (§ 242 BGB), wenn der Scheinkaufmann aus der nichtigen Bürgschaft Vorteile gezogen hatte und sich nunmehr der eigenen Verpflichtung entziehen will[97] oder wenn er sich explizit auf kaufmännisches Standesethos und Formfreiheit berief und sich der Geschäftspartner auf die Erfüllung der versprochenen Leistung verlassen durfte[98].

116 **c) Vertrauen und Disposition des Geschäftspartners. – aa)** Der Geschäftspartner kann aus dem zurechenbar gesetzten Rechtsschein nur dann für sich selbst günstige Rechtsfolgen herleiten, wenn er dem Schein vertraute, er muss also gutgläubig sein. Kennt er die wahre Rechtslage, hat der Scheinkaufmann insoweit Glück gehabt.

117 **bb)** Das Vertrauen muss demgemäß auf dem Rechtsschein beruhen. Voraussetzung der Anwendung handelsrechtlicher Normen (anders als im Falle von § 5, o. Rn. 103) ist **Kausalität**, die eine **aktuelle**, nicht lediglich wie im Falle von § 15 (u. Rn. 238)[99] eine potentielle ist. Der Scheinkaufmann muss durch sein Auftreten in seinem Geschäftspartner, der sich auf handelsrechtliche Normen beruft, das Vertrauen konkret ausgelöst haben. Dieses Vertrauen muss Ursache des Verhaltens beim Geschäftspartner sein, das gerade die Anwendbarkeit handelsrechtlicher Normen erheblich macht, etwa den Abschluss eines Handelskaufvertrages mit den Rechtsfolgen aus § 377 (u. Rn. 510). Die Disposition des Geschäftspartners kann auch im Unterlassen liegen: Er macht Forderungen gegen eine oHG nicht geltend, weil er darauf vertraut, den nur scheinbaren persönlich haftenden Gesellschafter gem. § 128 in Anspruch nehmen zu können[100].

118 Normen dagegen, die unabhängig sind von solcher Art vertrauensbedingter Disposition, sind gegen den Scheinkaufmann nicht anwendbar, also nicht deliktische Normen, die nicht mit einem Rechtsgeschäft zusammenhängen (z.B. Verkehrsunfall, anders denkbar bei Unterschlagung[101]). Der Unrechtsverkehr kann nicht Gegenstand der Lehre vom Scheinkaufmann sein[102]. Deshalb kann ein Gesellschafter einer Schein-oHG nicht gem. §§ 31 BGB, 128 in Anspruch genommen werden (vgl. o. Rn. 104). Bereicherungsrecht wiederum kann durch handelsrechtliche Normen berührt werden, wenn es um die

---

94 Wie hier *Canaris*, Vertrauenshaftung, S. 181; *ders.*, § 6 Rn. 25; *v. Olshausen*, Festschrift Raisch 1995, S. 147, 163; *Hueck*, Arch. BR, Bd. 43 (1917), 415, 451; a.A. Staub/*Koller*, § 350 HGB Rn. 4; Koller/*Roth*, § 350 HGB Rn. 3; Baumbach/*Hopt*, § 350 Rn. 7; OLG Hamburg JW 1927, 1109.

95 BGH, WM 1996, 762; 1997, 909.

96 *Bülow*, ZIP 1996, 1694, str.

97 BGHZ 26, 142 (153).

98 BGH, NJW-RR 1987, 42; *Oetker*, Handelsrecht, § 7 Rn. 59.

99 Krit. *v. Olshausen*, Festschrift Raisch 1995, S. 147, 160.

100 *Canaris*, Vertrauenshaftung, S. 511.

101 BGH, NJW 2007, 2490 Tz. 12 ff.

102 *Schmidt*, § 10 VIII. 4. c; *Canaris*, § 3 Rn. 58; *Nickel*, JA 1980, 566 (576 f.).

Höhe der Verzinsung gem. §§ 818 Abs. 1[103] resp. 819, 291 BGB, 352 Abs. 1 geht: Der kaufmännische Zinssatz von 5 % ist dem Scheinkaufmann zuzurechnen, wenn das zugrunde liegende, wenn auch nichtige Geschäft mit Rücksicht auf die vermeintliche Kaufmannseigenschaft eingegangen werden sollte[104]. Gegen unbeteiligte **Dritte** wirkt der Rechtsschein folgerichtigerweise nicht; lediglich Reflexwirkungen sind hinzunehmen[105].

cc) Das tatsächliche Vertrauen, die aktuelle Kausalität, genügt für den Eintritt kaufmännischer Rechtsfolgen noch nicht, vielmehr verlangt der Handelsverkehr dem Geschäftspartner Aufmerksamkeit ab. Er darf nämlich nicht leichtfertig auf den Schein hereinfallen. Sein tatsächliches Vertrauen ist also nicht geschützt, wenn er bei Anwendung gehöriger Sorgfalt die wahre Rechtslage hätte erkennen können; er muss nicht nur tatsächlich vertrauen, sondern auch **vertrauen dürfen**. Welche Sorgfalt eine gehörige ist, hängt vom Einzelfall ab, vor allem von der Intensität des Rechtsscheins, dem Anlass zum Misstrauen[106], aber auch von der Art der Zurechnung: Wer den Rechtsschein wider besseres Wissen in böser Absicht selbst veranlasst, kann dem Geschäftspartner um so weniger mangelnde Sorgfalt entgegenhalten: Zwischen beiden besteht Wechselwirkung[107]. Andererseits kann es nach Lage des Einzelfalls geboten sein, das scheinkaufmännische Auftreten durch Einsicht in das Handelsregister zu überprüfen. 119

d) Verhältnis zu § 15 Abs. 2. Gem. § 15 Abs. 2 muss ein Dritter eine Tatsache gegen sich gelten lassen, die eingetragen und bekanntgemacht worden ist (u. Rn. 149). Schließt diese Bestimmung die Zurechnung eines entgegengesetzten Rechtsscheins aus (**Vertrauensschutz gegen das Handelsregister**)? Ein Unternehmer wird im Handelsregister als Kaufmann gelöscht, tritt aber weiter als Kaufmann auf, worauf ein Geschäftspartner vertraut. § 15 Abs. 2 steht dem Vertrauensschutz an sich entgegen. Aber auch diese Vorschrift steht unter dem Gebot von Treu und Glauben. Der im Handelsregister Gelöschte kann sich danach nicht gem. § 15 Abs. 2 auf die Eintragung berufen, wenn er sich dadurch rechtsmissbräuchlich verhält. Eben das ist der Fall, wenn der Gelöschte im Geschäftsverkehr gerade entgegen der Löschung seiner Kaufmannseigenschaft auftritt, die Löschung „dissimuliert". Gleiches gilt, wenn ein Einzelunternehmer oder persönlich haftender Gesellschafter später infolge Umgründung zum Kommanditisten wurde und trotz entsprechender Eintragung nach wie vor als Einzelunternehmer oder persönlich haftender Gesellschafter auftritt[108]. 120

e) Wahlrecht. Der Rechtsschein wirkt gegen den Scheinkaufmann, nicht gegen den Geschäftspartner. Dieser darf sich auf den scheinbaren Sachverhalt, in welchem der Gegner Kaufmann ist, berufen, sodass zu seinen Gunsten handelsrechtliche Normen anwendbar werden; aber er muss es nicht, kann sich also auf Normen aus der wahren 121

103 Vgl. BGH, BB 1998, 1385 zu II.1.c.
104 *Canaris*, Vertrauenshaftung, S. 443/444.
105 Koller/*Roth*, § 15 HGB Rn. 60.
106 BGH, JZ 1971, 334; BGH, NJW 1980, 784.
107 BGH, WM 1993, 499 mit Anm. *Bülow*, WuB I D 3.-9.93.
108 BGH, WM 1976, 1084 (1085) zu 2.; 1977, 1405 (1406) zu II.2.b; NJW 1972, 1418 (1419); für Gesellschaft bürgerlichen Rechts BGH, WM 2012, 323.

Rechtslage für seinen Anspruch oder seine Verteidigung stützen und den Scheinkaufmann als Nichtkaufmann oder Nichtgewerbetreibenden behandeln (s. auch zu § 15 Abs. 1 unten Rn. 139). Bedingt sich beispielsweise der kaufmännische Schuldner des Scheinkaufmanns ein Abtretungsverbot nach § 399 BGB aus, ist die Abtretung der Forderung durch den Scheinkaufmann unwirksam, wenn § 354a (unten Rn. 412) nicht anwendbar ist; der Schuldner könnte seine bereits erbrachte Leistung vom Zessionar kondizieren, wenn er sich nicht auf Rechtsschein der Kaufmannseigenschaft beruft. Der zu subsumierende Sachverhalt kann sich auch aus Scheinsachverhalt und wirklichem Sachverhalt zusammensetzen[109] (vgl. unten Rn. 140 ff.). Man mag vom Prinzip der Meistbegünstigung oder auch von Rosinentheorie sprechen[110].

121a **f) Internationales Privatrecht.** In grenzüberschreitenden Sachverhalten richtet sich die Frage der Rechtsscheinhaftung im Allgemeinen nach derjenigen Rechtsordnung, die an dem Ort gilt, an dem der Rechtsschein entstanden war oder sich ausgewirkt hat[111].

V. Zusammenfassung

122 Der allgemeine, dem gesamten Privatrecht innewohnende Rechtsgedanke des Vertrauensschutzes gegenüber zurechenbar veranlasstem Rechtsschein setzt konkretes und nicht nur potentielles Vertrauen des Geschäftspartners und entsprechende vertrauensbedingte Dispositionen voraus (vorst. Rn. 117). Der besondere Vertrauensschutz durch Registerrechtsschein gem. § 15 Abs. 1 erfordert nur potentielles Vertrauen auf die Registerlage und keine vertrauensbedingten Dispositionen (unten Rn. 138). Die Fiktion der Richtigkeit von Handelsregistereintragungen als Anknüpfungspunkt handelsrechtlicher Normen gem. § 5 setzt kein Vertrauen in die Richtigkeit der Eintragung, also keine Gutgläubigkeit voraus (oben Rn. 101). Dafür beschränkt sich die Fiktion auf die in Wahrheit fehlende Kaufmannseigenschaft, d.h. auf das Vorhandensein des Handelsgewerbes, nicht eines Gewerbes überhaupt (oben Rn. 98).

---

109 BGHZ 65, 309 = NJW 1976, 569; BGHZ 55, 267 = NJW 1971, 1268.
110 *K. Schmidt*, § 14 II 4. c.
111 BGH, WM 2012, 1908 Rn. 29.

3. Abschnitt

Kaufmännischer Registerrechtsschein

A. Eintragungspflichtige, eintragungsfähige und nichteintragungsfähige Tatsachen

I. Divergenz zwischen Sein und Schein

1. Durch § 15 zieht das Gesetz Folgerungen aus einer Registerlage, die der Wirklichkeit nicht entspricht, sei es, dass etwas Unrichtiges eingetragen wurde oder dass eine Eintragung unterblieben ist, obwohl sie hätte herbeigeführt werden müssen. Die durch das Gesetz bestimmten Folgerungen hängen von der Art der – unterlassenen oder stattgefundenen – Eintragung ab. Sie beziehen sich nur auf **einzutragende** Tatsachen. **123**

a) Gemeint ist, dass der Kaufmann die Pflicht zur Eintragung hat und dazu gegebenenfalls gem. § 14 durch Ordnungsgeld angehalten werden kann (o. Rn. 38). Solche Eintragungen dokumentieren eine schon bestehende Rechtslage im Handelsregister. Wo die Eintragung selbst überhaupt erst eine Rechtslage begründet, kann es keine Divergenz zwischen Registerlage und wirklicher Lage geben. Ob es zu einer derartigen Begründung kommen soll, steht dem Gewerbetreibenden frei. Er hat es beispielsweise in der Hand, ob er mit seinem Kleinbetrieb Kaufmann werden will (§ 2 Satz 2, o. Rn. 57). Zur Herbeiführung der konstitutiv wirkenden Eintragung ist er nicht verpflichtet. Die Kaufmannseigenschaft kann in diesem Fall keine einzutragende Tatsache sein, weil es vor der Eintragung noch keine Tatsache gibt. Hat die Eintragung aber stattgefunden, besteht Divergenz zwischen Sein und Schein, solange noch die Bekanntmachung fehlt[112] (Rn. 127). **124**

b) Problematisch ist, ob der Kreis der einzutragenden Tatsachen noch weiter einzuschränken ist, nämlich auf **Sekundärtatsachen**, während das Schweigen des Handelsregisters über Primärtatsachen keine Vertrauenshaftung des Eintragungspflichtigen auslösen würde. Mit Primärtatsachen sind solche gemeint, welche einen kaufmännischen Tatbestand überhaupt erst begründen, z.B. der Betrieb eines Handelsgewerbes (§ 1 Abs. 2, oben Rn. 49), der die Kaufmannseigenschaft des Unternehmers nach § 1 Abs. 1 herbeiführt und zur Anmeldungspflicht nach § 29 (oben Rn. 38) führt. Sekundärtatsachen sind solche, die den vorher begründeten Sachverhalt verändern, z.B. das Erlöschen der Firma nach § 31 Abs. 2 (unten Rn. 215). Gleichermaßen ist beispielsweise die Erteilung der Prokura (unten Rn. 296) Primärtatsache, ihr Widerruf Sekundärtatsache. Man mag daran denken[113], § 15 entgegen seinem Wortlaut nur auf Sekundärtatsachen anzuwenden, weil der Geschäftsgegner bei einer Primärtatsache (Ist-Kaufmann, Prokuraerteilung) vor kaufmännischer Wirklichkeit geschützt würde (der Kontrahent ist unabhängig von einer Eintragung wirklich und nicht nur scheinbar **125**

112 Gl.A. MünchKomm/HGB/*Krebs,* § 15 Rn. 34 a.E.

113 MünchKomm/*Lieb*, § 15 HGB Rn. 18, 1. Aufl. 1996, a.A. MünchKomm/*Krebs,* 2. Aufl. 2005, § 15 HGB Rn. 33, *Oetker*, Gedächtnisschrift Sonnenschein 2003, S. 635 (647 zur Entstehungsgeschichte, Rn. 9) und Lehrbuch, § 3 Rn. 36; Koller/*Roth*, § 15 HGB Rn. 5.

Kaufmann) . Jedoch spricht dagegen, dass die Eintragungspflicht, auch in Bezug auf Primärtatsachen, das Vertrauen begründet, Registerlage und wirkliche Rechtslage stimmten überein. Das Handelsrecht kann einen Kontrahenten beispielsweise darüber unterrichten, ob er mit Fälligkeitszinsen nach § 353 (Rn. 390) zu rechnen hat oder die Genehmigungsfiktion nach § 377 Abs.2 eintreten würde. Auch dieses Vertrauen schützt § 15, gilt also nicht nur für Sekundärtatsachen, sondern auch für Primärtatsachen. Dem entspricht auch europäisches Sekundärrecht (Rn. 151).

126 c) Es gibt auch geschäftsverkehrsrelevante Umstände, deren Eintragung deklaratorischen Charakter hat, zu deren Anmeldung der Kaufmann aber nicht verpflichtet ist wie der Haftungsausschluss bei Erwerb oder Umwandlung eines Handelsgeschäfts (§§ 25 Abs. 2, 28 Abs. 2), das Nebengewerbe eines land- oder forstwirtschaftlichen Unternehmens gem. § 3 Abs. 3, die beschränkte Erbenhaftung gem. § 139 Abs. 3[114]. Diese Gruppe von Umständen nennt man eintragungsfähige Tatsachen. Mit ihnen befasst sich § 15 nicht.

126a d) Einzutragen ist nach § 24 HRV das Geburtsdatum im Hinblick auf die Haftungsbeschränkung Minderjähriger gem. § 1629a BGB[115]. Um eine einzutragende Tatsache nach § 15 dürfte es sich trotzdem nicht handeln[116], weil nur die auf kaufmännischem Willen, auf unternehmerische Entscheidungen gegründeten Tatsachen erfasst sein können.

127 **2.** – a) Die Verlautbarung der einzutragenden Tatsache vollzieht sich mehrstufig, nämlich nicht nur durch die Eintragung selbst, sondern auch durch die **Bekanntmachung** (§ 10, o. Rn. 38). In der Zeitspanne zwischen Eintragung und nachfolgender Bekanntmachung kann, da die konstitutive Wirkung allein der Eintragung zukommt, Verlautbarungsdefizit bestehen. Das Gesetz ergreift solche Fälle dennoch nicht, weil es der Konstitutivwirkung keine Eintragungspflicht zur Seite stellt (anders noch § 2 Satz 2 a.F. für den früheren Sollkaufmann).

128 b) Personen und Haftsumme (Einlage) der Kommanditisten sind zwar im Handelsregister einzutragen, aber gem. § 162 Abs. 2 nicht bekannt zu machen, ebenso wenig eine spätere Erhöhung oder Herabsetzung der Einlage, § 175 Satz 2. Mangels Bekanntmachung ist § 15 folgerichtigerweise nicht anwendbar[117].

129 **3.** Einzutragende, d.h. eintragungspflichtige Tatsachen sind die Firma des Ist-Kaufmanns (§ 29, o. Rn. 51) und ihre Änderungen (§§ 31, 34), die Begründung oder Beendigung der Prokura (§ 53), gesellschaftsrechtliche Verhältnisse (§§ 106, 107, 125, 143, 144 Abs. 2, 148, 150, 157, 162, 175)[118]; Kommanditistenwechsel durch Sonder-

---

114 BGHZ 55, 267 (272/273) = NJW 1971, 1258.
115 *Behnke*, NJW 1998, 3078; OLG Celle, NJW-RR 2000, 702.
116 So aber *Arnold*, Das Minderjährigenhaftungsbeschränkungsgesetz und § 15 HGB, 2001, S. 158.
117 *Schmidt*, ZIP 2002, 413.
118 OLG Karlsruhe, NJW-RR 1997, 169 mit Bspr. *Schmidt*, JuS 1997, 468.

rechtsnachfolge[119], Nießbrauch an Kommanditanteil[120], die Befreiung des Alleingesellschafters einer GmbH vom Verbot des Selbstkontrahierens nach § 181 BGB, vgl. § 10 Abs. 1 Satz 2 GmbHG[121] (anders aber in sonstigen Fällen, nachf. Rn. 130), die Geschäftsanschrift einer GmbH (§ 8 Abs. 4 Nr. 1 GmbHG)[122], der Beherrschungs- und Gewinnabführungsvertrag im Konzern nach §§ 291, 294 Abs. 2 AktG[123] oder die Betriebspacht nach § 292 Abs. 1 Nr. 3 AktG[124]

4. Schließlich gibt es auch nichteintragungsfähige Tatsachen (die trotzdem versehentlich ins Handelsregister gelangen können) wie etwa der Nacherbenvermerk, die Treuhandschaft[125] oder die Verpfändung[126], die Handlungsvollmacht gem. § 54, der Inhaberwechsel ohne Firmenfortführung (u. Rn. 206)[127], das Erlöschen der Geschäftsfähigkeit eines Vertreters[128]; die Sitzverlegung einer GmbH ins Ausland[129], der Stellvertretersatz beim GmbH-Geschäftsführer[130], streitig: Testamentsvollstreckervermerk[131], Befreiung von § 181 BGB (Selbstkontrahieren in anderen Fällen als vorst. Rn. 129 a.E.[132]). Solche fehlerhaften Eintragungen werden durch § 15 nicht berührt. **130**

II. Tatbestände

§ 15 Abs. 1 bestimmt Rechtsfolgen im Falle der Unterlassung einzutragender Tatsachen, durch die das Handelsregister ein **Verlautbarungsdefizit** aufweist (nachf. Rn. 132), § 15 Abs. 3 für bestimmte Fälle unrichtiger Eintragungen mit der Folge einer **Verlautbarungsdivergenz** (u. Rn. 151). Dagegen bestimmt § 15 Abs. 2 Wirkungen richtiger, also gerade keinen Schein begründender Eintragungen, die ein Dritter für sich in Anspruch nehmen kann (**Verlautbarungsinanspruchnahme**, u. Rn. 145). **131**

---

119 BGHZ 81, 82 (88) = NJW 1981, 2247; OLG Zweibrücken, EWiR § 15 HGB 1/2000, 870 *Winkler*; OLG Köln, ZIP 2005, 505 mit Bspr. *Schmidt*, JuS 2004, 442; „Alleinvertretungsbefugnis" oder „Einzelvertretungsbefugnis": BGH, NJW 2007, 3287.

120 OLG Stuttgart, ZIP 2013, 624.

121 BGHZ 87, 59 = NJW 1983, 1676; OLG Stuttgart DNotZ 2008, 303; für UG (vgl. Rn. 180): OLG Bremen, NJW 2010, 542, nicht für englische Limited (unten Rn. 180), OLG München, NJW-RR 2005, 1486.

122 OLG Rostock, NZG 2011, 279.

123 BGH, NJW 1989, 295; OLG Hamm, ZIP 2010, 229; nicht: Teilgewinnabführungsvertrag, KG Beschl. v. 29.10.2013 – 12 W 43/12.

124 OLG Zweibrücken, ZIP 2014, 1020.

125 LG Münster, ZIP 1993, 392 mit Komm. *Bokelmann*, EWiR § 8 HGB 1/93, 593.

126 Eintragungsfähig *im Grundbuch* ist die Verpfändung eines Geschäftsanteils nach OLG Düsseldorf, NJW-RR 2004, 1111.

127 BayObLG, NJW-RR 1990, 868: kein Fall von § 31 Abs. 1.

128 BGHZ 53, 210 (215); 115 (78).

129 OLG Hamm, NJW-RR 1998, 615.

130 BGH, NJW 1998, 1071; oder auch „Sprecher der Geschäftsführung", OLG München, ZIP 2012, 672.

131 BGH, WM 2012, 658 (Kommanditist als Dauertestamentsvollstrecker, § 2209 BGB, auf Antrag einzutragen); KG, WM 1995, 1890 mit weiteren Nachweisen und Komm. *Kick*, EWiR § 2205 BGB 1/95, 981; Testamentsvollstrecker für einzelkaufmännisches Unternehmen? *Weidlich*, NJW 2011, 641 (645).

132 Nein: OLG Frankfurt, BB 1993, 2113; ja: OLG Düsseldorf, NJW-RR 1995, 488, BayObLG, NJW-RR 2000, 1421 und 1479, BB 2000, 59.

B. Negative Publizität (§ 15 Abs. 1)

I. Schweigen des Handelsregisters

132 Gem. § 15 Abs. 1 kann eine einzutragende Tatsache von demjenigen, in dessen Angelegenheiten sie einzutragen war, einem gutgläubigen Dritten nicht entgegengesetzt werden, solange sie nicht eingetragen und bekanntgemacht (§ 10) ist (anders § 5, oben Rn. 97). Das Gesetz schützt also das Vertrauen des Dritten in das Schweigen des Handelsregisters, soweit es sich auf eintragungspflichtige (nicht auf nur eintragungsfähige oder nicht eintragungsfähige) Tatsachen bezieht (**Verlautbarungsdefizit**). Voraussetzung ist, dass durch das Schweigen des Handelsregisters ein von der Wirklichkeit abweichender Rechtsschein entsteht. Ist z.B. die Prokura eingetragen, später aber widerrufen worden, so ist auch der Widerruf eine eintragungspflichtige Tatsache (§ 53 Abs. 3). Unterbleibt die Eintragung des Widerrufs, kann der eintragungspflichtige Kaufmann einem Dritten nicht entgegensetzen, der frühere Prokurist habe keine Vertretungsmacht bei Vertragsabschluss gehabt, sei also falsus procurator gewesen. Der Kaufmann kann dem Dritten aber auch nicht entgegensetzen, es habe zwar noch Vertretungsmacht bestanden, diese sei aber gem. § 164 Abs. 1 Satz 1 BGB beschränkt gewesen; er muss sich vielmehr so behandeln lassen, als sei die Vertretungsmacht im Rahmen von § 50 Abs. 1 unbeschränkbar, muss also die Willenserklärungen des früheren Prokuristen gegen sich gelten lassen (s.u. Rn. 286). Oder: Der Gesellschafter einer oHG hat zusammen mit anderen Gesamtvertretungsbefugnis gem. § 125 Abs. 2 Satz 1, die gem. § 125 Abs. 4 erforderliche Eintragung unterblieb. Die oHG muss sich gem. § 15 Abs. 1 behandeln lassen, als bestehe der gesetzliche Regelfall der Einzelvertretungsbefugnis (§ 125 Abs. 1)[133]. Bei nicht bekannt gemachter Löschung kann der Gewerbetreibende unter seiner vormaligen Firma gem. § 17 Abs. 2 verklagt werden (u. Rn. 156)[134].

II. Voreingetragensein der Bezugstatsache

133 Umstritten ist, ob das Vertrauen auf das Schweigen des Handelsregisters gem. § 15 Abs. 1 auch dann geschützt ist, wenn die darauf beruhende frühere Tatsache ebenfalls nicht eingetragen ist: Der Widerruf der Prokura wurde nicht eingetragen (sodass § 15 Abs. 1 anwendbar wäre), aber auch die Erteilung der Prokura nicht. Das Handelsregister schweigt also über die Prokura insgesamt. Dies ändert zunächst nichts daran, dass der Widerruf gleichwohl eine eintragungspflichtige Tatsache bleibt. Wie kann bei völligem Schweigen des Handelsregisters aber Vertrauen bei dem Geschäftspartner entstehen? Die Antwort ist, dass die Eintragung ja nur deklaratorisch ist und die Prokura wirksam durch rechtsgeschäftliche Bevollmächtigung entsteht (s.u. Rn. 288), und von ihr kann der Dritte unabhängig vom Handelsregister erfahren und dadurch Vertrauen

133 *Reinicke*, JZ 1985, 272; BGHZ 65, 309.
134 BGH, NJW 1979, 42; OLG Hamm, NJW-RR 1998, 470.

gewonnen haben. Deshalb verneint die überwiegende Meinung die Notwendigkeit des Voreingetragenseins[135].

Jedoch ist § 15 Abs. 1 nur besondere Ausprägung der Rechtsscheinlehre, wie sie im Handelsrecht beispielsweise das Phänomen des Scheinkaufmanns erklärt (o. Rn. 107). Diese allgemeinen Grundsätze, aber nicht eine erweiternde Auslegung von Sonderbereichen, führen zum richtigen Interessenausgleich und sind der Bewertung desjenigen Rechtsscheins zugrunde zulegen, der entstehen kann, wenn die Bezugstatsache nicht voreingetragen ist. § 15 Abs. 1 ist deshalb in diesem Fall entgegen h.M. nicht anwendbar[136], sondern allgemeine Grundsätze der Rechtsscheinlehre, sodass beispielsweise lediglich potentielle Kausalität nicht genügt (o. Rn. 117 und nachfolgend Rn. 138) und Voraussetzung der Zurechnung die Veranlassung ist (o. Rn. 111 und nachfolgend Rn. 135). **134**

III. Veranlassung des Registerrechtsscheins

1. Im Gegensatz zur allgemeinen Vertrauenshaftung kommt es für die Anwendbarkeit von § 15 Abs. 1 nicht darauf an, ob der durch das Handelsregister entstandene Rechtsschein vom Eintragungspflichtigen veranlasst wurde. Selbst bei **Fehlern des Registergerichts** greift § 15 Abs. 1 ein, der Rechtsschein wird zugerechnet (der Eintragungsverpflichtete mag sich nach Amtshaftungsgrundsätzen gem. Art. 34 GG, § 839 BGB schadlos halten). **135**

2. Wenn es für die Zurechnung auf Veranlassung nicht ankommt – wirkt § 15 Abs. 1 dann auch zu Lasten **Minderjähriger**? Das ist umstritten. Die Gegner meinen, Verkehrsschutz dürfe Minderjährigenschutz nicht verdrängen[137]. Indessen – Minderjährigenschutz heißt Unwirksamkeit von Willenserklärungen gem. §§ 106 ff. BGB. Dabei bleibt es trotz der Anwendung von § 15 Abs. 1, da mit ihr keineswegs beschränkte Geschäftsfähigkeit kompensiert wird (o. Rn. 113). Davon abgesehen steht der Zurechnung aber keine höherrangige Norm entgegen. Veräußert also z.B. ein Minderjähriger ein ererbtes Handelsgeschäft wirksam einschließlich der Firma (vgl. § 1822 Nr. 3 BGB – vormundschaftsgerichtlich genehmigungsbedürftiges Rechtsgeschäft) und wird die Veräußerung entgegen § 31 Abs. 1 nicht im Handelsregister eingetragen, haftet er gem. § 15 Abs. 1 i.V.m. § 27 (u. Rn. 420) für Verbindlichkeiten aus Geschäften, die der Erwerber eingegangen ist – das ist eine Sekundärfolge des mit vormundschaftsgerichtlicher Genehmigung erklärten Willens einerseits und der Erbfolge andererseits, führt aber keineswegs zur Kompensation mangelnder Geschäftsfähigkeit. Richtigerweise ist also § 15 Abs. 1 in diesem Rahmen auch gegen Minderjährige anzuwenden[138]. **136**

---

135 RGZ 15, 33 (35); 127, 98 (99); BGHZ 55, 267 (272); *Schilken*, AcP 187 – 1987 –, 1, 7/8; OLG Brandenburg, EWiR § 15 HGB 1/03, 1249 (*Klepsch*).

136 *John*, ZHR 140 – 1976 –, 236; wohl auch OLG Oldenburg, BB 1987, 1622.

137 *Hofmann*, S. 88; *Hübner*, Rn. 39.

138 H.M., BGHZ 115, 78 (80) = NJW 1991, 2566; *Nitschke*, JuS 68, 541.

IV. Gutgläubigkeit

137 **1.** Voraussetzung der Haftung aus dem durch das Schweigen des Handelsregisters hervorgerufenen Rechtsschein gem. § 15 Abs. 1 ist, dass die Wahrheit dem Dritten nicht bekannt war, er muss also gutgläubig sein. Fahrlässige Unkenntnis schadet dem Kontrahenten – anders als nach den allgemeinen Grundsätzen zur Rechtsscheinlehre (o. Rn. 119) – nicht[139]. Die Gutgläubigkeit wird **vermutet** („es sei denn"), dem Eintragungsverpflichteten bleibt aber der Beweis des Gegenteils offen (vgl. § 292 ZPO).

138 **2.** Der Dritte braucht in die Richtigkeit der Registerlage nur **potentiell** zu vertrauen, muss sich also bei seinem geschäftlichen Verhalten auf den unrichtigen Eintragungsstand wenigstens verlassen haben können[140]. Aber er muss nicht konkret auf die Registerlagen hin disponiert haben. Sein Vertrauen wird als typisiert unwiderleglich vermutet. **Einsicht in das Handelsregister** ist deshalb nicht Voraussetzung für die Anwendbarkeit von § 15 Abs. 1. Da es weder auf Zurechnung noch auf konkretes Vertrauen ankommt, kann § 15 Abs. 1 auch auf **nichtrechtsgeschäftliche Ansprüche** anwendbar sein, zwar nicht, wenn sie sich auf die Teilnahme am allgemeinen Rechtsverkehr gründen[141] – z.B. Unfall im Straßenverkehr –, weil hier noch nicht einmal potentielle Kausalität auszumachen ist, wohl aber, wenn sie in sachlichem Zusammenhang mit der kaufmännischen Tätigkeit stehen wie unlauterer Wettbewerb, Betrug bei Handelsgeschäften. Ein solches Delikt eines ehemaligen Gesellschafters, dessen Ausscheiden im Handelsregister nicht eingetragen wurde, ist der Gesellschaft also in entsprechender Anwendung von § 31 BGB zuzurechnen. Wo aber auch ein potentieller Vertrauenstatbestand nicht denkbar ist, kommt eine Rechtsscheinhaftung nicht in Betracht. Der Unrechtsverkehr ist durch § 15 Abs. 1 teilweise, durch § 5 ganz (o. Rn. 103) und nach allgemeinen Rechtsscheingrundsätzen gar nicht erfasst (o. Rn. 117).

V. Einwendungsausschluss und Prozess; Meistbegünstigung („Rosinentheorie")

139 **1.** Die Rechtsfolge von § 15 Abs. 1 liegt im Einwendungsausschluss: Der Verpflichtete kann dem Dritten die wirkliche Rechtslage nicht entgegensetzen, also z.B. nicht, dass der für ihn Handelnde in Wahrheit falsus procurator gewesen war (§ 177 BGB). Dem Dritten steht es aber frei, sich auf die wirkliche Rechtslage zu stützen, statt sich auf die Registerlage zu berufen; er hat auch hier (o. Rn. 121) ein Wahlrecht, indem er seinen Anspruch oder auch seine Verteidigung daraus herleitet. Er kann folglich den falsus procurator nach § 179 BGB in Anspruch nehmen[142]. Die Rechtsscheinwirkungen von § 15 Abs. 1 – gleichermaßen von Abs. 3, nachf. Rn. 151– treten – anders im Falle von

---

139 OLG Oldenburg, ZIP 2011, 175.

140 BGH, WM 2004, 287 zu II. 2., zust. *Schmidt*, JuS 2004, 348; BGH, VIZ 2000, 60 zu II. 2. c.; nicht: Verflechtungstatbestand im Maklergeschäft, Rn. 589, BGH, NJW 2009, 1809, Rn. 12.

141 RGZ 93, 238, 241; VG Aachen, NJW 2005, 169 (171).

142 *Chiusi*, AcP 202 – 2002 –, 494 (508).

§ 5 – immer nur **zugunsten Dritter** ein, nicht aber zu ihrem Nachteil. Niemand kann Dritten den Schein vorhalten, wenn diese sich auf das Sein stützen (o. Rn. 121)[143].

2. Probleme entstehen, wenn sich der Anspruch, der die Anwendung handelsrechtlicher Normen voraussetzt, teilweise auf den wirklichen Sachverhalt und teilweise auf den Scheinsachverhalt gründet, der durch die fehlende Registereintragung entstanden ist. Angenommen, in einer Kommanditgesellschaft ist Gesamtvertretung (unten Rn. 297 ff.) für die beiden persönlich haftenden Gesellschafter (Komplementäre) bestimmt. Der eine scheidet aus der KG aus, was nicht im Handelsregister eingetragen wird. Später begründet der verbliebene Gesellschafter eine Kaufpreisverbindlichkeit namens der KG. Der Verkäufer nimmt den ausgeschiedenen Gesellschafter nach §§ 433 Abs. 2 BGB, 128, 15 Abs. 1 in Anspruch. **140**

Stützt der Verkäufer seinen Anspruch vollständig auf die Registerlage, fehlt es an einer Verbindlichkeit der KG, da der verbliebene Gesellschafter diese nicht hätte allein vertreten können. Deshalb würde der Ausgeschiedene nicht nach §§ 128, 161 Abs. 2 haften. Stützt er seinen Anspruch auf die wirkliche Rechtslage, ist eine Gesellschaftsverbindlichkeit entstanden, weil die Gesamtvertretung durch das Ausscheiden obsolet geworden war. Aber der ausgeschiedene Gesellschafter haftet nur für Altverbindlichkeiten, nicht jedoch für solche, die nach seinem Ausscheiden begründet worden waren. Deshalb würde der Ausgeschiedene ebenfalls nicht haften. Die fehlende Eintragung wäre sanktionslos. **141**

Richtigerweise ist dagegen der Anspruch als begründet anzusehen. Anspruchsvoraussetzung ist zunächst, dass eine Gesellschaftsverbindlichkeit entstanden ist. Dies ist der Fall, weil die Regelung über die Gesamtvertretung obsolet geworden ist. Zwar ergibt sich scheinbar etwas anderes, weil das Ausscheiden nicht eingetragen wurde, aber die Scheintatsache darf dem Verkäufer gem. § 15 Abs. 1 nicht entgegengehalten werden. Für die persönliche Haftung nach § 128 ist Voraussetzung, dass der Ausgeschiedene noch Gesellschafter ist; zwar ist das nicht der Fall, aber es ist wiederum das Ausscheiden, das dem Verkäufer nach § 15 Abs. 1 nicht entgegengesetzt werden kann. Deshalb ist der Anspruch begründet. **142**

Die Subsumtion stützt sich teilweise auf den wahren und teilweise auf den scheinbaren Sachverhalt. § 15 Abs. 1 bewirkt, wenn man so will, eine Meistbegünstigung des Gläubigers[144] („Rosinentheorie"[145]). Der Regelung von § 15 Abs. 1 ist dagegen nicht zu entnehmen, der Rechtsschein aus unterlassener Eintragung sei unteilbar (sehr str.)[146]. **143**

3. § 15 Abs. 1 gilt wie § 5 (o. Rn. 91) auch im Prozess: Eine in Wahrheit nicht mehr bestehende, aber im Handelsregister eingetragen gewesene und gelöschte oHG oder ein früherer Einzelkaufmann können unter ihrer Firma gem. §§ 124 Abs. 1, 17 Abs. 2 (o. Rn. 132 a.E.) verklagt werden, solange die Löschung noch nicht bekannt gemacht wurde. **144**

143 BGH, NJW-RR 1990, 737 zu 1.
144 Treffend *Schmidt*, § 14 II 4. d.
145 *John*, ZHR 140 – 1976 –, 236 (254); BGHZ 65, 309 = NJW 1976, 569; BGHZ 55, 267 (273) = NJW 1971, 1268; s. auch *Körber/Schaub*, JuS 2012, 303 (305).
146 A.A. *Hübner*, Rn. 153; *Canaris*, § 5 Rn. 26; unentschieden *Jung*, S. 81; *Oetker*, § 3 Rn. 51.

C. Wirkung richtiger Eintragungen (Verlautbarungsinanspruchnahme, § 15 Abs. 2)

I. Eintragungspflichtige Tatsachen

145 Gemäß § 15 Abs. 2 muss ein Dritter eine Tatsache gegen sich gelten lassen, die eingetragen und bekannt gemacht worden ist. Das ist eine Selbstverständlichkeit; wie sollte das Handelsregister sonst Publizitätswirkung entfalten. Der Kern der Regelung liegt in Satz 2 (nachf. Rn. 147), wonach ausnahmsweise der Schein gegen die richtige Eintragung wirkt.

146 Ausgangspunkt ist, dass der Dritte die richtig eingetragene Tatsache gegen sich gelten lassen muss, auch wenn er sie nicht kannte. Entgegengesetzt zu § 15 Abs. 1 wirkt die Eintragung zulasten des Dritten. Um Vertrauensschutz und Publizität des Handelsregisters geht es nicht. Registerlage und wirkliche Rechtslage stimmen vielmehr überein. Hält der Dritte z.B. einen ausgeschiedenen Mitarbeiter des Kaufmanns für dessen Prokuristen, obwohl der Widerruf der Prokura im Handelsregister eingetragen und bekannt gemacht worden war, nützt ihm seine Unkenntnis nichts, die Vertretungswirkung nach § 164 Abs.1 Satz 1 BGB tritt also nicht ein[147]. Die Rechtswirkung bezieht sich nur auf **richtige**, nicht auf falsche oder zu Unrecht eingetragene Tatsachen. Es muss sich auch hier um eine eintragungspflichtige (vorst. Rn. 123, 132) Tatsache handeln, in Bezug auf lediglich eintragungsfähige Tatsachen (wie §§ 25 Abs. 2, 28 Abs. 2) tritt die Wirkung zulasten Dritter nicht ein, so dass ganz nach Lage des Einzelfalls etwa ein Haftungsausschluss nach §§ 25 Abs. 2, 28 Abs. 2 nicht gegen den Dritten zu wirken braucht.

II. Ausnahmen

1. Bekanntmachung

147 § 15 Abs. 2 sinnt dem Dritten an, sich über die Registerlage zu informieren. Der Informationslast genügt nicht nur, wer das Handelsregister selbst einsieht, sondern auch, wer sich nach der Bekanntmachung gem. § 10 richtet. Sie nachzulesen, ist dem Dritten binnen 15 Tagen seit ihrem Erscheinen nachgelassen. § 15 Abs. 2 Satz 2 bestimmt daher, dass der Dritte den Beweis führen kann, die wirkliche Rechtslage unverschuldet nicht gekannt zu haben, wenn die darauf beruhende Rechtshandlung innerhalb der 15 Tage vorgenommen worden war. Gelingt dieser Beweis, braucht er trotz richtiger Handelsregistereintragung die wirkliche Rechtslage nicht gegen sich gelten zu lassen, z.B. nicht die fehlende Prokura des Mitarbeiters (Rn. 146). Sollten die Bekanntma-

---

147 Ist die Liquidation einer GmbH eingetragen und ein Dritter zum Liquidator bestellt, ist der Geschäftsführer nicht mehr gem. §§ 35, 38 Abs. 2 GmbHG vertretungsbefugt, was sich ein Dritter entgegenhalten lassen muss, aber es kann Abschlussvollmacht für den Einzelfall bestehen, BGH, NJW-RR 2005, 268.

chung im Handelsregister und die Bekanntmachung im Unternehmensregister (oben Rn. 38a) nicht übereinstimmen, gibt das Handelsregister Maß[148].

2. Allgemeine Grundsätze

148 Ein gegen den Inhalt des Handelsregisters geschaffener Rechtsschein kann nur dann beachtet werden, wenn die Berufung auf den Registerinhalt aus besonderen Gründen des Einzelfalls nicht rechtsmissbräuchlich ist (vgl. o. Rn. 120)[149].

149 Das ist der Fall, wenn ein Unternehmer als **Scheinkaufmann** gerade gegen die Registerlage und wirkliche Rechtslage handelt, diese dissimuliert (s. o. Rn. 120)[150] oder wenn ein Kaufmann seinem Geschäftspartner einen Verhandlungsvertreter als Prokuristen vorstellt, obwohl er die Prokura widerrufen hatte[151]. Eine gleichgeartete Dissimulation wird anzunehmen sein, wenn ein falsus procurator eine Vollmachtsurkunde vorlegen kann, so dass § 172 Abs. 2 BGB eingreift[152].

III. Öffentlicher Glaube

150 Auch § 15 Abs. 2 begründet keine positive Publizität wie etwa das Grundbuch gem. § 892 BGB. Das Handelsregister gilt nicht etwa als richtig, sondern die Vorschrift bezieht sich überhaupt nur auf wirklich durchgeführte und zutreffende Eintragungen, also gerade nicht auf versehentlich falsche oder unterbliebene, und sie gilt im Allgemeinen nur für den zur Eintragung Verpflichteten.

D. Positive Publizität (§ 15 Abs. 3)

I. Verlautbarungsdivergenz

151 Ein gutgläubiger Dritter kann sich auf eine einzutragende, unrichtig bekannt gemachte Tatsache gegenüber dem Eintragungspflichtigen berufen, wie § 15 Abs. 3 in Umsetzung von Art. 3 der Richtlinie 68/151/EWG v. 9. 3. 1968 (o. Rn. 10) bestimmt. Eine bekanntgemachte Tatsache, die von der wirklichen Rechtslage abweicht, gilt dem Dritten gegenüber unter den weiteren Voraussetzungen von § 15 Abs. 3 also als richtig, so dass insoweit anders als in den Fällen von Abs. 1 und 2 positive Publizität in Bezug auf die Bekanntmachung wie beim Grundbuch eintritt. Ist etwa die Prokura widerrufen, der Widerruf auch im Handelsregister eingetragen, aber unrichtig *bekanntgemacht* worden (z.B. nur der Widerruf einer Ermächtigung gem. § 49 Abs. 2, s. gleich nachf. und u. Rn. 305), wirken zugunsten des gutgläubigen Dritten Rechtshandlungen des ehemaligen Prokuristen zulasten des Kaufmanns.

148 *Meyding/Bödecker*, BB 2006, 1009 (1011).
149 BGH, WM 1976, 1084 (1085); 77, 1405 (1406); OLG Frankfurt, MDR 1984, 542.
150 *Zimmer*, § 15 Abs. 2 HGB und die allgemeine Rechtsscheinhaftung, 1997, S. 124 ff.
151 *Jens Koch*, AcP 207 (2007), 768 (788).
152 *Canaris*, § 5 Rn. 36.

II. Übereinstimmung zwischen Eintragung und Bekanntmachung

152 **1.** Der Anwendungsbereich von § 15 Abs. 3 geht aber über seinen Wortlaut, der ja nur die richtige Eintragung bei falscher Bekanntmachung, also Divergenz zwischen beiden erfasst, auf weitere Konstellationen hinaus. § 15 Abs. 3 gilt nämlich in teleologischer Extension auch für den Fall, dass sowohl **Eintragung wie Bekanntmachung falsch** sind, eine Divergenz zwischen beiden also nicht besteht, wohl aber zur tatsächlichen Rechtslage[153], oder dass etwas bekanntgemacht worden ist, was überhaupt nicht eingetragen wurde. Ist beispielsweise die Prokura vollständig widerrufen worden, im Handelsregister aber nur der Widerruf der Ermächtigung gem. § 49 Abs. 2 (Erstreckung auf Grundstücksgeschäfte) eingetragen und so auch bekanntgemacht worden, ist § 15 Abs. 3 anwendbar, ebenso, wenn die Bekanntmachung fehlt oder wenn der wirklich erklärte und angemeldete Widerruf überhaupt nicht eingetragen, gleichwohl beschränkt im Hinblick auf § 49 Abs. 2 bekanntgemacht wurde[154]. Falsch ist die Eintragung auch dann, wenn die Tatsache als solche einzutragen war, aber im konkreten Fall ihre Voraussetzungen nicht gegeben waren: Ein Freiberufler, also ein Nichtgewerbetreibender, wird ins Handelsregister eingetragen, und die Eintragung wird bekannt gemacht (o. Rn. 105). Der Gutgläubige kann sich darauf berufen, während die Fiktion aus § 5 nicht eintritt (o. Rn. 98).

153 **2.** Entgegen der Wertung in § 15 Abs. 1 (vorst. Rn. 135) kann bei der positiven Publizitätswirkung aus § 15 Abs. 3 auf **Veranlassung und Zurechnung** nicht völlig verzichtet werden, wenn man etwa an eine Eintragung denkt, die für einen anderen als den Eintragungspflichtigen vollzogen wird[155] oder wenn die Eintragung mit gefälschten Unterlagen ohne Wissen des Eintragungspflichtigen bewirkt wird[156]. Die Veranlassung liegt aber schon darin, dass der Kaufmann die falsch eingetragene oder bekanntgemachte Tatsache überhaupt beim Handelsregister angemeldet hatte, auch wenn die Anmeldung richtig war. Macht das Registergericht Fehler, sind sie dem Kaufmann im Verhältnis zu Dritten zuzurechnen. Ihm bleiben Amtshaftungsansprüche aus Art. 34 GG, § 839 BGB.

III. Minderjährigenschutz

154 Streitig ist, ob auch gegenüber dem Minderjährigen die positive Publizität nach § 15 Abs. 3 wirkt. Richtigerweise ist die Frage ebenso wie im Falle von § 15 Abs. 1 zu bejahen, weil eine Kompensation der mangelnden Geschäftsfähigkeit nicht stattfindet (s. dort Rn. 136)[157].

---

153 OLG Brandenburg, ZIP 2012, 2103.

154 *Schmidt*, JuS 1977, 215; BT-Drucks. 5/3862, S. 11; a.A. *Beuthien*, NJW 1970, 2284.

155 Vgl. OLG Hamm, NJW-RR 1996, 802.

156 OLG Brandenburg, ZIP 2012, 2103 mit BSpr. *K. Schmidt* JuS 2013, 360.

157 *Brox*, Rn. 132 a.E.; *Schmidt*, § 14 III.3.b, S. 419; *Beyerle*, BB 1971, 1482 (1489); a.A. *Hofmann*, S. 88; Koller/*Roth*, § 15 HGB Rn. 30.

4. Abschnitt

Firma

A. Überblick

I. Die Firma des Kaufmanns ist der **Name**, unter dem er seine Geschäfte betreibt und seine Unterschrift abgibt, wie § 17 bestimmt. Firma steht also, entgegen alltäglichem Sprachgebrauch[158], nicht für das Unternehmen oder das Handelsgeschäft, sondern ist der Name, unter dem der Kaufmann auf Märkten und als gewerblicher Unternehmensträger auftritt. Ebenso wie der bürgerliche Name einer natürlichen Person (vgl. § 12 BGB) diese gegenüber anderen individualisiert und damit zugleich von anderen unterscheidet, hat die Firma die Funktion, den Kaufmann als Unternehmensträger zu kennzeichnen, d.h. auf Unternehmer- und Unternehmensidentität hinzuweisen. Die in der Firma liegende Kennzeichnung kann durch Marken, geschäftliche Bezeichnungen (§§ 4, 5 MarkenG) und die Werbung ergänzt werden. Da die Firma als besondere gewerbliche Kennzeichnung anders als eine bloße geschäftliche Bezeichnung nur Kaufleuten offensteht, nicht aber anderen Gewerbetreibenden oder Nicht-Gewerbetreibenden (o. Rn. 22, 30), weist sie ihren Träger als Normadressaten des Gesetzes aus. Der Kaufmann hat an seiner Firma ein **absolutes subjektives Recht** (vgl. § 823 Abs. 1 BGB), das sowohl den Charakter eines Persönlichkeitsrechts wie den eines Immaterialgüterrechts hat[159]. Die Kennzeichnung liegt aber nicht nur im Interesse des Kaufmanns selbst, sondern auch im Interesse der Märkte, auf denen die Beteiligten Gewissheit erlangen, mit wem sie es zu tun haben. 155

II. In der kennzeichenrechtlichen Regelung erschöpft sich das Recht der kaufmännischen Firma aber nicht. An die Firma knüpfen sich vielmehr weiterreichende **haftungsrechtliche** (dazu u. Rn. 217 ff.) und **prozessuale Folgen**, indem Partei zwar der Unternehmensträger und nicht das Unternehmen ist (o. Rn. 36), der kaufmännische Unternehmensträger aber gem. § 17 Abs. 2 unter seiner Firma klagen und verklagt werden kann (nicht muss), also der vorgeschriebenen Parteibezeichnung[160] gem. § 253 Abs. 2 Nr. 1 ZPO genügt ist. Nichtkaufmännische Gewerbetreibende und Nichtgewerbetreibende müssen dagegen unter ihren bürgerlichen Namen klagen und verklagt werden; anderes gilt im gegebenen Falle einer Partnerschaft (§ 7 Abs. 2 PartGG, o. Rn. 72) oder einer Gesellschaft bürgerlichen Rechts[161]. 156

III. Welchen Namen der Kaufmann wählt, steht ihm an sich frei. Gebunden ist er nur insoweit, als die Firma, die er führen will, ihre Hinweis- und Individualisierungsfunktion zu erfüllen geeignet sein muss. Infolgedessen bestimmt § 18 Abs. 1, dass die Firma überhaupt **Kennzeichnungseignung** haben muss, die ihrerseits nur besteht, 157

158 So aber auch Art. 4 Abs. 1 Nr. 1 Finanzmarktrichtlinie (MiFID) 2004/39/EG: Wertpapierfirma (nach § 2 Abs. 4 WpHG Wertpapierdienstleistungsunternehmen).

159 BGH, WM 1983, 149; *Wertenbruch*, ZIP 2002, 1931; *Fezer*, ZHR 161 – 1997 –, 52; *Köhler*, Festschrift Fikentscher 1998, S. 494.

160 Näher *Gräwe/Salten*, MDR 2003, 1097.

161 BGHZ 146, 341 = NJW 2001, 1056.

wenn sie sich von den Namen anderer Kaufleute unterscheiden kann (näher nachf. Rn. 163): Der Allgemeinbegriff verfehlt die Individualisierung und hat folglich keine Unterscheidungskraft. Darüber hinaus darf der Kaufmann auch eine an sich unterscheidungskräftige Firma nur wählen, wenn sie sich von bereits eingetragenen Firmen anderer Kaufleute unterscheidet, also nicht verwechslungsfähig ist. Jenseits von Kennzeichnungseignung und Unterscheidbarkeit darf die Firma die Marktbeteiligten, an die sie sich richtet, nicht in die Irre führen.

158 **IV.** Eine demgemäß zulässige, nämlich zur Kennzeichnung geeignete und unterscheidungskräftige, nicht verwechselungsfähige und nicht in die Irre führende Firma genügt den gesetzlichen Anforderungen noch nicht. Vielmehr schreibt § 19 einen **Zusatz** vor, aus dem die Rechtsform des Kaufmanns und mit ihr die Haftungsverhältnisse ersichtlich sind. Für das Kapitalgesellschaftsrecht ergibt sich die Rechtsform schon aus den sie regelnden Gesetzen (o. Rn. 72), namentlich aus § 4 GmbHG und § 4 AktG. Gleichermaßen muss dem Zusatz zu entnehmen sein, ob der Unternehmensträger Einzelkaufmann oder Personengesellschaft ist.

159 **V.** Demzufolge besteht eine zulässige, d.h. zur Eintragung im Handelsregister geeignete Firma immer aus zwei Elementen, nämlich dem eigentlichen Namen und dem Rechtsformzusatz. Mag man auch jetzt, aber in gewandeltem Verständnis (o. Rn. 17), von **Firmenkern und Zusatz** sprechen.

160 **VI.** Daraus ergeben sich die Grundsätze, die der Kaufmann bei der Bildung seiner Firma beachten muss: Kennzeichnungseignung und Unterscheidungskraft (u. Rn. 163), Unterscheidbarkeit (u. Rn. 197), Wahrheit (u. Rn. 167), Rechtsformerkennbarkeit (u. Rn. 177).

161 **VII.** Ist die Firma einmal zulässigerweise unter Beachtung dieser Grundsätze gebildet worden, können sich die Maß gebenden Verhältnisse doch im Laufe der Zeit ändern, z.B. der Unternehmensträger aufgrund einer Veräußerung des Unternehmens wechseln. Die zuvor zulässigerweise gebildete Firma kann trotz eines solchen Wechsels Bestand haben. **Firmenbeständigkeit** kollidiert mit **Firmenwahrheit** (u. Rn. 202).

B. Firmenbildung

162 Der Name des Kaufmanns, seine Firma, besteht aus zwei Elementen, nämlich dem eigentlichen Namen (Firmenkern) und dem Rechtsformzusatz. Der Kaufmann, der sich überlegt, unter welchem Namen er an den Märkten auftreten will, wie er also seine Firma bilden soll, hat hierbei die eben genannten Grundsätze der Kennzeichnungseignung, der Unterscheidungskraft und der Unterscheidbarkeit, der Firmenwahrheit, außerdem der Firmeneinheit zu beachten. Andernfalls ist die Firma unzulässig. Mit einer unzulässigen Firma kann der Kaufmann seiner Eintragungspflicht aus § 29 (u. Rn. 215) nicht nachkommen.

I. Firmenkern

1. Kennzeichnungseignung und Unterscheidungskraft

a) Einzelkaufleute und Personengesellschaften. – **aa)** Die Begriffe Kennzeichnungseignung und Unterscheidungskraft in § 18 Abs.1 sind nicht als kumulative Tatbestandsvoraussetzungen der Firmenbildung zu verstehen, sondern beschreiben dasselbe Ziel aus verschiedenen Blickwinkeln. Die Funktion der Firma, den Kaufmann zu individualisieren und gerade auf ihn hinzuweisen, erfüllen nur Namen, die eine solche Individualisierung erlauben[162]. Dieses wiederum ist nur der Fall, wenn der Name nicht zugleich auf beliebige andere Unternehmensträger hinweisen könnte, also Unterscheidungskraft hat. Die Unterscheidungskraft wird durch das Registergericht bei der Anmeldung abstrakt geprüft, also jenseits der Frage, ob ein anderes Unternehmen schon eine Bezeichnung führt, die mit der Anzumeldenden verwechslungsfähig ist. Die Firmenunterscheidbarkeit im konkreten Fall ist von der Unterscheidungskraft als solcher zu trennen[163] (u. Rn. 197). **163**

bb) In Frage kommt der bürgerliche Name des Kaufmanns, sei es mit vollständigem oder abgekürztem, sämtlichen oder einigen oder ohne Vornamen (sog. **Personen- oder Namensfirma**[164]), eine dem Gegenstand des Gewerbes entnommene Bezeichnung (**Sachfirma**), aber auch eine Phantasiebezeichnung, die weder auf die Person des Kaufmanns noch auf den Unternehmensgegenstand hinweist, außerdem eine aus allen oder mehreren dieser Möglichkeiten zusammengesetzte Firma (**Mischfirma**). Auch Abkürzungen und Buchstabenfolgen sind zulässig, wenn sie denn individualisierend wirken (verneint für: AAA AAA AAA AB Lifesex-TV[165] oder „AKDV GmbH[166]). Der eigentlichen prägenden Bezeichnung kann ein eher untergeordneter Zusatz beigefügt werden. Keine Eignung haben reine Sachbezeichnungen, aber auch Phantasiebezeichnungen, die aus Allgemeinbegriffen gebildet sind, z.B. die schlichte zusatzlose Bezeichnung „Werbeagentur" oder „Schreinerei" oder auch „Profi-Handwerker GmbH"[167] oder „Creativ" oder „Fun" oder „Welch ein Tag"[168] oder „today"[169] oder „Turbo"[170] oder „Cotton Line" für ein Textilunternehmen[171]: Gattungsbegriffe individualisieren nicht. Andererseits besteht an ihnen ein Freihaltebedürfnis[172]. Bezeichnungen ohne Sinngehalt können die Individualisierungsfunktion schon eher erfüllen: Fifty-one-GmbH, **164**

---

162 Vgl. BGH, GRUR 1995, 408 zu III.2.a für §§ 3 Abs. 1, 8 Abs. 2 MarkenG.
163 *Bülow*, DB 1999, 269.
164 Auch der Name eines Kommanditisten (unten Rn. 178), OLG Saarbrücken, NJW-RR 2006, 902; auch eines Dritten? *Heidinger*, DB 2005, 815; OLG München, WM 2013, 669.
165 OLG Celle, NJW-RR 1999, 543; OLG Frankfurt, NJW 2002, 2400; OLG Düsseldorf, WRP 2003, 1463; krit. *D. Möller*, DNotZ 2000, 830.
166 OLG Celle, ZIP 2006, 1586; bejaht für „HM&A": BGH, ZIP 2009, 168 = WM 2009, 235.
167 BayObLG, NJW-RR 2003, 1544.
168 BPatG, WRP 1998, 893.
169 BGH, NJW-RR 1998, 1261.
170 BGH, GRUR 1995, 410.
171 BGH, WRP 1997, 446.
172 *W. H. Roth*, in: Die Reform des Handelsstandes, 1999, S. 31, 36.

No-name-KG, 1+ e.K.[173], str.: das at-Zeichen @[174], eine Internet-Adresse[175] und überhaupt eine graphische Gestaltung[176].

165 **b) Kapitalgesellschaften.** Personen-, Sach-, Phantasie- und Mischfirmen sowie Abkürzungen[177], mit oder ohne Zusatz, dürfen auch Aktiengesellschaften, GmbH und Genossenschaften führen (§§ 4 AktG, 4 GmbHG, 3 GenG)[178]. Allerdings können besondere gesetzliche Vorschriften entgegenstehen: Nach § 1 des hessischen ArchitektenG dürfen juristische Personen nicht den Firmenbestandteil „Architekt" führen[179].

2. Firmeneinheit

166 Eine Unternehmerin kann zwar mehrere Unternehmen haben und für jedes eine andere Firma führen (o. Rn. 34). Für dasselbe Unternehmen darf sie aber nur eine, nicht mehrere Firmen führen. Sonst bestünde die Gefahr der Identitätstäuschung, deren Vermeidung gerade Anliegen des Firmenrechts ist. Dieser Gefahr begegnet der Grundsatz der Firmeneinheit[180].

3. Firmenwahrheit

167 **a) Normative Irrtumsbestimmung.** Die zur Kennzeichnung geeignete und unterscheidungskräftige Firma darf nicht in die Irre führen, d.h. sie darf keine Angaben enthalten, die geeignet sind, bei potentiellen Adressaten Vorstellungen wesentlicher Art zu erwecken, die der Wirklichkeit nicht entsprechen; in der Divergenz zwischen Vorstellung und Wirklichkeit liegt der Irrtum. Da die Adressaten eine unbestimmte Vielzahl ausmachen, kann sich ergeben, dass der eine dem Irrtum unterliegt, der andere aber die Verhältnisse richtig sieht. Daraus folgt die Frage, auf wen es ankommt. Die Antwort ist in der Weise zu suchen, dass nach den Vorstellungen eines verständigen Durchschnittsadressaten (genauer: am häufigsten vorkommenden Adressaten) zu forschen und der Irrtum als negatives Tatbestandsmerkmal der Firmenbildung nur dann anzunehmen ist, wenn zu erwarten ist, dass bei einem solchen typischen Adressaten die Divergenz zwischen Vorstellung und Wirklichkeit auftritt. Ein solcher Subsumtionsweg ist nicht empirischer, sondern normativer Art[181].

---

173 *Kögel*, BB 1997, 793(796).

174 Abl. OLG, Braunschweig WRP 2001, 287 mit abl. Komm. *Mankowski*, EWiR § 18 HGB 1/01, 275; BayObLG, NJW 2001, 2337 mit Komm. *Spindler*, EWiR § 18 HGB 2/01, 729; bejahend LG Berlin, NJW-RR 2004, 835; *Beyerlein*, WRP 2005, 582; *Schoene,* GWR 2009, 137 (139).

175 „fashion-shop-germany.eu e.Kfr" – Unterscheidungskraft bejaht OLG Dresden, BeckRS 2011, 00914; „outlets.de GmbH" verneint OLG Frankfurt, BeckRS 2011, 00375.

176 Abl. KG, NJW-RR 2001, 173.

177 *Schulenburg*, NZG 2000, 1156; *Müther*, GmbHR 1998, 1058.

178 *Lutter/Welp,* ZIP 1999, 1073.

179 OLG Frankfurt, NJW-RR 2001, 172; vgl. auch OLG Hamm, WRP 2002, 1103.

180 BGH, NJW 1991, 2023 zu 3., dazu *Roth*, ZGR 1992, 633 und *Bokelmann*, EWiR § 37 HGB 2/91, 795.

181 Exemplarisch OLG Jena, ZIP 2014, 375.

Diesen normativen Weg geht das Gesetz mit § 18 Abs. 2, verbunden mit der Beschränkung auf Angaben, die für die angesprochenen Verkehrskreise wesentlich sind (Rn. 171). Mit diesem normativ festgelegten Irreführungsbegriff stimmt auch der Tatbestand der irreführenden Werbung nach § 5 UWG überein. **168**

b) Angesprochene Verkehrskreise. Der normativ bestimmte verständige Adressat kann für jede zu bewertende Firma ein anderer sein. Die Firma eines Kaufmanns, der Vertragsabschlüsse mit privaten Verbrauchern anstrebt, ist am Verständnishorizont eines verständigen Verbrauchers zu messen; ist der Kaufmann vielleicht Software-Entwickler für industrielle Abnehmer, kommt es auf den sachverständigen Horizont dieser Abnehmer an. Dieselbe Firma, die im ersten Falle zu Divergenz zwischen Vorstellung beim Adressaten und Wirklichkeit führt, braucht im zweiten Fall keinerlei Irrtum zu erregen. Bei einer Firma, die sich an mehrere Adressatenkreise richtet, deren Abnehmer also beispielsweise sowohl Verbraucher wie Gewerbetreibende, vielleicht ihrerseits mit unterschiedlichen Spezialisierungsgraden sein sollten, ist der Irreführungstatbestand zu bejahen, wenn bereits der verständige Adressat aus einem der angesprochenen Kreise Gefahr läuft, einem Irrtum zu unterliegen. Maß geben nur die mit der Firma angesprochenen Verkehrskreise, nicht aber ein mit seinem Verständnis allen denkbaren Verkehrskreisen genügender Adressat; andernfalls wäre der Irrtum am engsten Verständnishorizont zu messen. **169**

c) Eignung. Aus der normativen Begründung des Irreführungsbegriffs folgt, dass es nicht darauf ankommt, ob sich Adressaten der Firma tatsächlich irren. Vielmehr genügt es, wenn die Firma oder Teile von ihr geeignet sind, in die Irre zu führen. Die Firma ist, anders gewendet, schon dann unzulässig, wenn die Gefahr der Irreführung besteht. Das Registergericht hat sich in einen verständigen typischen Adressaten des angesprochenen Verkehrskreises zu versetzen und eine Prognose anzustellen, ob ein solcher Adressat in die Irre geführt werden könnte. **170**

d) Wesentlichkeit. Mag der Firmenkern als ganzer oder auch nur ein Teil davon auch eine Angabe enthalten, die zur Irreführung geeignet ist, sei es auch nur aufgrund eines Phantasieworts, kann die Firmenbildung doch zulässig sein. Nicht jede irreführende Angabe ist nämlich verboten, sondern nur eine solche, die für die maßgeblichen (vorst. Rn. 169) Verkehrskreise wesentlich ist. Angaben von nur geringer wettbewerblicher Relevanz und von nebensächlicher Bedeutung[182] hindern die Firmenbildung nicht. So mag sich etwa eine Bäckerin „Breiderter Brot e.Kfr." nennen, auch wenn das Brot nicht in Breidert/Rodgau oder nach entsprechenden Rezepten gebacken wird, wenn dieser Ort für Güte oder Eigenart bedeutungslos ist, es besondere Rezepturen überhaupt nicht gibt und deshalb auch ein Schutz nach § 126 MarkenG nicht in Betracht kommt. Gleichermaßen unterliegt im Wettbewerbsrecht nur eine solche Fehlvorstellung dem Unterlassungsanspruch, die Relevanz aufweist[183]. **171**

182 So BT-Drucks. 13/8444, S. 53.
183 BGH, NJW 1995, 3054 zu II.2.

172 **e) Ersichtlichkeit.** Aufgrund des auch für das Handelsregisterverfahren geltenden Amtsermittlungsgrundsatzes nach § 26 FamFG (o. Rn. 39) könnte dem Registergericht die Feststellung, welche Vorstellungen die angesprochenen Verkehrskreise haben könnten, umständlich werden, z.B. Beweisaufnahmen erfordern (§ 30 FamFG), und das Eintragungsverfahren verzögern. Um dies zu verhindern, relativiert § 18 Abs. 2 Satz 2 den Amtsermittlungsgrundsatz, indem nur die ersichtliche Irreführungsgefahr die Zulässigkeit einer Firmenbildung hindert. Adressat dieser Ersichtlichkeit ist das Registergericht in der Person des funktionell zuständigen Rechtspflegers (§ 3 Nr. 2 lit. d, § 17 RpflG). Ersichtlich ist die Eignung zur Irreführung, so die Gesetzesbegründung[184], für Firmenbestandteile, bei denen die Täuschungseignung nicht allzu fern liegt und ohne umfangreiche Beweisaufnahme bejaht werden kann. Weniger aufwendige Beweisaufnahmen kann der Rechtspfleger, um Zweifel zu beseitigen, durchaus anordnen. Dieses Grobraster im Registerverfahren nach § 37 Abs. 1 HGB sowie § 295 FamFG kann, so die Gesetzesbegründung, durch Feinsteuerung im Streitverfahren nach §§ 8 UWG, 37 Abs. 2 berichtigt werden[185].

173 **f) Kasuistik.** Vorbehaltlich der Ersichtlichkeit hat das Registergericht die Eintragung der Firma zurückzuweisen, wenn sie bei den angesprochenen Verkehrskreisen falsche Vorstellungen über Art und Umfang oder Ort[186] des Geschäfts („Schuhmarkt Paul Lehmann" für einen kleinen Laden; „Haus"[187] gleichermaßen „Fabrik" oder „international", „europäisch": Der Einzelfall entscheidet[188]; Gruppe[189] oder Group[190] für Einzelunternehmen) oder über die Verhältnisse des Geschäftsinhabers hervorruft: Wer ein pharmazeutisches Unternehmen betreibt, darf seinen (wirklich vorhandenen) juristischen oder philosophischen Doktorgrad nicht ohne Fakultätshinweis führen[191], wenn der Geschäftsverkehr einen naturwissenschaftlichen Grad erwartet[192] (erlaubt aber „Lackdoktor" für Handwerksbetrieb[193]). Die Firma darf keine unrichtigen Vorstellungen über die Gesellschaftsform erzeugen (Transag Müller & Co. als scheinbare Aktienge-

---

184 BT-Drucks. 13/8444, S. 54.

185 BT-Drucks. 13/8444, S. 53; BayObLG, NJW-RR 2000, 111 mit Bspr. *Schmidt*, JuS 2000, 498; WRP 2003, 640; OLG Stuttgart, NJW-RR 2001, 755.

186 OLG Hamm, NJW-RR 2013, 1195: „Osnabrück" nicht irreführend, wenn sich das Unternehmen im engeren Wirtschaftsgebiet dieser Stadt befindet.

187 BayObLG, NJW-RR 1990, 671.

188 BGH, NJW 1997, 2817 zu II.2.; OLG Hamm, NJW-RR 1999, 1710; LG Stuttgart, BB 2000, 1213; „Deutsche City Post" für regionales Unternehmen: OLG Nürnberg, WM 2008, 232.

189 OLG Jena, ZIP 2014, 375.

190 OLG Schleswig, NJW-RR 2012, 497.

191 BGHZ 53, 65; 118, 53; BGH, NJW 1987, 2930; 1995, 3054; 1998, 1150; für § 5 UWG: OLG Stuttgart, GRUR-RR 2014, 434.

192 („Institut": BayObLG, NJW-RR 1990, 1125; OLG Frankfurt, NJW-RR 2002, 459; öOGH, NZG 2001, 224; *Olenhusen*, WRP 1996, 1079; „Broker": OLG Düsseldorf, NJW-RR 1992, 170; „Investment Consult": BayObLG, NJW-RR 199, 1639.

193 OLG Jena v. 17.5. 2005 – 2 U 402/05.

sellschaft[194]). Der Zusatz „und Partner" ist gem. §§ 2 Abs. 1, 11 PartGG ausschließlich Partnerschaftsgesellschaften (o. Rn. 72) vorbehalten[195].

II. Firmenzusatz

Nach § 19 muss die Firma neben dem Firmenkern einen Zusatz enthalten, aus dem Rechtsform und mit ihr die Haftungsverhältnisse ersichtlich sind. **174**

1. Einzelkaufleute (Nr. 1)

Ein gewerblicher Nichtkaufmann oder ein nichtgewerblicher Unternehmer kann eine Firma i.S.v. § 17 nicht führen, allenfalls eine geschäftliche Bezeichnung nach § 5 MarkenG und aus öffentlich-gewerberechtlichen Gründen Vor- und Familiennamen gem. §§ 15a, 15b GewO. Um erkennbar zu machen, ob es sich bloß um eine solche Bezeichnung oder um eine Firma handelt, vermittels derer der Unternehmensträger zum Normadressaten des Sonderprivatrechts wird, muss der kaufmännische Einzelunternehmer auf seine Organisationsform durch den Firmenzusatz hinweisen. Diesen Hinweis schreibt das Gesetz durch die Formulierung „eingetragene Kauffrau" resp. „eingetragener Kaufmann" oder eine allgemein verständliche Abkürzung vor, wobei das Gesetz hierzu nur Vorschläge mit „e.K.", e.Kfr." oder „e.Kfm." macht und die tatsächliche Rechtsentwicklung walten lässt. Mit der Bezeichnung „Kaufmann" nach § 19 Abs.1 Nr.1 ist zugleich unterstellt, dass es sich um eine natürliche Person und nicht um eine juristische Person handelt, die ja gleichfalls Kaufmann gem. § 6 sein kann (o. Rn. 72 und nachf. Rn. 180). Sieht man die Bezeichnung „Kaufmann" als Rechtsbegriff, bestehen keine Bedenken gegenüber dem Firmenzusatz „eingetragener Kaufmann" für eine gewerbliche Unternehmerin [196]; im umgekehrten Fall, in welchem sich ein Mann „e.Kauffrau" nennen will, wohl nicht, vielleicht aber im Falle der Firmenfortführung nach § 22 (u. Rn. 206). **175**

Sofern ein Ist-Kaufmann (o. Rn. 49) trotz seiner Verpflichtung zur Handelsregisteranmeldung nach § 29 untätig geblieben ist, hat er zwar die Befugnis zur Firmenführung, führt mit dem Rechtsformzusatz „eingetragener" Kaufmann aber in die Irre, sodass er gem. § 18 Abs. 2 eine an sich erlaubte Firma eigentlich doch nicht führen darf. Das Registergericht müsste ihn gem. § 37 Abs. 1 (u. Rn. 215) zur Unterlassung anhalten, aber zugleich zur Anmeldung gem. §§ 29, 14 auffordern. Daraus folgt die Frage, ob der Kaufmann, wenn er den Eintragungsantrag gestellt hat, die Eintragung aber noch nicht vollzogen ist, doch schon den Rechtsformzusatz „eingetragener" Kaufmann **176**

---

194 Ersichtlichkeit (Rn. 172) aber verneint OLG Dresden, BeckRS 2010, 11909.

195 BGHZ 135, 257 = NJW 1997, 1854 mit Rezension *D. Weber/Jacob*, ZGR 1998, 142; OLG Düsseldorf, ZIP 2010, 282 mit Komm. *Lamsa*, EWiR § 11 PartG 1/10, 371; OLG Frankfurt, NJW-RR 2006, 44; KG, NJW-RR 2004, 976 mit Komm. *Mankowski*, EWiR § 11 PartGG 1/05, 41, BayObLG, NJW-RR 2003, 685; OLG Stuttgart, BB 2000, 1001 mit Komm. *Ring*, EWiR § 18 HGB 1/2000, 581; unbedenklich aber „J-C GV-Partner Großhandel GmbH & Co. KG", OLG München, NJW-RR 2007, 761; zur unzulässigen „GbR mbH": BGH, NJW 1999, 3483; zur oHG mbH nachf. Rn. 183.

196 BT-Drucks. 13/8444, S. 55.

führen darf. Dies dürfte ebenso wie bei einem Unternehmen in der Gründungs- und Aufbauphase (o. Rn. 52) zu bejahen sein, um der Kauffrau zu ersparen, im Geschäftsverkehr zeitweise mit verschiedenen Geschäftsbezeichnungen auftreten zu müssen, die von externen Vorgängen, nämlich den Geschäftsabläufen im Registergericht, abhängen. Ein Kannkaufmann nach § 2 dagegen, dessen Eintragung im Handelsregister konstitutiv wirkt, muss den Vollzug der Eintragung abwarten.

2. Personengesellschaften (Nr. 2 und 3)

177 **a)** Die handelsrechtlichen Personengesellschaften sind die oHG und die KG. Sie kennzeichnen sich dadurch, dass gem. §§ 128, 161 mindestens einer der Gesellschafter **unbeschränkt** mit seinem gesamten Vermögen **haftet**. Obwohl Personengesellschaften mangels eigener Rechtspersönlichkeit gerade keine juristischen Personen sind, führen sie ihrer Rechtsfähigkeit entsprechend doch einen eigenen Namen, eben die Firma, unter der sie wie ein Einzelkaufmann oder eine Kapitalgesellschaft ihre Geschäfte betreiben und klagen oder verklagt werden können (§ 124 Abs. 1).

178 **b)** Gem. § 19 Abs. 1 Nr. 2 ist dem Firmenkern, der auch aus Phantasiebezeichnungen bestehen kann, der Rechtsformzusatz „offene Handelsgesellschaft" resp. gem. Nr. 3 „Kommanditgesellschaft" anzufügen, wahlweise allgemein verständliche Abkürzungen, verbreitet sind „oHG" und „KG", verständlich etwa auch, „offHandelsGes" oder „KommGes". Welcher der Gesellschafter in gleicher Weise wie die Gesellschaft selbst gem. § 128 haftet, braucht aus der Firma nicht ersichtlich zu sein; Antwort gibt der Einblick ins Handelsregister (o. Rn. 38) oder auch Nachforschungen auf eigene Faust.

179 **c)** Die Europäische wirtschaftliche Interessenvereinigung (EwIV, o. Rn. 72) muss gem. Art. 5 lit. a der EG-VO 2137/85 zur Schaffung einer Europäischen wirtschaftlichen Interessenvereinigung[197] i.V.m. § 1 EwIV – AusführungsG und § 19 Abs. 1 Nr. 2 den Zusatz „Europäische wirtschaftliche Interessenvereinigung" oder „EwIV" führen[198]. Da die oHG nicht nur eine Personenfirma, sondern auch eine Sach- oder Phantasiefirma führen darf, ist der Streit um die Zulässigkeit einer Sachfirma für die EwIV obsolet geworden[199]. Überlegungen reifen für eine Europäische Privatgesellschaft (SPE, *societas privata europaea*)[200].

3. Kapitalgesellschaften

180 Während der Firmenkern von Kapitalgesellschaften nach der allgemeinen Vorschrift von § 18 zu bilden ist (o. Rn. 165), legen die Sondergesetze den Rechtsformzusatz fest: Gem. § 4 GmbHG lautet der Zusatz „Gesellschaft mit beschränkter Haftung", zugelassene allgemein verständliche Abkürzungen sind „GmbH", „GesmbH" oder, i.V.m. dem Wort „Gesellschaft" im Firmenkern, „mbH". § 5a Abs. 1 GmbHG schreibt vor, dass eine

---

197 ABlEG 1985 L 199, S. 1.
198 EuGH, NJW 1998, 972 mit Bspr. *Schmidt*, JuS 1998, 563.
199 AG München, EuZW 1990, 135; LG Bonn, EuZW 1993, 550; OLG Frankfurt, WM 1993, 1097.
200 Z.B. *Hadding/Kießling*, WM 2009, 145; *Martinek*, Festschr. Kreutz 2010, S. 747; *Neye*, Festschr. Hüffer 2010, S. 717.

Gesellschaft ohne bestimmtes Mindeststammkapital den Zusatz „Unternehmergesellschaft" oder „UG" sowie den ausgeschriebenen weiteren Zusatz „haftungsbeschränkt" führen muss[201], sie darf sich nicht „GmbH" nennen (s. auch Rn. 110). Nach § 4 AktG kann der Zusatz „Aktiengesellschaft" oder „AG", „AktG", „AktGes" oder ähnlich geführt werden[202]. Für die Genossenschaft (o. Rn. 77) lässt § 3 Abs. 1 GenG neben der ausgeschriebenen Bezeichnung „eingetragene Genossenschaft" dagegen nur die Abkürzung „eG" zu. Eine ausländische Gesellschaft, die in Deutschland eine Zweigstelle errichtet (§ 13e), ist mit der Firma nach ihrem Heimatrecht einzutragen, z.B. als englische „Limited" (Ltd.) oder als niederländische „Besloten Vennotschap" (B.V.)[203].

4. Zusammengesetze Gesellschaften, insbesondere GmbH & Co. KG (§ 19 Abs. 2)

a) Gesellschafter einer oHG oder KG können nicht nur natürliche Personen, sondern auch juristische Personen sein, z.B. eine GmbH einzige persönlich haftende Gesellschafterin (Komplementärin) einer KG. In dieser KG haftet der Kommanditist – sei er natürliche Person oder wiederum juristische Person – für Gesellschaftsverbindlichkeiten beschränkt auf seine Vermögenseinlage (§ 161 Abs. 1), während die GmbH gem. § 128 unbeschränkt mit ihrem gesamten Gesellschaftsvermögen haftet. Keinen Haftungstatbestand gibt es (von Sonderkonstellationen einer Durchgriffshaftung abgesehen) für das Vermögen der GmbH-Gesellschafter, seien diese natürliche oder juristische Personen, sie haften also nicht für Verbindlichkeiten der GmbH. In einer so zusammengesetzten Personenhandelsgesellschaft haftet der Komplementär zwar unbeschränkt, aber es gibt kein Vermögen einer natürlichen Person, das als Haftungsmasse neben das gesamthänderische Gesellschaftsvermögen treten könnte. Vielmehr steht einem Gläubiger der Personenhandelsgesellschaft kaum mehr Haftungsmasse zur Verfügung, als wenn er Gläubiger einer Kapitalgesellschaft wäre. Die Zugriffsmöglichkeit auf gesellschaftsfremde Vermögensmassen ist aber typisierterweise Vertrauensgrundlage, die eine Personenhandelsgesellschaft zum gerne gesehenen Geschäftspartner macht. Dieses Vertrauen könnte enttäuscht werden, wenn die Personengesellschaft als Schuldnerin am Ende doch nicht den Zugriff auf gesellschaftsfremdes Vermögen erlaubte. Deshalb ist gem. § 19 Abs. 2 auf die fehlende Zugriffsmöglichkeit durch den Rechtsformzusatz in der Firma aufmerksam zu machen. **181**

Entgegen dem Wortlaut der Vorschrift kann es nicht um die Kennzeichnung einer Haftungsbeschränkung gehen. Die juristische Person als Komplementärin haftet vielmehr unbeschränkt mit ihrem gesamten Vermögen, während ihre Gesellschafter, seien sie natürliche Personen oder nicht, überhaupt nicht, auch nicht beschränkt haften. Die Personenhandelsgesellschaft haftet unbeschränkt mit ihrem Gesamthandsvermögen, mit den von ihr erworbenen Rechten und ihrem Eigentum an beweglichen Sachen **182**

201 Hierzu *Kindler*, ZJS 2008, 578; *Römermann*, NJW 2010, 905; OLG Stuttgart, ZIP 2009, 1011.

202 Nicht notwendig am Schluss: öOHG, NZG 2000, 593 mit zust. Anm. *Schulenburg*; zur gemeinnützigen (oben Rn. 30) „gGmbH" OLG München, NJW 2007, 1601 mit krit. Rezension *Nils Krause*, NJW 2007, 2156.

203 BGH, NJW 2007, 1529.

und Grundstücken (§ 124 Abs. 1). Zu kennzeichnen ist in Wahrheit der fehlende Zugriff auf Privat- oder sonstiges Vermögen, soweit vorhanden, den ein Gläubiger gegenüber einer natürlichen Person als Komplementärin hätte.

183 **b) aa)** Nach dem Grundsatz von §§ 18, 19 Abs. 1 Nr. 2 und 3 könnten oHG oder KG als Firmenkern ein Phantasiewort führen oder eine Sachfirma (o. Rn. 164) und ihre Rechtsform als Zusatz, ohne auch Angaben über Gesellschafter zu machen. Sind aber nur juristische Personen als persönlich haftende Gesellschafter vorhanden, ist ein Rechtsformzusatz in Bezug auf diese persönlich haftenden Gesellschafter in der Firma aufzunehmen. Hat beispielsweise eine KG einen einzigen persönlich haftenden Gesellschafter, der GmbH ist, richtet sich der Rechtsformzusatz für die KG nach § 19 Abs. 1 Nr. 3. In Bezug auf den persönlich haftenden Gesellschafter bedarf es der Angabe „GmbH", so dass sich die Rechtsform- und Haftungsbezeichnung „GmbH KG" oder geläufiger „GmbH & Co. KG" (GmbH als persönlich haftende Gesellschafterin, Kommanditist als Compagnon; oder z.B. auch: Ferrero oHG mbH) ergibt. Weiterer Angaben zur juristischen Person als persönlich haftender Gesellschafterin bedarf es nicht. Heißt die juristische Person „Fifty-one-GmbH", kann die KG den Firmenkern „Plankonzept 2000" wählen und sich vollständig „Plankonzept 2000 GmbH KG" nennen.

184 **bb)** Die Gesellschaft kann mehrere persönlich haftende Gesellschafter haben, unter denen sich natürliche Personen befinden mit der Folge, dass in Bezug auf diese der Zugriff auf gesellschafterfremdes, namentlich privates Vermögen möglich ist. § 19 Abs. 2 ist nicht anwendbar.

185 **cc)** Eine oHG oder KG kann gem. § 124 Abs. 1 eine Beteiligung, also eine Mitgliedschaft an einer anderen oHG oder KG erwerben, sodass persönlich haftende Gesellschafterin an der anderen Gesellschaft eine oHG oder KG ist. Man spricht von **doppelstöckiger Personengesellschaft**. Hat die oHG oder KG, die zugleich Komplementärin der Personenhandelsgesellschaft ist, ihrerseits nur juristische Personen als persönlich haftende Gesellschafter, bleibt es bei § 19 Abs. 2. Hat die Komplementärin aber mehrere persönlich haftende Gesellschafter und ist einer von ihnen natürliche Person, ergibt sich für die Gläubiger folgende Haftungslage: Für die Verbindlichkeiten der Personenhandelsgesellschaft haftet gem. § 128 die Komplementärin, die selbst Personenhandelsgesellschaft ist. Für die Verbindlichkeit dieser Komplementärin haften deren persönlich haftende Gesellschafter, von denen einer natürliche Person ist. Die Gläubiger haben Zugriff auf dessen Privatvermögen. Deshalb ist § 19 Abs. 2 nicht anwendbar.

186 Entsprechendes gilt für eine mehrstöckige Personenhandelsgesellschaft, d.h. am Beispiel einer KG, deren Firmenbildung zu prüfen ist: Die KG hat als Komplementärin eine KG, deren persönlich haftende Gesellschafterin nicht eine einzelne GmbH, sondern wiederum und ihrerseits eine KG ist. An dieser KG auf der dritten Stufe seien beteiligt eine GmbH und eine natürliche Person. Diese haftet gem. § 128 für die Verbindlichkeiten ihrer Komplementär-KG, diese gem. § 128 als Komplementärin für die Verbindlichkeiten der KG, deren Firmenbildung zu prüfen ist. Es ergibt sich, dass die natürliche Person dem Zugriff der Gläubiger dieser KG ausgesetzt ist, so dass § 19 Abs. 2 nicht anwendbar ist. Es genügt der bloße Rechtsformhinweis „KG".

dd) Die GmbH als persönlich haftende Gesellschafterin kommt besonders häufig vor, aber komplementärfähig ist natürlich auch die Aktiengesellschaft („AG & Co. KG"), sogar die Kommanditgesellschaft auf Aktien („KGaA", §§ 278 ff. AktG)[204], außerdem die UG (haftungsbeschränkt) sowie eine ausländische Gesellschaft: Ltd & Co KG[205], auch ein eingetragener Verein (§§ 21 ff. BGB, „e.V. & Co. KG")[206] oder die rechtsfähige Stiftung (§ 80 BGB)[207]. 187

Für die **Gesellschaft bürgerlichen Rechts** (§ 705 ff. BGB) als Außengesellschaft hat sich die Wertung durchgesetzt, dass sie rechts- und parteifähig ist[208] (wenngleich mangels eigener Rechtspersönlichkeit nicht juristische Person). Es ist deshalb davon auszugehen, dass sie nicht nur Gesellschafterin in einer anderen BGB-Gesellschaft[209], sondern auch Kommanditistin sein kann[210] (nicht aber die eheliche Gütergemeinschaft, § 1415 BGB[211] oder die Erbengemeinschaft, § 2032 BGB[212] oder die Wohnungseigentümergemeinschaft[213]). Auch einer Beteiligung als persönlich haftende Gesellschafterin an einer Personenhandelsgesellschaft steht nichts mehr im Wege[214]. 188

c) Die Kennzeichnung der Haftungsverhältnisse nach § 19 Abs. 2 kann zu Unstimmigkeiten mit den Grundsätzen der Firmenbeständigkeit (u. Rn. 202) und der Firmenunterscheidbarkeit (u. Rn. 197) führen. 189

aa) Wird ein Handelsgeschäft veräußert, darf der Erwerber gem. § 22 die bisherige Firma unverändert fortführen. Die GmbH, die das Handelsgeschäft eines Einzelkaufmanns erwirbt, könnte nach dieser Vorschrift folglich unter einer einzelkaufmännischen Firma auftreten. § 19 Abs. 2 hat jedoch Vorrang (u. Rn. 204): Dem Firmenkern ist die so bezeichnete (vorst. Rn. 182) Haftungsbeschränkung hinzuzufügen, namentlich durch die Bezeichnung „GmbH". Gleiches gilt bei der Umwandlung einer Personenhandelsgesellschaft in eine Kapitalgesellschaft gem. §§ 214 ff. UmwG, 21 (u. Rn. 213) oder gem. § 24 bei Aufnahme einer juristischen Person als Gesellschafterin in eine Personenhandelsgesellschaft in der Weise, dass alle natürlichen Personen ausscheiden. 190

bb) Ist die Firma der Personenhandelsgesellschaft, deren persönlich haftende Gesellschafter ausschließlich Kapitalgesellschaften sind, derart gebildet worden, dass sie zur Kennzeichnung geeignet ist und Unterscheidungskraft besitzt (o. Rn. 163), kann die Eintragung doch scheitern, weil die Firma als solche nicht nur unterscheidungskräftig sein, sondern sich gem. § 30 auch von anderen, bereits im Handelsregister eingetra- 191

---

204 BGHZ 134, 392.
205 *Hucke/Holfter*, JuS 2010, 861 (863); *Höhne*, Die Ltd. & Co KG, 2011, S. 91 ff.; KG, ZIP 2009, 2293.
206 Dagegen aber *Schmidt*, AcP 182 – 1982 –, 1 (21).
207 *Stengel*, Stiftung und Personengesellschaft, 1993, S. 44 f.
208 BGH, NJW 2001, 1056 mit zust. Rezension *Schmidt*, NJW 2001, 993; BGH, NJW 2001, 3121 zu III.1. (für Kommanditistin).
209 BGH, NJW 1998, 376 mit Bspr. *Schmidt*, JuS 1998, 371 und Anm. *Fleischer*, WuB II J.-3.98.
210 BayObLG, BB 2000, 2380.
211 BayObLG, NJW-RR 2003, 899.
212 BGH, NJW 2002, 3389.
213 BGHZ 163, 154 = NJW 2005, 2061 zu III.12. (2068) – nur Teilrechtsfähigkeit, § 10 WEG.
214 Siehe nur Koller/*Kindler*, § 105 HGB Rn. 9.

genen Firmen anderer Kaufleute unterscheiden muss. Ist die Kapitalgesellschaft, die persönlich haftende Gesellschafterin werden soll, bereits im selben Handelsregister eingetragen, muss sich ihre Firma von der Firma der Personenhandelsgesellschaft, in die sie eintritt oder an deren Gründung sie beteiligt ist, deshalb unterscheiden. Persönlich haftende Gesellschafterin und Personenhandelsgesellschaft sind jeder für sich Kaufmann mit dem Recht und der Pflicht zur Firmenführung. In einer GmbH & Co. KG muss sich also die Firma der GmbH von der Firma der KG unterscheiden. Die KG, deren persönlich haftender Gesellschafter eine „Sofortdruck Neumann GmbH" ist, darf sich also nicht schlicht „Sofortdruck Neumann GmbH & Co." nennen, sondern z.B., um sich von der GmbH abzugrenzen, „SN Sofortdruck Neumann GmbH & Co."[215]. Besteht die GmbH als solche noch nicht, weil gem. § 13 Abs. 1 GmbHG die Eintragung fehlt, ist sie sog. Vor-GmbH. Auch sie ist komplementärfähig[216]. Als persönlich haftende Gesellschafterin der KG könnte sie etwa mit dem Zusatz „i.G." (in Gründung) eingetragen werden, ohne selbst schon eingetragen zu sein[217].

192 All dies gilt allerdings nur, wenn GmbH und KG im selben Handelsregister eingetragen sind. Kommen die Beteiligungen durch Gesellschaften zustande, die in verschiedenen Registerbezirken ansässig und eingetragen sind, hat keines der Registergerichte die Befugnisse aus §§ 37 Abs. 1, 14 (u. Rn. 200).

5. Konzern

193 Ein Konzern (§§ 15 ff. AktG) kennzeichnet sich im Gegensatz zum Fall der Verschmelzung (§§ 2 ff. UmwG) u.a. gerade dadurch, dass die rechtliche Identität der einzelnen verbundenen Unternehmen erhalten bleibt. Nur diese sind firmenfähig, nicht der Konzern als solcher[218]. Eine dennoch verwendete Geschäftsbezeichnung („R + V Versicherungsgruppe") genießt allenfalls Schutz nach § 15 MarkenG.

6. Haftungsverhältnisse

194 Aus dem Firmenzusatz ergeben sich zugleich die Haftungsverhältnisse.

195 **a)** Zunächst weist der Zusatz den Inhaber der Firma als Normadressaten des Sonderprivatrechts aus.

196 **b)** Weist der Zusatz eine Personenhandelsgesellschaft aus, ist verlautbart, dass für Verbindlichkeiten der Gesellschaft nicht nur deren gesamthänderisch gebundenes Gesellschaftsvermögen, sondern gem. § 128 auch das Privatvermögen zumindest eines Gesellschafters, der natürliche Person ist, haftet, und sei es erst auf der dritten Stufe einer mehrstöckigen Gesellschaft (o. Rn. 185) Die unbeschränkte, aber nur auf das Gesellschaftsvermögen einer Kapitalhandelsgesellschaft bezogene Haftung wird durch

---

215 BGHZ 65, 103; auch: Unterscheidung durch aufsteigende Zahlenfolge, OLG Hamm, NJW-RR 2013, 1196; *Wessel*, BB 1984, 1710.

216 BGHZ 80, 129 (132).

217 BGH, BB 1985, 880.

218 *U.H. Schneider*, BB 1989, 1985.

den für die jeweilige juristische Person vorgeschriebenen Rechtsformzusatz, namentlich GmbH und AG, deutlich gemacht, gem. § 19 Abs. 2 auch im Falle der GmbH & Co. KG (o. Rn. 183).

C. Firmenunterscheidbarkeit (Vermeidung von Verwechselungen)

I. Grundsatz

1. Handels- oder Genossenschaftsregister (§ 30)

a) § 30 bestimmt, dass sich eine neue Firma von allen an demselben Ort im Handels- resp. im Genossenschaftsregister (o. Rn. 77) eingetragenen Firmen deutlich unterscheiden muss. Dadurch soll der Geschäftsverkehr vor Täuschung über die Identität der Kaufleute, vor der Gefahr von Verwechslungen geschützt werden. Im Falle einer Personen- (Namens-)firma (o. Rn. 164) sorgt meistens der Familienname des Kaufmanns für Unterscheidbarkeit, diese kann aber auch aus Zusätzen folgen. Sind sowohl Vorname wie Nachname eines einzutragenden und eines bereits eingetragenen Kaufmanns gleich, muss der neue einen unterscheidungskräftigen Zusatz führen (§ 30 Abs. 2)[219]. Gleiches gilt bei ähnlichem Namen[220]. **197**

b) Häufiger Anwendungsfall von § 30 Abs. 1 ist die GmbH & Co. KG (auch: Franchise-Systeme, u. Rn. 585)[221]. Sind, wie meist, sowohl die GmbH wie die KG im selben Registerbezirk eingetragen, so müssen auch sie sich unterscheiden (näher Rn. 191). **198**

2. Andere Unternehmensbezeichnungen

Die Vorschrift bezieht sich nur auf Firmen im eigentlichen handelsrechtlichen Sinne nach § 17. Für geschäftliche Bezeichnungen, die auch Nichtkaufleute und Nichtgewerbetreibende führen können (§ 5 Abs. 2 MarkenG) und Marken i.S.v. § 3 MarkenG, deren Inhaber gem. § 7 MarkenG jedermann sein kann, gelten die Schutzvorschriften von §§ 14 MarkenG. Das Einschreiten von Amts wegen kommt demgemäß nicht in Betracht (vgl. § 50 Abs. 3 MarkenG). **199**

II. Durchsetzung (§ 37)

1. Registergericht

Der Grundsatz der Firmenunterscheidbarkeit wird in erster Linie dadurch verwirklicht, dass das Registergericht die Eintragung der neuen und verwechslungsfähigen Firma ablehnt. Ist entgegen § 30 Abs. 1 eine verwechslungsfähige Firma im Handelsregister **200**

219 OLG Düsseldorf, NJW-RR 1996, 936.
220 *Kögel*, RPfl 99, 317.
221 *Flohr*, WiB 1995, 454.

eingetragen worden, kann das Registergericht den Kaufmann zur Unterlassung der Firmenführung gem. § 37 Abs. 1 anhalten, aber auch, wenn ein Nichtkaufmann unbefugterweise eine Firma führt[222]. Das Verfahren richtet sich nach §§ 388 FamFG. Außerdem kann die Löschung der unbefugt geführten Firma betrieben werden (o. Rn. 39).

2. Dritte

201 Daneben gewährt § 37 Abs. 2 demjenigen, der durch die unbefugte Firmenführung in seinen Rechten verletzt wird[223], einen zivilrechtlichen Unterlassungsanspruch gegen den Verletzer. Dieser Unterlassungsanspruch kann mit denjenigen aus §§ 14, 15 MarkenG, auch 12 BGB, konkurrieren[224], wobei § 37 Abs. 2 in seinem Anwendungsbereich insoweit beschränkt ist, als die verwechslungsfähige Firma in demselben Handelsregister stehen muss. Ist die Firma in einem benachbarten Handelsregister eingetragen, ist der Anspruch aus § 37 Abs. 2 unbegründet.

D. Firmenbeständigkeit

I. Konflikt mit dem Grundsatz der Firmenwahrheit

1. Namensfirma

202 Wenn auch Normadressat des HGB die Person der Kauffrau oder des Kaufmanns selbst und nicht das Unternehmen als organisatorische Einheit ist (o. Rn. 3), so steht im Firmenrecht doch teilweise das Unternehmen im Vordergrund der gesetzlichen Regelung. Die Identität des Unternehmens kann unverändert bleiben, obwohl sich die Identität der dahinterstehenden Rechtsträger – Einzelkaufmann oder Gesellschaft – ändert. Veräußert ein Kaufmann, der eine Firma mit seinem Namen (und nicht lediglich einem Phantasienamen) gebildet hatte (o. Rn. 164), sein Unternehmen, müsste bei Anwendung des Grundsatzes der Firmenwahrheit (§ 18, o. Rn. 167) eigentlich die Firma geändert und mit dem Namen des Erwerbers oder auf andere Weise gebildet werden. Scheidet ein Gesellschafter, mit dessen Namen die Firma einer Personengesellschaft gebildet worden war, aus einer Personengesellschaft aus, müsste die Firma eigentlich ebenfalls geändert werden. Aber auch bei bloßer Namensänderung beim Unternehmensinhaber wäre eine Firmenänderung nötig, um dem Grundsatz der Firmenwahrheit zu genügen. Andererseits kommt es dem Geschäftsverkehr doch durchaus auch auf das **Unternehmen als organisatorischer Einheit** an, in ihm verkörpert sich der Wert und damit auch die Sicherheit der eigenen bestehenden oder ihm gegenüber noch zu begründenden Verbindlichkeiten. Vice versa ist für den Unternehmer sein Unternehmen Werbeträger und Anknüpfungspunkt für seinen geschäftli-

---

222 OLG Karlsruhe, WRP 1985, 509; OLG Hamm, ZIP 1989, 1130.

223 Dazu BGHZ 53, 65 (70); auch ein Konkurrent: OLG Hamm, WRP 1989, 325; GRUR 1991, 698; europarechtskonform im Hinblick auf Art. 34, 53 AEUV : EuGH, BB 1999, 1402 mit Anm. *Völker*, WuB V F. – 1.00.

224 Näher *Canaris*, GRUR 1989, 711; OLG Zweibrücken, GRUR-RR 2002, 137.

chen Erfolg, es kann ihn oft eher individualisieren als seine eigene Person. Dem trägt das Gesetz Rechnung, indem es zulässt, dass die Namensfirma des Unternehmens erhalten bleibt, auch wenn sich die Identität des Unternehmers oder auch nur sein Name ändert. Der Beständigkeit der Firma wird Vorrang vor der nach § 18 korrekten Firmenführung, vor der Firmenwahrheit, eingeräumt[225]. Bei Änderung der Unternehmeridentität oder seines Namens hat der Kaufmann also gem. **§§ 21, 22, 24** ein Wahlrecht: Er kann die Namensfirma natürlich den wahren Verhältnissen anpassen, er kann aber auch die alte Firma beibehalten. Eröffnet das Gesetz die Möglichkeit, Firmenwahrheit zugunsten Firmenbeständigkeit hintanzustellen, schützt es zugleich den Geschäftsverkehr vor Irrtümern, die aus der an sich unrichtigen Firmenführung entstehen können. Wenn Identifikationsmittel nämlich eher das Unternehmen ist, weniger aber der Unternehmer, dann hat der Geschäftsverkehr auch typischerweise die Vorstellung, dass Träger der Verbindlichkeiten das Unternehmen ist (wenngleich in Wahrheit allein der Unternehmer Schuldner ist). Der neue Unternehmensinhaber, der die alte Firma fortführt, kann deshalb für alte Verbindlichkeiten haften, also für solche, die in der Person des früheren Unternehmers entstanden sind (u. Rn. 218 ff.).

2. Sach-, Phantasie- oder Mischfirma

Der Konflikt tritt nur bei einer Namensfirma auf. Bei einer Sachfirma oder einer Mischfirma mit Hinweis auf den Unternehmensgegenstand kann sich die Notwendigkeit einer Firmenänderung infolge Gegenstandsänderung ergeben, wenn Irreführungsgefahr nach Maßstäben von § 18 Abs. 2 (o. Rn. 167) i.V.m. §§ 37 Abs. 1, 14 besteht; insoweit gibt es keinen Vorrang der Firmenbeständigkeit. Bei einer Phantasiefirma dürfte im Allgemeinen eine Änderung der Unternehmensidentität keine Irreführungsgefahr begründen. **203**

3. Firmenzusatz

Firmenbeständigkeit im Falle einer Namensfirma bezieht sich nur auf den Firmenkern. **204** Der Firmenzusatz nach § 19 muss bei einem Wechsel der Unternehmeridentität der wirklichen Rechtsform entsprechen. Erwirbt eine Einzelkauffrau das Unternehmen einer Personenhandelsgesellschaft, ist der Zusatz „eingetragene Kauffrau" oder eine Abkürzung nach § 19 Abs. 1 Nr. 1 zu führen, während der bisherige Zusatz „oHG" oder „KG" nicht mehr geführt werden darf (str.)[226]. Erwirbt eine KG das Unternehmen eines Einzelkaufmanns, fällt der bisherige Zusatz „e.K." weg, der neue Unternehmensträger muss seinen bisherigen Zusatz „KG" weiter führen. Die erwerbende GmbH darf den Zusatz „e.K." resp. „oHG" nicht fortführen.

225 RGZ 152, 365 (368).
226 A.A. OLG Hamm, NJW-RR 1999, 1709 mit abl. Komm. *Bachmann*, EWiR § 24 HGB 1/2000, 87.

II. Namensänderung trotz Unternehmer- oder Gesellschafteridentität (§ 21)

205 Die bisherige Firma kann gem. § 21 fortgeführt werden, wenn sich der Name des Einzelkaufmanns oder der Name eines Gesellschafters einer Personen- oder Kapitalgesellschaft ändert, dessen Name in der Firma erscheint. Wichtiger Fall ist die Namensänderung durch Eheschließung. Sie kann die Firma unberührt lassen. Hierher gehört auch die GmbH & Co. KG, wenn die Komplementär-GmbH ihre Firma ändert: Die Firma der KG kann trotzdem beibehalten werden, was in diesem Fall zugleich der Firmenunterscheidbarkeit dient.

III. Änderung der Unternehmer- oder Gesellschafteridentität (§ 22)

1. Abgeleitete Firma

206 Die Änderung der Unternehmeridentität tritt bei Einzelunternehmen dadurch ein, dass der bisherige Inhaber das Unternehmen an den neuen Inhaber veräußert oder dass der Unternehmerwechsel durch Erbfall eintritt. Gem. § 22 darf der neue Inhaber die alte Firma fortführen, dann aber nur in weitgehend unveränderter Form (Identitätsgrundsatz[227]; jedoch Vorrang der Firmenwahrheit bei Fortführung eines Doktortitels)[228]. Die alte, vom neuen Inhaber fortgeführte Firma bezeichnet man als abgeleitete Firma. Allerdings brauchen sich der frühere Inhaber oder seine Erben die Verwendung ihres Namens in der Firma eines anderen nicht gefallen zu lassen: Es bedarf ihrer ausdrücklichen, d.h. eindeutigen (womit Konkludenz nicht ausgeschlossen ist) Einwilligung (die meist Gegenstand des Unternehmensveräußerungsvertrags ist, aber nicht schon allein in der Übertragung des Handelsgeschäfts liegt[229]; Gleiches gilt gem. § 22 Abs. 2 für den Nießbrauch und die Unternehmenspacht[230], z.B. bei der sog. Betriebsaufspaltung, Rn. 220).

207 Dem neuen Inhaber steht es frei, einen Nachfolgezusatz zu führen wie vormals, Nachfolger, Stefan Meier Erben, oder auch: Stefan Meier, Inh. Thomas Müller e.K.

2. Erlaubte Firmenführung

208 Voraussetzung des Firmenfortführungsrechts ist, dass der frühere Inhaber selbst die Firma befugterweise führte. Dieser muss also Kaufmann gewesen sein (vgl. § 1 Abs. 2, nicht genügt ein kannkaufmännisches, aber nicht eingetragenes landwirtschaftliches Unternehmen nach § 3 Abs. 2)[231]. § 22 ist auch anwendbar, wenn ein Einzelunterneh-

---

227 RGZ 152, 365 (367); OLG Hamm, NJW-RR 2002, 1330; LG Koblenz, NJW-RR 2002, 35; nach LG Augsburg, RPfl 1999, 449 ist die Identität gewahrt, auch der Name des Veräußerers nicht fortgeführt wird.

228 BGHZ 53, 65 (68); OLG Koblenz, WRP 1988, 621; OLG Düsseldorf, GRUR 1992, 187; *Pöpel*, Die unwahr gewordene Firma, 1995, S. 84; *St. Weber*, Das Prinzip der Firmenwahrheit im HGB, 1994.

229 BGH, NJW 1994, 2025; *Köhler*, Festschrift Fikentscher 1998, S. 494, 499.

230 OLG Hamm, NJW-RR 1998, 611.

231 BayObLG, NJW-RR 1989, 425 mit Bspr. *Emmerich*, JuS 1989, 760.

mer das Unternehmen einer Personengesellschaft erwirbt, diese sich durch den Erwerb also umwandelt. Firmenwahrheit hat aber auch hier (vorst. Rn. 204) Vorrang vor Firmenbeständigkeit, wenn Irreführungsgefahr besteht: Der neue Einzelinhaber darf deshalb nicht die Zusätze oHG oder KG oder & Co. oder GmbH führen[232].

3. Gesellschafterwechsel (§ 24)

a) Bei einer **Personengesellschaft** ändert sich die Identität der Gesellschafter teilweise, wenn ein Gesellschafterwechsel stattfindet, ohne dass sich dadurch zugleich die Identität der Gesellschaft änderte[233]. Die Identität des Unternehmensträgers ändert sich, wenn aus einem Einzelunternehmen eine Personengesellschaft wird, indem jemand als Gesellschafter durch Gesellschaftsvertrag aufgenommen wird. Für diese Fälle bestimmt § 24 Abs. 1, dass die bisherige Namensfirma von der bereits bestehenden oder neu entstandenen Personengesellschaft fortgeführt werden darf, sodass der Name einer Person die Firma bilden kann, die gar nicht mehr Gesellschafter ist. **209**

Unberührt bleibt die Pflicht zur Führung des richtigen Firmenzusatzes nach § 19 (vorst. Rn. 204): Entsteht aus einem Einzelunternehmen eine GmbH & Co. KG, muss gem. § 19 Abs. 2 in der Firma auf die Haftungsbeschränkung hingewiesen werden[234]. Tritt an die Stelle der GmbH eine natürliche Person als persönlich haftende Gesellschafterin, darf der Zusatz GmbH & Co. KG nicht geführt werden. Die Firma mit der Bezeichnung „KG" muss auch geändert werden, wenn sie zur oHG wird[235]. **210**

b) Wer aus einer Personengesellschaft **ausscheidet**, muss nicht dulden, dass sein Name in der Firma bleibt: Gem. § 24 Abs. 2 bedarf es seiner[236] oder des Erben Einwilligung. Scheidet der Erbe, nachdem er seine Einwilligung erteilt hatte, später aus, kann er auch bei Namensgleichheit jetzt nicht mehr die Firmenführung verhindern[237]. **211**

c) Ändert sich der Gesellschafterbestand einer GmbH oder AG und führt eine solche **Kapitalgesellschaft** den Namen eines Gesellschafters (Aktionärs), ist § 24 nicht anwendbar. Es bedarf deshalb nicht der Einwilligung des ausscheidenden Gesellschafters bei der Firmenbeibehaltung[238]. Allerdings wird das Einwilligungserfordernis oft im Gesellschaftsvertrag verankert. Übernimmt ein Einzelkaufmann das Handelsgeschäft einer Personengesellschaft oder einer Kapitalgesellschaft, muss er als neuer Inhaber die Gesellschaftszusätze streichen[239] (vorst. Rn. 204). **212**

---

232 BGH, NJW 1981, 2569, o. I.3.
233 Heymann/*Emmerich*, § 109 Rn. 32.
234 BGHZ 65, 103 (105).
235 BGHZ 68, 12 (14).
236 BGH, NJW 2002, 2093 mit Anm. *Henssler/Müller*, LM Nr. 67 zu § 12 BGB; LG Essen, RNotZ 2003, 267 mit Anm. *Hartmann*, 250.
237 BGH, NJW 1987, 2081; 89, 1798 m. Komm. *Bokelmann*, EWiR § 24 HGB 1/89, 903; BGHZ 92, 79 (82 f.); 100, 75 (80 f.); OLG Köln, NJW-RR 1988, 998; *Canaris*, § 10 Rn. 44.
238 BGHZ 58, 322 (324); WM 1983, 149; *Canaris*, § 10 Rn. 52; a.A. *Felsner*, NJW 1998, 3255; *Kern*, BB 1999, 1717.
239 BGHZ 53, 65 (68/69).

4. Umwandlung

213 Ein anderer Fall als der Erwerb eines Handelsgeschäfts i.S.v. § 22 ist die Umwandlung eines Unternehmens durch Verschmelzung, Spaltung, Vermögensübertragung oder Formwechsel (§ 1 UmwG, auch auf einen nichtkaufmännischen Kleingewerbetreibenden[240]). Bei Verschmelzung (§§ 2 ff. UmwG) und Vermögensübertragung (§§ 174, 176 UmwG) darf gem. § 18 UmwG die Namensfirma des früheren Unternehmensträgers mit oder ohne Nachfolgezusatz fortgeführt werden[241], nicht aber bei der Abspaltung, §§ 123 Abs. 2, 125 UmwG. Im Falle des Formwechsels (z.B. von einer oHG in eine GmbH) darf die Firma gem. § 200 UmwG auf die frühere Unternehmensform nicht hinweisen.

IV. Firmenübertragung ohne Unternehmen (§ 23)

214 Die Firma ist mit dem Unternehmen als organisatorischer Einheit untrennbar verbunden. Nicht möglich ist es, die Firma losgelöst vom Unternehmen und ohne dieses, etwa als Immaterialgüterrecht wie ein Patent oder eine Marke (§ 27 MarkenG), zu erwerben[242]. Das bestimmt § 23. Ein gleichwohl abgeschlossener, darauf gerichteter Vertrag, also eine Abtretung (§§ 398, 413 BGB), ist gem. § 134 BGB nichtig, ein dazu verpflichtender Vertrag kann gem. § 311a Abs. 2 BGB zur Schadensersatzpflicht führen. Leerübertragungen, den Firmenhandel, gibt es nicht. Ein Grenzfall ist der sog. Mantelkauf bei der GmbH, die kein Vermögen mehr hat und nur noch aus ihrem Namen, der Firma, besteht[243]: Hier werden sämtliche Geschäftsanteile an der GmbH übertragen. Im Übrigen genügt es, wenn der Geschäftsbetrieb im großen und ganzen, nicht notwendig vollständig, übertragen wird[244]. Unberührt bleibt die Möglichkeit, dass der Fireninhaber einem Anderen schuldrechtlich gestattet, die Firma zu führen, ohne sie zu übertragen[245].

E. Firmenöffentlichkeit

I. Handelsregister (§ 29)

215 Wer eine Firma führen darf, hat zugleich die Pflicht, sie zum Handelsregister anzumelden und eintragen zu lassen (§ 29). Für die öffentliche Hand bestehen keine Ausnahmen. Zur Anmeldung kann der Unternehmer durch Zwangsgeld angehalten werden (§ 14). Das Recht zur Firmenführung ist also mit dem Zwang zur Publizität verbunden, der sich auch auf Änderungen der Firma und ihr Erlöschen bezieht (§ 31)[246].

---

240 BGH, WM 1998, 1490 gegen LG Konstanz, BB 1996, 344.
241 *Kögel*, GmbHR 1996, 168.
242 Unternehmensakzessorietät, näher *Häublein,* liber amicorum Prölss 2009, S. 47 (56 ff.).
243 BGH, NJW 2003, 3198; krit. *Beater*, GRUR 2000, 119.
244 BGH, NJW 1991, 1353; OLG Hamburg, NJW-RR 1998, 986.
245 *Lettl*, WM 2006, 1841 (1843).
246 Dazu OLG Hamm, NJW-RR 1995, 550.

Im letzten Fall hat das Registergericht nach Maßgabe von § 393 FamFG, 31 Abs.2 Satz 2 von Amts wegen zu löschen (o. Rn. 38). Formalien bei juristischen Personen regeln §§ 33 und 34[247], die Amtslöschung wegen Vermögenslosigkeit § 394 FamFG[248]. Mittelbare Sanktion unterlassener Anmeldung nach § 31 ist die Rechtsscheinhaftung nach § 15 Abs. 1 (o. Rn. 132).

II. Geschäftsbriefe

Der Kaufmann ist nicht nur berechtigt, die eingetragene Firma zu führen, er ist dazu vielmehr in einigen Betätigungsfeldern auch verpflichtet. Soweit er sich nicht nur, wie in der Werbung, an eine eher beliebige Vielzahl von Adressaten wendet, sondern einen Geschäftsbrief an einen bestimmten Empfänger richtet, muss er darauf gem. §§ 37a, 125a seine Firma einschließlich Zusatz angeben, außerdem den Ort seiner Niederlassung, das Registergericht und die Registernummer, nicht jedoch seinen bürgerlichen Namen oder Vertretungsverhältnisse. Geschäftsbriefe sind neben der eigentlichen Korrespondenz Rechnungen und Quittungen, auch mittels Telegramm, Fernschreiben, Telebrief, Telefax, E-mail, Internet oder anderer Kommunikationstechniken[249]. Erleichterungen gelten gem. § 37a Abs. 2 im Falle laufender Geschäftsverbindung. Vom Kaufmann vorgefertigte Bestellscheine, mit Hilfe derer der Geschäftspartner ein Vertragsangebot abgibt, müssen gem. § 37a Abs. 3 immer alle Angaben enthalten. Gleiche Regelungen gelten für Kapitalgesellschaften (§§ 80 AktG, 35a GmbHG sowie 25a GenG; die Angabe des Grund- resp. Stammkapitals ist fakultativ). Das Registergericht kann Zwangsgeld festsetzen (§§ 37a Abs. 4, 125a Abs. 2, 14). Jedoch begründet die Missachtung der Angabepflicht keinen Formverstoß i.S.v. § 125 BGB. Zivilrechtliche Folgen sind unter dem Gesichtspunkt der Haftung für zurechenbar gesetzten Rechtsschein[250] (o. Rn. 107 ff.) oder der deliktischen Haftung nach § 823 Abs. 2 BGB[251] denkbar. **216**

5. Abschnitt

Haftungs- und zessionsrechtliche Folgen des Unternehmenserwerbs

Wer ein Unternehmen erwirbt, sei es unter Lebenden oder durch Erbfall, kann von der durch § 22 eröffneten Möglichkeit Gebrauch machen, die bisherige Firma fortzuführen (o. Rn. 206), sich also den Grundsatz der Firmenbeständigkeit zunutze machen. Der Preis ist die Gefahr der Haftung des Erwerbers für Verbindlichkeiten des früheren **217**

---

247 Beispiel Sparkasse: BayObLG, NJW-RR 2001, 26 und 1688; *W.-H. Roth*, Festschrift Lutter, 2000, S. 651.
248 OLG Düsseldorf, BeckRS 2011, 03215.
249 BT-Drucks. 13/8444, S. 61; genügt Verlinkung? *Levering/Rübel*, NJW-Spezial 2008, 47.
250 *Canaris*, § 6 Rn. 57.
251 *Haas*, NJW 1997, 2857.

Inhabers, die bei dem Betrieb des Unternehmens entstanden waren (§§ 25, 27). Aber auch ohne Firmenfortführung, nämlich bei nur teilweiser Änderung der Unternehmeridentität durch Verwandlung eines einzelkaufmännischen Unternehmens in eine Personengesellschaft, können haftungsrechtliche Folgen entstehen (§ 28). Andererseits können auf den Erwerber früher im Unternehmen entstandene Forderungen übergehen.

A. Erwerb durch Rechtsgeschäft unter Lebenden (§§ 25, 26)

I. Fortführung der Firma

218 Wer ein unter Lebenden erworbenes Handelsgeschäft unter der bisherigen Firma, mit oder ohne Nachfolgezusatz, fortführt, haftet für alle im Betrieb des Geschäfts begründeten Verbindlichkeiten des bisherigen Inhabers, also für Altschulden. So bestimmt es § 25 Abs. 1 Satz 1. Die Gläubiger des früheren Inhabers können also den Erwerber in Anspruch nehmen. Unberührt bleibt natürlich die Haftung des früheren Inhabers, der sich durch die Veräußerung seines Unternehmens nicht etwa befreit[252], sich nicht gleichsam aus der Verantwortung stehlen kann; aber nach allgemeinen Regeln ist eine privative Schuldübernahme des Erwerbers gem. §§ 414, 415 BGB möglich. § 25 begründet eine – dispositive, Abs. 2 (unten Rn. 232) – bürgenähnliche, nicht subsidiäre, sondern gleichgründige Leistungspflicht des Erwerbers in gleicher Weise wie die Gesellschafterhaftung nach §§ 128, 171[253], Rn. 227). Die Gläubiger bekommen einen zusätzlichen Schuldner. Der Grund für die Regelung liegt darin, dass, obwohl Schuldner zunächst der Inhaber selbst als Unternehmensträger ist, doch die Vorstellung besteht, das Unternehmen als solches, obwohl nicht rechtsfähig, sei auch Träger der Verbindlichkeiten (o. Rn. 202), und dass diese Vorstellung durch die Firmenfortführung gestützt wird: Maß gibt „die durch die Firmenfortführung nach außen dokumentierte Kontinuität des in seinem wesentlichen Bestand fortgeführten Unternehmens“[254], worin eine Erklärung an die Öffentlichkeit, durch die Firmenfortführung haften zu wollen, zu erkennen sein mag[255]. Die dogmatische Grundlegung ist äußerst umstritten, die **Denkschrift**[256] (oben Rn. 9) ist nicht ergiebig; Rechtsscheinprinzip?[257]; Haftungsfondstheorie ähnlich § 419 BGB a.F.[258] – wieso aber kommt es dann auf die Firmenfortführung an?; typisierte Vertrags- oder Erfüllungsübernahme[259]; Haftungskontinuität als

252 BAG, NZA 1999, 145.

253 BGH, WM 2013, 2268.

254 BGH, NJW 1992, 911 zu III.2.; WM 2004, 1178; 2006, 434 zu 1.

255 BGHZ 18, 577; BGH, NJW 1982, 577; OLG München, BB 1996, 1682 mit Anm. *Bracker*, BB 1997, 114.

256 Dort S. 18.

257 *Altmeppen,* Festschr. Hopt 2010, S. 305 (308 ff.); *Hofmann*, S. 134.

258 *Schricker*, ZGR 1972, 121 (150).

259 *Heckelmann*, Festschrift Bartholomeyczik 1973, S. 129 f., letztlich auch Staub/*Hüffer*, § 25 Rn. 27 und *Westermann,* Festschr. Nobbe 2009, S. 939 (947 ff.).

unternehmensrechtliches Prinzip[260]; de lege lata wird die teleologische Reduktion auf Fälle, in denen der Veräußerer solvent war, gefordert[261], de lege ferenda die Abschaffung von § 25 Abs. 1, wie dies mit § 419 BGB geschehen ist[262] (nachf. Rn. 238); § 25 wird als „systemfremde Norm ohne einleuchtenden Gerechtigkeitsgehalt" bezeichnet[263]. Tendenziell waltet in der Rechtsprechung eine eher extensive Auslegung (nachf. Rn. 220, 224). Nach allgemeinen Rechtsscheingrundsätzen (o. Rn. 107) kann umgekehrt auch der Veräußerer für Verbindlichkeiten des Erwerbers haften[264].

II. Voraussetzungen

1. Firmenfähigkeit

Elementare Voraussetzung der Erwerberhaftung für Altschulden ist die Firmenfortführung, was bedeutet, dass der Veräußerer als früherer Inhaber firmenfähig[265], also Kaufmann gewesen sein oder sich doch gem. § 5 – hält man denn die Vorschrift für anwendbar, oben Rn. 93 – als Kaufmann behandeln lassen muss. Bei einem Ist-Kaufmann kommt es für die Haftung aus § 25 auf die Eintragung im Handelsregister nicht an[266]. Auf nichtkaufmännische Unternehmen, die keine Firma nach § 17 haben können (o. Rn. 155) ist § 25 nicht anwendbar, selbst wenn sie die Option zur Kaufmannseigenschaft haben[267] und auch nicht auf eine Gesellschaft bürgerlichen Rechts[268]. Der Verkehrsschutz mag dadurch lückenhaft sein[269]. Eine analoge Anwendung auf den Erwerb unabhängig von einer Firmenfortführung erscheint aber angesichts des eindeutigen Wortlauts von § 25, der insoweit ein klares gesetzgeberisches Konzept offenbart, nicht gangbar [270]. Unberührt bleibt nach Lage des Einzelfalls die Haftung wegen zurechenbar veranlassten Rechtsscheins nach allgemeinen Grundsätzen[271] (o. Rn. 107 und u. Rn. 239), z.B. dadurch, dass es an der Unternehmensfortführung fehlt, eine solche aber durch den Gebrauch des scheinbar fortgeführten Unternehmens vorgespiegelt wird[272]. 219

---

260 *Schmidt*, ZHR 145 – 1981 –, 2 ff.; *ders.*, Festschrift Medicus 1999, S. 555, 559; dagegen *Scherer*, DB 1996, 2321; *Canaris*, § 7 Rn. 13; *ders.*, Festschrift Frotz 1993, S. 11, auch BGH, NJW 2010, 236 Rn. 15.

261 *Canaris*, a.a.O.

262 *Canaris*, ZIP 1989, 1161.

263 *Canaris*, § 7 Rn. 16; teilweise übereinstimmend *Lieb*, Festschrift Vieregge 1995, S. 558 und MünchKomm/*Lieb*, 1.Aufl., § 25 HGB Rn. 13 ff. und *Kindler*, JZ 2006, 176 (180); dagegen *Huber*, Festschrift Raisch 1995, S. 85 (106).

264 OLG Hamm, NJW-RR 1995, 418.

265 BGH, NJW 1992, 112 zu II.4.b; OLG Düsseldorf, NJW-RR 1998, 965.

266 OLG Frankfurt, OLGZ 73, 21 (23).

267 OLG Köln, NZI 2001, 308; a.A. MünchKomm/*Lieb*, § 25 Rn. 30.

268 OLG Köln, WM 2002, 357.

269 OLG Frankfurt, NJW 1980, 1397 mit krit. Rezension *Nickel*, NJW 1981, 102.

270 A.A. *Schmidt*, JuS 1997, 1067 in Rezension zu OLG Hamm, NJW-RR 1997, 733; *ders.*, Handelsrecht, § 8 II 1.c).

271 MünchKomm/*Thiessen*, § 25 HGB Rn. 122 .

272 BGH, WM 2012, 1482 mit BSpr. *K. Schmidt*, JuS 2013, 77.

2. Erwerbstatbestand

220 Der als wirtschaftliche Einheit begriffene Erwerb besteht, wie auch sonst, aus Verpflichtungs- und Verfügungsgeschäft. Die Parteien sind der bisherige und der neue Geschäftsinhaber. Sie können natürliche oder juristische Personen, namentlich Kapitalgesellschaften, sein. Gegenstand des Erwerbs braucht nicht notwendig die Übertragung sämtlicher Vermögensgegenstände zu sein, sondern es genügt für die Rechtsfolgen aus § 25, wenn der den Schwerpunkt des Unternehmens bildende wesentliche Kern übernommen wird, auch wenn einzelne untergeordnete Geschäftsbereiche ausgegliedert werden[273]. Beschränkt sich aber der Erwerb auf einen solchen untergeordneten Geschäftsbereich, ist § 25 nicht anwendbar[274]. Im Übrigen kommt es auch nicht darauf an, ob der Firmenwert als solcher („goodwill" u. Rn. 274) Vertragsinhalt ist, vielmehr gibt die nach außen dokumentierte Kontinuität Maß (vorst. Rn. 218). Deshalb tritt die Haftung aus § 25 auch ein, wenn das Verpflichtungsgeschäft (**Kaufvertrag**) oder das dingliche Übertragungsgeschäft, etwa gem. § 138 BGB, unwirksam sein sollten[275]. Es kommt nur darauf an, ob der Erwerber das Unternehmen aufgrund gewollter, wenn auch aus Rechtsgründen gescheiterter derivativer Übertragung durch den bisherigen Inhaber tatsächlich durchzuführen im Stande ist[276]. Der Erwerb kann auch sukzessive bei Übernahme von Teilen des Vermögens vollzogen werden, und beide Unternehmen können noch eine Zeit lang nebeneinander bestehen[277]. Es kann der Erwerb vorübergehender Natur sein, so bei einer **Unternehmenspacht**, welche für **Betriebsaufspaltungen** instrumentalisiert wird: Die Betriebsgesellschaft pachtet die wesentlichen Unternehmensgrundlagen von der Besitzgesellschaft, §§ 25, auch 26 – zugunsten der Besitzgesellschaft, nachf. Rn. 231 – sind anwendbar[278]. Erwerbstatbestand kann auch ein Unternehmensnießbrauch (§ 1085 BGB) sein[279]. Fehlt es am Erwerbstatbestand zwischen bisherigem und neuem Geschäftsinhaber, tritt die Haftung nicht ein. Zweifelhaft erscheint demzufolge die Ansicht des BGH[280] in folgendem Fall: Eine KG betreibt eine Diskothek in gemieteten Räumen und wird insolvent; der Vermieter kündigt und vermietet neu an ein Getränkeunternehmen, das an eine Kauffrau untervermietet; Letztere führt die Diskothek fort – der BGH bejaht den Erwerbstatbestand, obwohl die KG und die Kauffrau keinen Vertrag geschlossen hatten[281].

---

273 BGH, WM 2014, 74 Rn. 15; NJW 2010, 236 Rn. 18 sowie ZIP 2010, 83; NJW 1992, 911 mit Anm. *K. Schmidt*, ZGR 1992, 621; OLG Dresden, NZG 2000, 32; OLG Hamm, NJW-RR 1995, 734 mit Bspr. *Schmidt*, JuS 1995, 1037.

274 OLG Düsseldorf, EWiR § 25 HGB 1/09, 339 (*Schodder)*.

275 BGH, NJW 2006, 1011; WM 1992, 55; NJW 1986, 561; BGHZ 18, 248 = NJW 1955, 1916; BGHZ 22, 234 = NJW 1957, 179; OLG Frankfurt, NJW-RR 2001, 1404; a.A. *Lettl*, WM 2006, 2336 (2340).

276 BGH, WM 2014, 74 Rn. 15 mit BSpr. *K. Schmidt*, JuS 2014, 459; OLG Stuttgart, ZIP 2010, 1543.

277 BGH, WM 2012, 1482 Rn. 18 mit BSpr. *K. Schmidt*, JuS 2013, 77.

278 *Lieb*, Die Haftung für Verbindlichkeiten aus Dauerschuldverhältnissen bei Unternehmensübergang, 1991, S. 25 ff.; *Renaud/Markert*, DB 1988, 2358 und BB 1988, 1060; anders für § 26 BAG, BB 1987, 2235; zur Anwendung von § 24 Abs. 1 (oben Rn. 209) OLG München, WM 2008, 1878.

279 *Ahrens*, Dingliche Nutzungsrechte, 2003, S. 110.

280 NJW 2006, 1011; ähnlich BGH, NJW 1984, 1186.

281 Zutr. *Lettl*, WM 2006, 2336 (2340) und Lehrbuch § 3 Rn. 19.

Nicht anwendbar ist § 25 auf den Erwerb vom Insolvenzverwalter[282], weil sonst der Insolvenzzweck vereitelt werden könnte. 221

Fehlt es aber an der Wirksamkeit des rechtsgeschäftlichen Erwerbstatbestandes, weil der Erwerber minderjährig ist und ohne Zustimmung gehandelt hatte, würde die Haftung als unmittelbare Folge des Erwerbsgeschäfts mangelnde Geschäftsfähigkeit kompensieren (s. o. Rn. 136). Dem steht der **Minderjährigenschutz** entgegen. Der ohne Zustimmung handelnde Minderjährige haftet nicht gem. § 25. 222

3. Fortführung des Unternehmens und der Firma

a) Weitere Voraussetzung ist, dass das Handelsgeschäft als so empfundener Träger der Verbindlichkeiten (vorst. Rn. 218) vom Erwerber fortgeführt wird. Dieser muss die geschäftliche Tätigkeit mit dem Unternehmen also ohne merkliche Unterbrechung weiterbetreiben, nach außen, also am Markt, **als Inhaber des Unternehmens auftreten**, z.B. Warenlieferungsverträge abschließen[283]. Eine kurzfristige Einstellung der Betriebstätigkeit vor der Übertragung hindert die Haftung nicht[284], auf den anderen Seite auch nicht das gleichzeitige Auftreten beider Unternehmen für gewisse Zeit[285]. Dagegen begründet die bloße Erhaltung der Firma ohne Fortführung des Handelsgeschäfts die Haftung nicht[286]. Keine Fortführung liegt in der sofortigen Verpachtung des erworbenen Geschäfts an einen Dritten (dann haftet aber der Pächter: Auf die Unmittelbarkeit der Fortführung kommt es nicht an). 223

b) Die Anforderungen an die Fortführung der Firma richten sich nach dem Verständnis des Geschäftsverkehrs. Schließt dieser aus der Art der Firmenfortführung durch den Erwerber, aufgrund des Auftretens am Markt, zutreffenderweise auf **Unternehmensidentität** (o. Rn. 218), ist § 25 anwendbar[287]. Die fortgeführte Firma braucht deshalb nicht völlig identisch mit derjenigen des früheren Inhabers zu sein. Änderungen können aus dem Grundsatz der Firmenwahrheit notwendig sein (s.o. Rn. 167, insb. ein Rechtsformzusatz[288]) oder auch freiwillig vollzogen werden (Fortführung z.B. durch 224

---

282 BGHZ 104, 151 = NJW 1988, 1912; 66, 217 = NJW 1976, 1398; BAG, NJW 2007,942 mit Bspr. *K. Schmidt*, JuS 2007, 781 und Komm. *Joost*, EWiR § 25 HGB 407, 497; NJW 1966, 1984; OLG Stuttgart, ZIP 2010, 1543; Sequester gem. § 121 InsO: LG Mönchengladbach, NJW 1987, 2091, anders BGHZ 104, 151 mit Bspr. *Schmidt*, JuS 1989, 329: § 25 anwendbar, wenn sich nicht die Eröffnung des Insolvenzverfahrens anschließt sowie BGH, WM 2014, 74 Rn. 19 mit BSpr. *K. Schmidt*, JuS 2014, 454 bei lediglich tatsächlicher, nicht vom Insolvenzverwalter abgeleiteter Fortführung.

283 RGZ 143, 368 (371); BGH, NJW 1986, 561; OLG Düsseldorf, NJW-RR 1995, 1184 mit Komm. *Mankowski*, EWiR § 25 HGB 1/96, 29.

284 OLG Karlsruhe, NJW-RR 1995, 1310.

285 BGH, WM 2012, 1482 Rn. 18 mit BSpr. *K. Schmidt*, JuS 2013, 77; BGH, WM 2008, 2273 = ZIP 2008, 2116 mit Bspr. *Schmidt*, JuS 2009, 185: sukzessive Übernahme.

286 RGZ 73, 71.

287 BGH, NJW 1992, 911 zu IV.; 2001, 1352; OLG Düsseldorf, NJW-RR 2000, 332 mit Bspr. *Schmidt*, JuS 2000, 713.

288 BGH, NJW 2001, 1352 mit Bspr. *Schmidt*, JuS 2001, 714, Anm. *Oechsler*, LM Nr. 27 zu § 25 HGB und *Wilhelm*, WuB IV E-201; 92, 911; OLG Düsseldorf, NZG 2005, 176 mit Bspr. *Schmidt*, JuS 2005, 472.

„Kfz-Küpper Transport und Logistik GmbH“ statt „Kfz-Küpper, Internationale Transporte, Handel mit Kfz-Teilen und Zubehör aller Art“[289] oder durch Aluminolwerk Schütz & Co. statt Aluminolwerk Karl Schütz[290]; Max Scholl, Inh. Fritz Meier statt Max Scholl KG[291]; **keine** Fortführung durch Eumuco AG statt Eugen Mutz & Co.[292]; Büroorganisation GmbH statt Franz Mayer Büroorganisation[293]; zweifelhaft „PC 69 Diskothek“ statt „PC 69 Musikbetrieb“[294]). Unerheblich für die Haftung ist auch, ob die Firma nach firmenrechtlichen Grundsätzen überhaupt zulässig ist (z.B. entgegen § 30 nicht unterscheidbar oder irreführend ist, § 18 Abs. 2, s.o. Rn. 197, 167), die Haftung des Erwerbers tritt trotzdem ein[295]. Führt der Erwerber im Geschäftsverkehr die Firma des früheren Inhabers, obwohl er zum Handelsregister eine andere Firma angemeldet hatte, kommt es auf erstere an[296], sodass der Erwerber nach § 25 haftet. Auch die Fortführung nur einer neben der eigentlichen Firma verwendeten Geschäftsbezeichnung, etwa ein Unternehmenslogo, kann genügen, sofern die maßgeblichen Verkehrskreise dies als Firma auffassen; andernfalls reicht eine bloße Geschäfts- oder Etablissementsbezeichnung nicht[297]. Welcher Art oder Rechtsform früherer Inhaber oder Erwerber ist, hat für die Haftung aus § 25 keine Bedeutung. Ein Einzelkaufmann, eine Personengesellschaft oder eine Kapitalgesellschaft können das Handelsgeschäft eines anderen Einzelkaufmanns, einer anderen Personengesellschaft oder Kapitalgesellschaft in allen Kombinationen übernehmen.

225 Allerdings braucht eine Kapitalgesellschaft kein Gewerbe zu treiben (Beispiel: Anwalts-GmbH, o. Rn. 76). Dann ist ihre einzelkaufmännische Fortführung (oder durch eine Personengesellschaft) nicht möglich und die Firmenfortführung damit unzulässig. Das hat, wie ausgeführt, auf die Haftung keinen Einfluss (s.u. Rn. 229). Dem Grundsatz der Firmenwahrheit entsprechend dürfen auch keine Gesellschaftszusätze geführt werden, die nicht der wirklichen Rechtsform entsprechen, andererseits muss gem. §§ 4 AktG, 4 GmbHG der entsprechende Firmenzusatz geführt werden, auch wenn die frühere Firma einzelkaufmännisch oder die einer Personengesellschaft gewesen war (s. o. Rn. 208).

226 **c)** Gemäß § 22 Abs. 1 ist das Firmenfortführungsrecht von der Einwilligung des früheren Inhabers abhängig (o. Rn. 206). Die Haftung des Erwerbers für Altschulden tritt aber unabhängig von der Einwilligung, also auch bei insoweit unzulässiger Firmenfortführung, ein[298].

---

289 BGH, WM 2004, 1178.

290 RGZ 113, 308.

291 BGH, WM 1959, 560.

292 RGZ 145, 274 (278).

293 BAG, NJW 1955, 1413.

294 Bejahend BGH, NJW 2006, 1011, abl. *Lettl*, WM 2006, 2336 (2342).

295 BGHZ 22, 234 (237) = NJW 1957, 179; BGH, NJW 2001, 1352 mit Anm. *Oechsler*, LM Nr. 27 zu § 25 HGB; OLG Schleswig, NJW-RR 2004, 417 (420).

296 BGH, NJW 2010, 236 Rn. 16 mit BSpr. *K. Schmidt*, JuS 2010, 261; BGH, NJW 1987, 1633 mit Anm. *Schmidt* und Bspr. JuS 1987, 658.

297 BGH, ZIP 2014, 1329; NJW 1987, 1633; BFH, ZIP 2014, 2437; OLG Köln, NJW-RR 2012, 679; OLG München, ZIP 2008, 1823; OLG Brandenburg, NJW-RR 1999, 395 mit Bspr. *Schmidt*, JuS 1999, 920; OLG Düsseldorf, NJW-RR 1998, 965 und NZG 2005, 176; nur Firmenzusatz ohne Familiennamen: OLG Köln, WM 1994, 606 mit Komm. *Bokelmann*, EWiR § 25 HGB 1/93, 65 und krit. Anm. *Schmidt*, MDR 1994, 134; LG Koblenz, NJW-RR 1995, 797; LG Bonn, NJW-RR 2005, 1559: nur bei Verwendung des Rechtsformzusatzes?; nicht aber der Domainname in einer Internetadresse, LG Aachen, ZGS 2009, 429, tendenziell a.A. *Mischke/Neuß*, ZGS 2009, 407

298 OLG Koblenz, NJW-RR 2006, 408.

III. Rechtsfolgen

1. Haftung

Rechtsfolge aus § 25 Abs. 1 Satz 1 ist die Haftung des Erwerbers für alle im Betriebe des Geschäfts begründeten Verbindlichkeiten des früheren Inhabers. Es handelt sich um eine gesetzliche kumulative Schuldübernahme in Gestalt eines **Übernahmebeitritts**[299], durch die früherer Inhaber und Erwerber **Gesamtschuldner** werden[300]. Unerheblich ist, ob beide im Innenverhältnis einen Haftungsausschluss oder auch eine Freistellung vereinbart haben (anders aber bei Eintragung im Handelsregister, § 25 Abs. 2, s.u. Rn. 232). Der Erwerber haftet mit seinem gesamten Vermögen, nicht etwa nur auf das erworbene Unternehmen beschränkt. Die Verbindlichkeit (auch Unterlassungspflichten, z.B. gem. § 3 UWG[301]) muss aus dem übernommenen Geschäftsbetrieb herrühren[302], und ihr Rechtsgrund muss bei Inhaberwechsel bereits gelegt gewesen, also insbesondere der zugrunde liegende Vertrag abgeschlossen worden sein. Keineswegs haftet der Erwerber also für neu eingegangene Verbindlichkeiten des Veräußerers. Unerheblich ist naturgemäß, ob der Erwerber auch Anspruch auf die vom Gläubiger zu erbringende Gegenleistung hat: Er muss insbesondere leisten, auch wenn die Gegenleistung dem Veräußerer schon erbracht worden war. **Einwendungen** kann der Erwerber nach Maßgabe von §§ 422 bis 425 BGB erheben. Ist also die Gegenleistung, auf die nach dem Vertrag mit dem Gläubiger der Veräußerer Anspruch hatte, diesem noch nicht erbracht, kann der Erwerber gem. § 425 Abs. 1 BGB nicht die Einrede des nicht erfüllten Vertrages (§ 320 BGB) erheben, sondern nur der Veräußerer. Bei **Dauerschuldverhältnissen**, z.B. Miete, dürfte der Erwerber ausnahmslos für Altleistungen, die bereits vor der Veräußerung erbracht worden waren, haften, aber für Verbindlichkeiten, die nach dem Erwerb des Handelsgeschäfts fällig werden, nur dann, wenn er auch Anspruch auf die Leistung hat[303]. Anspruch auf die Leistung hat der Erwerber nur, wenn er Vertragspartei geworden war, was nicht Rechtsfolge von § 25 Abs. 1 ist. Vielmehr bedarf ein Vertragsübergang der Mitwirkung des Vertragspartners[304]. Jedoch findet ein Forderungsübergang statt (gleich nachf. Rn. 228). **227**

Hat ein Gläubiger bereits einen Zwangsvollstreckungstitel gegen den Veräußerer, kann er Titelumschreibung auf den Erwerber gem. § 729 Abs. 2 ZPO beantragen[305].

299 im Gegensatz zu einem Sicherungsschuldbeitritt, der eine subsidiäre Haftung des Beitretenden begründet, *Bülow*, Kreditsicherheiten, Rn. 1582.

300 BGH, KTS 2000, 298 zu B.II.3.; *Schürnbrand*, Der Schuldbeitritt zwischen Gesamtschuld und Akzessorietät, 2003, S. 169.

301 BGH, NJW 1996, 2866 mit Bspr. *Schmidt*, JuS 1997, 565; OLG Hamm, NJW-RR 1995, 608, krit. *Ahrens*, GRUR 96, 518.

302 Nicht: Sozialversicherungsbeiträge § 28e SGB III, Steuern § 75 AO, LSG Mainz, ZIP 2008, 2023; LSG München, ZIP 2011, 1380 (1381).

303 BGH, NJW 2001, 2551 zu 3. mit Bspr. *Emmerich*, JuS 2001, 918 und Anm. *Oechsler*, LM Nr. 19 zu § 549 BGB; NJW-RR 1990, 1251 zu II.2.b; Staub/*Hüffer*, § 25 Rn. 57, dagegen *Beuthien*, NJW 1993, 1738; LG Stuttgart, NJW-RR 1996, 1378.

304 BGH, NJW 2001, 2551; a.A. *K. Schmidt*, Handelsrecht, § 8 I.6.b).

305 OLG Köln, NJW-RR 1994, 1118.

2. Forderungsübergang

228 Gem. § 25 Abs. 1 Satz 2 ist weitere Folge des Erwerbs, dass die in dem Betriebe begründeten Forderungen den Schuldnern gegenüber als auf den Erwerber übergegangen gelten (nicht aber anderen gegenüber, s.u. Rn. 230). Man wird in der Regelung die Fiktion einer rechtsgeschäftlichen Forderungsabtretung zu sehen haben[306], sodass der Veräußerer als Gläubiger ausscheidet und der Schuldner mit befreiender Wirkung an den Erwerber leisten kann. Die Schuldnerschutzbestimmungen der §§ 404 ff. BGB sind anwendbar (nicht aber § 410 BGB, also kein Anspruch auf Abtretungsurkunde), § 407 BGB (befreiende Leistung des redlichen Schuldners an den Veräußerer), allerdings nur bis zur Eintragung und Bekanntmachung des Inhaberwechsels im Handelsregister nach Maßgabe von § 15 Abs. 2 (Rn. 147).

229 Zusätzliche Voraussetzung für den Forderungsübergang ist, dass der frühere Inhaber (oder seine Erben) in die Firmenfortführung eingewilligt haben. Das wird im Rahmen von § 22 Abs. 1 in aller Regel der Fall sein. Denkbar ist aber auch durchaus, dass der Erwerber die Firma unerlaubt fortführt (o. Rn. 226) und deshalb nicht neuer Gläubiger wird. Dann haftet er trotzdem für Altschulden gem. § 25 Abs. 1 Satz 1. Die Einwilligung dient dem Interessenausgleich zugunsten des Veräußerers als früherem Inhaber, der nicht gegen seinen darauf gerichteten Willen die Forderungen verlieren soll. Fehlt die Einwilligung und leistet der Schuldner dennoch an den Erwerber, ist er schutzlos; er muss nochmals an den Veräußerer leisten und beim Erwerber kondizieren.

230 Der Forderungsübergang gilt nur den Schuldnern gegenüber, hat also nur relative Wirkung, aber keine Wirkung im Verhältnis zu anderen Personen. Gläubiger des früheren Inhabers können die Altforderungen deshalb durch Zwangsvollstreckung pfänden (§ 829 ZPO).

3. Ausschlussfrist

231 Die fortdauernde gesamtschuldnerische Haftung des früheren Inhabers unterliegt nicht nur der regelmäßigen Verjährung von drei Jahren gem. § 195 BGB, sondern gem. § 26 einer Ausschlussfrist von fünf Jahren. Ausschlussfrist bedeutet, dass der Anspruch gegen den Veräußerer erlischt und nur noch gegen den Erwerber geltend gemacht werden kann, also eine von Amts wegen zu berücksichtigende rechtsvernichtende Einwendung entsteht und nicht nur eine Einrede wie gem. § 214 Abs. 1 BGB. Der Ausschluss tritt ein, wenn die Forderung nicht binnen fünf Jahren fällig geworden war, sodass insbesondere später entstehende Forderungen aus betrieblicher Altersversorgung vom Veräußerer nicht mehr verlangt werden können (ebenso § 160[307], Neuregelung durch das Nachhaftungsbegrenzungsgesetz 1994)[308]. Bei früher fällig gewordenen Forderungen muss der Gläubiger außerdem Klage gegen den Veräußerer erheben

---

306 Vgl. *Schmidt*, AcP 198 – 1998 –, 516 (529), dagegen *Canaris*, § 7 Rn. 67: widerlegliche Vermutung.
307 Hierzu BGH, NJW 2007, 3784 mit BSpr. *K. Schmidt*, JuS 2008, 187.
308 *Steinbeck*, WM 1996, 2041; *dies.*, Lehrbuch, § 17 Rn. 27 ff.; *Ulmer/Timmann*, ZIP 1992, 1 (7); von Verfassungs wegen keine Erstreckung auf andere Mithaftungsfälle: BVerfG, NJW 2006, 1724 (zu § 28 VerlagsG a.F.).

oder Mahnbescheid beantragen (Ausnahme § 26 Abs. 2). Die Ausschlussfrist beginnt gem. § 26 Abs. 1 Satz 2 mit der Eintragung des Erwerbs im Handelsregister, sodass der frühere Inhaber Interesse hat, die Eintragung zu beschleunigen, was gleichzeitig dem Verkehrsinteresse dient. Die gesamtschuldnerische Haftung von früherem Inhaber und Erwerber (vorst. Rn. 227) ist also zeitlicher Begrenzung ausgesetzt, sodass der gesetzliche Schuldbeitritt zur privativen Schuldübernahme (vgl. § 414 BGB) werden kann. Überlagert wird der Ausschluss von der allgemeinen Verjährung, die nach Fälligkeit und vor Ablauf der Ausschlussfrist eintreten kann; hierfür bleibt es bei § 425 Abs. 2 BGB.

IV. Vertraglicher Ausschluss

1. Außenwirkung

a) Der Erwerber des Handelsgeschäfts kann seine **Haftung für Altschulden** verhindern. Wenn es der in der Firmenfortführung liegende Handelsregisterausweis ist, der die Haftung mitbegründet, liegt es nahe, dass mittels Handelsregisters auch die Haftung ausgeschlossen werden kann. Diesen Weg geht § 25 Abs. 2: Eine haftungsausschließende Vereinbarung zwischen früherem Inhaber und Erwerber[309] ist den Gläubigern gegenüber wirksam, wenn sie im Handelsregister eingetragen und bekannt gemacht ist, gleichermaßen, wenn sie den Gläubigern individuell mitgeteilt wurde (positive Kenntnis beseitigt auf dem Register beruhende Vorstellungen). 232

Erlangt der Gläubiger auf andere Weise als durch individuelle Mitteilung positive Kenntnis, etwa durch Dritte, Zeitungsberichte, wird die Haftung aus § 25 Abs. 1 nicht beseitigt, vielmehr müssen früherer Inhaber resp. Erwerber nach Maßgabe von § 25 Abs. 2 selbst aktiv tätig werden. 233

b) Der frühere Inhaber, der Veräußerer des Handelsgeschäfts, kann den **Forderungsübergang** nach § 25 Abs. 1 Satz 2 (o. Rn. 228) in einfacher Weise verhindern, indem er die Einwilligung zur Firmenfortführung verweigert. Willigt er in die Firmenfortführung ein, hat er gem. § 25 Abs. 2 ebenfalls und außerdem die Möglichkeit, die Vereinbarung mit dem Erwerber über den Ausschluss des Forderungsübergangs mit Wirkung gegenüber den Schuldnern im Handelsregister eintragen zu lassen. Der *Veräußerer* kann einen Schuldner, der sich auf den Forderungsübergang beruft, ohne die Handelsregistereintragung (resp. individuelle Mitteilung) nicht mit Erfolg in Anspruch nehmen[310]. Nimmt auf der anderen Seite der *Erwerber* den Schuldner in Anspruch, kann dieser auch ohne Handelsregistereintragung beweisbelastet einwenden, in Wahrheit sei der Forderungsübergang durch Vereinbarung zwischen Erwerber und Veräußerer ausgeschlossen worden: Das Erfordernis der Eintragung dient dem Schutz des Schuldners und geht nicht zu seinen Lasten. Auch bei Streit zwischen Erwerber und Veräußerer über die Vereinbarung zum Ausschluss des Forderungsübergangs gilt § 25 Abs. 2 nicht. 234

309 OLG Frankfurt, NJW-RR 2005, 1349: einseitige Erklärung genügt nicht.

310 BGH, NJW-RR 1992, 866 mit krit. Anm. *Lieb*, JZ 1992, 1029, Bspr. *Schmidt*, JuS 1992, 1065 und Rezension *Hausmann*, JR 1994, 133.

235 **c)** Bei wirksamem, d.h. rechtzeitig eingetragenem (nachf. Rn. 236) Haftungsausschluss können die Gläubiger des früheren Inhabers nur diesen, nicht aber den Erwerber in Anspruch nehmen. Leistet andererseits der Schuldner an den Erwerber, wird der Schuldner nicht frei, namentlich die Voraussetzungen von § 407 BGB sind nicht gegeben (oben Rn. 228).

2. Alsbaldige Eintragung

236 Die Vereinbarung gem. § 25 Abs. 2 ist nur dann geeignet, Haftung und Forderungsübergang auszuschließen, wenn sie gleichzeitig mit der Geschäftsübernahme oder alsbald danach getroffen[311] und alsbald eingetragen und bekanntgemacht (oder den Gläubigern mitgeteilt) wird. Sonst verlässt sich der Geschäftsverkehr auf die gesetzliche Rechtsfolge gem. § 25 Abs. 1. Wird der Haftungsausschluss resp. Ausschluss des Forderungsübergangs deshalb erst nach fünf[312], sieben[313] oder neun[314] oder zehn Monaten[315] oder gar erst nach drei Jahren [316] beim Handelsregister angemeldet, so ist das zu spät: Der Erwerber haftet. Trägt das Registergericht trotz Anmeldung den Haftungsausschluss nicht ein (z.B. weil es unzutreffenderweise[317] den Tatbestand der Firmenfortführung, vorst. Rn. 224, verneint[318]), geht dieses Versäumnis auf das Risiko des Erwerbers. Ihm ist nur nach Amtshaftungsgrundsätzen (§ 839 BGB) zu helfen (ebenso bei § 15 Abs. 3, o. Rn. 153). Der nicht eingetragene Ausschluss des Forderungsübergangs geht auf Risiko des Veräußerers.

3. Eintragungsfähige Tatsache

237 Haftungsausschluss und Ausschluss des Forderungsübergangs sind eintragungsfähige, nicht aber eintragungspflichtige Tatsachen (o. Rn. 124). Deshalb ist § 15 Abs. 1 nicht anwendbar[319]: Bei Schweigen des Handelsregisters darf der Handelsverkehr von der gesetzlichen Regelung, also der Haftung des Erwerbers resp. vom Forderungsübergang ausgehen. Ist deshalb der Haftungsausschluss nicht eingetragen, dem Gläubiger aber bekannt, kann er diesem trotzdem nicht gem. § 15 Abs. 1 entgegengesetzt werden, weil nur Kenntnis durch individuelle Mitteilung die Haftung ausschließt. Entsprechendes gilt, wenn der Ausschluss des Forderungsübergangs dem Schuldner bekannt ist. Nach Lage des Einzelfalls kann aber der allgemeine Arglisteinwand nach § 242 BGB greifen.

---

311 BGHZ 29, 1 (4); BayObLG, NJW-RR 2003, 757 zu 2.b.; OLG Stuttgart, NJW-RR 2000, 1423.

312 OLG Düsseldorf, NJW-RR 2003, 1120 mit Bspr. *Schmidt*, JuS 2003, 1234; BayObLG, BB 1984, 1385.

313 OLG München, JuS 2007, 687 (Bspr. *K. Schmidt*).

314 BGH, BB 1984, 806.

315 OLG Frankfurt, NJW-RR 2001, 1404 (1405).

316 OLG Hamm, ZIP 2014, 1223 = NJW-RR 2014, 1184.

317 Das Registergericht darf die Eintragung nur verweigern, wenn die Haftung des Erwerbers *offensichtlich* nicht in Betracht kommt, OLG Zweibrücken, ZIP 2014, 569; OLG Stuttgart, ZIP 2010, 1543; OLG Düsseldorf, GmbHR 2011, 987; OLG Köln, NJW-RR 2010, 1558.

318 OLG Hamm, NZG 1999, 247 mit Bspr. *Schmidt,* JuS 1999, 400.

319 MünchKomm/*Thiessen*, § 25 HGB Rn. 98.

V. Erwerb ohne Firmenfortführung

1. Wird die Firma nicht fortgeführt, kann der Erwerber aus anderen Verpflichtungsgründen haften (§ 25 Abs. 3). Das Gesetz nennt die **Bekanntmachung** in handelsüblicher Weise als haftungsbegründende Erklärung an die Öffentlichkeit (nicht: irrige Auffassung, Rechtsnachfolger zu sein[320]), hinzu kommen §§ 613a BGB für **Arbeitsverhältnisse** und 75 Abs. 1 AO für **Steuern**[321], jedoch gibt es keine Entsprechung für Sozialversicherungsbeiträge[322]. Früherer Inhaber und Erwerber können sich außerdem im Innenverhältnis verpflichten, dass der Erwerber die Verbindlichkeiten übernimmt (z.B. in Anrechnung auf den Kaufpreis), also für den früheren Inhaber erfüllt und ihn auf diese Weise freistellt. Solche Freistellungsvereinbarungen haben keine Außenwirkung, sodass sich die Gläubiger nur an den Veräußerer halten können. Unabhängig von § 25 Abs. 1 ist die Haftung des Erwerbers möglich durch **Schuldübernahme** oder **Schuldbeitritt** mittels Vertrages mit jedem einzelnen Gläubiger. Die Haftung des Erwerbers aus anderen Rechtsgründen ist unabhängig von der Firmenfortführung, wie § 25 Abs. 3 klarstellt. **238**

2. Allgemeine **Rechtsscheingrundsätze** können neben § 25 anwendbar sein, so, wenn ein kleingewerblicher Unternehmer unbefugterweise eine Firma führt und zurechenbar den Eindruck der Haftung gem. § 25 Abs. 1 erweckt, oder wenn trotz eingetragenen Haftungsausschlusses gem. § 25 Abs. 2 neben dem Handelsregister der Rechtsschein der gesetzlichen Haftungserstreckung begründet wird[323] oder wenn sich ein Unternehmen, z.B. im Internet, als Rechtsnachfolger eines anderen Unternehmens ausgibt[324]. **239**

B. Erwerb durch Erbfall (§ 27)

I. Erbrecht und Handelsrecht

Wer Erbe eines Kaufmanns, also dessen Gesamtrechtsnachfolger wird, haftet für die Verbindlichkeiten des Erblassers bereits gem. §§ 1922, 1967 BGB, sodass es einer § 25 Abs. 1 entsprechenden Regelung für den Erbfall nicht bedarf. Das gilt auch für den Übergang der Forderungen (§ 25 Abs. 1 Satz 2). Wenn § 27 Abs. 1 bestimmt, dass bei Fortführung eines zum Nachlasse gehörenden Handelsgeschäfts § 25 entsprechend anwendbar sei, so wird damit nicht eine Haftung begründet, sondern es werden Normen des Handelsrechts und des Erbrechts koordiniert. Zwar haftet nämlich der Erbe unbeschränkt, also auch mit seinem eigenen Vermögen, aber beschränkbar, nämlich durch Nachlassverwaltung, Nachlassinsolvenz (§ 1975 BGB) und bei Dürftigkeit des Nachlasses (§ 1990 BGB). Diese Möglichkeiten, die Haftung des Erben auf den Nachlass zu beschränken, gibt es bei Fortführung eines ererbten Handelsgeschäfts einschließlich der Firma nicht. Die Bedeutung der Regelung von § 27 Abs. 1 liegt also **240**

320 BGH, VIZ 2000, 60 zu II. 2. d.
321 BGH, NJW 2008, 1085.
322 Landessozialgericht Rheinland-Pfalz, ZIP 2008, 2023.
323 *Schmidt*, ZHR 145 – 1981 –, 2 (26).
324 BGH, NZI 2011, 107 mit BSpr. *K. Schmidt*, JuS 2011, 466.

darin, dass die unbeschränkte Haftung gem. § 25 Abs. 1 zu Lasten des Erben stets eingreift. Als Ausgleich eröffnet das Gesetz die besondere Haftungsbeschränkungsmöglichkeit gem. § 27 Abs. 2. Der Grund für die Regelung ist richtigerweise darin zu sehen, dass der Geschäftsverkehr darauf vertraut, der Erbe werde anstelle des Erblassers voll einstehen, wenn er das ererbte Handelsgeschäft unverändert fortführt[325]. Das bedeutet im Einzelnen:

II. Unbeschränkte Erbenhaftung

241 Voraussetzung für die unbeschränkte und erbrechtlich nicht beschränkbare Haftung gem. § 27 Abs. 1 ist, dass der **Erblasser** Inhaber eines **Einzelunternehmens** war (für die Nachfolge in Personengesellschaften gelten §§ 139, 177, für Kapitalgesellschaften z.B. § 15 Abs. 1 GmbHG) und dass der Erbe oder sein Vertreter (auch Testamentsvollstrecker[326]), nicht aber ein Dritter, das Unternehmen fortführt (dazu o. Rn. 220; auch eine Erbengemeinschaft[327]; im Allgemeinen keine Anwendung von § 27 bei Fortführung durch nur einen Miterben[328]).

242 Voraussetzung für die entsprechende Anwendung von § 25 ist weiter, dass der Erbe die **Firma** des Erblassers **fortführt**[329]. Daraus folgt, dass das ererbte Handelsgeschäft kaufmännisch sein muss. Liegen diese Voraussetzungen vor, haftet der das Unternehmen fortführende Erbe für Altschulden aus den Handelsgeschäften des Erblassers, auch wenn er seine Haftung im Übrigen nach erbrechtlichen Grundsätzen beschränkt haben sollte.

243 Jedoch ist diese Haftung nach handelsrechtlichen Grundsätzen ausschließbar: Nicht nur § 25 Abs. 1, auch § 25 Abs. 2 ist entsprechend anwendbar. Durch **Eintragung im Handelsregister** und Bekanntmachung kann der Erbe seine Haftung für Altschulden also **ausschließen** (h.M., aber streitig[330]). Tut er das, kann ihn ein Altgläubiger zwar nicht nach §§ 25, 27 in Anspruch nehmen, wohl aber immer noch aufgrund erbrechtlicher Haftung. Auch diese Haftung entfällt, wenn neben dem Ausschluss nach §§ 27 Abs. 1, 25 Abs. 2 die erbrechtlichen Haftungsbeschränkungsmöglichkeiten ausgeschöpft worden waren.

Unberührt bleibt bei all dem die Möglichkeit für den Erben, durch Einzelverträge mit den Gläubigern die Haftung auf den Nachlass zu beschränken[331].

---

325 *Hadding*, JuS 1995, 612.

326 BGHZ 35, 13.

327 BGHZ 32, 62, KG, NJW-RR 1999, 880 und *Schmidt*, NJW 1985, 2785, differenzierend im einzelnen MünchKomm/*Thiessen*, § 27 Rn. 59 ff.

328 BGHZ 30, 391 (395).

329 BGHZ 113, 132 (135/136); anders aber *Schmidt*, § 8 IV.2.b sowie ZHR 157 – 1993 –, 600 (611 f.) in konsequenter Fortführung seiner These von der Unternehmenskontinuität sowie Staub/*Hüffer*, § 27 Rn. 11 f.

330 *Koch*, JuS 2006, 142 (145); *Krug*, ZEV 2001, 51 m.w.N.; Unanwendbarkeit: MünchKomm/*Thiessen*, § 27 Rn. 47; *Reuter*, ZHR 135 – 1971 –, 511; Anwendbarkeit nur bei entsprechender letztwilliger Verfügung des Erblassers: *Düringer/Hachenburg*, 3. Aufl. 1930, § 27 Rn. 6.

331 BGH, WM 1968, 798.

III. Haftungsbeschränkung auf den Nachlass

Hatte der Erbe das Handelsgeschäft mit der Firma fortgeführt, kann er die Haftung gleichwohl gem. § 27 Abs. 2 i.V.m. §§ 1975, 1980 BGB auf den Nachlass beschränken. Er kann das jedoch nur, wenn er die zunächst begonnene Fortführung des Handelsgeschäfts **einstellt** und auch dann nur, wenn dies binnen **drei Monaten** geschieht. So räumt ihm das Gesetz Bedenkzeit ein. Voraussetzung der Haftungsbeschränkung ist die vollständige Aufgabe der werbenden geschäftlichen Tätigkeit, nicht etwa nur die nachträgliche Änderung der Firma. Auch die Veräußerung an einen Dritten erfüllt den Tatbestand der Einstellung (sehr str.)[332], der Dritte haftet dann seinerseits für Altschulden gem. § 25 Abs. 1. Die Dreimonatefrist beginnt ab Kenntnis vom Anfall der Erbschaft. Sofern bis dahin die Frist zur Ausschlagung der Erbschaft noch nicht abgelaufen ist (vgl. § 1944 Abs. 2 BGB), endet auch die Dreimonatsfrist nicht (§ 27 Abs. 2 Satz 3). Sonst könnte in der Auflösung des Unternehmens die Annahme der Erbschaft gem. § 1943 BGB zu sehen sein und das Ausschlagungsrecht vereiteln. 244

IV. Zusammenfassung

Der Erbe haftet unbeschränkt und unbeschränkbar, wenn er das Handelsgeschäft mit Firma fortführt. Er kann die Unbeschränkbarkeit der Haftung vermeiden, wenn er 245

- die Firma nicht fortführt,
- den Ausschluss der Haftung im Handelsregister eintragen und bekanntmachen lässt oder
- die Fortführung des Handelsgeschäfts gem. § 27 Abs. 2 einstellt.

In diesen drei Fällen bestimmt sich die Haftung des Erben allein nach erbrechtlichen Grundsätzen.

C. Haftung bei Eintritt in einzelkaufmännisches Unternehmen (§ 28)

I. Ratio legis

1. Erhaltung der Vollstreckungsmasse

a) Ein Einzelkaufmann kann die Unternehmeridentität erweitern, indem er das Unternehmen in eine Personengesellschaft verwandelt, also mit einem anderen (oder auch mehreren) einen Gesellschaftsvertrag abschließt (§§ 705 ff. BGB, 105 ff.), durch den das Unternehmen zum Gesellschaftsvermögen wird und ein teilweiser Unternehmenserwerb durch die Beteiligung des Eintretenden stattfindet. Dadurch unterliegen die Vermögenswerte der gesamthänderischen Bindung gem. § 719 BGB. Ist die durch den 246

332 Koller/*Roth*, § 27 HGB Rn. 9, a.A. RGZ 56, 196 (199).

Eintritt des anderen entstandene Gesellschaft nach den Kriterien von § 1 Abs. 2 großbetrieblichen Zuschnitts (o. Rn. 49), ist sie oHG oder KG. Gem. § 124 Abs. 2 und § 859 ZPO ist zur Zwangsvollstreckung in das Gesellschaftsvermögen ein gegen die Gesellschaft gerichteter Titel erforderlich. Das bedeutet: Wer eine Forderung gegen einen der Gesellschafter hat und die Zwangsvollstreckung betreiben will, kann nicht auf das Gesellschaftsvermögen direkt zugreifen, wenn er nur einen Zwangsvollstreckungstitel gegen den Gesellschafter hat. Er kann nur mittelbar zugreifen, indem er den Anteil des Gesellschafters am Gesellschaftsvermögen pfändet, die Gesellschaft kündigt (§ 135) und damit ihre Auflösung betreibt. Mit der Auflösung erwächst dem Gesellschafter, der zugleich Schuldner des Gläubigers ist, dann ein Anspruch auf das Auseinandersetzungsguthaben (§§ 730 f. BGB, 155), auf das der Gläubiger im Wege der Zwangsvollstreckung zugreifen kann – ein langwieriger, umständlicher Weg, der manchen Gläubiger davon abhalten mag, seinen Anspruch überhaupt zu verfolgen. Auf diesen Weg wäre auch ein Gläubiger des früheren Einzelkaufmanns verwiesen, wenn er seinen Anspruch auf Zugriff auf die Vermögenswerte durchsetzen will, nachdem die Verwandlung in eine Handelsgesellschaft stattgefunden hatte. Dabei konnte er doch bei Begründung seiner Forderung davon ausgehen, dass er ohne Schwierigkeiten in das Unternehmensvermögen, eben das eines einzelkaufmännischen Schuldners, würde vollstrecken können. Dieser Erwartung trägt § 28 Rechnung. Danach haftet die neuentstandene Gesellschaft für alle im Betrieb des Geschäfts entstandenen Verbindlichkeiten des früheren Einzelinhabers, also für **Altschulden**. Es handelt sich, insoweit § 25 gleich (o. Rn. 227), um einen gesetzlichen Schuldbeitritt in Gestalt eines Übernahmebeitritts. Die Verbindlichkeiten des früheren Einzelkaufmanns werden zu Gesellschaftsverbindlichkeiten. Der Altgläubiger kann nun wegen seiner Forderung gegen den früheren Einzelunternehmer einen Zwangsvollstreckungstitel gegen die Neugesellschaft erwirken und unmittelbar in ihr Vermögen vollstrecken, das zumindest auch aus demjenigen Vermögen besteht, das das frühere Einzelunternehmen ausmachte. Die Vollstreckungsmasse bleibt erhalten[333] und wird noch erweitert (nachf. Rn. 249).

247 **b)** Die Haftung des früheren Einzelunternehmers bleibt – ohne eine § 26 entsprechende Erleichterung, u. Rn. 254 – unberührt. Er und die neue Gesellschaft werden kraft **gesetzlichen Schuldbeitritts** (o. Rn. 227) Übernahme-Gesamtschuldner.

2. Unerheblichkeit der Firmenfortführung

248 Darin liegt die ratio legis von § 28. Eine ähnliche Regelung fand sich bis Ende 1998 in der aufgehobenen (o. Rn. 238) Vorschrift von § 419 BGB, ganz anders aber ist die ratio legis in §§ 25, 27 (vorst. Rn. 218)[334]. Anknüpfungspunkt der Haftung ist dort die Firmenfortführung, an die der Geschäftsverkehr die Erwartung knüpft, dass der neue Unternehmensträger auch die im Unternehmen begründeten früheren Verbindlichkeiten trägt. Bei § 28 geht es nur darum, dass der Gläubiger nicht Durchsetzungsmöglichkeiten für seine Ansprüche verlieren soll. An das Vertrauen des Geschäftsverkehrs in

333 RGZ 142, 98 (106); 164, 115 (120); BGH, LM Nr. 5 zu § 28 HGB.

334 A.A. *Schmidt*, § 8 I.3; differenzierend *Lindacher*, NZG 2002, 114: auch Gedanke der Unternehmenskontinuität im Fall der Firmenfortführung.

die Unternehmenskontinuität ist die Haftung der Gesellschaft im Gegensatz zu §§ 25, 27 nicht geknüpft. Daraus erklärt sich, dass es für die Gesellschaftshaftung gem. § 28 Abs. 1 nicht auf die Firmenfortführung ankommt (nachf. Rn. 251).

3. Erweiterung der Zugriffsmöglichkeiten

Notwendige Folge der durch § 28 begründeten Gesellschaftshaftung ist allerdings, dass die Zugriffsmöglichkeiten des Gläubigers nicht nur erhalten bleiben, sondern sich erweitern. Das ergibt sich zunächst daraus, dass auch der neu eintretende Gesellschafter etwas zum Gesellschaftsvermögen beisteuert: Was er eingebracht hatte, haftet dem Gläubiger ebenfalls. Außerdem haften die Gesellschafter, auch der neue, gem. §§ 128 bzw. 171 ff. persönlich (str.)[335]. Der Gläubiger kann also auch auf dessen Privatvermögen, d.h. nicht nur auf das Gesellschaftsvermögen, zugreifen. Diese überschießende Erweiterung der Zugriffsmöglichkeiten ändern nichts am Zweck von § 28 (sehr str., es werden die zu § 25 angedeuteten Meinungen vertreten[336]). Zu verkennen ist freilich nicht, dass die Regelung des § 28 nicht konsequent ist. Den Gläubigern können die Zugriffsmöglichkeiten nämlich doch noch und sie überrumpelnd entzogen werden, indem die Gesellschafter einen Haftungsausschluss vereinbaren, den das Gesetz § 25 Abs. 2 nachgebildet hat. Angemessener wäre nur der Ausschluss der Gesellschafterhaftung, nicht der Gesellschaftshaftung gewesen. **249**

II. Voraussetzungen der Gesellschaftshaftung

1. Handelsgewerbe

Ausgangslage ist, dass das in eine Gesellschaft verwandelte Einzelunternehmen ein Handelsgeschäft, also ein kaufmännisches Unternehmen nach §§ 1 ff. gewesen war. Auf den Beitritt in eine schon bestehende Personengesellschaft sind §§ 130, 173 und ist nicht § 28 anwendbar. Das in eine Personengesellschaft eingebrachte Geschäft kann aber dasjenige einer juristischen Person sein[337]. Deshalb ist § 28 anwendbar, wenn durch den Beitritt einer GmbH eine GmbH & Co. KG entsteht. Umgekehrt tritt die Haftung für Altschulden nach § 28 nicht ein, wenn das Geschäft in eine juristische Person oder auch in eine Vor-GmbH – selbst wenn die Eintragungsabsicht aufgegeben wurde – eingebracht wird[338]. In diesem Fall kann aber § 25 anwendbar sein[339]. **250**

335 MünchKomm/*Thiessen*, § 28 Rn. 31; a.A. *Canaris*, § 7 Rn. 92, in teleologischer Reduktion und Abgrenzung zu § 130; vermittelnd *Lindacher*, NZG 2002, 113: nur Haftung der Gesellschaft im Falle der Firmenfortführung.

336 Koller/*Roth*, § 28 HGB Rn. 2 .

337 MünchKomm/*Thiessen*, § 28 Rn. 19.

338 BGH, NJW 2000, 1193 zu II.1.c.bb mit zust. Anm. *Koller*, LM Nr. 8 zu § 28 HGB und krit. Komm. *Westermann*, NZG 2000, 681 sowie *Freitag*, EWiR § 28 HGB 1/2000, 339 und Rezension *Servatius*, NJW 2001, 1696.

339 *Weihs*, WuB IV E. – 1.2000 zu BGH, a.a.O.

2. Kleingewerbliches Altunternehmen?

251 Fraglich ist, ob das Einzelunternehmen ein kaufmännisches Unternehmen gewesen sein muss. Dafür spricht die Formulierung in § 28 Abs. 1 Satz 1, dass die neue Gesellschaft hafte, auch wenn sie die frühere Firma nicht fortführe. Nur ein Kaufmann kann überhaupt eine Firma haben (o. Rn. 155). Die Formulierung ist aber anders gemeint. Auf die Firmenfortführung kommt es gerade nicht an (Rn. 248). Die Zugriffserschwerung tritt aber ebenso ein, wenn durch den Beitritt aus einem gewerblichen, wenngleich nichtkaufmännischen Kleinunternehmen eine Personengesellschaft wird[340]. Richtig müsste § 28 Abs. 1 Satz 1 also formuliert sein: „Auch wenn sie **eine** frühere Firma nicht fortführt", und statt Einzelkaufmann müsste es Einzelunternehmer heißen.

3. Kleingewerbliche Neugesellschaft?

252 Ist § 28 auch anwendbar, wenn die neuentstandene Gesellschaft nicht oHG oder KG, sondern zwar gewerbliche, aber nicht kaufmännische BGB-Gesellschaft ist? Sieht man die Gesellschaft bürgerlichen Rechts ebenso wie die oHG gem. § 124 selbst als Schuldnerin an, die beispielsweise nicht nur wechsel- und scheckfähig[341], sondern umfassend rechts- und parteifähig ist[342], liegt eine Analogie nahe[343]; allerdings fehlt die Möglichkeit des Haftungsausschlusses nach § 28 Abs. 2 (nachf. Rn. 256), da die BGB-Gesellschaft nicht handelsregisterfähig ist. Voraussetzung der Analogie ist jedoch die Gewerblichkeit. Eine Anwaltssozietät haftet nicht[344], ebensowenig Zusammenschlüsse bei anderen freien Berufen[345].

4. Fehlerhafte Gesellschaft

253 Voraussetzung der Anwendung von § 28 ist ein wirksamer Gesellschaftsvertrag zur Errichtung einer oHG oder KG resp. BGB-Gesellschaft. Aber auch, wenn der Gesellschaftsvertrag nichtig ist, kann § 28 anwendbar sein, nämlich dann, wenn die Gesellschaft trotz der fehlerhaften rechtsgeschäftlichen Grundlage in Vollzug gesetzt worden ist[346]. Beruht die Nichtigkeit allerdings auf mangelnder Geschäftsfähigkeit, kann nur der vollgeschäftsfähige Gesellschafter gem. §§ 128, 171 in Anspruch genommen werden, nicht der Minderjährige.

340 RGZ 164, 115 (120).

341 BGH, LM Nr. 3 zu Art. 1 ScheckG mit Anm. *Bülow* = NJW 1997, 2754; *Bülow*, WechselG, ScheckG, 5. Aufl. 2013, Art. 1 WG Rn. 17.

342 BGH, NJW 2001, 1056, allerdings – inkonsequenterweise – nicht markenrechtsfähig, § 7 MarkenG: BGH, NJW-RR 2001, 114 mit abl. Bspr. *Schmidt*, JuS 2001, 507 und Rezension *Wertenbruch*, DB 2001, 419; a.A. Bundespatentgericht, GRUR 2008, 448.

343 MünchKomm/*Lieb*, § 28 Rn. 21; *Schmidt*, ZHR 145 – 1981 –, 21 f.; Staub/*Hüffer*, § 28 Rn. 28; *Eckart/Fest*, WM 2007, 196 (sofern nicht eine freiberufliche Gesellschaft entsteht); offen aber BGH, WM 2000, 526 zu II.1.a.

344 BGH, WM 2012, 87 mit BSpr. *K. Schmidt*, JuS 2012, 357; BGHZ 157, 361 = NJW 2004, 836 mit Bspr. *Schmidt*, JuS 2004, 444, Anm. *Grunewald*, JZ 2005, 683 und *Henssler*, LMK 2004, 118, OLG Düsseldorf, NZG 2002, 284. § 28 nicht anwendbar auf PartG, BGH, NJW 2010, 3720 mit BSpr. *K. Schmidt*, JuS 2010, 1110.

345 OLG Schleswig, EWiR § 28 HGB 1/12, 115 (*Schodder*).

346 A.A. *Honsell/Harrer*, ZIP 1983, 259, 262; differenzierend MünchKomm/*Thiessen*, § 23 Rn. 25.

III. Rechtsfolgen

1. Inhalt und Umfang der Haftung

Die Gesellschaft haftet kraft gesetzlichen Schuldbeitritts als Übernahme-Gesamtschuldnerin neben dem früheren Inhaber für dessen Geschäftsverbindlichkeiten, nicht für dessen Privatverbindlichkeiten. Eine § 26 entsprechende Ausschlussregelung, die den früheren Einzelunternehmer entlasten würde (oben Rn. 31), fehlt. Es bedarf ihrer auch nicht[347], weil ja nur die Zugriffsmasse erhalten bleiben soll, die dem früheren Inhaber in gesamthänderischer Bindung nach wie vor mit zugeordnet ist. Im Falle von § 25 verliert der frühere Inhaber dagegen die Bindung zum Unternehmensvermögen. Eine andere Wertung ist nur da angezeigt, wo sich der frühere Einzelunternehmer in der neuen Gesellschaft auf die Stellung eines Kommanditisten zurückzieht. Hieraus zieht § 28 Abs. 3 die Konsequenz. Nach Ablauf der Ausschlussfrist (o. Rn. 231) haftet er nur noch gem. §§ 171 ff. wie jeder Kommanditist[348]. **254**

2. Forderungsübergang

Gem. § 28 Abs. 1 Satz 2 gelten die in dem Einzelunternehmen begründeten Forderungen den Schuldnern gegenüber als auf die Gesellschaft übergegangen, ohne dass es auf die Einwilligung in eine Firmenfortführung wie in § 25 Abs. 1 Satz 2 ankommen könnte (s. o. Rn. 248). Im Übrigen gilt das dort (Rn. 228) Gesagte. **255**

3. Haftungsausschluss

Systeminkonsequenterweise[349] lässt das Gesetz durch § 28 Abs. 2 den Ausschluss der Haftung der Gesellschaft durch Eintragung in das Handelsregister und Bekanntmachung oder individuelle Mitteilung zu. Insoweit gilt das in § 25 Abs. 2 Gesagte, auch zur Haftung aus anderen Rechtsgründen (s.o. Rn. 232, 238). Eine abweichende Vereinbarung gem. § 28 Abs. 2 kann auch darin liegen, dass nicht die Gesellschaftshaftung, wohl aber die Gesellschafterhaftung gem. §§ 128, 171 ausgeschlossen wird[350]. Eine bloße Freistellungsvereinbarung (o. Rn. 238) beseitigt die Haftung gegenüber Altgläubigern nicht[351]. **256**

347 A.A. *Schmidt*, ZHR 145 – 1981 –, 24.
348 Krit. *Canaris*, Festschrift Odersky 1996, S. 753: verfassungswidrig.
349 BGH, NJW 1966, 1617 (1619); *Schmidt*, § 8 III.3.; *Muschalle*, Die Haftung bei Fortführung eines Handelsgeschäfts, 1995, S. 125.
350 OLG Celle, Rpfl. 1980, 387, a.A. *Schmidt*, § 8 III.3.b.
351 BGH, NJW-RR 1989, 1055.

6. Abschnitt

Handelsbücher

A. Überblick

I. Buchführungspflicht

257 Gem. § 238 Abs. 1 Satz 1 ist jeder Kaufmann verpflichtet, Bücher zu führen und in diesen seine Handelsgeschäfte und die Lage seines Vermögens nach den Grundsätzen ordnungsgemäßer Buchführung ersichtlich zu machen. Die Handelsbücher erleichtern die unternehmerische Planung, indem sie dem Kaufmann die Geschäftslage offenkundiger machen. Sie zeigen ihm z.B., ob er sich Investitionen leisten kann und wie er sie finanzieren muss oder ob er z.B. vom kaufmännischen Standpunkt aus gehalten ist, Personal abzubauen oder aufzustocken. Bereits das zeigt, dass die Handelsbücher nicht nur dem Interesse des Kaufmanns selbst dienen (sonst brauchte er zur Buchführung nicht verpflichtet zu sein), sondern auch mittelbar dem Dritter, insbesondere der Gläubiger. Dritte können aber auch unmittelbar an der Buchführung interessiert sein, so der Fiskus, dem die Bücher als Grundlage der Besteuerung dienen (§§ 4, 5 EStG), Kredit- und Kapitalgeber (z.B. der Stille Gesellschafter, § 233, bei börsennotierten Aktien die Anleger)[352], Prozessparteien (s. §§ 258 bis 261 und u. Rn. 277), die Öffentlichkeit, nach Maßgabe von §§ 325 ff. Minderheiten im Konzern. Die Buchführung belastet den Kaufmann also nicht nur zur Wahrung eigener Interessen, sondern verpflichtet ihn auch im Interesse Dritter.

II. Bilanzrichtliniengesetz, Bilanzrechtsmodernisierungsgesetz, Micro-Bilanzgesetz

258 Das Recht der Handelsbücher war durch das sog. Bilanzrichtliniengesetz insgesamt überarbeitet, neu gefasst und erheblich erweitert worden. Anlass des Gesetzes waren drei Richtlinien des Rates der Europäischen Gemeinschaften vom 25.7.1978 (78/660/EWG), 13.6.1983 und 10.4.1984, mit denen das Programm zur Aufhebung von Beschränkungen der Niederlassungsfreiheit innerhalb der Gemeinschaft nach Maßgabe von Art. 50 Abs. 1, 2 lit. g AEUV verwirklicht werden soll durch Koordinierung von Schutzbestimmungen für Gesellschaften im Interesse der Gesellschafter und Dritter[353]. Die europäischen Richtlinien befassen sich also nicht mit dem Recht der Handelsbücher insgesamt, sondern nur mit den gesellschaftsrelevanten und auch hier nur mit demjenigen Recht, das sich mit den Kapitalgesellschaften befasst. Das allgemeine Recht der Handelsbücher als nationales transformiertes Recht ist demgemäß nur peripher geändert worden, die seit dem 1.1.1986 geltenden §§ 238 bis 263 entsprechen im Wesentlichen dem bis dahin geltenden Recht. Die hier nicht weiter zu behan-

352 *Kümpel*, Kapitalmarktrecht, 3. Aufl. 2004, Rn. 429.
353 Dazu *Niehus*, ZGR 1985, 536.

delnden §§ 264 bis 335b enthalten Vorschriften für alle Kapitalgesellschaften, also Aktiengesellschaften, Kommanditgesellschaften auf Aktien, Gesellschaften mit beschränkter Haftung, §§ 336 bis 339 ergänzende Bestimmungen für Genossenschaften und §§ 340 bis 341p für den Finanz- und Versicherungssektor; §§ 342, 342e sehen die Einrichtung von Gremien vor. Für die Aktiengesellschaften gelten außerdem die §§ 150 bis 161 AktG. Der Gesetzgeber hat sich erst nach langem Zögern[354] entschlossen, die GmbH & Co. KG in das Rechnungslegungsrecht der Kapitalgesellschaften einzubeziehen (§§ 264a bis 264c)[355]. Die Frage, ob und welche Kapitalgesellschaften auf welche Weise Rechnungslegungsinstrumente (Bilanz, Gewinn- und Verlustrechnung, Lagebericht, Konzernabschluss) offenlegen (§ 325) und prüfen lassen müssen (§ 316), richtet sich gem. § 267 nach der Größe des Unternehmens[356], nicht nach der Rechtsform, sodass auch GmbH den Offenlegungs- und Prüfungspflichten unterliegen können, andererseits kleine Aktiengesellschaften nicht. Weitere Erleichterungen gelten für Kleinstkapitalgesellschaften nach §§ 267a, 335 Abs.4 Nr.1 aufgrund des **MicroBilG**[357], außerdem für Konzerntochterunternehmen nach weiterer Maßgabe von § 264 Abs.3. In der Vergangenheit ist es umstritten gewesen, ob Sonderbestimmungen des Buchführungsrechts der Kapitalgesellschaften auch für Einzelkaufleute und Personengesellschaften anwendbar sein können. Nach neuerem Recht sollen die für Kapitalgesellschaften geltenden Regelungen in dieser Weise nicht anwendbar sein, sondern allein und abschließend der erste Abschnitt des dritten Buches, der die Vorschriften für alle Kaufleute enthält[358].

Die Globalisierung des Güteraustauschs hat die Notwendigkeit zu Tage treten lassen, **258a**
grenzüberschreitende Vergleichbarkeit der Unternehmensbilanzen anzustreben. Für kapitalmarktorientierte Unternehmen wurden zur besseren Information der Anleger die **IFRS**, die *International Financial Reporting Standards*, internationale Buchführungsregeln, vom *International Accounting Standards Board* (**IASB**) in London entwickelt. Diese Standards sind jedoch kostenintensiv, hochkomplex und nicht verallgemeinerungsfähig. Vergleichbarkeit, Kostengünstigkeit, einfache Handhabung und Deregulierung (Befreiung bestimmter Einzelkaufleute nach näherer Maßgabe von § 241a Abs. 1 HGB) sind das Ziel des Bilanzrechtsmodernisierungsgesetzes (**BilMoG**)[359], mit dem zugleich eine Vielzahl europäischer Richtlinien umgesetzt werden. Das Gesetz trat 2009 in Kraft und war ab dem 1.10.2010 anwendbar sein.

354 Krit. *Lutter/Mertens/Hadding*, BB 1983, 1737.

355 BT-Drucks. 10/4268, S. 87 f.

356 Anhebung der Schwellenwerte für kleinere Unternehmen nach § 267 Abs. 1 HGB gem. RegE v. 7.1.2015, Pressemitteilung des BWJV vom selben Tage.

357 Kleinstkapitalgesellschaften-Bilanzrechts-ÄnderungsG v. 20.12.2012, BGBl. I, 2751 in Umsetzung der Richtlinie 2012/6/EU.

358 BT-Drucks. a.a.O., S. 90 zu V.1.; im Einzelnen *Schulze-Osterloh*, ZHR 150 – 1986 –, 403. Zum Ganzen *Großfeld*, NJW 1986, 955.

359 Monatsbericht der Deutschen Bundesbank September 2010, S. 49; Beilage 5/2009 zu DB *(Der Betrieb)* v. 5.6.2009.

III. Buchführung und Besteuerung

259 Die steuerrechtlichen Buchführungspflichten stimmen mit denen des Handelsrechts nicht immer überein. So kann ein nichtkaufmännischer Gewerbetreibender der öffentlich-rechtlichen Pflicht zur Buchhaltung zu Zwecken der Steuerermittlung unterliegen, ohne handelsrechtlich dazu verpflichtet zu sein. Wenn und soweit ein Gewerbetreibender aber auch ohne handelsrechtliche Pflicht Bücher führt, sind sie auch für die steuerrechtliche Buchführungspflicht maßgeblich[360]. Gem. § 5 Abs. 1 EStG soll sich die Steuerbilanz nach der Handelsbilanz richten, nicht umgekehrt[361].

B. Grundzüge der Buchführung

I. Arten der Handelsbücher

260 Die Buchführung ist neben der Kostenrechnung, der Statistik und der Planung Teil des Rechnungswesens. Die Handelsbücher, das Ergebnis der Buchführung, setzen sich zusammen aus der eigentlichen Buchhaltung und der Sammlung der empfangenen (§ 257 Abs. 1 Nr. 2) und abgesandten (§§ 238 Abs. 2, 257 Abs. 1 Nr. 3) Handelsbriefe, das sind Schriftstücke, die ein Handelsgeschäft betreffen (§ 257 Abs. 2), also z.B. Kaufverträge. Sie stellen eine Beweiszwecken dienende Dokumentation dar und bieten keine rechtlichen und betriebswirtschaftlichen Schwierigkeiten.

261 Das **Inventar** ist ein Verzeichnis einerseits der kaufmännischen Vermögensgegenstände nach ihren Werten und der Schulden andererseits (§ 240 Abs. 1). Die **Bilanz** setzt Vermögen und Schulden nach den Werten des Inventars in Beziehung (§ 242 Abs. 1). Das bedeutet: Die Bilanz ist nicht nur wie das Inventar ein Verzeichnis, sondern errechnet, was von dem Unternehmen wirtschaftlich, nicht rechtlich gesehen, dem Kaufmann selbst und was seinen Gläubigern gehört. Das geschieht ganz einfach dadurch, dass man, bezogen auf einen Stichtag, nämlich den Schluss des Geschäftsjahrs (das meist dem Kalenderjahr entspricht), auf der einen Seite (der sog. **Aktivseite**) das unternehmerische Vermögen addiert und auf der anderen Seite (der **Passivseite**) die Verbindlichkeiten. Ist das Aktivvermögen höher als die Verbindlichkeiten, ergibt sich eine Differenz für den Kaufmann, der sog. Saldo. Dieser weist aus, wieviel vom Aktivvermögen dem Kaufmann wirtschaftlich gehört; der Rest gehört wirtschaftlich betrachtet den Gläubigern. Man bezeichnet deshalb diesen Saldo als **Eigenkapital**, die Verbindlichkeiten als **Fremdkapital**. Übersteigen die Passiva die Aktiva, ist das Unternehmen überschuldet, bei juristischen Personen ein Insolvenzgrund gem. § 19 InsO. Durch die Pflicht, für jedes Jahr das Inventar und die Bilanz aufzustellen, ist es möglich, die Eigenkapitalentwicklung und damit die Lage des Unternehmens im Zeitablauf zu verfolgen.

360 *Lippek*, DStZ 1998, 265.
361 BT-Drucks. a.a.O., S. 90 zu III., IV.2.

Die **Eröffnungsbilanz** (§ 242 Abs. 1) steht am Anfang der Aufnahme des Geschäftsbetriebs: Wieviel Geschäftsvermögen schafft der Kaufmann an und wieviel davon hat er durch Kredite (Fremdkapital) oder mit eigenem Geld (Eigenkapital) finanziert? 262

Die **Gewinn- und Verlustrechnung** dient der Ermittlung eines im Geschäftsjahr gemachten Gewinns oder erlittenen Verlusts, indem die Einnahmen (**Erlöse**) einerseits und die **Betriebsausgaben** auf der anderen Seite addiert werden. Ergibt die Summe der Erlöse einen höheren Betrag, so ist die Differenz zu den Ausgaben, der Saldo, der Gewinn (andernfalls hat sich ein Verlust ergeben). Gewinn oder Verlust sind in die Bilanz aufzunehmen: Der Gewinn vergrößert den Anteil am Unternehmensvermögen, der dem Kaufmann wirtschaftlich gehört (der Verlust verringert ihn). Lässt der Kaufmann den Gewinn im Unternehmen (verwendet ihn also nicht für seine private Lebensführung), so ist dies an der Vergrößerung des Unternehmensvermögens ablesbar, z.B. an größeren Bankguthaben, an neuen Maschinen, am Warenbestand. Gewinn und Verlust beeinflussen die Bilanz also unmittelbar. 263

II. Richtigkeitsgewähr für die Buchführung

1. Problemlagen

Diese Grundzüge lassen schon erahnen, welche Schwierigkeiten bei der Buchhaltung im Einzelnen auftreten. Wenn das Aktiv- und Passivvermögen aufzuaddieren ist – welche Werte sind anzusetzen? Wenn der Kaufmann diese Werte nach seinem Gutdünken ansetzen könnte, hätte er die Möglichkeit, sich reicher oder, wenn dies seinem Konzept dienlich ist, ärmer darzustellen, als er in Wirklichkeit ist. Wenn sein Betriebsvermögen u.a. in einem großen Lagerbestand mit einer Vielzahl einzelner Waren oder z.B. aus Gütern wie Kohlenhalden oder Getreidemengen besteht, stellen sich ebenfalls zahlreiche Bewertungsprobleme, z.B.: Die Kohlenhalde besteht aus Lieferungen am Jahresanfang, als die Preise niedrig waren und solchen am Jahresende, als die Preise hoch waren, und laufend sind Einzelmengen zu Verkaufszwecken entnommen worden: Welchen Wert hat nun die Kohlenhalde am Stichtag? Ein neu angeschafftes Betriebsfahrzeug verliert von Jahr zu Jahr an Wert – wie ist die jährliche Wertminderung zu berechnen (Abschreibungen, steuerliche Absetzung für Abnutzung – A.f.A., z.B. § 253 Abs. 3 bis 5). Oder: In der Gewinn- und Verlustrechnung werden alle Ausgaben addiert; kurz vor Schluss des Geschäftsjahres erwirbt der Kaufmann einen größeren Posten besonders preisgünstigen Briefpapiers, das noch für das ganze kommende Geschäftsjahr reicht – darf die Ausgabe dem Geschäftsjahr zugerechnet werden, in dem sie entstanden ist, oder muss sie nicht in die Gewinn- und Verlustrechnung des nächsten Jahres eingehen (sog. Rechnungsabgrenzungsposten, § 250)[362]? 264

362 Im Einzelnen *Großfeld/Luttermann*, Bilanzrecht, 4. Aufl. 2005, Rn. 419.

2. Grundsätze ordnungsmäßiger Buchführung

265 **a)** Einige solcher Einzelprobleme sind in den „Vorschriften für alle Kaufleute" (§§ 238 bis 263) kodifiziert (zahlreiche in den Vorschriften für die Kapitalgesellschaften, §§ 264 ff.), doch ist die gesamte Materie einer kasuistischen Regelung nicht zugänglich. Vielmehr unterliegt die Frage richtiger Buchhaltung sich wandelnden Einsichten und neuen Forschungen, auf die das Gesetz flexibel anpassbar sein muss. Deshalb gelten für die Buchhaltung neben kodifiziertem Recht die Grundsätze ordnungsmäßiger Buchführung (**GoB**) als Generalklausel. Sie sind Rechtsnormen, also Gebote, nach denen bei der Buchhaltung verfahren werden muss, nicht etwa nur tatsächliche Übung unter Kaufleuten, also nicht bloße Tatsachen, auch nicht Handelsbrauch und nicht Gewohnheitsrecht, nämlich unabhängig von der allgemeinen Überzeugung der Richtigkeit und Verbindlichkeit[363] (Rn. 354).

266 **b)** Aufgrund der GoB als Geboten bei der Durchführung der Buchhaltung entstehen Inventar und Jahresabschluss, die es einem sachverständigen Dritten innerhalb angemessener Zeit ermöglichen, einen Überblick über die Geschäftsvorfälle und über die Lage des Unternehmens zu gewinnen, wie es § 238 Abs. 1 Satz 2 formuliert. Daraus folgt im Allgemeinen weiter, dass Inventar und Bilanz die wahre Vermögenslage möglichst richtig wiedergeben müssen und dass die Gewinn- und Verlustrechnung den richtigen und periodengerechten Gewinn des Geschäftsjahres ermitteln soll (dagegen formuliert § 264 Abs. 2 für Kapitalgesellschaften – und nur für diese[364] – noch weitergehend, dass der Jahresabschluss „einen den tatsächlichen Verhältnissen entsprechendes Bild der Vermögens-, Finanz- und Ertragslage" zu vermitteln hat, was zeigt, dass die Ziele der GoB nicht einheitlich sind, sondern dass je nach Unternehmensform die Offenkundigkeit der Bilanz unterschiedlich sein kann: Anwendung des Grundsatzes „true and fair view" nur für Kapitalgesellschaften[365]).

267 **c)** Für den einzelnen Buchungsvorgang sei aus der weitgespannten Fülle der GoB etwa eine Ausgabe für Entwicklungskosten geplanter Produkte herausgegriffen: Sind sie gewinnschmälernde Betriebsausgabe oder stellen sie schon jetzt einen Vermögensgegenstand als Zukunftserwartung dar, können diese Ausgaben also, bilanztechnisch gesprochen, aktiviert werden (als sog. transitorische Rechnungsabgrenzungsposten im weiteren Sinne)? Dies ist zu verneinen (§ 250 Abs. 1 S. 1)[366], die bloße Zukunftserwartung darf der Kaufmann noch nicht als vorhandenen Reichtum ausweisen.

3. Insbesondere: Doppelte Buchführung

268 Die Ziele der Bilanz und der Gewinn- und Verlustrechnung und ihre gegenseitige Abstimmung (vorst. Rn. 264) können an sich durch bloße Aufaddierung der einzelnen Geschäftsvorfälle erreicht werden. Je umfangreicher die zu buchenden Geschäftsvor-

363 *Döllerer*, BB 1959, 1217; *Großfeld*, a.a.O., Rn. 27 ff.; *Bülow*, Lexikon des Rechts, 1990, Stichwort „Handelsbücher".

364 BT-Drucks. 10/4268, S. 90 zu IV.1.

365 *Helmrich*, GmbHR 1986, 6, 8; Baumbach/*Hopt*, vor § 238 Rn. 72 .

366 *Glanegger et al./Niedner*, § 250 HGB Rn. 3.

fälle aber werden, um so größer ist die Gefahr von Fehlern und Irrtümern. Die buchführenden Kaufleute haben deshalb ein System entwickelt, dass die Richtigkeitskontrolle der gebuchten Beträge ermöglicht, die doppelte Buchführung. Ihre Beachtung dürfte im Allgemeinen den GoB entsprechen. Danach ist jeder Geschäftsvorfall sowohl auf der Aktiv- resp. Sollseite wie auf der Passiv- resp. Habenseite zu verbuchen, nämlich unter jeweils doppeltem Gesichtspunkt:

Kauft das Unternehmen z.B. Benzin für ein Betriebsfahrzeug, so entsteht einerseits eine – in der Betriebswirtschaftslehre so bezeichnete – Aufwendung, die auf der Sollseite zu verbuchen ist, andererseits eine Verbindlichkeit gegenüber dem Tankstellenunternehmer (Habenseite). Wird die Tankrechnung bezahlt, erlischt die Verbindlichkeit (Aktivseite), dafür wird das Bankkonto geschmälert (Passivseite). **269**

Schreibt der Kaufmann für eine Lieferung eine Rechnung an seinen Kunden, ist dieser Vorgang sowohl als Forderung (Aktivseite) wie als Erlös (Habenseite) zu verbuchen. Wird die Rechnung bezahlt, wird dieser Zahlungsvorgang gebucht als Vergrößerung des Bankguthabens (Aktivseite) und Erlöschen der Forderung (Passivseite). **270**

Zu diesem Zweck werden Bilanz und Gewinn- und Verlustrechnung aufgeteilt in Untergruppen, nämlich sog. **Konten**. In unseren Beispielen wurden also Konten für Benzin, kurzfristige Verbindlichkeiten, Bank, Forderungen, Erlöse aus Lieferungen berührt, von denen das erste und das letzte Konto Teil der Gewinn- und Verlustrechnung sind: Die doppelte Buchung kann also gleichzeitig in Bilanz und Gewinn- und Verlustrechnung zu vollziehen sein. So füllen sich im Laufe des Geschäftsjahrs die Aktivseiten und die Passivseiten aller Konten. Sie werden saldiert und münden schließlich in die Schlussbilanz, die ja ihrerseits aus Aktiv- und Passivseite besteht. Beide Seiten müssen mit demselben Betrag enden. Nur wenn bei jedem einzelnen Geschäftsvorfall richtig gebucht wurde, sind die Beträge beider Bilanzseiten gleich, sonst steckt irgendwo im Buchhaltungswerk ein Fehler – ein unbestechliches **Kontrollinstrument** für die Richtigkeit der Buchungen. **271**

C. Überblick über die Regelungen des 1. Abschnitts im 3. Buch

I. Allgemeine Grundsätze

Im 1. Unterabschnitt stellt das Gesetz neben den oben erwähnten Allgemeinen Bestimmungen Grundsätze für die jährliche (§ 240 Abs. 2) Aufstellung des Inventars auf. An sich sind sämtliche Vermögensgegenstände nach ihrem Bestand am Stichtag zu verzeichnen (§ 240 Abs. 1). Roh-, Hilfs- und Betriebsstoffe können jedoch nach Maßgabe von § 240 Abs. 3 aus dem Vorjahresinventar übernommen, gleichartige Vermögensgegenstände zusammengefasst statt einzeln aufgeführt werden (§ 240 Abs. 4). Zur Vereinfachung sind statt der körperlichen Bestandsaufnahme Stichprobenverfahren gem. § 241 zugelassen sowie die permanente Inventur; für die Bewertung des Vorratsvermögens s. § 256. **272**

273 Der 2. Unterabschnitt (§§ 242 bis 256) befasst sich mit Einzelheiten zum Jahresabschluss und zur Eröffnungsbilanz, die gem. § 243 Abs. 2 klar und übersichtlich sein müssen (aber nicht den Anforderungen an „true and fair view“, § 264 Abs. 2, entsprechen müssen, vorst. Rn. 266), in deutscher Sprache und Euro aufgestellt (§ 244) und vom Kaufmann unterzeichnet werden müssen (§ 245).

II. Ansatz- und Bewertungsvorschriften

1. Aufnahme in den Jahresabschluss

274 §§ 246 ff. enthalten Ansatz-, 252 ff. Bewertungsvorschriften. Die Ansatzvorschriften bestimmen, was im Jahresabschluss aufzuführen ist, nämlich sämtliche dem Unternehmen gehörende (auch hinsichtlich Eigentumsvorbehalt und Sicherungstreuhand, § 246 Abs. 1 Sätze 2 und 3) Vermögensgegenstände bei Verrechnungsverbot für Aktiv- und Passivposten (§ 246 Abs. 2), die nach **Anlage-** (Grundstücke, Betriebs- und Geschäftsausstattungen, Beteiligungen, etc.) und **Umlaufvermögen** (Vorräte, kurzfristige Forderungen, Kassenbestände etc.) sowie **Rechnungsabgrenzungsposten** (vorst. Rn. 267, es sei denn, gerade hierfür war ein Entgelt zu erbringen, § 255 Abs. 4)[367] bzw. nach Verbindlichkeiten und Eigenkapital aufzugliedern sind (§ 247). Dabei dürfen Aufwendungen für die Gründung des Unternehmens und der über den reinen Sachwert des Unternehmens hinausgehende Firmenwert (sog. good will) nicht als Vermögensgegenstände aufgenommen, also nicht aktiviert werden (§ 248). Anderes gilt jedoch für selbstgeschaffene immaterielle Vermögenswerte wie Patente und sog. Know-how, die gem. § 255 Abs. 2a HGB mit den Herstellungskosten zu aktivieren sind. Drohen dem Unternehmer noch nicht entstandene Verbindlichkeiten (z.B. Zahlungen an Betriebsrentner, Art. 28 EGHGB, zu erwartende Großreparaturen, ungewisser Prozessausgang) oder Verluste aus schwebenden Geschäften in der Zukunft, sind dafür Gewinnanteile zu verwenden und als Rückstellung (§ 249) zu bilanzieren[368]. Rechnungsabgrenzungsposten sind in die Bilanz aufzunehmen für Aufwendungen oder Einnahmen, die anderen Geschäftsperioden zugehören als es ihrem Entstehungszeitpunkt entspricht (§ 250 Abs. 1 und 2 sowie vorst. Rn. 264). Die latente Haftung etwa aus einer Bürgschaft (Aval) ist außerhalb und unter der Bilanz zu vermerken (§ 251), gewinnschmälernde **Rückstellungen** dürfen für diesen Zweck nicht gebildet werden (§ 249 Abs. 2 n.F.), sie beeinflussen also nicht die Bilanzsumme.

2. Bewertung

275 **a)** Die Vermögensgegenstände in Bilanz und Inventar sind vorsichtig (§ 252 Abs. 1 Nr. 4) und in Kontinuität (Nr. 1, 6)[369] zu bewerten, der Kaufmann darf nicht reicher erscheinen, als er ist: Es gilt das **Höchstwertprinzip** (§ 253 Abs. 1), Vermögensgegenstände dürfen höchstens mit den **Anschaffungs-** und **Herstellungskosten** be-

---

367 *Greber/Levedag/Maywald*, JuS 1998, 930 (933).
368 Hierzu BGH, WM 2014, 1949 Rn. 49.
369 BGHZ 132, 263 (273).

wertet werden. Diese Begriffe sind in § 255 definiert. Eine darüber hinausgehende Wertsteigerung darf also nicht aktiviert werden.

b) Wertverluste am Aktivvermögen sind durch jährliche Abschläge, die **Abschreibungen** (§ 253 Abs. 3, 4 n.F.) zu berücksichtigen. Diese Abschreibungen mindern den Gewinn und sind als Aufwandsposten in die Gewinn- und Verlustrechnung einzustellen. Sofern sich durch Abschreibungen Unterbewertungen entwickeln, ist das Unternehmen reicher als es im Jahresabschluss erscheint, man spricht von **stillen Reserven**. Sie dürfen, wie § 253 Abs. 5 Satz 1 bestimmt, nicht beibehalten werden. 276

III. Weitere Bestimmungen

1. Aufbewahrung und Vorlage

Die vorerwähnten Unterlagen hat der Kaufmann sechs bzw. zehn Jahre (§ 257 Abs. 4) aufzubewahren. Gleiches gilt für die steuerrechtlichen Aufbewahrungspflichten nach § 147 Abs. 3 AO (eine Reduzierung ist für das Jahr 2015 vorgesehen). Ihre Vorlage kann im Prozess durch das Gericht in Auszügen (§ 259) oder vollständig (§ 260, zu Bild- und Datenträgern s. § 261) angeordnet werden (§ 258). Unberührt bleibt die Vorlagepflicht gem. §§ 810 BGB, 422, 423 ZPO[370]. 277

2. Sanktionen

Sanktionen wegen Verstößen gegen Buchhaltungspflichten enthalten §§ 334 bis 335b sowie §§ 283 bis 283b StGB für den Fall der Insolvenz und § 379 AO. Die §§ 238 ff. sind keine Schutzgesetze im Sinne von § 823 Abs. 2 BGB[371]. 278

D. Steuern

An dieser Stelle besteht Anlass, einen Blick auf die wichtigsten Unternehmenssteuern zu werfen, die der Gewerbebetrieb mit sich bringt: 279

a) Der Einzelunternehmer, ebenso die **Personengesellschafter**, haben den im Geschäftsjahr erzielten Gewinn zu versteuern (§ 15 EStG). Sie schulden hierfür **Einkommensteuer** (Einkünfte aus Gewerbebetrieb). 280

b) Handelt es sich um eine Kapitalgesellschaft, unterliegt ihr Gewinn der **Körperschaftssteuer** bei einem Steuersatz von derzeit 15 % (§ 23 Abs. 1 KStG). Schüttet die Kapitalgesellschaft an ihre Gesellschafter Gewinnanteile aus, so sind diese bei dem Gesellschafter wiederum als Einkünfte zu versteuern, nämlich gem. § 43 Abs. 5 EStG durch eine **Abgeltungssteuer** von 25 % (zuzüglich Solidarzuschlag). Hierbei ist kein 281

370 Hierzu BGH, NJW 2014, 3312 Rn. 15, 21.
371 RGZ 73, 30 (34); BGH, DB 1964, 1585; Baumbach/Hopt/*Merkt*, § 238 HGB Rn. 19.

Abzug von Werbungskosten möglich. Will der Gesellschafter dies erreichen, kann er das sog. **Teileinkünfteverfahren** wählen, bei dem 60% der Ausschüttung, abzüglich eben der Werbungskosten, gem. § 32d Abs. 2 Nr. 3 EStG versteuert werden. Diese Verfahren lösten das bis 2009 geltende **Halbeinkünfteverfahren** ab, nach welchem 50 % der Ausschüttung beim Gesellschafter zu versteuern waren. Das Halbeinkünfteverfahren, welches das vorangegangene Anrechnungsverfahren nach §§ 27 bis 43 KStG a.F. abgelöst hatte, gab es vorher nicht. Der Vermeidung der Doppelbesteuerung (bei der Kapitalgesellschaft einerseits und dem Gesellschafter andererseits) diente früher die GmbH & Co. KG, die nach dem Grundsatz funktionieren sollte, dass auf die GmbH als Gesellschafterin möglichst wenige, auf die Kommanditisten möglichst viele Gewinnanteile fallen sollten.

282 **c)** Jeder Umsatz des Kaufmanns unterliegt der **Umsatzsteuer**. Sie ist allerdings nur ein durchlaufender Posten, weil der Kaufmann gem. § 14 UStG den Umsatzsteuersatz von in der Regel 19 % dem Umsatz zuzurechnen hat, sodass die Steuer von dem Kunden bezahlt werden muss (zu grenzüberschreitenden Umsätzen innerhalb der EU insbesondere § 4 Nr. 1b, § 6a UStG). Sofern der Kunde seinerseits Unternehmer ist, kann er die in dieser Weise gezahlte Umsatzsteuer aber bei seiner eigenen Umsatzsteuererklärung als Vorsteuer (§ 15 UStG) abziehen, sodass sich die Umsatzsteuer als Verbrauchsteuer zu Lasten des privaten Endverbrauchers darstellt.

283 **d)** Die Gewinne werden zusätzlich noch durch gemeindliche **Gewerbesteuern** belastet, die sich auf den Gewerbeertrag (der bereits Gegenstand der Einkommensteuer ist, vorst. Rn. 280) beziehen.

7. Abschnitt

Hilfspersonen des Kaufmanns

284 Zum Geschäftsbetrieb, der in kaufmännischer Weise eingerichtet ist, gehören in aller Regel Personen, deren sich der Kaufmann für Arbeiten bedient, die er selber nicht erledigen will oder kann, also delegieren muss. Die Rechtsverhältnisse dieser Personen in ihrer Innen- und Außenwirkung sind durch die Vorschriften über die Prokura (§§ 48 ff. – nachf. Rn. 285 ff.), die Handlungsvollmacht (§ 54 – u. Rn. 319 ff.) und über die Handlungsgehilfen (§§ 59 ff. – u. Rn. 340 ff.) geregelt. Dagegen gehören die Bestimmungen über Handelsvertreter (§§ 84 ff.) und Handelsmakler (§§ 93 ff.), obwohl im ersten Buch „Handelsstand" geregelt, systematisch eher zu den Handelsgeschäften (Viertes Buch) und werden dort behandelt[372].

372 Zutr. *Schmidt*, § 17 II.2., § 25 I.2.

A. Prokura

I. Grundlagen

1. Fortbildung des Bürgerlichen Rechts

Die Prokura ist eine rechtsgeschäftlich erteilte Vertretungsmacht (§§ 164, 166 Abs. 2 BGB), die für die Zwecke des Handelsverkehrs in besonderer Weise ausgestaltet ist. Die Bestimmungen über die Prokura in §§ 48 ff. sind nicht die rechtliche Grundlegung der durch Erklärung des Kaufmanns erteilten Vertretungsbefugnis, sondern diejenigen der §§ 164 ff. BGB, die auch für die Prokura gelten, soweit sie nicht verändert oder ergänzt werden und auf denen das Recht der Prokura – gleichermaßen das Recht der Handlungsvollmacht (u. Rn. 319) – aufbaut. So enthalten §§ 48 ff. keine Regelung über die Wirkung der Vertretererklärungen, vielmehr gilt § 164 Abs. 1 Satz 1 BGB: Die Willenserklärung des Prokuristen wirkt unmittelbar für und gegen den Kaufmann, den Vertretenen. Dieser kann nach Lage des Einzelfalls unter dem Gesichtspunkt des unternehmensbezogenen Geschäfts haften[373]. Der Prokurist kann gem. § 165 BGB in der Geschäftsfähigkeit beschränkt sein. Für die Zurechnung von Willensmängeln und ähnlichen Umständen ist gem. § 166 Abs. 1 BGB die Person des Vertreters, nicht die des Kaufmanns maßgeblich, anders bei Weisungsabhängigkeit nach § 166 Abs. 2 BGB. Ist die Prokuraerteilung unwirksam oder wird die wirksam erteilte Prokura widerrufen, wird der Geschäftspartner nach Maßgabe von §§ 170 bis 173 BGB[374] geschützt, außerdem von § 15 Abs. 1 resp. Abs. 3 (o. Rn. 132, 152). Davon abgesehen kann der im Namen des Kaufmanns Auftretende in Wahrheit falsus procurator im Sinne von §§ 177 ff. BGB sein, wenn die Prokura überhaupt nicht erteilt wurde oder der gesetzliche Umfang gem. § 49 (nachf. Rn. 303) überschritten wurde oder ein Gesamtprokurist (Rn. 297) alleine handelt[375]. Der Vertreter haftet nach § 179 Abs. 1 BGB, weil der Vertragspartner auf die behauptete Vertretungsmacht vertrauen darf; die Vorschrift ordnet eine Garantiehaftung an[376]. Nur bei Kenntnis und fahrlässiger Unkenntnis haftet der *falsus procurator* gem. § 179 Abs. 3 BGB nicht (vgl. auch Rn. 146). Bei Insichgeschäften des Prokuristen greift § 181 BGB ein. **285**

2. Unbeschränkbarkeit

a) Der prägende Unterschied zwischen der bürgerlich-rechtlichen Vollmacht und der Prokura liegt im Umfang der Vertretungsmacht. Im bürgerlichen Recht wirkt die Willenserklärung des Vertreters gem. § 164 Abs. 1 Satz 1 BGB für und gegen den Vertretenen nur insoweit, als der Vertreter innerhalb der ihm zustehenden Vertretungsmacht handelte. Welchen Umfang die Vertretungsmacht hat, kann der Vollmachtgeber, der Vertretene, frei bestimmen. Er kann die Vollmacht auf einzelne Willenserklärungen **286**

373 BGH, NJW 1998, 2897.

374 BGHZ 102, 60.

375 Aber nach Lage des Einzelfalls kann die Berufung des erteilenden Kaufmanns auf die fehlende Vertretungsmacht gem. § 242 BGB gegen Treu und Glauben verstoßen, BGH, NJW 2009, 1882 Rn. 24.

376 BGH, NJW-RR 2005, 268.

und deren Reichweite beschränken oder auch umfassende Vollmacht erteilen. Mit jeder Vollmachtsüberschreitung wird der Vertreter zum falsus procurator. Die **Beschränkungsmöglichkeit** kennzeichnet also die **bürgerlich-rechtliche Vollmacht**. Der Preis ist Unsicherheit beim Geschäftspartner. Wird ihm der Umfang der Vollmacht nicht vom Vertretenen selbst mitgeteilt (§ 167 Abs. 1 BGB) oder liegt keine Vollmachtsurkunde vor, aus der sich der Umfang ergibt, muss er gewärtig sein, dass der Vertreter in Wahrheit nur vermeintlicher Vertreter ist, nämlich Willenserklärungen abgibt, die von der Vollmacht gar nicht gedeckt sind. Ein derartiges Risiko ist im Handelsverkehr untragbar (nachf. Rn. 291). Ganz anders ist deshalb die Prokura gestaltet: Gem. § 49 Abs. 1 ermächtigt sie zu allen Arten von gerichtlichen und außergerichtlichen Geschäften und Rechtshandlungen, die der Betrieb eines Handelsgewerbes mit sich bringt, und diese umfassende – wenngleich nicht grenzenlose, nachf. Rn. 303 – Vollmacht ist gem. § 50 Abs. 1 nicht beschränkbar. Bei der Vollmachtserteilung in der Form der Prokura ist die Privatautonomie des Kaufmanns im Vergleich zur bürgerlich-rechtlichen Vollmacht also eingeschränkt. Eine vom Kaufmann gewollte Beschränkung der Prokura entfaltet im Verhältnis zu Dritten im Allgemeinen (nachf. Rn. 291) keine Rechtswirkungen. Die Unbeschränkbarkeit kennzeichnet die handelsrechtliche Vollmacht, die Prokura[377].

287 **b)** Die Unbeschränkbarkeit kennzeichnet auch die gesetzliche Vertretungsmacht des **Gesellschaftsrechts**, so beim persönlich haftenden Gesellschafter einer oHG oder KG gem. §§ 126 Abs. 2, 161 Abs. 2, beim Geschäftsführer der GmbH gem. § 37 Abs. 2 GmbHG, beim Vorstand der Aktiengesellschaft gem. § 82 Abs. 1 AktG, der Genossenschaft gem. § 27 Abs. 2 Satz 1 GenG. Dagegen ist die Vertretungsmacht bei der Gesellschaft bürgerlichen Rechts und beim Verein eine bürgerlich-rechtliche, also beschränkbare: §§ 714, 26 Abs. 2 Satz 2 BGB.

3. Außen- und Innenverhältnis

288 **a)** Die Prokuristin kann in den Grenzen von § 49 Willenserklärungen mit Wirkung für und gegen den Kaufmann abgeben. Eine andere Frage ist, ob sie das darf. Der Kaufmann kann seinem Prokuristen nämlich verbieten, bestimmte Willenserklärungen abzugeben. Hält sich der Prokurist nicht daran, wirkt die dennoch abgegebene Willenserklärung zwar für und gegen den Kaufmann (der Prokurist ist nicht etwa falsus procurator!, vorst. Rn. 285, 286), aber der Prokurist hat der Weisung zuwider gehandelt. Rechtliches Können und rechtliches Dürfen sind nicht kongruent. Wenn diese Zuwiderhandlung auch keine Rechtsfolgen im Verhältnis zu den Geschäftspartnern hat, so entfalten sich doch Rechtsfolgen zwischen Prokurist und Kaufmann. Es sind das Außenverhältnis und das Innenverhältnis zu unterscheiden: Die Bestimmungen über die Prokura und die §§ 164 ff. BGB regeln das Außenverhältnis, also die Frage, welche Wirkung die Bevollmächtigung (Prokuraerteilung) im Verhältnis zwischen Kaufmann und Dritten, den Geschäftspartnern, hat. Die Bevollmächtigung ist ein einseitiges Rechtsgeschäft, also kein Vertrag (nicht ganz unstreitig[378]), das durch Zugang beim Prokuristen oder auch beim Geschäftspartner wirksam wird (§ 167 Abs. 1 BGB). Vollmacht kann auch durch öffentliche Kundgabe erteilt werden (nachf. Rn. 296), also durch nicht empfangsbedürftige Willenserklärung (kein Fall von § 171 Abs. 1 BGB!). Ob

---

377 *K.J. Müller*, JuS 1998, 1000; *St. Lorenz*, JuS 2010, 771 (772).
378 *Müller-Freienfels*, Die Vertretung beim Rechtsgeschäft, 1955, S. 243.

der Prokurist will oder nicht oder ob er überhaupt Kenntnis von der Erklärung des Kaufmanns erlangt, durch die Bevollmächtigung erhält er die Rechtsmacht, Willenserklärungen für und gegen den Kaufmann im Rahmen von § 49 abzugeben, und diese Wirkung tritt ein, wenn er von dieser Rechtsmacht Gebrauch macht.

Die Vollmacht ist also von einem ihrer Erteilung zugrunde liegenden Rechtsverhältnis (vgl. § 168 Satz 1 BGB) getrennt und von diesem abstrakt[379]. Es kann in einem Vertragsverhältnis zwischen Prokuristen und Kaufmann, Vertreter und Vertretenem, liegen, typischerweise einem Arbeitsvertrag, es kann Auftrag gem. § 662 BGB sein. Dieser Rechtsgrund der Bevollmächtigung liegt im Innenverhältnis, das den Prokuristen gegenüber dem Kaufmann verpflichten kann, einerseits seine Außenmacht nicht auszuschöpfen, andererseits aber auch von ihr überhaupt Gebrauch zu machen. Hält sich der Prokurist nicht daran, kann er den Tatbestand der Pflichtverletzung nach § 280 Abs. 1 BGB erfüllen und sich gegenüber dem Kaufmann schadensersatzpflichtig machen[380]. Im Außenverhältnis ist der Kaufmann gegenüber dem Geschäftspartner unmittelbar gem. § 164 BGB verpflichtet. 289

b) Bei den **Personengesellschaften** bestimmt die Geschäftsführungsbefugnis (§ 114) das Innenverhältnis. Bei den juristischen Personen entspricht der Bevollmächtigung die Berufung als Organ, die sog. Bestellung, während das Innenverhältnis durch die Anstellung geregelt ist, z.B. § 37 Abs. 1 GmbHG. 290

4. Vollmachtsmissbrauch

Der Grund für die Unbeschränkbarkeit der handels- und gesellschaftsrechtlichen Vertretungsmacht ist das Interesse des Geschäftsverkehrs, schnell und rechtlich sicher Geschäfte machen zu können, d.h. nicht vor jedem Geschäft in die Prüfung des Umfangs der Vertretungsmacht eintreten zu müssen (vorst. 286). Die Unsicherheit bei der bürgerlich-rechtlichen Vollmacht für den Geschäftspartner wird verlagert auf den bevollmächtigenden Kaufmann, der darauf angewiesen ist, dass der Prokurist internen Weisungen folgt. Die der privatautonomen Gestaltung weitgehend entzogene Außenwirkung der Prokura kann in besonderen Fällen aber doch durch die Gestaltung des Innenverhältnisses begrenzt werden, nämlich bei Vollmachtsmissbrauch des Prokuristen, den der Geschäftspartner erkannte oder der sich ihm doch aufdrängen musste. Wer die formale Rechtsposition der Unbeschränkbarkeit bewusst im Gegensatz zum rechtlichen Dürfen des Prokuristen ausnutzt, handelt **arglistig**. Der Kaufmann kann dem Geschäftspartner also den Arglisteinwand entgegensetzen, wenn er nach Maßgabe von § 164 BGB als Vertretener in Anspruch genommen wird. Arglist heißt Vorsatz oder doch grobe Fahrlässigkeit beim Geschäftspartner (nicht notwendig auch beim Prokuristen[381], wo bloße Pflichtwidrigkeit genügt). Indiz für die Arglist ist die objektive Evidenz des Missbrauchs, die massive Verdachtsmomente voraussetzt[382], während 291

---

379 *Lieder*, JuS 2014, 393.

380 BAG, NJW 1998, 2923; Koller/*Roth*, vor §§ 48-58 HGB Rn. 9.

381 BGH, NJW 1988, 3012; NJW 2006, 2776 (betr. GmbH-Geschäftsführer), krit. *Vedder*, JZ 2008, 1077: Vorsatz nicht entbehrlich.

382 BGH, NJW 2014, 2790 mit Anm. *Thomale*, LMK 2014, 362892; BGH, NJW 1999, 2883 zu I.2.a. mit Anm. *H. Lange*, WuB IV A. – 1.99; *Lieder*, JuS 2014, 681 (683).

Kollusion zwischen Prokuristen und Geschäftspartner nicht Voraussetzung des Arglisteinwands ist, aber natürlich genügt. Dagegen wäre der mit der Unbeschränkbarkeit bezweckte Schutz des Geschäftsverkehrs über das gebotene Maß hinaus zurückgestellt, wollte man auch einfache **fahrlässige Unkenntnis** über interne Beschränkungen genügen lassen, um die Berufung auf die Unbeschränkbarkeit als unzulässig anzusehen: so aber die Rechtsprechung[383].

292 Hatte der Kaufmann den Vollmachtsmissbrauch seines Prokuristen fahrlässigerweise mitverursacht, z.B. durch mangelnde Auswahl oder Aufsicht, ist daran zu denken, die nachteiligen Folgen des Prokuristenhandelns nach dem **Rechtsgedanken von § 254 BGB** auf Kaufmann und Geschäftspartner zu verteilen, wenngleich es nicht um Schadensersatz, sondern um die Wirksamkeit des Rechtsgeschäfts zugunsten und zulasten des Kaufmanns geht und die Leistung meist unteilbar ist[384].

293 Unter den gleichen Voraussetzungen kann die Arglisteinrede auch begründet sein, wenn der Prokurist, gleichermaßen ein anderer Vertreter, bewusst ein für den Kaufmann nachteiliges Geschäft abschließt und der Geschäftspartner sowohl die Nachteiligkeit wie die Bewusstheit des Prokuristenhandelns erkennt[385].

II. Die Regelung im Einzelnen

1. Erteilung durch einen Kaufmann

294 **a)** Im Gegensatz zur bürgerlich-rechtlichen Vollmacht, die von jedem voll Geschäftsfähigen erteilt werden kann, ist die Prokuraerteilung an die kaufmännische Qualifikation des Vollmachtgebers geknüpft. Sie ist nichtkaufmännischen Gewerbetreibenden oder Nichtgewerbetreibenden wie freien Berufen[386] verschlossen: Das Risiko (vorst. Rn. 286) bleibt beim Geschäftspartner, der aber nach allgemeinen Rechtsscheingrundsätzen (Anscheinsvollmacht) oder aufgrund tatsächlicher Duldung des Vertretenen geschützt wird[387]. Prokura kann auch der gesetzliche Vertreter eines Kaufmanns erteilen, so gem. § 116 Abs. 3 die nicht von der Vertretung ausgeschlossenen Gesellschafter einer Personengesellschaft (§§ 126 Abs. 1, 125 Abs. 1) oder auch der Vormund des Kaufmanns (vgl. § 1822 Nr. 11 BGB).

295 **b) Prokurist** kann jeder Geschäftsfähige, auch beschränkt Geschäftsfähige (§ 165 BGB) sein, aber wohl nicht eine juristische Person. Die Prokura ist gem. § 52 Abs. 2 nämlich nicht übertragbar (nachf. Rn. 307), während die Organe der juristischen Per-

---

383 BGHZ 50, 112 (114) = NJW 1968, 1379; BGH, NJW 1966, 1911; a.A. – wie hier – *Hübner*, Rn. 72 zu cc m.w.N: und JZ 1985, 1033, 1036; *Canaris*, § 14 Rn. 36; dagegen wird in BGH, NJW-RR 2004, 247 zu II. 1. grobe Fahrlässigkeit gefordert.

384 Offen BGH, NJW 1999, 2883 zu I.2.d, krit. *Canaris*, § 14 Rn. 42: ggf. Gegenanspruch des Vertragspartners aus Schutzpflichtverletzung.

385 *Drexl/Mentzel*, Jura 2000, 289 (295).

386 Also auch einer Partnerschaftsgesellschaft (oben Rn. 73): OLG Frankfurt, NJW 2005, 3730.

387 *Canaris*, § 16 Rn. 16.

son austauschbar sind (str.)[388]. Der juristischen Person kann aber bürgerlich-rechtliche Vollmacht und Handlungsvollmacht (unten Rn. 320) erteilt werden.

c) Die Prokura ist **ausdrücklich** (aber nicht notwendig schriftlich) zu erteilen (§ 48 Abs. 1), bloß stillschweigende Erteilung kann nur zur bürgerlich-rechtlichen Vollmacht bzw. zur Handlungsvollmacht gem. § 54[389] führen. Eine derartige Vollmacht ist frei beschränkbar (nachf. Rn. 321), kann also andererseits auch denselben Umfang wie die Prokura gem. § 49 haben. Aufgrund des Erfordernisses der Ausdrücklichkeit kann es keine Duldungsprokura geben[390]. **Adressat der Erteilungserklärung** (Bevollmächtigung) ist entweder der Prokurist selbst, der Dritte, dem gegenüber die Vertretung stattfinden soll (§ 167 Abs. 1 BGB) oder die Öffentlichkeit bei Kundgabe an diese durch öffentliche Bekanntmachung, wozu auch die Anmeldung zum Handelsregister gehört[391]. Die Prokuraerteilung ist gem. § 53 Abs. 1 Satz 1 eine eintragungspflichtige Tatsache im Sinne von § 15 (o. Rn. 124). Für die Wirksamkeit der Erteilung kommt es auf die **Eintragung** folglich (o. Rn. 132) nicht an, diese wirkt nur **deklaratorisch**, nicht konstitutiv. Allerdings können Erteilung und Bekanntmachung nach Eintragung zusammenfallen, wenn auf diese Weise die öffentliche Kundgabe stattfinden soll. **296**

2. Gesamtprokura

a) Die Prokura kann an eine einzige Person, sie kann auch an mehrere erteilt werden in der Weise, dass diese nur zusammen handelnd Willenserklärungen mit Wirkung für und gegen den Kaufmann abgeben können. § 48 Abs. 2 spricht von Gesamtprokura. Auf diese Weise erreicht der Kaufmann bei der Ausübung der weitgehend unbeschränkten Vertretungsmacht durch die Prokuristen (vorst. Rn. 285 und nachf. Rn. 303) die **gegenseitige Kontrolle** („Vieraugenprinzip"[392]). **297**

b) Das gemeinsame Handeln der Gesamtprokuristen braucht **nicht gleichzeitiges Handeln** zu bedeuten; die Willenserklärungen können also nacheinander abgegeben werden, sodass das Rechtsgeschäft mit Wirksamwerden der letzten Erklärung wirksam wird. Auch kann der eine Gesamtprokurist dem anderen im Voraus seine Einwilligung als Gesamtprokurist erteilen oder nachträglich genehmigen (auch durch Duldung[393]). Außerdem kann der eine den anderen bevollmächtigen, für ihn die Willenserklärung abzugeben[394]. Zwar liegt darin ein Insichgeschäft gem. § 181 BGB, aber es ist dem bevollmächtigenden Gesamtprokuristen nach Maßgabe dieser Vorschrift gestattet[395]. Der Geschäftspartner trägt hier das Risiko, dass die Erklärungen des anderen Gesamtprokuristen auch wirklich abgegeben wurden. **298**

388 KG, MDR 2002, 402; *Krebs*, ZHR 159 – 1995 –, 635 (647); Koller/*Roth*, § 48 HGB Rn. 4; *Canaris*, § 13 Rn. 6.
389 Baumbach/*Hopt*, § 48 HGB Rn. 3.
390 Koller/*Roth*, § 48 HGB Rn. 3.
391 RGZ 133, 229 (232).
392 *Hübner*, Rn. 348.
393 BGH, NJW 1988, 1199.
394 *Canaris*, § 14 Rn. 21, so auch § 125 Abs. 2 Satz 2, BGH, NJW-RR 1986, 778.
395 A.A. *Reinicke*, NJW 1975, 1190.

299 **c)** Eine unzulässige Beschränkung der Vertretungsmacht ist es, dem Prokuristen nur zu gestatten, zusammen mit dem Kaufmann selbst[396], einem bloßen Handlungsbevollmächtigten gem. § 54 oder einem überhaupt nicht vertretungsbefugten Dritten oder dem Geschäftsführer der Komplementär-GmbH[397] zu handeln. Solche Vereinbarungen haben keine Außenwirkung. Sie können aber wirksam das Innenverhältnis zwischen Kaufmann und Prokuristen ausgestalten. Ist die Beschränkung aber im Einzelfall als **Bedingung** der Prokuraerteilung auszulegen, ist die Vollmacht insgesamt nichtig, weil die Erteilung als rechtsgestaltendes einseitiges Rechtsgeschäft bedingungsfeindlich ist.

300 **d)** Im Außenverhältnis wirksam ist aber die Bindung der Prokura an die Mitwirkung eines gesetzlichen Vertreters (sogenannte **unechte oder gemischte Gesamtprokura**)[398]. Das sieht § 125 Abs. 3 für die oHG vor. Danach kann der Gesellschaftsvertrag bestimmen, dass der Gesellschafter die Gesellschaft nur zusammen mit einem Prokuristen vertreten kann. Hier ist die Vertretungsmacht des Gesellschafters beschränkt. Gleiches regelt § 78 Abs. 3 AktG für den Vorstand der AG. Für den Prokuristen kann sich die Vertragspflicht zur Überwachung des anderen Vertreters ergeben[399]. Zulässig ist aber auch eine Prokuraerteilung in der Weise, dass die Vertretungsmacht des gesetzlichen Vertreters unbeschränkt und nur die des Prokuristen an die Mitwirkung des gesetzlichen Vertreters gebunden ist[400]. Bei der **halbseitigen Gesamtprokura** kann der eine allein vertreten, der andere nur zusammen mit dem ersten[401]. Unberührt bleibt die Möglichkeit, dem Gesamtprokuristen für bestimmte Handlungen Einzelvollmacht zu erteilen, z.B. die Kündigung eines Arbeitsvertrags zu erklären[402].

301 **e)** In all diesen Fällen ist der Gesamtprokurist in Anlehnung an § 125 Abs. 2 Satz 3 zur **Entgegennahme von Willenserklärungen** für den Kaufmann alleine befugt[403].

302 **f)** Der Umstand, dass die Prokura nur Gesamtprokura ist, bedarf der Anmeldung zum **Handelsregister** (§ 53 Abs. 1 Satz 2).

3. Gesetzlicher Umfang

303 **a)** Unbeschränkbarkeit der Vertretungsmacht heißt nicht, dass der Prokurist zu Rechtshandlungen jeder Art befähigt wäre. § 49 setzt durchaus Grenzen, nur können diese Grenzen durch Willenserklärung des Vollmachtgebers (Kaufmann) nicht noch weiter zurückgesetzt werden. Die Ermächtigung erstreckt sich auf alle Geschäfte und Rechtshandlungen, die der **Betrieb eines Handelsgewerbes** mit sich bringt. Ausgenommen

---

396 BayObLG, NJW 1998, 1161; a.A. *Bärwaldt/U.Hadding*, NJW 1998, 1103.
397 OLG Frankfurt, NJW-RR 2001, 178.
398 BGHZ 99, 67; BayObLG, NJW 1973, 2068 und BB 1994, 1879; OLG Frankfurt, DB 2005, 1103; LG Düsseldorf, GmbHR 1987, 22; *Köhl*, NZG 2005, 197; *Beuthien/Müller*, DB 95, 461; skeptisch *Krebs*, ZHR 159 – 1995 –, 635 (645 ff.).
399 BAG, NZA 1998, 1051 mit Rezension *Sandmann*, NZA 1999, 457.
400 Baumbach/*Hopt*, § 48 HGB Rn. 6.
401 OLG Stuttgart, BB 1998, 2546.
402 So für Personalleiter, der Gesamtprokurist ist: BAG, NJW 2014, 3595
403 *Canaris*, § 12 Rn. 23.

sind mithin die Privatangelegenheiten des Kaufmanns, wobei gem. § 344 Abs. 1 die Vermutung für die Betriebszugehörigkeit streitet (unten Rn. 349). Ansonsten kommt es nicht darauf an, ob das Geschäft gerade im Betrieb des prokuraerteilenden Kaufmanns aufzutreten pflegt, sondern nur darauf, ob es der Betrieb irgendeines Handelsgewerbes, gleicher welcher Art, mit sich bringt[404]. Die Vertretungsmacht des Prokuristen ist demgemäß, anders als die Handlungsvollmacht nach § 54 Abs. 1 (nachf. Rn. 330) branchenübergreifend. Erfasste Geschäfte sind etwa: Vertragsabschlüsse, Kontoeröffnungen, Wechsel- und Scheckzeichnungen, Kreditaufnahmen, die Erhebung von Klagen oder die Verteidigung dagegen, die Kündigung von Arbeitsverträgen[405], Arbeitszeugnisse[406].

b) Im Gegensatz dazu stehen die sog. **Grundlagengeschäfte**, das sind solche, die nicht aus der laufenden Geschäftstätigkeit entstehen, sondern auf den Bestand des Handelsgeschäfts gerichtet sind wie die Änderung der Firma, die Aufnahme von Gesellschaftern, die Umwandlung (o. Rn. 213), die Einbringung des Handelsgeschäfts in ein anderes Unternehmen, die Veräußerung des Handelsgeschäfts, dessen Liquidation oder die Insolvenzanmeldung, Verträge über Unternehmensverbindungen i.S.v. § 15 AktG[407], die Unterzeichnung der Bilanz (§ 245, o. Rn. 273), die Erteilung der Prokura an einen anderen[408] (keine Unterprokura, § 48 Abs. 1, wohl aber Erteilung von Handlungsvollmacht gem. § 54). Die Grundlagengeschäfte sind dem Kaufmann selbst vorbehalten. Allerdings kann er besondere Vollmacht gem. § 164 Abs. 1 BGB auch zur Vornahme von Grundlagengeschäften erteilen (wenn das Gesetz nicht seine eigene Tätigkeit vorschreibt, wie in den beiden letztgenannten Fällen), nur ist eine solche Vollmacht keine Prokura und nicht durch § 49 geregelt. Handelsregisteranmeldungen kann der Prokurist vornehmen, wenn es sich um eine Eintragung handelt, deren Grund im Betrieb des Handelsgewerbes liegt, z.B. die Ausübung von Beteiligungsrechten an anderen Unternehmen[409] oder die Änderung der Geschäftsanschrift[410]. Handelsregisteranmeldungen, die Grundlagengeschäfte betreffen, bedürfen besonders erteilter Vollmacht in der Form von § 12 Abs.2 Satz 1 (Rn. 38). **304**

c) Eine Art von Geschäften, die an sich von § 49 Abs. 1 erfasst wären, nimmt § 49 Abs. 2 allerdings aus, nämlich die Veräußerung und Belastung von **Grundstücken** (nicht aber der Erwerb von Grundstücken und damit zusammenhängend die Bestellung einer Restkaufgeldhypothek[411]). Aber auch hier steht es dem Kaufmann frei, dem Prokuristen zusätzliche Sondervollmacht zu erteilen. Er kann auch den Weg gehen, den Umfang der Prokura auch auf die Grundstücksgeschäfte zu erweitern, also die Befugnis dazu besonders zu erteilen (§ 49 Abs. 2). Auch diese Erweiterung muss gem. § 48 Abs. 1 ausdrücklich erklärt und im **Handelsregister** eingetragen werden, sie ist nicht lediglich eine eintragungsfähige, sondern eine eintragungspflichtige Tatsache **305**

404 MünchKomm/*Krebs*, § 49 Rn. 15.
405 BAG, NZA 1992, 449.
406 Vgl. BAG, DB 2001, 2450.
407 *C. Schmitz*, Das Grundlagengeschäft in der Personengesellschaft, 1999, S. 78.
408 Hierzu OLG Frankfurt, NJW-RR 2005, 982.
409 BGH, NJW 1992, 975 und *Joost*, ZIP 1992, 463.
410 KG, ZIP 2014, 2701, a.A. jedoch OLG Karlsruhe, ZIP 2014, 2181.
411 *Canaris*, § 12 Rn. 17.

(o. Rn. 124); die Rechtswirkungen von § 15 Abs. 1 können bei einem auf diese Erweiterung beschränkten Widerruf eingreifen (o. Rn. 132)[412], diejenigen von § 15 Abs. 3, wenn bei vollständigem Widerruf der Prokura nur der Widerruf der Erweiterung eingetragen wurde (o. Rn. 152).

306 **d)** Eine Beschränkung des Umfangs der Prokura ist auch insoweit mit Außenwirkung gem. § 50 Abs. 3 möglich, als sich die Vertretungsmacht lediglich auf eine **Niederlassung** des Kaufmanns bezieht[413], aber auch nur in dem Fall, dass sie eine andere Firma als die Haupt- oder eine andere Niederlassung führt (Florian Meier Import, Niederlassung Koblenz, § 50 Abs. 3 Satz 2).

4. Übertragung und Erlöschen

307 **a)** Die Bevollmächtigung in der Form der Prokura kann gem. § 48 Abs. 1 nur von einem Kaufmann begründet werden. Da der Prokurist selbst nicht Kaufmann ist, kann er die Prokura **nicht** auf einen anderen **übertragen** (§ 52 Abs. 2) und nicht Unterprokura erteilen (vorst. Rn. 304). Unberührt bleibt die Bevollmächtigung des einen Gesamtprokuristen durch den anderen (vorst. Rn. 298).

308 **b)** Der Kaufmann kann die Außenwirkung der Prokura jederzeit beenden, nämlich gem. § 52 Abs. 1 **widerrufen**. Das Innenverhältnis zwischen ihm und dem Prokuristen bleibt dadurch unberührt[414], insbesondere der Vergütungsanspruch aus einem etwa zugrunde liegenden Arbeitsverhältnis[415], auch kann ein arbeitsvertraglicher Anspruch auf Bestellung zum Prokuristen bestehen, sodass die Prokura nach Widerruf erneut zu erteilen ist. Allerdings wird in vielen Fällen der Widerruf der Prokura mit dem wichtigen Grund zur fristlosen Kündigung des Arbeitsverhältnisses einhergehen. Dagegen bedarf der Widerruf der Prokura keiner Begründung. Darin liegt ein Ausgleich der Unbeschränkbarkeit. In der oHG kann der einzelne Gesellschafter widerrufen, wie § 116 Abs. 3 Satz 2 bestimmt, während die Bestellung allen geschäftsführenden Gesellschaftern obliegt (vorst. Rn. 294).

309 **c)** Der Umfang der Prokura kann, wie aus § 50 Abs. 2 folgt, nicht wirksam befristet oder bedingt werden. Auch die Erteilung der Prokura selbst ist bedingungs- und befristungsfeindlich. Sie besteht also trotz Fristablauf oder Bedingungseintritt oder -ausfall fort. Deshalb endet sie entgegen § 168 Satz 1 BGB auch nicht mit dem Ende des zugrunde liegenden Arbeitsvertrags oder Auftrags; der Kaufmann müsste also neben der Kündigung des Arbeitsverhältnisses den Widerruf nach § 52 Abs. 1 erklären.

310 **d)** Die Prokura endet dagegen, wenn die Voraussetzungen für ihre Erteilung nachträglich wegfallen, nämlich

311 ▪ wenn der die Prokura erteilende Kaufmann seine **Kaufmannseigenschaft verliert**[416], also den Betrieb des Handelsgewerbes einstellt oder von der Löschungs-

---

412 Vgl. BayObLG, BB 1971, 844, 845.
413 BGH, WM 1988, 821 mit Komm. *Bokelmann*, EWiR § 50 HGB 1/88, 597.
414 OLG Düsseldorf, NJW-RR 1999, 107.
415 BAG, NJW 1987, 862.
416 OLG Oldenburg, NJW-RR 1996, 1180.

option nach § 2 Satz 3 Gebrauch macht (dagegen bleibt sie bei Tod des Kaufmanns bestehen, § 52 Abs. 3, wirkt also postmortal für und gegen die Erben, die natürlich ihrerseits widerrufen können; die Prokura bleibt auch bei Auflösung einer Personengesellschaft – § 131 – bestehen[417] : die Auflösung führt nicht zum Erlöschen, sondern zur Liquidation nach § 145),

- wenn er sein Handelsgeschäft veräußert **und** der Erwerber den Prokuristen nicht übernimmt. Beruht die Prokura allerdings auf einem Arbeitsverhältnis, bleibt sie aufgrund von § 613a BGB bestehen (aber widerruflich gem. § 52 Abs. 1), **312**
- Gleiches gilt bei übertragender **Umwandlung** oder Verschmelzung[418], **313**
- wenn das **Insolvenzverfahren** über das Vermögen des Kaufmanns eröffnet wird (§ 117 InsO), trotz § 113 InsO auch dann, wenn ein Arbeitsverhältnis zugrunde lag[419] (bei einem nicht arbeitsrechtlichen Auftrag endet die Prokura ohnehin gem. § 115 InsO), **314**
- wenn der Prokurist (nicht der Kaufmann) **stirbt** (§§ 675 Abs. 1, 662, 673, 168 BGB) und **315**
- wenn er selbst **Inhaber** oder Mitinhaber (z.B. Gesellschafter) des Handelsgewerbes wird (z.B. als Miterbe)[420] oder Geschäftsführer einer GmbH[421]. **316**

e) In allen Fällen braucht die Beendigung der Prokura dem Geschäftsverkehr nicht erkennbar zu sein. Dieser ist durch § 15 geschützt: Das **Erlöschen** der Prokura ist gem. § 53 Abs. 3 eine **eintragungspflichtige Tatsache**[422] (o. Rn. 124, 132). **317**

5. Zeichnung

Die Unterschrift des Prokuristen soll bei schriftlicher Erklärung gem. § 51 einen Zusatz enthalten, durch den das Vertreterhandeln deutlich wird. Eingebürgert hat sich die Abkürzung „ppa." (per procura). Fehlt der Zusatz, wirkt die Erklärung trotzdem für und gegen den Kaufmann. Allerdings kann daraus eine Selbstverpflichtung des Prokuristen nach § 164 Abs. 2 BGB folgen. **318**

B. Handlungsvollmacht

I. Unterschiede zur Prokura

Ein Kaufmann ist nicht gezwungen, sich auf die weitgehend unbeschränkbare Prokura einzulassen. Er kann für die auf sein Unternehmen bezogenen Geschäfte auch eine beschränkbare Vollmacht nach § 164 Abs. 1 BGB erteilen, die das Gesetz Handlungsvollmacht nennt und für die gem. § 54 besondere Zurechnungsbestimmungen gelten. **319**

417 OLG München, ZIP 2011, 2059.
418 MünchKomm/*Krebs*, § 52 Rn. 31.
419 BGH, WM 1958, 431, skeptisch *Schmidt*, BB 1989, 229; LG Halle, NZG 2005, 442 mit Komm. *Vogel/Beutler*, EWiR § 117 InsO 1/05, 543.
420 BGHZ 30, 391 (396 f.).
421 LG Bremen, NJW-RR 1998, 1332.
422 OLG Düsseldorf, NJW-RR 1994, 1056.

Die Sondervorschriften über die Prokura sind insgesamt nicht anwendbar, vielmehr gelten die allgemeinen Bestimmungen der §§ 164 ff. BGB. Die Besonderheit der Handlungsvollmacht gegenüber der gewöhnlichen Vollmacht liegt in gesetzlichen, aber widerlegbaren Vermutungen (nachf. Rn. 321). Das bedeutet im einzelnen:

320 Handlungsvollmacht kann jeder Kaufmann erteilen, aber auch ein Prokurist oder ein Handlungsbevollmächtigter selbst, sofern er gerade dazu ermächtigt ist, seine Erteilungsbefugnis also vom Kaufmann ableitet. Mit Zustimmung des Kaufmanns kann er seine Handlungsvollmacht auf einen anderen übertragen (§ 58), sodass er selbst nicht mehr vertretungsbefugt ist, und er kann für einzelne Geschäfte Untervollmacht erteilen[423]. Die Erteilung kann entgegen § 48 Abs. 1 auch konkludent erklärt werden[424]. Die Erteilung der Handlungsvollmacht ist weder eintragungspflichtige noch eintragungsfähige Tatsache, kann also nicht ins Handelsregister eingetragen werden. Nach allgemeinen Grundsätzen[425] kann Gesamtvollmacht erteilt werden.

II. Umfang

1. Freie Beschränkbarkeit

321 **a)** Der Umfang der Handlungsvollmacht kann von dem Kaufmann oder Prokuristen frei beschränkt werden, wie aus § 54 Abs. 3 folgt. Besteht aber Streit mit dem Geschäftspartner, ob der Handlungsbevollmächtigte innerhalb der Vollmacht handelte und den Kaufmann verpflichtete oder aber ob er aufgrund Vollmachtsüberschreitung falsus procurator war, gilt eine **Vermutung** zugunsten des Geschäftspartners. Es ist nämlich von einem Umfang der Handlungsvollmacht auszugehen, wie er in § 54 Abs. 1 umschrieben ist. Eine davon abweichende Beschränkung braucht der Geschäftspartner gem. Abs. 3 nur dann gegen sich gelten zu lassen, wenn er diese positiv kannte oder fahrlässigerweise nicht kannte, wofür der Kaufmann die Beweislast trägt. Der Geschäftspartner darf sich auf den Rechtsschein des Vollmachtsumfangs verlassen[426]. Er hat die Wahl, sich auch auf den wirklich erteilten Umfang der Vollmacht zu berufen[427]. Die Vermutung ist widerleglich, aber den Beweis des Gegenteils (§ 292 ZPO) kann der Kaufmann nur mit Kennen oder Kennenmüssen des Geschäftspartners führen. Keine Vermutung streitet aber für das Bestehen der Vollmacht überhaupt. Der danach vermutete oder auch der wirklichen Bevollmächtigung entsprechende Umfang der Handlungsvollmacht ist unterschiedlich.

322 **b)** Sofern der Umfang der Vollmacht abweichend von ihrer wirklichen Erteilung vermutet wird, kann Divergenz zwischen rechtlichem Können des Handlungsbevollmächtigten und seinem rechtlichen Dürfen entstehen (vorst. Rn. 291). Freilich kommt

---

423 Differenzierend aber MünchKomm/*Krebs,* § 58 Rn. 4.

424 BGH, NJW 2014, 2790 Rn. 10, z.B. Arthandlungsvollmacht (Rn. 331) durch Ernennung zum Vertriebsleiter.

425 *Larenz/Wolf,* § 47 Rn. 54.

426 *Canaris,* § 15 Rn. 11; a.A. MünchKomm/*Lieb/Krebs,* § 54 Rn. 4: dispositiver gesetzlicher Vollmachtsumfang.

427 Staub/*Joost,* § 54 Rn. 77 und 78.

anders als bei der unbeschränkbaren Prokura bei interner Weisung des Kaufmanns ein davon abweichender weiterer Umfang der Handlungsvollmacht im Allgemeinen nicht in Betracht: Die interne Weisung ist nichts anderes als die Bestimmung des Umfangs der Handlungsvollmacht. Es kommt nicht zur Anwendung der Grundsätze über den Vollmachtsmissbrauch, weil im Falle der Arglist und sogar bei einfacher Fahrlässigkeit bereits § 54 Abs. 3 eingreift[428], der Geschäftspartner die wirkliche Beschränkung also gegen sich gelten lassen muss und die Vermutung nicht gilt. Ein Missbrauch ist nur dann denkbar, wenn der Kaufmann Vollmacht erteilte, aber trotzdem Weisung gab, von der Vollmacht nicht oder nicht in vollem Umfang Gebrauch zu machen.

2. Erteilungsarten

Aus § 54 ergeben sich vier Abstufungen, in denen der Umfang der Vertretungsmacht begrenzt werden kann. Die Handlungsvollmacht kann erteilt werden **323**

(1) zum Betrieb eines Handelsgewerbes mit Erweiterung auf bestimmte darüber hinausgehende Geschäfte (§ 54 Abs. 2, nachf. Rn. 332), **324**

(2) zum Betrieb eines Handelsgewerbes ohne Erweiterung auf darüber hinausgehende Geschäfte (Generalhandlungsvollmacht[429]), **325**

(3) für eine bestimmte Art von Geschäften, die zu einem Handelsgewerbe gehören (Arthandlungsvollmacht) oder **326**

(4) für einzelne Geschäfte, die zu einem Handelsgewerbe gehören (Spezialhandlungsvollmacht). **327**

328 Ob die Handlungsvollmacht in der einen oder der anderen Art und ob überhaupt Vollmacht erteilt ist, wird **nicht** vermutet, sodass der Geschäftspartner insoweit auf sein Risiko handelt, also im Streitfall die für ihn günstige Art der Erteilung zu beweisen hat. Kann er das, greift für die Alternativen 2, 3 und 4 die gesetzliche Vermutung aus § 54 Abs. 1 ein: Die Vollmacht erstreckt sich auf alle Geschäfte und Rechtshandlungen, die der Betrieb des Handelsgewerbes (2. Alternative) oder die vorzunehmenden Geschäfte (3. und 4. Alternative) gewöhnlich mit sich bringen. Der Kaufmann kann sich dagegen nur dann erfolgreich verteidigen, wenn er beweist, dass (1.) die wirklich erteilte Vollmacht das Geschäft nicht erfasste und (2.) der Geschäftspartner dies wusste oder wissen musste, also redlich war, wie Abs. 3 bestimmt[430].

329 Für die erste Alternative stellt das Gesetz keine Vermutung auf. Vielmehr trägt derjenige für die über § 54 Abs. 2 hinausgehende erweiterte Vollmacht die Beweislast, der sich darauf beruft; das kann der Geschäftspartner oder der Kaufmann sein.

3. Befugnisse im Einzelnen

330 Wer danach zum Betrieb eines Handelsgewerbes bevollmächtigt ist (Generalhandlungsvollmacht, ggf. mit Erweiterung nach § 54 Abs. 2), hat eine **ähnliche Vertretungsmacht** wie ein **Prokurist**, jedoch mit der Einschränkung, dass es sich um Ge-

---

428 Abw. *Canaris*, § 13 Rn. 28 und Staub/*Joost*, § 54 Rn. 80.
429 BGH, NJW 2009, 293 Tz. 8; KG, NJW-RR 1992, 34.
430 BGH, WM 2003, 749 zu III. 3.

schäfte handeln muss, die gewöhnlich gerade in einem **derartigen** Handelsgeschäft auftreten, nicht auch um solche, die irgendein Handelsgewerbe mit sich bringt (s. o. Rn. 303). Die Vermutung ergreift also nur branchenübliche Geschäfte[431]. Wer z.B. Handlungsbevollmächtigter in einer Druckerei ist, darf keine Speditionsgeschäfte vornehmen, wohl aber alle Geschäfte, die in vergleichbaren Druckereien auftreten (wohl auch: Abschluss eines Vergleichs[432]). Die Vermutung wird demgemäß nicht dadurch widerleglich, dass ein vom Handlungsbevollmächtigten getätigtes Geschäft eine Größenordnung hat, die gerade beim Kaufmann (wohl aber bei einem vergleichbaren Unternehmen) nicht gewöhnlich ist. Räumt der Handlungsbevollmächtigte beispielsweise zwar branchenübliche, aber bei dem erteilenden Kaufmann außergewöhnliche Zahlungsziele ein, ist die Handlung durch § 54 Abs. 1 gedeckt.

331 Ist der Vertreter nur zu **bestimmten Arten von Geschäften** bevollmächtigt (Arthandlungsvollmacht), hat er Vertretungsmacht, alle damit gewöhnlich in Zusammenhang stehenden Geschäfte vorzunehmen. Wer z.B. zum Abschluss von Kaufverträgen (nicht aber sonstigen Verträgen) ermächtigt ist, darf übereignen und Eigentumsvorbehalte vereinbaren oder Gewährleistungsansprüche geltend machen oder mahnen. Wer nur zu einem einzigen Kaufvertrag ermächtigt ist (Spezialhandlungsvollmacht), darf hinsichtlich dieses Vertrages das Gleiche tun, wenn es branchenüblich ist. Aber all das gilt nur im Rahmen von § 54 Abs. 1. Der Vollmachtgeber kann also gem. § 54 Abs. 3 bestimmen, dass der Handlungsbevollmächtigte weder zur Vereinbarung des Eigentumsvorbehalts, noch zu Rücktritt oder Minderung sowie Mahnung ermächtigt sein soll, und das wirkt auch gegenüber dem Geschäftspartner, wenn dieser die Beschränkung kannte oder kennen musste (vorst. Rn. 328, 321).

4. Gefährliche Geschäfte, Grundlagengeschäfte

332 Für die in § 54 Abs. 2 aufgeführten, für den Kaufmann gefährlichen Geschäfte schränkt das Gesetz den Umfang der Handlungsvollmacht ein; insoweit gilt die Vermutung von § 54 Abs. 1 nicht. Es sind dies nicht nur wie beim Prokuristen (§ 49 Abs. 2, s. o. Rn. 305) bestimmte **Grundstücksgeschäfte**, sondern auch die Eingehung von **Wechselverbindlichkeiten** (Artt. 8, 18 WG) – wohl auch Scheckverbindlichkeiten –, die **Darlehensaufnahme**, die **Prozessführung**. Wohl aber darf der Handlungsbevollmächtigte gem. § 54 Abs. 1 Grundstücke erwerben (und dann auch eine Restkaufpreishypothek bestellen, o. Rn. 305), auch Bürgschaften für den Kaufmann eingehen oder Garantieverträge abschließen. Die Beschränkung der Vollmacht gilt nicht nur für die dort genannten **Erfüllungsgeschäfte**, sondern auch für die dazugehörigen **Verpflichtungsgeschäfte**. Dem Kaufmann steht es frei, die Vollmacht für alle in § 54 Abs. 2 aufgezählten Geschäfte besonders zu erteilen. Das kann auch konkludent erklärt werden (vorst. Rn. 327).

---

431 MünchKomm/*Krebs*, § 54 HGB Rn. 28.

432 Vgl. BGH, WM 2003, 747 zu 1. b. mit Bspr. *Schmidt*, JuS 2003, 95; entgegen OLG Karlsruhe, WM 2000, 414 (420).

Ebensowenig wie der Prokurist ist der Handlungsbevollmächtigte zu Grundlagengeschäften (Rn. 304) befugt[433]. **332a**

5. Zeichnung

Gem. § 57 soll der Handlungsbevollmächtigte seiner Unterschrift einen kennzeichnenden **Zusatz** beifügen, der nicht mit dem Prokurazusatz verwechslungsfähig ist. Gebräuchlich ist der Zusatz „i.V."[434]. **333**

III. Abschlussvertreter

1. Anwendung und Modifizierung von § 55

Die Handlungsvollmacht ist von einem ihrer Erteilung zugrunde liegenden Rechtsverhältnis getrennt und abstrakt (§ 168 Satz 1 BGB, Rn. 289). Dieses Rechtsverhältnis kann ein Arbeitsverhältnis sein (vgl. Rn. 340), aber der Bevollmächtigte kann auch als selbständiger Handelsvertreter (§ 84) im Dienst eines Unternehmers (§ 611, 675 Abs. 1 BGB) stehen. Wie § 55 Abs. 1 bestimmt, ist auf die dem Handelsvertreter erteilte Vollmacht § 54 Abs. 1 anwendbar, sie kann also General-, Art- oder Spezialhandlungsvollmacht sein (Rn. 323-327). Wenn Handelsvertreter Vollmacht zum Vertragsabschluss haben, dürfen sie die abgeschlossenen Verträge nicht nachträglich ändern, insbesondere nicht Stundung gewähren (§ 55 Abs. 2), im Zweifel auch nicht Forderungen einziehen (§ 55 Abs. 3), wohl aber Gewährleistungsansprüche für den Unternehmer geltend machen und sichern, s. §§ 204 Abs. 1 Nr. 7 BGB, 405 ff. ZPO, 55 Abs. 4. Ist der Unternehmer nicht Kaufmann, gilt für den Handelsvertreter die Regelung von § 55 gleichwohl, wie § 91 Abs. 1 bestimmt. Gleiches folgt für einen Handlungsgehilfen, also einen Angestellten, der Abschlussvollmacht hat, aus § 75g (Rn. 344). **334**

2. Vermittlungsvertreter (§ 91a)

Gebräuchlich ist auch die Vermittlungsvertretung, bei der sich der Unternehmer den Vertragsabschluss selbst vorbehält, den der Vertreter vermittelt hatte. Vermittlung ist mehr als der bloße Nachweis eines Interessenten (zum Makler Rn. 588), vielmehr ist es Aufgabe des Handelsvertreters, den Abschluss durch Einwirkung auf den Dritten zu fördern. § 55 ist mangels Abschlussvollmacht nicht anwendbar[435]. Es kann aber vorkommen, dass der Vermittlungsvertreter trotzdem den Vertrag nicht nur vermittelt, sondern im Namen des Unternehmers abschließt. Er ist *falsus procurator* gem. § 177 BGB. Der Dritte als potentielle Vertragspartei mag nicht erkannt haben, dass der Vertreter nur vermitteln, aber nicht abschließen darf. Das darin liegende Risiko ist für den **334a**

---

433 Möglich ist aber eine besonders erteilte Vollmacht (hierzu § 12 Abs. 2 Satz 1), z.B. zur Handelsregisteranmeldung, OLG Frankfurt, ZIP 2014, 1392; KG, ZIP 2014, 270; OLG Karlsruhe, ZIP 2013, 2058.

434 Weitere Formen MünchKomm/*Krebs*, § 57 Rn. 4.

435 Baumbach/*Hopt*, § 55 HGB Rn. 4.

Dritten gem. § 91a Abs. 1 gemindert: Dem Dritten obliegt es nämlich nicht, den Unternehmer nach Maßgabe von § 177 Abs. 2 BGB zur Genehmigung aufzufordern. Vielmehr gilt die Genehmigung des Unternehmers als erteilt, wenn ihm der Abschluss des Geschäfts und sein wesentlicher Inhalt vom Handelsvertreter oder vom Dritten mitgeteilt wurden und er das Geschäft nicht unverzüglich (§ 121 BGB) gegenüber dem Dritten ablehnt (Die Ablehnung gegenüber dem Handelsvertreter genügt also nicht). Das **Schweigen** des Unternehmers gewinnt demgemäß **positive Bedeutung**, nämlich diejenige der Genehmigung (s. auch Rn. 364), auch dann, wenn der Unternehmer gar keinen Genehmigungswillen hatte. § 91a **fingiert** also die Genehmigung. Der Vertrag kommt durch das Schweigen mit rückwirkender Kraft zustande (§ 184 Abs. 1 BGB). Freilich greift die Genehmigungsfiktion nur ein, wenn dem Dritten nicht bekannt war, dass der Handelsvertreter keine Vollmacht hatte, den Vertrag mit ihm abzuschließen; fahrlässige Unkenntnis beseitigt die Schutzwürdigkeit dagegen nicht[436].

334b Ebenso wenig wie der Dritte erkennen mag, ob der Handelsvertreter nur Vermittlungsvertreter oder aber Abschlussvertreter ist, kann ihm unklar sein, wie weit die Vertretungsmacht des Handelsvertreters reicht. Wer beispielweise als Handelsvertreter Arthandlungsvollmacht hat (Rn. 326) und Verträge mit Privatpersonen, nicht aber mir gewerblichen Abnehmern abschließen darf, überschreitet seine Vertretungsmacht, wenn er dies dennoch tut. Er ist *falsus procurator* und das Schicksal des Geschäfts von der Genehmigung des Unternehmers abhängig. Gem. **§ 91a Abs. 2** wirkt aber auch insoweit die Genehmigungsfiktion.

C. Ladenbedienstete (§ 56)

I. Gesetzliche Ermächtigung

335 Gem. § 56 gilt als ermächtigt zu Verkäufen und Empfangnahmen, wer in einem Laden oder in einem offenen Warenlager angestellt ist. Das Gesetz stellt zwei Vermutungen auf, nämlich dass Handlungsvollmacht überhaupt erteilt ist und welchen Umfang sie hat. Diese Vermutungen kann der Kaufmann nur nach Maßgabe von § 54 Abs. 3 widerlegen. Beschäftigt der Kaufmann also jemanden in seinem Laden, so wirken dessen Erklärungen im Rahmen von § 56 für und gegen den Kaufmann (§ 164 BGB), selbst wenn Handlungsvollmacht überhaupt nicht durch Rechtsgeschäft erteilt worden war. Insoweit geht die Vermutung weiter als diejenige von § 54 Abs. 1 (Rn. 321 a.E., 328). Die Vermutungen können abbedungen werden, auch durch AGB (§ 307 Abs. 2 Nr. 1 BGB)[437], z.B. durch ein Schild: „Zahlung nur an der Kasse“, oder konkludent bei Selbstbedienungsläden durch Kasse am Ausgang[438].

---

436 *Kindl*, Rechtsscheintatbestände und ihre rückwirkende Beseitigung, 1999, S. 234.
437 LG Nürnberg-Fürth, VuR 1995, 271 zu II.2.; Koller/*Roth*, § 56 HGB Rn. 11.
438 LG Hamburg, ZIP 1981, 756

Voraussetzung der Vermutung ist die Anstellung des Ladenbediensteten. Hierfür kommt es nur darauf an, dass der Bedienstete mit Wissen und Wollen des Kaufmanns im Laden tätig wird, ihm also die Verkäuferfunktion zugewiesen ist[439] (nicht: Packer, Reinigungspersonal)[440], sei es aufgrund eines Arbeitsvertrags, Gefälligkeit oder auch eines in Wahrheit nichtigen, z.B. angefochtenen (§ 142 BGB) Vertrags. **336**

Die gesetzliche Vermutung der Handlungsvollmacht beschränkt sich auf Verkäufe, also den Abschluss von Kaufverträgen gem. §§ 433 ff. BGB, 373 ff. im Laden oder Warenlager (nicht anderswo!, aber streitig[441]) und auf Empfangnahmen, also Kaufpreiszahlungen und auch Warenlieferungen, soweit sie gewöhnlicherweise geschehen (z.B. Rabattgewährung)[442]. Grundkonstellation ist die gleichzeitige Anwesenheit von Ladenpersonal und Kunden, sodass telefonische Vertragsabschlüsse erfasst sind (vgl. § 147 Satz 2 BGB), aber wohl nicht solche mittels Brief, e-mail oder Fax. Dagegen hat der Ladenbedienstete nicht Vollmacht für Ankäufe[443]. So wird der Geschäftspartner geschützt: Über den Bediensteten abgeschlossene Kaufverträge sind mit Wirkung gegen den Kaufmann verbindlich, Zahlung kann er mit befreiender Wirkung leisten. Sofern der Bedienstete vom Kaufmann in Wahrheit nicht rechtsgeschäftlich bevollmächtigt war, begründet § 56 eine Scheinvollmacht kraft Einräumung einer Stellung[444]. Der Kaufmann kann die ihm zugerechnete Vertragserklärung nicht wegen Irrtums über die Vertretungswirkung anfechten (vgl. auch Rn. 362, 375). **337**

II. Zurechnung nach allgemeinen Grundsätzen

a) Außerhalb von § 56 ist auch im Handelsrecht nach allgemeinen Grundsätzen die Verpflichtung des Kaufmanns aufgrund Duldungsvollmacht[445] oder Anscheinsvollmacht[446] möglich, im Rahmen von § 56 die Anwendung der Grundsätze über den Vollmachtsmissbrauch (o. Rn. 291 sowie Rn. 322). **338**

b) Auf der anderen Seite ist die Vorschrift als Ausdruck allgemeinen Rechtsgedankens auch auf nichtkaufmännische Ladenbetreiber anwendbar[447]. **339**

---

439 RGZ 108, 48; BGH, NJW 1975. 2191.
440 Baumbach/*Hopt,* § 56 HGB Rn. 3.
441 MünchKomm/*Krebs*, § 57 HGB RN. 18-20 m.w.N.
442 OLG Karlsruhe, MDR 1980, 849.
443 BGH, NJW 1988, 2109.
444 *Canaris*, Vertrauenshaftung, S. 130; *ders.*, § 16 Rn. 5; *Kindler*, Rechtsscheintatbestände und ihre rückwirkende Beseitigung, 1999, S. 221.
445 MünchKomm/*Krebs,* § 48 HGB Rn. 46.
446 MünchKomm/,*Krebs,* § 48 HGB Rn. 52.
447 BT-Drucks. 13/8444, S. 30.

D. Handlungsgehilfen und Handlungslehrlinge

I. Innen- und Außenwirkung

340 Während die Vertretungsvorschriften das Außenverhältnis zwischen Kaufmann bzw. seinem Prokuristen oder Handlungsbevollmächtigten und den Geschäftspartnern regeln, bestimmen die §§ 59 ff. das Innenverhältnis zwischen dem Kaufmann und seinem Personal[448]. Dieses ist ein besonders ausgestaltetes Dienstverhältnis im Sinne von § 611 BGB in der Form eines Arbeitsverhältnisses: Die §§ 59 ff. gehören zum **Arbeitsrecht**[449]. Folgerichtig spricht das Gesetz auch nicht mehr vom Kaufmann, sondern vom Prinzipal, nach heutiger Terminologie dem Arbeitgeber. Der Handlungsgehilfe entspricht dem kaufmännischen Angestellten. Die Handlungslehrlinge (Auszubildende) betreffenden Vorschriften sind jetzt im Berufsbildungsgesetz enthalten (früher §§ 76 ff.). Außenwirkung, also Wirkung für den Handelsverkehr, haben nur die §§ 61, 75g und 75h.

II. Regelungen mit Außenwirkung

1. Wettbewerbsverbote

341 **a)** Der Handlungsgehilfe darf während seiner Anstellungszeit gem. § 60 ohne Einwilligung des Kaufmanns nicht selbst ein Handelsgewerbe betreiben[450] oder im Handelszweig des Kaufmanns Geschäfte auf eigene Faust machen[451]. Tut er das doch, kann der Kaufmann nicht nur aus wichtigem Grund kündigen (§ 626 BGB)[452] und gem. § 61 Abs. 1 Schadensersatz wegen Verletzung des Arbeitsvertrages, sondern stattdessen auch verlangen, dass der Handlungsgehilfe die von ihm gemachten Geschäfte als für Rechnung des Kaufmanns eingegangen gelten lasse und die Vergütung herausgebe (unberührt bleiben der Anspruch des Kaufmanns auf Unterlassung und das Kündigungsrecht). Der Kaufmann kann vom Handlungsgehilfen also verlangen, dass dieser ihn so stellt, als ob der Kaufmann das Geschäft selbst gemacht hätte[453]. Der Kaufmann tritt aber nicht etwa in den Vertrag zwischen dem Handlungsgehilfen und dem Geschäftspartner ein, sodass es sich nicht um ein Eintrittsrecht mit Außenwirkung gegenüber dem Geschäftspartner des Handlungsgehilfen handelt[454]. Vertragspartner bleibt der Handlungsgehilfe. Der Kaufmann hat demgemäß nur einen besonders ausgestalteten Schadensersatzanspruch ähnlich § 179 Abs. 1 BGB (vergleichbar auch §§ 88 Abs. 2 AktG, 113 im Gesellschaftsrecht). Der Kaufmann kann auch Abtretung der vom Handlungsgehilfen erworbenen Ansprüche gegen den Geschäftspartner verlangen.

---

448 § 75f über Sperrabreden regelt eine Innenbeziehung unter Arbeitgebern, BGH, NJW 2014, 3442 mit Anm. *Kainer*, LMK 2014, 363018 und Komm. *Pottgießer*, EWiR 2015, 47.

449 *Schmidt*, Festschrift Söllner 2000, S. 1047.

450 Dazu BAG, NZA 2007, 977; LAG Köln, NZA 1995, 994; ArbG Düsseldorf, NZA-RR 2001, 248.

451 Zur verfassungskonformen, einschränkenden Auslegung s. BAG, AP Nr. 4 zu § 60 HGB.

452 BAG, NJW 2009, 105.

453 Schlegelberger/*Schröder*, § 61 Rn. 6.

454 *Baumbach/Hopt*, § 61 HGB Rn. 3.

Die Ersatzansprüche des Kaufmanns gegen den Handlungsgehilfen verjähren in drei Monaten ab Kenntnis der Arbeitgebers (§ 61 Abs. 2)[455]. Die Vorschrift ist analog auf nichtkaufmännische Arbeitgeber anwendbar[456].

b) Auch **nach Beendigung des Arbeitsverhältnisses** kann der (ehemalige) Handlungsgehilfe einem Wettbewerbsverbot ausgesetzt sein, aber nur, wenn es gem. §§ 74 ff. vereinbart ist[457] und nicht einvernehmlich wieder aufgehoben wurde[458]. Ein Schadensersatzanspruch ist bei Verletzung des nachvertraglichen Wettbewerbsverbots nicht vorgesehen. Hauptregelungsgegenstand ist hier die Vergütung des Handlungsgehilfen während der Dauer des Wettbewerbsverbots (höchstens zwei Jahre, § 74a Abs. 3 Satz 3[459]), die sog. **Karenzentschädigung**[460]. Die Vorschrift ist auch auf wirtschaftlich abhängige freie Mitarbeiter (Subunternehmer) anwendbar[461], nicht jedoch auf Organe einer Gesellschaft, z.B. den Geschäftsführer einer GmbH[462]. 342

2. Vermittlungsvertreter

Ein Handlungsgehilfe kann Prokurist oder Handlungsbevollmächtigter sein, er kann aber auch damit betraut sein, Geschäfte nur zu vermitteln, also anzubahnen und vorzubereiten, nicht aber im Namen des Kaufmanns abzuschließen. Ist der Handlungsgehilfe lediglich mit der Vermittlung betraut, bestimmt § 75g, dass § 55 Abs. 4 anwendbar ist. Der mit der Vermittlung betraute Handlungsgehilfe gilt also mit Außenwirkung als ermächtigt, bestimmte Erklärungen entgegenzunehmen, nämlich: Mängelanzeigen und ähnliche Erklärungen des Geschäftspartners wegen mangelhafter Leistung. Mit der Erklärung an den Handlungsgehilfen ist die Erklärung dem Kaufmann selbst zugegangen (der Handlungsgehilfe gilt als Passivvertreter gem. § 164 Abs. 3 BGB[463]). Der Handlungsgehilfe kann für den Kaufmann außerdem, insoweit als Vertreter, Beweissicherung betreiben (im Einzelnen Rn. 334). 343

3. Abschlussvertreter

Ein Handlungsgehilfe kann zugleich Vermittlungsvertreter gem. § 75g, er kann aber auch Abschlussvertreter sein, also Vertretungsbefugnis zum Abschluss von Verträgen haben (§ 55 Abs. 1)[464]. Dem Geschäftspartner braucht das nicht offenkundig zu sein. Schließt nun ein Vermittlungsvertreter (nicht ein Abschlussvertreter) ein Geschäft im Namen des Kaufmanns ab, greifen die §§ 177 ff. BGB ein: Die Wirkung des Geschäfts 344

455 BAG, NJW 2001, 172 mit Komm. *Hoyningen-Huene*, EWiR § 61 HGB 1/01, 77.
456 BAG, NJW 2008, 392.
457 BAG, NJW 2009, 2395 Rn. 13; BAG, NJW 2005, 2732 mit Komm. *Wank*, EWiR § 74 HGB 1/05, 569; 1999, 295 mit Komm. *Bauer/Diller*, EWiR § 74 HGB 1/99, 1011.
458 BAG, NJW 2009, 1019 Rn. 20.
459 Hierzu BGH, NJW 2004, 66.
460 Instruktiv BAG, NJW 1996, 1364 und 1980 sowie 2006, 3227 und 3661 mit Anm. *Gravenhorst* S. 3609.
461 BGHZ 153, 223 = NJW 2003, 1864; OLG Düsseldorf, NJW-RR 2005, 119.
462 BGH, WM 2008, 1744 und 1226 mit Rez. *Menke*, NJW 2009, 636.
463 MünchKomm/*Krebs*, § 55 Rn. 27.
464 BGH, NJW 2007, 2106 Tz. 48.

für und gegen den Kaufmann hängt gem. § 177 Abs. 1 BGB von dessen Genehmigung ab. Die handelsrechtliche Besonderheit liegt darin, dass diese Genehmigung gem. § 75h Abs. 1 fingiert wird, wenn der Geschäftspartner gutgläubig war und der Kaufmann das Geschäft nicht unverzüglich[465] ablehnt, nachdem es ihm mitgeteilt wurde. Das Schweigen des Kaufmanns gilt entgegen § 177 Abs. 2 Satz 2 BGB also als Zustimmung. Die Genehmigung wird gem. § 75h Abs. 2 auch dann fingiert, wenn der Handlungsgehilfe zwar Handlungsvollmacht hatte, diese aber überschritt. Eine gleiche Regelung gilt gem. § 91a für den selbständigen Handelsvertreter (Rn. 334).

465 Hierzu BGH, WM 2006, 1107 Tz. 22.

2. Teil

Handelsgeschäfte

An die Kaufmannseigenschaft knüpfen sich nicht nur Normen des Firmenrechts, der Unternehmensveräußerung, des Buchführungsrechts und des Vertretungsrechts, sondern auch und nicht zuletzt Normen, die die täglichen Geschäftstätigkeiten des Kaufmanns regeln, also die einzelnen Handelsgeschäfte. Die Normen enthalten in §§ 343 bis 475h (4. Buch) auf dem BGB aufbauende, es teilweise ergänzende und erweiternde, teilweise ändernde Regelungen. Den Normen über einzelne Handelsgeschäfte, dem Besonderen Schuldrecht im BGB entsprechend, ist ein Allgemeiner Teil vorgeschaltet, der Allgemeinem Schuldrecht und dem Allgemeinen Teil des BGB entspricht, aber auch Sonderbestimmungen zum Sachenrecht und Wertpapierrecht enthält. **345**

1. Abschnitt

Allgemeiner Teil

Die allgemeinen Vorschriften (§§ 343 bis 372) gliedern sich in solche des Anwendungsbereichs, der Rechtsgeschäftslehre, des Allgemeinen Schuldrechts, des Sachenrechts und des Wertpapierrechts. **346**

A. Anwendungsbereich (§§ 343 bis 345)

I. Begriff des Handelsgeschäfts

§ 343 definiert den Begriff des Handelsgeschäfts. Gemeint sind Geschäftsabschlüsse und nicht das Unternehmen wie in § 25 (o. Rn. 36). Handelsgeschäft ist jedes Geschäft eines Kaufmanns, das zum Betrieb seines Handelsgewerbes, seiner unternehmerischen Tätigkeit (o. Rn. 24) gehört. Ist das der Fall, sind die Regelungen der §§ 346 ff. anwendbar. Der Begriff des Handelsgeschäfts bestimmt auch, ob es sich um Verbindlichkeiten handelt, die im Betriebe des Geschäfts (d.h. des Unternehmens) des früheren Inhabers im Sinne von §§ 25 bis 28 (o. Rn. 217 ff.) entstanden sind; dagegen kommt es für Gerichtsstandsvereinbarungen nach § 38 Abs. 1 ZPO, u. Rn. 691, nur auf die Kaufmannseigenschaft, nicht auf die Art des abgeschlossenen Geschäfts an. Soweit Kaufleute ausnahmsweise Verbraucherschutz genießen, nämlich als Existenzgründer, sind auch Handelsgeschäfte einbezogen, Rn. 520. Auf Handelsgeschäfte sind die Vorschriften über AGB nur teilweise anwendbar, ebenso wie auf nichtkaufmännische, wenngleich unternehmerische Geschäfte (§ 310 Abs. 1 BGB, u. Rn. 379), gleicherma- **347** ßen zur Form des Schiedsvertrags, § 1031 Abs. 5 ZPO, u. Rn. 693). Maß der Qualifizierung eines Geschäfts als Handelsgeschäft ist die Person eines der beteiligten Rechtssubjekte, eines Kaufmanns, und die Zugehörigkeit des Geschäfts zu seinem Handelsgewerbe. Wer Kaufmann ist, bestimmt sich nach §§ 1 bis 6: Diese legen ja gerade den Normadressaten fest, in Sonderheit für die Bestimmungen von §§ 343 ff. Darüber hinaus sind die meisten Normen des Allgemeinen Teils **auch auf** einige **nichtkaufmännische Berufsgruppen** anwendbar (Rn. 81 ff., 529). Normadressat ist auch der Kaufmann kraft Eintragung gem. § 5 (soweit man dieser Vorschrift noch praktische Bedeutung beimisst, o. Rn. 93): Ratio legis der Vorschrift ist gerade die Schaffung des Anknüpfungspunktes für handelsrechtliche Normen (s. Rn. 22).

348 Maßgeblicher Zeitpunkt für die Bestimmung der Kaufmannseigenschaft ist die Vornahme des Geschäfts, bei Willenserklärungen der Zugang beim kaufmännischen Empfänger resp. die Abgabe beim kaufmännischen Erklärenden (Rechtsgedanke § 130 Abs. 2 BGB), bei Verträgen genügt die Kaufmannseigenschaft entweder bei Angebot oder bei Annahme; der Handelnde muss schon oder noch Kaufmann sein[1].

II. Betriebszugehörigkeit

1. Vermutung

349 **a)** Die von einem Kaufmann vorgenommenen Geschäfte sind nur dann Handelsgeschäfte, wenn sie zum Betriebe seines Handelsgewerbes gehören. Das bedeutet mit anderen Worten gesagt, dass der Kaufmann bei der Vornahme des Geschäfts in Ausübung seines Handelsgewerbes tätig wird und bei der Qualifizierung des Handelsgeschäfts folglich Übereinstimmung mit dem Rollenkonzept von § 14 BGB (oben Rn. 8) besteht[2]. Die Betriebszugehörigkeit fehlt in **Privatangelegenheiten des Kaufmanns**, z.B. die Darlehensaufnahme für private Zwecke, für die Verbraucherdarlehensrecht nach §§ 491 ff. BGB gilt und der Kaufmann als natürliche Person Verbraucher gem. § 13 BGB ist (gleich nachf. Rn. 349a), die Verwaltung privaten Vermögens[3] oder der Abschluss einer Lebensversicherung zugunsten eines Angehörigen, auch wenn dies in seinen Geschäftsräumen geschieht[4], anders aber eine Lebensversicherung als Altersversorgung für einen Angestellten. Die Abgrenzung kann schwierig sein. Diese Schwierigkeit beseitigt die **Vermutungsregelung** in § 344 Abs. 1: Im Zweifel gelten die von einem Kaufmann vorgenommenen Rechtsgeschäfte als zum Betriebe des Handelsgewerbes gehörig. Will sich ein Kaufmann gegen die Anwendbarkeit handelsrechtlicher Normen wehren, muss er darlegen und beweisen, dass das Geschäft seine Privatangelegenheiten betraf, nicht trägt der andere Teil die Beweislast für die Zugehörigkeit zum Betrieb des Handelsgewerbes (Umkehr der objektiven Beweislast).

1 Koller/*Roth*, § 343 HGB Rn. 8.
2 *K. Schmidt*, BB 2005, 837 (841).
3 OLG Frankfurt, NJW 2004, 3266.
4 RGZ 14, 235 (237).

Dagegen stellt § 344 Abs. 1 nicht auch eine Vermutung dahin auf, dass derjenige, der das Geschäft vornahm, überhaupt Kaufmann sei[5].

Ist die Privatangelegenheit des Kaufmanns zugleich ein Verbrauchervertrag nach § 310 Abs. 3 BGB, z.B. im vorgenannten Fall eines Verbraucherdarlehens, steht die Vereinbarkeit der Vermutung aus § 344 mit europäisch-sekundärrechtlichen Grundlagen infrage. Für Verbraucherdarlehen bestimmt Art. 3 lit. a der Verbraucherkreditrichtlinie 2008/48/EG, dass Verbraucher eine natürliche Person ist, die zu einem Zweck handelt, der nicht ihrer gewerblichen Tätigkeit zugerechnet werden kann; so formuliert es auch § 13 BGB. Darin liegt nicht nur eine Definition, sondern auch eine Beweislastregelung. Kommt es nämlich hinsichtlich der Zurechnung zu einem *non liquet,* heißt dies nichts anderes, als dass die Zurechnung zur gewerblichen Tätigkeit nicht vorgenommen werden kann. Demgemäß ist die natürlichen Person als Verbraucher anzusehen. Das *non liquet* geht also – typischerweise – zu Lasten des Unternehmers, aus dem Grunde, als er die Beweislast zur gewerblichen Zurechnung trägt. Dem entgegen gesetzt würde nach § 344 Abs. 1 das *non liquet* zur gewerblichen Zurechnung die Geltung der Betriebszugehörigkeit begründen mit der Folge, dass der Kaufmann, der privates Handeln behauptet, als Kaufmann und zugleich für den zu bewertenden Vertrag als Unternehmer nach § 14 BGB anzusehen wäre. In richtlinienkonformer restriktiver Auslegung ist § 344 Abs. 1 demzufolge nicht anzuwenden, wenn die Verbrauchereigenschaft nach § 13 BGB festzustellen ist[6]. **349a**

b) Mit **„Rechtsgeschäft"** sind alle Arten von Geschäften, also nicht nur Willenserklärungen, sondern auch geschäftsähnliche Handlungen wie beispielsweise die Mahnung gemeint[7]. Unerheblich für die Qualifizierung als Handelsgeschäft ist, ob das Geschäft für das von dem Kaufmann betriebene Handelsgewerbe typisch ist. Der Spediteur z.B. nimmt ein Handelsgeschäft vor, wenn er sich verlegerisch betätigt. **350**

c) Stellt ein Kaufmann einen **Schuldschein** aus (begründender oder bestätigender Natur), der den Inhalt der Verpflichtung wiedergibt, z.B. Wechsel oder Scheck[8] oder eine Bürgschaftsurkunde[9], so handelt es sich um ein Handelsgeschäft (nicht nur „im Zweifel"), sofern sich nicht aus dem Schuldschein selbst das Gegenteil ergibt[10]. Auf den Rechtsgrund, auf den sich der Schuldschein bezieht, z.B. Darlehen oder nicht, erstreckt sich die Vermutung nicht[11]. Kann der Kaufmann den Privatcharakter nur durch andere Umstände als die Urkunde selbst beweisen, ist die Vermutung gem. § 344 Abs. 2 doch nicht widerlegt. Der Kaufmann kann den ihm obliegenden Beweis des Gegenteils (§ 292 ZPO) nur durch den Schuldschein selbst führen. Ist also streitig, ob ein Wechsel des verstorbenen Inhabers zur Erbenhaftung gem. § 27 führt, geht der Streit zu Lasten der kaufmännischen Erben aus[12]. Der Geschäftspartner kann sich natürlich nicht auf die Vermutung des § 344 Abs. 2 berufen, wenn er wusste, dass die Urkunde Privatangelegenheiten des Kaufmanns betraf und dies unstreitig ist[13]. **351**

5 BGH, WM 1997, 909; Heymann/*Horn*, § 344 Rn. 4.
6 *Pfeiffer*, NJW 1999, 169 (173/174); *Bülow*, NJW 1990, 2534.
7 H. M., *Schmidt*, § 18 I.1.a.
8 RGZ 120, 85 (89).
9 BGH, WM 1997, 909.
10 ROHG 14, 280 (286).
11 BGH, WM 1976, 974.
12 RGZ 56, 196.
13 BGH, WM 1997, 909 m. Anm. *Bülow*, WuB I F 1a. – 10.97.

2. Handelsgesellschaften

352 Bei den Handelsgesellschaften und den Kaufleuten kraft Rechtsform gem. § 6 gibt es keine Privatsphäre (o. Rn. 72). Alle ihre Geschäfte sind Handelsgeschäfte. Anders kann es allerdings bei juristischen Personen des öffentlichen Rechts sein, die die Kaufmannseigenschaft besitzen (o. Rn. 29). Bei ihnen sind die Handelsgeschäfte von ihrer rein öffentlichen Tätigkeit abzugrenzen[14].

III. Beteiligter Nichtkaufmann (einseitige Handelsgeschäfte)

353 An einem Geschäft sind fast immer zwei oder mehr Personen beteiligt. Sind alle Beteiligten Kaufleute (zwei- oder mehrseitige Handelsgeschäfte), ist die Qualifizierung als Handelsgeschäft unter den Voraussetzungen von § 343 unproblematisch. Wie aber, wenn einer der Beteiligten Kaufmann, der andere aber kein Kaufmann ist? § 345 gibt die Antwort: Auf ein Rechtsgeschäft, das für einen Teil ein Handelsgeschäft ist, sind die Bestimmungen aus §§ 343 ff. für beide Teile, also auch für den Nichtkaufmann, anwendbar (einseitige Handelsgeschäfte). Ausnahmen von diesem Grundsatz bestimmt das Gesetz ausdrücklich. Durch § 345 wird also der Normadressatenkreis des HGB erweitert, wenn nur einer der Beteiligten Kaufmann ist, zugunsten und zulasten des Nichtkaufmanns, so §§ 352 Abs. 2, 355, 357, 358, 359, 361, 363 bis 365, 366 und 367, außerdem im Falle der besonderen Handelsgeschäfte gem. §§ 373 ff. Die **Ausnahmen** teilen sich in Vorschriften, nach denen bestimmt ist, für welche der Parteien ein Handelsgeschäft gegeben sein muss, und andererseits in Vorschriften, die nur für mehrseitige Handelsgeschäfte gelten, also beide Parteien Kaufleute sind. Vorschriften der ersten Gruppe sind §§ 347 bis 350, wohl auch § 360[15] sowie § 368 Abs. 2, 2. Var., die der zweiten Gruppe §§ 346, 352 Abs. 1, 353, 354, 354a, 368 Abs. 1. 1. Var., 369 bis 372, 377 bis 379, 391.

B. Besondere Regelungen zum Rechtsgeschäft (§§ 346, 348 bis 350, 362; 310 Abs. 1 BGB)

I. Handelsbräuche

1. Kaufmännische Verkehrssitte

354 Gem. § 346 ist unter Kaufleuten auf die im Handelsverkehr geltenden Gewohnheiten und Gebräuche Rücksicht zu nehmen, wenn die Bedeutung und Wirkung von Handlungen und Unterlassungen zu ermitteln ist. Die Vorschrift entspricht für den Handelsverkehr den allgemeinen Regeln von §§ 157, 242 BGB. Handelsbräuche sind demzufolge kaufmännische Verkehrssitten[16], nicht aber zugleich und notwendiger Weise gute

14 *Canaris*, § 22 Rn. 11.
15 Koller/*Roth*, § 360 HGB Rn. 2.
16 *Canaris*, § 24 Rn. 2.

Sitten im Sinne von §§ 138, 826 BGB. Sie dienen der Auslegung und Ergänzung von Willenserklärungen im Handelsverkehr und bestimmen den Inhalt der geschuldeten Leistung sowie Rechtsfolgen von Verträgen[17]. Als Verkehrssitten unterscheiden sie sich vom Gewohnheitsrecht, weil sie nicht, wie dieses, Rechtsnormen sind: Weder Rechtsgeltungswillen noch Rechtsüberzeugung sind für die Entstehung eines Handelsbrauchs Voraussetzung[18]. Ihre praktische Bedeutung hat zugunsten von allgemeinen Geschäftsbedingungen nachgelassen[19].

2. Voraussetzungen

Die Art und Weise, wie Handlungen und Unterlassungen gehandhabt werden, erwächst unter folgenden Voraussetzungen zum Handelsbrauch: 355

a) Tatsächliche Übung. Der kaufmännische Verkehr muss die Handlungen und Unterlassungen tatsächlich in bestimmter Weise handhaben. Es genügt die übereinstimmende und einheitliche Auffassung, wie etwas gehandhabt werden sollte[20]. Die tatsächliche Übung kann räumlich begrenzt sein (z.B. die „Tegernseer Gebräuche" im Holzhandel)[21], aber auch international gelten oder – häufig – personell, sich also nur auf bestimmte Branchen und Geschäftsarten beziehen. Handelsbräuche können, ihrer tatsächlichen Übung entsprechend, nur für Kaufleute gelten, andererseits auch für Nichtkaufleute, wenn diese wie Kaufleute am Handelsverkehr teilnehmen[22]: Der Handelsbrauch ist dann zugleich Verkehrssitte im Allgemeinen Zivilrechtsverkehr. 356

b) Zeitablauf. Die tatsächlich geübte Handhabung muss sich über eine bestimmte Dauer erstrecken, meist viele Jahre. Aber auch nach kurzer Dauer kann bei ubiquitärer Handhabung ein Handelsbrauch entstehen, so die Übung nach Inkrafttreten des UStG, die Preise ausschließlich exklusive der Umsatzsteuer zu verstehen[23]. Der Handelsbrauch ist verbindlich, wenn er zum Zeitpunkt der Handlung oder Unterlassung bestand. Unerheblich ist, ob er danach erlischt. 357

c) Zustimmung. Die tatsächlich über einen längeren Zeitraum geübte Handhabung von Handlungen und Unterlassungen ist nur dann Handelsbrauch, wenn ihr die beteiligten Kaufleute zustimmen, der Übung freiwillig folgen. Eine übliche Verhaltensweise, die auf der wirtschaftlichen Übermacht nur einer Seite der Beteiligten beruht und der anderen aufgezwungen wurde, ist kein Handelsbrauch. Beide Seiten müssen die tatsächliche Übung billigen[24]. 358

---

17 BGH, BB 1966, 9.
18 *Schmidt*, § 1 III.3.a; *Canaris*, § 24 Rn. 12.
19 *Basedow*, ZHR 150 – 1986 –, 469.
20 BGH, NJW 2010, 1135 Rn. 11.
21 BGH, BB 1986, 1395; *Lißner*, Handelsbräuche, 1999, S. 70.
22 BGH, WM 1980, 1122 (1123) zu III.2.
23 OLG Köln, NJW 1971, 894; differenzierend BGH, BB 2000, 690 einerseits und DB 2001, 2092 andererseits.
24 OLG Hamm, ZIP 1994, 889: kein Handelsbrauch bei einer Akzeptanz von nur 61 %.

359 Besteht danach ein Handelsbrauch, ist er nicht stets verbindlich. Der Handelsbrauch kann nämlich wie eine Willenserklärung gegen höherrangiges Recht verstoßen und damit unbeachtlich sein. Deshalb kann ein Handelsbrauch nicht zwingendes Recht, z.B. Formvorschriften, derogieren. Unbeachtlich sind auch Handelsbräuche, die gegen Treu und Glauben verstoßen (z.B. Freistellung von jeglicher Untersuchungspflicht beim Handelskauf)[25]. Die Unsitte erwächst nicht zum Handelsbrauch.

360 **d) Feststellung.** Ob ein Handelsbrauch besteht, muss durch **Erforschung der tatsächlichen Übung** festgestellt werden, ist also eine Frage der Ermittlung von Tatsachen resp. von Erfahrungssätzen (vgl. § 293 ZPO)[26]. Keinesfalls entsteht ein Handelsbrauch allein durch Vereinbarung, etwa beteiligter Verbände[27]. Sofern das Gericht den Handelsbrauch nicht aus eigener Sachkunde feststellen kann, bedient es sich in der Regel eines Gutachtens der Industrie- und Handelskammer (vgl. § 273 Abs. 2 Nr. 2 ZPO)[28]. Bleibt ungeklärt, ob oder mit welchem Inhalt ein Handelsbrauch besteht (non liquet), trägt diejenige Prozesspartei den Nachteil daraus, die sich auf den Handelsbrauch beruft[29].

3. Wirkung von Handelsbräuchen

361 **a)** Steht die Geltung eines Handelsbrauchs fest, ist eine Willenserklärung oder ein Vertrag nach Maßgabe des Handelsbrauchs auszulegen. Das setzt Auslegungsbedarf voraus und bedeutet nicht, dass ein dem Handelsbrauch entgegenstehender Wille unverbindlich sein müsste. Den Parteien steht es vielmehr frei, entgegen einem Handelsbrauch Willenserklärungen und sonstige Erklärungen abzugeben oder Verträge abzuschließen. Es ist lediglich Sache desjenigen, der sich nicht einem Handelsbrauch entsprechend behandeln lassen will, darzulegen und zu beweisen, dass etwas anderes vereinbart war. Der Handelsbrauch hat in diesem Falle also nur **Vermutungswirkung**[30]. Ob die Beteiligten den Handelsbrauch kennen, ist für seine Verbindlichkeit unerheblich. Deshalb bedarf es auch keiner ausdrücklichen oder konkludenten Bezugnahme auf Handelsbräuche[31], im Gegenteil ist nur ihr Ausschluss deutlich zu machen.

362 **b)** Umstritten ist, ob ein Beteiligter seine Willenserklärung wegen Unkenntnis über den Handelsbrauch gem. § 119 Abs. 1 BGB **anfechten** kann (Erklärungs- oder Inhaltsirrtum). Wollte man die Anfechtung wegen Irrtums über Existenz oder Bedeutung eines Handelsbrauchs zulassen, so liefe der Rechtssatz, auf die Kenntnis komme es nicht an (vorst. Rn. 361), leer. Durch die Anfechtung könnte man sich der positiven Geltung des Handelsbrauchs wieder entziehen. Richtigerweise[32] ist die Anfechtung wegen Irr-

---

25 RGZ 125, 72 (79).
26 *Oestmann*, JZ 2003, 285; *Canaris*, § 24 Rn. 9; BGH, NJW 1977, 385; WM 1996, 181 II.2.c; OLG München, NJW-RR 1990, 698.
27 *Bülow*, BB 1984, 696.
28 BGH, WM 2000, 812 mit Anm. *Bülow*, WuB I D 3. – 2.2000; BGH, WM 1980, 1122.
29 OLG Celle, NJW-RR 2000, 178.
30 *Canaris*, § 24 Rn. 13; *Flume*, AT II § 21, 9.c.
31 BGH, WM 2013, 1913 Rn. 20.
32 LG Tübingen, JZ 1997, 312 m. Anm. *Lindemann*; *Canaris*, § 24 Rn. 30; differenzierend *Mues*, Die Irrtumsanfechtung im Handelsverkehr, 2004, S. 108.

tums über Existenz oder Bedeutung eines Handelsbrauchs deshalb als ausgeschlossen anzusehen. Ein anderer Fall ist der, dass jemand infolge Versprechens, Verschreibens oder Verlesens die Geltung eines anderen Handelsbrauchs erklärte als er wollte (z.B. statt Klausel „FOR" – free on rail – die Klausel „FOB" – free on board – niederschreibt oder eine Klausel überliest). Hier irrt er nicht über die Existenz oder Bedeutung der erklärten Klausel.

4. Beispiele

Im internationalen Handelskauf sind die Klauseln „cif" und „fob" verbreitet: „Cost insurance freight" – z.B. „cif Boston": der Verkäufer trägt die Transportkosten; der Käufer hat u.a. die Ware im Bestimmungshafen Boston abzunehmen und alle Kosten und Gefahren zu tragen, die nach der Abnahme entstehen; „free on board" – z.B. fob Hamburg: der Käufer hat die Transportkosten und u.a. alle Kosten und Gefahren für die Ware von dem Zeitpunkt an zu tragen, in dem die Ware im Verschiffungshafen Hamburg die Reeling des Schiffes tatsächlich überschritten hat, d.h. auf- oder abgeladen wird[33]. Weitere Einzelheiten dazu und weitere Klauseln finden sich in den von der Internationalen Handelskammer in Paris festgestellten Incoterms (international commercial terms), die in ihrem vollen Inhalt freilich nicht als Handelsbrauch angesehen werden, sondern vorformulierte Vertragsklauseln darstellen, die in den Vertrag einzubeziehen sind[34]. Gleiches gilt für die Einheitlichen Richtlinien und Gebräuche für Dokumentenakkreditive[35] und wohl auch für die UNIDROIT Principles (Internationales Institut für die Vereinheitlichung des Privatrechts in Rom; Fassung 2004)[36]. Weitere verbreitete Klauseln: „DDP-Cologne" (geliefert verzollt – Bestimmungsort Köln, Bringschuld des Verkäufers[37]), „EXW (ex works, ab Werk)-Lieferung" an benannten Lieferort[38]; auf Abruf" – der Käufer muss die Ware in angemessener Zeit abnehmen; „auf Besicht" – Gewährleistungsansprüche für den Käufer bestehen nur bei sorgfältiger Untersuchung am Übernahmeort; „Kasse gegen Dokumente" (Dokumenteninkasso) – der Käufer muss den Kaufpreis gegen Vorlage der vereinbarten Dokumente (z.B. betreffend den Transport, Zollabfertigung) leisten, ohne die Ware vorher auf ihre vertragsgemäße Beschaffenheit untersuchen zu dürfen[39]. Dagegen gibt es keinen Handelsbrauch, nach dem die Geltendmachung bekannter Einwendungen gegen seit langem angesetzte und nicht beanstandete Preise ausgeschlossen wäre[40]. „Freibleibend" – Aufforderung an den Empfänger, seinerseits ein Angebot abzugeben; „richtige und rechtzeitige Selbstbelieferung bleibt vorbehalten": Der Verkäufer wird frei, wenn er ein kongruentes Deckungsgeschäft abgeschlossen hatte und von seinem Lieferanten im Stich ge- 363

33 BGH, NJW 2009, 2606 Rn. 18 mit Anm. *Pfeiffer*, LMK 2009, 286480; BGH, WM 1975, 917 zu II.
34 *Bredow/Seiffert*, Incoterms 1990, Einführung Rn. 13; *Wertenbruch*, ZGS 2005, 136.
35 *Stapel*, ERA, 1998, S. 270.
36 *Brödermann*, RIW 2004, 721.
37 BGH, WM 2013, 1913.,
38 EuGH NJW 2011, 3018.
39 BGH, NJW 1987, 2435; BGHZ 135, 39.
40 BGH, WM 1995, 1886 zu II.1.

lassen wird[41]; cash on delivery (cod): Aufrechnungsausschluss[42]; Gerichtsstandsvereinbarungen (Rn. 692) können sich gem. Art. 25 Abs. 1 Satz 3 lit. c EuGVVO hinsichtlich der Form nach Handelsbrauch richten[43].

II. Schweigen im Handelsverkehr

1. Übernahme einer Geschäftsbesorgung

364 Im Allgemeinen Privatrechtsverkehr gilt Schweigen nicht als Willenserklärung (auch gem. § 151 Satz 1 BGB muss der Annahmewille irgendwie erklärt werden, nur nicht gegenüber dem Antragenden[44]). In anderen Fällen misst das Gesetz dem Schweigen ausdrücklich die fehlende Erklärungsqualität bei (§§ 108 Abs. 2 Satz 2, 177 Abs. 2 Satz 2 BGB). Das Gegenteil bestimmt § 362: Schweigt ein Kaufmann, der sich mit Geschäftsbesorgungen für andere befasst, auf einen Antrag auf Übernahme eines Geschäftes, gilt sein Schweigen als Annahme. Er kann also auf Erfüllung, nicht nur auf Ersatz des negativen Interesses (wie in der ähnlichen Vorschrift von § 663 BGB) in Anspruch genommen werden. Voraussetzung ist, dass dem Kaufmann der Antrag zugeht (also derart seine Empfangseinrichtungen erreicht, dass er davon Kenntnis nehmen konnte[45]), und dass der Kaufmann mit dem Antragenden in Geschäftsverbindung steht[46]. Ist das der Fall, sieht der Handelsverkehr im Schweigen allgemein die Bedeutung einer Annahmeerklärung. Daran muss sich der Kaufmann festhalten lassen, selbst wenn er mit seinem Schweigen nicht den Willen hatte, die Annahme des Antrags zu erklären. Der Kaufmann haftet aus dem Rechtsschein, den sein Schweigen erzeugt[47]. Irrt der Kaufmann über die Bedeutung seines Schweigens, kann er nicht anfechten (wie im Falle des Handelsbrauchs, s.o. Rn. 361), wohl aber bei arglistiger Täuschung oder wenn er den Antrag missverstanden hat. Über die besonderen handelsrechtlichen Fälle wie § 362 (insbesondere auch: § 75h, Rn. 344, § 91a, Rn. 578) hinaus bleibt es aber auch im Handelsverkehr bei dem Grundsatz *qui tacet consentire non videtur*[48] (s. z.B. Rn. 377).

365 Auf Nichtkaufleute ist § 362 nicht anwendbar: Hier gilt § 663 BGB (lediglich Anzeigepflicht bei Ablehnung), eine § 362 entsprechende, allgemeine Verkehrssitte gibt es nicht[49].

---

41 BGHZ 92, 396; BGH, NJW 1995, 1959.
42 BGH, NJW 1985, 550.
43 EuGH, NJW 2011, 3018 Rn. 19 und WM 1999, 1187 mit Anm. *Hess/Bub*, WuB VII B. – 1.2000.
44 *Medicus*, AT BGB, 10. Aufl. 2010, Rn. 382.
45 *Brause*, NJW 1989, 2520.
46 Dazu *Bülow*, Lexikon des Rechts, Stichwort „Geschäftsverbindung" m.w.N.
47 *Canaris*, Vertrauenshaftung S. 200 ff.; differenzierend *Schmidt*, § 19 III.1.d: Verkehrsschutz; vgl. auch BGH, BB 1986, 554.
48 BGH, NJW 1997, 1578; WM 1996, 181; OLG Düsseldorf, NJW-RR 1996, 622.
49 A.A. *Canaris*, § 23 Rn. 7.

2. Kaufmännisches Bestätigungsschreiben

a) Deklaratorisches und konstitutives Schreiben. Vertragsverhandlungen zwischen Kaufleuten können langwierig und kompliziert sein mit der Folge, dass nicht auf beiden Seiten völlige Klarheit über das Vereinbarte besteht. Die Unklarheit beseitigt ein kaufmännisches Bestätigungsschreiben. In ihm fasst eine Partei die Vereinbarung zusammen. Stimmt der Empfänger damit überein, ist das Bestätigungsschreiben rein deklaratorischer Natur, und es hat keine rechtliche Bedeutung, ob der Empfänger schweigt. Es kommt aber vor, dass in Wahrheit keine Übereinstimmung, also Dissens, besteht oder dass für den Empfänger ein falsus procurator (§ 177 BGB) gehandelt hatte. Es fehlt also an einem Vertragstatbestand. Schweigt der Empfänger auf ein solches Schreiben, so gilt der Handelsbrauch, dass der Vertrag nach Maßgabe des Bestätigungsschreibens als zustande gekommen anzusehen ist[50]. **366**

Der Absender meint also, lediglich in deklaratorischer (affirmativer) Weise eine bereits bindend zustande gekommene Vereinbarung aktenkundig zu machen. Hierüber irrt er, aber das Schweigen des Empfängers auf das Bestätigungsschreiben begründet konstitutive Wirkung: Der Vertragsabschluss wird fingiert[51] (Konstitutivwirkung des deklaratorischen Bestätigungsschreibens). Etwas anderes ist das sog. konstitutive Bestätigungsschreiben: Hier vereinbaren die Parteien, dass mündliche Besprechungen erst durch das Bestätigungsschreiben wirksam werden sollen. Es ist nichts anderes als eine besondere Schriftformklausel nach § 127 BGB. **367**

Die Konstitutivwirkung des deklaratorischen Bestätigungsschreibens tritt aber, wenn seine Voraussetzungen erfüllt sind (nachf. Rn. 372), darüber hinaus auch dann ein, wenn eine Vereinbarung aufgrund Verhandlungen schon bindend zustande gekommen war, das Schreiben aber Ergänzungen oder gar Änderungen des bereits Vereinbarten enthält. Dann wird der Vertragsabschluss mit den Ergänzungen und Änderungen fingiert[52], obwohl nach allgemeinen Regeln von einem neuen Vertragsantrag auszugehen wäre, den der Empfänger des Bestätigungsschreibens annehmen müsste (vgl. § 150 Abs. 2 BGB und nachf. Rn. 377). Schließlich kann das Schweigen auf ein Bestätigungsschreiben die fehlende Vertretungsmacht des Verhandlungsführers überwinden. Daraus ergeben sich drei Fallgruppen[53]: **368**

- bei verstecktem Dissens gem. § 155 BGB wird der Vertrag als mit dem Inhalt des Bestätigungsschreibens zustande gekommen fingiert, wenn der Empfänger nicht unverzüglich widerspricht (bei Widerspruch bleibt es bei dem Dissens); **369**
- ist der Vertrag mangels Dissenses bereits wirksam zustande gekommen, enthält das Schreiben aber Abweichungen davon, können diese Abweichungen durch den Zugang des Bestätigungsschreibens fingierter Vertragsinhalt werden. Bestätigt es das wirklich schon bindend Vereinbarte, ist es insoweit nur Beweismittel, hat also keine Konstitutivwirkung; **370**

50 *v. Dücker*, BB 1996, 3; *Thamm/Detzer*, DB 1997, 213; BGH, NJW 1965, 965 zu 1., 2.
51 BGHZ 40, 42 (46) = NJW 1963, 1922.
52 BGH, NJW 2011, 1965 Rn. 21; BGH, BB 1968, 398.
53 *Canaris*, § 23 Rn. 13–15.

371 ▪ wurden die Vertragsverhandlungen vom vollmachtslosen Vertreter geführt, liegt im Schweigen auf das Bestätigungsschreiben die Genehmigung nach § 177 Abs. 1 BGB (§ 177 Abs. 2 Satz 2 BGB wird für den kaufmännischen Verkehr also derogiert[54]), der Vertrag wird mit Zugang rückwirkend (§ 184 BGB) wirksam.

372 **b) Voraussetzungen der Konstitutivwirkung.** Rechtsgrund für eine derartige Bedeutung des Schweigens ist eine entsprechende kaufmännische Verkehrssitte, also ein Handelsbrauch, der dem Schweigen die Bedeutung einer konkludent erklärten Willenserklärung beimisst und sich zum Gewohnheitsrecht verdichtet hat[55], nämlich das Einverständnis mit dem Inhalt des Bestätigungsschreibens, nachdem Verhandlungen vorausgegangen waren (wofür der Absender die Beweislast trägt)[56], auch wenn der Empfänger in Wahrheit nichts erklärt hatte. Grundlage dieses Verständnisses ist das Vertrauen des Bestätigenden in die positive Bedeutung des Schweigens. Folglich ist Voraussetzung der Fiktion des Vertragsinhalts die **Redlichkeit** des Bestätigenden. Sie setzt zunächst einen **unmittelbaren zeitlichen Zusammenhang** zwischen Verhandlungen und Bestätigungsschreiben voraus (schädlich: 3 Wochen)[57], wobei es auf den Zugang[58] ankommt. Ist das Schreiben zwar rechtzeitig zugegangen, kennt der Absender aber den Dissens oder den Mangel der Vertretungsmacht[59], kommt der Vertrag nicht zustande[60]. Natürlich kann es keine Konstitutivwirkung bei offenem Dissens (§ 154 BGB) geben. Im Übrigen wird die Redlichkeit vermutet[61], der Empfänger, der den Vertragsschluss nicht will, hat die Unredlichkeit also ggf. zu beweisen. Bei Abweichungen und Ergänzungen ist Voraussetzung der Fiktion, dass kein Widerspruch zum ursprünglichen Vertragsinhalt besteht, sich die Abweichung vielmehr in Konkretisierungen und unwesentlichen Nebenabreden erschöpft (z.B. Einbeziehung von AGB, nachf. Rn. 374). Das Schweigen gilt deshalb nicht als Zustimmung, „wenn der Bestätigende angesichts des Inhalts des Bestätigungsschreibens von vornherein nicht mit einer widerspruchslosen Hinnahme durch den Vertragspartner rechnen und daher dessen Schweigen nicht als stillschweigende Zustimmung ansehen“[62] konnte. Das ist immer dann der Fall, wenn tatsächliche Verhandlungen und Inhalt des Bestätigungsschreibens in **erheblicher Weise voneinander abweichen**; der Empfänger trägt die Beweislast für diese Tatsachen[63]. Die Erheblichkeit ist nach der Lage des Einzelfalls objektiv zu bestimmen. Die Fiktion scheitert in solchen Fällen unabhängig von der Redlichkeit des Bestätigenden. Bei Abweichungen kann die Redlichkeit allenfalls dann eine Rolle spielen, wenn die Fiktion nach objektiven Kriterien eintreten würde, der Bestätigende aber aufgrund

---

54 BGH, NJW 2007, 987 Tz. 21 mit Bspr. *K. Schmidt*, JuS 2007, 779; NJW 2011, 1965 Rn. 24; 1990, 386.

55 Baumbach/*Hopt*, § 346 HGB Rn. 17 ; *Canaris*, § 23 Rn. 10; *Schmidt*, § 19 III.1.a; Koller/*Roth*, § 346 HGB Rn. 23.

56 BGH, NJW-RR 2001, 680; BGHZ 11, 1; 7, 187; RGZ 95, 48.

57 OLG Celle, BB 1995, 172, offen bei fünf Tagen: BGH, NJW 2007, 987 Tz. 23.

58 BGH, NJW 2007, 987 Tz. 23; 1965, 965 zu 3.

59 *Canaris*, § 23 Rn. 44: auch fahrlässige Unkenntnis schadet; Koller/*Roth*, § 346 HGB Rn. 30.

60 Vgl. OLG Köln, NJW-RR 1996, 411.

61 BGH, NJW 1994, 991; OLG Hamm, CR 1992, 268.

62 BGHZ 93, 338 (343), gleichermaßen 61, 282 (286); BGH, NJW 1982, 1751; 94, 1288 mit Komm. *Schlosser*, EWiR § 346 HGB 1/94, 369; OLG Hamm, EWiR 1994, 1109, Komm. *Thamm*

63 BGH, NJW-RR 2001, 680 zu II.3.

besonderer Umstände wusste, dass der Empfänger dennoch nicht zustimmen würde. Ein Vertrauenstatbestand wird auch dann vereitelt, wenn der Schweigende seinerseits ein Bestätigungsschreiben versendet (sich **kreuzende Bestätigungsschreiben**)[64], das von dem des anderen abweicht. In diesem Fall wird der Vertrag insoweit nicht als zustandegekommen fingiert, als die Schreiben voneinander abweichen (vgl. § 139 BGB zur Teilnichtigkeit). Bittet der Bestätigende um eine Gegenbestätigung, liegt in dem Schweigen für sich allein keine Bestätigung des ersten Schreibens[65].

Das Schweigen auf das Bestätigungsschreiben begründet auch die **Vermutung der Vollständigkeit** des im Bestätigungsschreiben niedergelegten Vertragsinhalts. Auch diese Vermutung kann aber widerlegt werden, z.B. durch den Nachweis, dass noch weitere mündliche Abreden getroffen wurden[66]. Diesen Nachweis kann nicht nur der Empfänger, sondern auch der Absender des Bestätigungsschreibens führen[67]. Der Absender bindet sich also insoweit nicht selbst. 373

c) Allgemeine Geschäftsbedingungen. Große praktische Bedeutung haben Bestätigungsschreiben zur Frage der Einbeziehung von Allgemeinen Geschäftsbedingungen[68]. Sie können mittels Bestätigungsschreibens als Vertragsbestandteil zu fingieren sein. Verwendet der Empfänger jedoch seinerseits AGB und enthalten diese eine (dem Bestätigenden bekannte) Abwehrklausel, nach der fremde AGB nicht gelten sollen, werden die AGB des Absenders nicht Vertragsbestandteil[69]. Etwas anderes gilt wiederum, wenn der Bestätigende im Bestätigungsschreiben trotz Abwehrklausel des Empfängers nicht nur formularmäßig, sondern individuell und ausdrücklich auf einen Eigentumsvorbehalt hinweist und auch die Abwehrklausel des Empfängers nicht kennt: Das Eigentum geht unter Vorbehalt über[70]. 374

d) Anfechtung. Der Schweigende hat kein Anfechtungsrecht wegen Irrtums über die Bedeutung seines Schweigens. Hat er keine Kenntnis vom Zugang des Bestätigungsschreibens, ändert das nichts: Der Begriff des Zugangs weist dem Empfänger gerade das Risiko zu, die Rechtsfolgen aus Willenserklärungen zu tragen, von denen er Kenntnis nehmen konnte, auch wenn er es nicht getan hat[71]. Auf Verschulden bei der Unkenntnis vom Zugang kommt es also nicht an. Der Empfänger kann aber wegen Irrtums über den Inhalt des (zur Kenntnis genommenen) Bestätigungsschreibens[72] (§ 119 Abs. 1 BGB) oder wegen Täuschung und Drohung (§ 123 BGB) anfechten[73]. 375

---

64 *Lindacher*, JZ 1977, 604.
65 BGH, WM 2007, 303; NJW 1964, 1269.
66 BGH, NJW 1996, 1541 zu II.2.a; BB 1986, 225.
67 BGH, NJW 1977, 384 (385) zu I.3.d.
68 *Lindacher*, WM 1981, 702; OLG Hamm, NJW-RR 2012, 1444.
69 BGHZ 61, 282 = NJW 1973, 2106; *K. Schmidt*, NJW 2011, 3329 (3333).
70 *Bülow*, Kreditsicherheiten, Rn. 732; BGH, NJW 1982, 1751.
71 *Flume*, AT II § 36, 7., S. 667; BGH, NJW 1965, 965 zu 3.
72 *Mues*, Die Irrtumsanfechtung im Handelsverkehr, 2004, S. 100; *Kindl*, Rechtsscheintatbestände und ihre rückwirkende Beseitigung, 1999, S. 213; *Lettl*, JuS 2008, 849 (852).
73 A.A. *Flume*, a.a.O., § 21 IX.c, S. 428 f.

376 **e) Nichtkaufleute, Scheinkaufmann.** Im nichtkaufmännischen Verkehr gilt das Schweigen auf Bestätigungsschreiben nur dann als Zustimmung, wenn dies einer Verkehrssitte entspricht. Das mag im Einzelfall anzunehmen sein, wenn der Empfänger ähnlich einem Kaufmann (z.B. auch als Freiberufler[74] oder Insolvenzverwalter[75] oder auch als Vermieter[76]) am Geschäftsverkehr teilnimmt[77]. In der **Person des Bestätigenden**, dem Absender des Bestätigungsschreibens, wird man auf die Kaufmannseigenschaft verzichten können[78] (str.[79]). Die Grundsätze gelten auch für und gegen einen Scheinkaufmann (Rn. 107 ff.).

377 **f) Auftragsbestätigung.** Der Terminus „Bestätigungsschreiben" wird in der kaufmännischen Praxis nicht einheitlich verwendet. Es findet sich u.a. die Bezeichnung „Auftragsbestätigung". Im Rechtssinne ist sie etwas anderes als ein Bestätigungsschreiben. Sie bestätigt nicht einen bereits wirklich oder vermeintlich zustande gekommenen Vertrag, sondern sie ist nur die Annahme eines Angebots des Empfängers. Enthält sie Erweiterungen, Einschränkungen oder sonstige Änderungen i.S.v. § 150 Abs. 2 BGB, ist sie selbst ein neuer Antrag auf Abschluss eines Vertrages, der der Annahme harrt[80]. Wer auf einen solchen Antrag schweigt, wird nicht so behandelt, als habe er zugestimmt (es kann aber ein Fall von § 151 BGB – Entbehrlichkeit der Annahmeerklärung – gegeben sein)[81]. Es bleibt vielmehr bei der allgemeinen Regel, dass Schweigen nicht Zustimmung bedeutet. Ob ein Schreiben als Auftragsbestätigung oder Bestätigungsschreiben bezeichnet wird, ist für seine rechtliche Qualifizierung unerheblich, bestenfalls ein Indiz[82]. Eine Rechnung ist in aller Regel kein Bestätigungsschreiben, sondern setzt einen abgeschlossenen Vertrag voraus, und insbesondere nicht geeignet, die Geltung von AGB herbeizuführen.

378 **g) UN-Kaufrecht.** Sofern bei internationalen Käufen die CISG (Convention on the International Sale of Goods vom 11.4.1980) gilt, sind deren besondere Regeln zum Vertragsabschluss anwendbar, die die Grundsätze zum kaufmännischen Bestätigungsschreiben im Allgemeinen ausschließen[83]. Es kann sich allenfalls um einen „im internationalen Handel *weithin* bekannten Gebrauch" i.S.v. Art. 9 Abs. 2 CISG, d.h. um einen lokal begrenzten, handeln[84]. Auch ist eine Gepflogenheit i.S.v. Art. 9 Abs. 1 CISG denkbar.

74 OLG Koblenz, NJW-RR 2007, 813; OLG Köln, CR 1991, 541.
75 BGH, NJW 1987, 1940.
76 OLG Düsseldorf, NJW-RR 2004, 734.
77 BGH, NJW 2011, 1965 Rn. 22,23; BGH, NJW 1964, 1223 zu 3.a; *Deckert*, JuS 1998, 121 (122).
78 *Hopt*, AcP 183 – 1983 –, 608 (692).
79 Nur in den Fällen von Rn. 81-83: Koller/*Roth*, § 346 HGB Rn. 24.
80 BGH, NJW 1982, 1751 zu I.2.
81 BGH, WM 1995, 695.
82 BGHZ 54, 236 (239); OLG Hamm, CR 1992, 268; OLG Köln, CR 1991, 541.
83 MünchKomm/BGB/*Westermann*, Art. 18 CISG Rn. 24; OLG Köln, EWiR Art. 29 CISG 1/94, 867 – Komm. *Schlechtriem.*
84 MünchKomm/BGB/*Westermann*, Art. 18 CISG Rn. 25; *Fuchs*, Kaufmännische Bestätigungsschreiben, 1998, S. 209 ff.; *Schlosser*, Festschrift Medicus 1999, S. 543.

3. Geltung von Allgemeinen Geschäftsbedingungen durch Schweigen

379 Die Regelung von § 305 Abs. 2 BGB über die Einbeziehung von Allgemeinen Geschäftsbedingungen in den Vertrag ist im kaufmännischen Verkehr gem. § 310 Abs. 1 BGB nicht anwendbar (o. Rn. 347, das gilt auch für den Scheinkaufmann). Die Anforderungen an die wirksame Einbeziehung sind vielmehr geringer. Danach gelten die AGB des einen Teils bereits dann, wenn sich der andere ihnen stillschweigend unterwirft[85]. Das ist anzunehmen, wenn ein Kaufmann in Geschäftsbeziehungen zu einem anderen Kaufmann tritt, der seinen Geschäften seine AGB zugrundezulegen pflegt, und wenn dem ersten Kaufmann dies bekannt ist oder bekannt sein muss. Branchenüblichkeit der Verwendung von AGB allein reicht hierfür aber nicht aus[86]. Sofern die Geltung der AGB unbeschadet dessen nicht ausdrücklich ausgeschlossen wird, also der kaufmännische Vertragspartner des Verwenders den AGB nicht widerspricht, sind sie in den Vertrag einbezogen[87]. Es kommt nicht darauf an, ob er alle Einzelbestimmungen kennt; vorausgesetzt ist aber, dass er sich diese Kenntnis ohne weiteres verschaffen kann, z.B. durch Anforderung beim Verwender[88]. Das gilt etwa im kaufmännischen Verkehr mit Banken, Transportunternehmern wie Spediteuren und Frachtführern (ADSp[89], s.u. Rn. 631), Versicherungen. In anderen Fällen[90] unterwirft sich der Kaufmann dann den AGB des anderen, wenn laufende Geschäftsbeziehungen bestehen und bei früheren Geschäften die AGB immer vereinbart worden waren (dann bedarf es also nicht der erneuten Einbeziehung in jeden weiteren Vertrag[91]). Eine einzelne frühere Einbeziehung genügt nicht.

380 Auch im kaufmännischen Verkehr ist § 307 BGB über die Inhaltskontrolle von AGB anwendbar. Die Erweiterung des Anwendungsbereichs durch § 310 Abs. 2 BGB bei Verbraucherverträgen tritt im kaufmännischen Verkehr nicht ein[92].

Am Tatbestand einer AGB fehlt es gem. § 305 Abs. 1 Satz 3 BGB, soweit die Vertragsbedingungen im Einzelnen individuell ausgehandelt wurden. Hieran dürften im Handelsverkehr keine hohen Anforderungen zu stellen sein[93].

---

85 BGHZ 117, 190 (195); BGH, WM 1973, 1198 II.1.; *Müller-Graff*, Festschrift Pleyer 1986, 401; *Hensen*, NJW 1987, 1986; *Rabe*, NJW 1987, 1978.
86 BGH, NJW 2014, 1296 Rn. 17.
87 So z.B. BGH, NJW 1959, 1679 zu den ADSp; BGHZ 42, 53 (55) m.w.N:; KG, WM 2006, 1953; Abgrenzung BGH, WM 1973, 1198 (1199).
88 BGHZ 102, 293 (304); *K. Schmidt*, NJW 2011, 3329 (3331).
89 Zweifelnd freilich *Herber*, TranspR 1999, 89.
90 OLG Hamburg, EWiR § 346 HGB 1/97, 895, Komm. *Mankowski*: Bedingungen im Lagergeschäft.
91 BGHZ 42, 53 (55).
92 Aber Indizwirkung von §§ 308, 309 BGB? *Günes/Ackermann*, ZGS 2010, 400.
93 BGH, NJW 1998, 3488; *K.P. Berger*, NJW 2001, 2152 sowie NJW 2010, 465 (467 ff.); *Günes/Ackermann*, ZGS 2010, 454.

III. Formvorschriften

381 Formvorschriften mit Warnfunktion sind da entbehrlich, wo der Erklärende keines Schutzes bedarf, er also so erfahren ist, dass er nicht gewarnt zu werden braucht. Warnfunktion haben die Schriftformerfordernisse für die Bürgenerklärung (§ 766 Satz 1 BGB), für das selbständige Schuldversprechen (§ 780 BGB), für das abstrakte Schuldanerkenntnis (§ 781 Satz 1 BGB). Nicht schutzbedürftig ist typischerweise der Kaufmann. Deshalb kann er die genannten Erklärungen wirksam abgeben, ohne an eine Form gebunden zu sein, z.B. mündlich oder in Textform nach § 126b BGB (str. für persönlich haftenden Gesellschafter[94]), wie § 350 bestimmt, nicht jedoch ein Scheinkaufmann (o. Rn. 115). Soweit der Allgemeine Teil des 4. Buches auch für bestimmte nichtkaufmännische Berufsgruppen gilt (o. Rn. 347), ist § 350 davon ausgenommen: Es bleibt beim Formzwang (§§ 383 Abs. 2, 407 Abs. 3 Satz 2, 453 Abs. 3, 467 Abs. 3).

382 Auch sind kaufmännische Bürgschaften und Kreditaufträge stets selbstschuldnerische (§§ 773 Abs. 1 Nr. 1 BGB, 349)[95].

C. Besondere Regelungen zum Allgemeinen Schuldrecht

383 Ergänzt und modifiziert wird das Allgemeine Schuldrecht des BGB durch §§ 347, 348, 352, 353, 355 bis 357, 358 bis 361, 369 bis 372).

I. Vertragsstrafe

384 Eine Geldsumme, die der Schuldner dem Gläubiger verspricht für den Fall, dass er seine Verbindlichkeiten nicht oder nicht in gehöriger Weise erfüllt, ist gem. § 339 BGB eine Vertragsstrafe[96]. Ist sie unverhältnismäßig hoch, kann der Schuldner gem. § 343 BGB das Gericht anrufen und Herabsetzung zu erreichen versuchen. Diese Möglichkeit hat ein Kaufmann nicht. Er ist an sein Vertragsstrafenversprechen gebunden, wie § 348 bestimmt, sofern es Handelsgeschäft ist (§ 344, s.o. Rn. 347). § 348 ist aber dispositiv: Kaufleute können die Anwendung von § 343 BGB vereinbaren. Unberührt bleiben §§ 138, 134, 242[97], 307 BGB[98]: Die Vereinbarung der Vertragsstrafe kann unwirksam sein. Die Anfechtbarkeit richtet sich nach allgemeinen Regeln.

385 Für den kleingewerblichen Kommissionär, Frachtführer, Spediteur und Lagerhalter bleibt es bei den allgemeinen Vorschriften (§§ 383 Abs. 2, 407 Abs. 3 Satz 2, 453 Abs. 3, 467 Abs. 3, o. Rn. 81).

---

94 BGH, ZIP 1986, 1457, krit. dazu *Schmidt,* ZIP 1986, 1510
95 Dazu *Bülow*, Kreditsicherheiten, Rn. 1004, 1034.
96 *Lindacher,* Phänomenologie der Vertragsstrafe, 1973.
97 BGH, NJW 2009, 1882 Rn. 40 mit BSpr. *K. Schmidt*, JuS 2009, 1148.
98 OLG München, NJW-RR 1993, 1334.

II. Fälligkeit (Zeit der Leistung)

Gem. § 271 BGB kann der Gläubiger die Leistung sofort verlangen, der Schuldner darf sie sofort bewirken, wenn nichts anderes bestimmt ist mit der Folge, dass Schuldnerverzug (§§ 284 ff. BGB) oder Annahmeverzug (§§ 293 ff. BGB) eintreten können. Hierzu stellt § 358 klar, dass die Leistung bei Handelsgeschäften nur während der gewöhnlichen Geschäftszeit bewirkt und gefordert werden kann. Die Bestimmung ist wie § 271 BGB eine **Auslegungsregel**[99]. Die Parteien können anderes vereinbaren. **386**

Auslegungsregeln enthält auch § 359, wenn als Zeit der Leistung eine Jahreszeit vereinbart ist. Entscheidend ist der Handelsbrauch am **Erfüllungsort** (§ 269 BGB). Ist eine Frist von acht Tagen vereinbart, ist darunter nicht eine Woche zu verstehen, sondern volle acht Tage. Der Erfüllungsort ist auch maßgebend, wo es um Zweifel um die Bedeutung des vereinbarten Maßes, Gewichts, der Entfernung, Zeitrechnung oder Währung geht[100] (§ 361). Für letztere enthalten §§ 244, 245 BGB weitere Regelungen. **387**

III. Gattungsschulden

§ 243 Abs. 1 BGB bestimmt, dass der Schuldner einer Gattungssache eine Sache mittlerer Art und Güte zu leisten hat. Für den Handelsverkehr stellt § 360 klar, dass es sich nicht nur um eine Sache schlechthin, sondern um ein Handelsgut mittlerer Art und Güte handeln, die Sache also umsatzfähig und verwertbar sein muss[101]. **388**

IV. Kaufmännische Sorgfalt

Wenn nichts anderes bestimmt ist, hat der Schuldner Vorsatz und Fahrlässigkeit zu vertreten. Nach der Legaldefinition von § 276 Abs. 2 BGB handelt fahrlässig, wer die im Verkehr erforderliche Sorgfalt außer Acht lässt. Der Sorgfaltsmaßstab wird durch den Verkehr bestimmt, also durch die typischen Fähigkeiten und Kenntnisse, die in einem bestimmten Geschäftsverkehr erwartet werden. Schon aus der Auslegung von § 276 Abs. 2 BGB folgt daher, dass es im Handelsverkehr auf die typischen Kenntnisse und Fähigkeiten von Kaufleuten ankommt. Das stellt § 347 Abs. 1 klar, wenn es heißt: „Wer aus einem Geschäft, das auf seiner Seite ein Handelsgeschäft ist, einem anderen zur Sorgfalt verpflichtet ist, hat für die Sorgfalt eines ordentlichen Kaufmanns einzustehen". Das Maß der Sorgfalt ergibt sich aus Branche, Geschäfts- und Vertragstyp. Das Maß ist abstrakt, indem sich der Kaufmann sich nicht darauf berufen kann, er habe geringere Fachkenntnisse als andere Kaufleute gehabt. § 345 ist nicht anwendbar, der nichtkaufmännische Geschäftspartner haftet also nicht nach § 347 (s.o. Rn. 353). **389**

99 Baumbach/*Hopt* § 358 HGB Rn. 1.
100 BGH, NJW-RR 1998, 680 zu III.1.
101 Koller/*Roth*, § 360 Rn. 3.

V. Zinsen

390 Bestimmungen über die Verzinsung von Geldschulden finden sich in §§ 256, 641 Abs. 4, 668, 819, 820, 849 BGB. Der gesetzliche Zinssatz beträgt gem. § 246 BGB 4 % für das Jahr (p. a.). Dagegen ist der gesetzliche Zinssatz gem. § 352 Abs. 1 Satz 1 für beiderseitige Handelsgeschäfte auf 5 % festgesetzt[102], unbeschadet eines höheren Verzugsschadens gem. §§ 288 Abs. 4, 289 Satz 2 BGB[103]. Auf die Eintragung im Handelsregister kommt es nicht an. Der Scheinkaufmann schuldet 5 %, kann sie aber nicht verlangen. 5 % p.a. werden auch geschuldet, wenn Zinsen, aber kein Zinssatz vereinbart wurde (§ 352 Abs. 1 Satz 2). Außerdem dürfen Kaufleute untereinander gem. § 353 Fälligkeitszinsen verlangen, wenn sie nichts anderes vereinbaren. Gem. § 288 Abs. 1 Satz 1 BGB entsteht der Zinsanspruch ja nur nach Verzug (§ 286 BGB), also nicht schon nach bloßer Fälligkeit. Nichtgewerbetreibende können Fälligkeitszinsen nur individuell, gem. § 309 Nr. 4 und 5b BGB nicht durch Allgemeine Geschäftsbedingungen, vereinbaren[104]. Zinstatbestände im Handelsrecht sind außerdem §§ 354 Abs. 2, 355, 110, 111 sowie 57 Abs. 2, 278 AktG und 20 GmbHG, die auch für einseitige Handelsgeschäfte (Rn. 353) gelten[105].

391 Zinsen auf Vertragszinsen können im Allgemeinen gem. §§ 248 Abs. 1 BGB und gem. § 353 Satz 2 nicht verlangt werden, gem. § 289 Satz 1 BGB auch nicht auf Verzugszinsen und gem. § 353 Satz 2 nicht auf Fälligkeitszinsen, wohl aber im Falle des Kontokorrents gem. § 355 Abs. 1 (Rn. 417).

VI. Verzug

392 Für den Verzugseintritt und seine Rechtsfolgen gelten keine handelsrechtlichen Besonderheiten, wohl aber für den unternehmerischen Verkehr (oben Rn. 33). Nach § 286 Abs. 3 BGB tritt Verzug ohne Mahnung ein, wenn der Schuldner nicht innerhalb von dreißig Tagen nach Fälligkeit und Zugang einer Rechnung oder gleichwertigen Leistungsaufstellung leistet, ohne dass es eines dementsprechenden Hinweises bedürfte. Gem. § 288 Abs. 2 beträgt der Verzugszinssatz für Entgeltforderungen[106] 8 Prozentpunkte (im nichtunternehmerischen Verkehr: 5 Prozentpunkte, § 288 Abs. 1 Satz 2) über dem Basiszinssatz, der sich nach weiterer Maßgabe von § 247 BGB nach Refinanzierungsoperationen der EZB und entsprechender Bekanntmachung durch die Bundesbank (vgl. Monatsberichte, Stat. Teil VI. 3.) richtet. Im Übrigen bleibt es bei der Regelung aus § 289 BGB (vorst. Rn. 390). Diese Bestimmungen stellen die Umsetzung der Richtlinie 2011/7/EU vom 16.2.2011 zur Bekämpfung des Zahlungsverzugs im

---

102 BGH, NJW 1987, 2821 zu III. mit Bspr. *Schmidt*, JuS 88, 742.

103 OLG Schleswig, TranspR 1995, 317.

104 BGH, WM 1998, 295 m. Anm. *Bülow*, WuB IV C. – 5.98; *Blank*, DNotZ 1998, 339.

105 Koller/*Roth*, § 354 HGB Rn. 2.

106 Begriff: Gegenleistung des Schuldners, BGH, NJW 2010, 1872 Rn. 23; nicht: gesellschaftsrechtlicher Abfindungsanspruch (§ 378 BGB), OLG Karlsruhe, ZGS 2005, 279, wohl aber Ausgleichsanspruch des Handelsvertreters nach § 89b HGB, BGH, NJW 2010, 3226 Rn. 14.

Geschäftsverkehr[107] dar, die dem Schutz kleiner und mittlerer Unternehmen (im EU-Jargon „KMU", 1. Erwägungsgrund zur Vorgängerrichtlinie 2000/35/EG) dienen soll. Diese Richtlinie bestimmt auch den Zeitpunkt der Rechtzeitigkeit der Zahlung anders als im deutschen Recht. Nach § 270 BGB kommt es für die Rechtzeitigkeit auf den Zeitpunkt an, in welchem der Schuldner seiner Bank den Überweisungsauftrag erteilt, nicht aber auf den späteren Zeitpunkt, in dem der Gläubiger den geschuldeten Betrag erhält (qualifizierte Schickschuld)[108]. Nach Art. 3 Abs. 1 lit. b der Richtlinie kommt es für die Rechtzeitigkeit dagegen darauf an, dass der Gläubiger den geschuldeten Betrag erhalten hat, das Geld also seinem Konto bei seiner Bank, der Empfängerbank, gutgeschrieben ist[109] (modifizierte Bringschuld?[110]).

VII. Zurückbehaltungsrecht

1. Überblick

a) Gem. § 273 Abs. 1 BGB kann der Schuldner gegen den Anspruch des Gläubigers die Einrede des Zurückbehaltungsrechts erheben, wenn er aus dem selben rechtlichen Verhältnis eine fällige Gegenforderung hat (Konnexität zwischen Forderung und Gegenforderung). §§ 273, 274 BGB sind auch im kaufmännischen Verkehr anwendbar. In bestimmter Weise erweitern §§ 369 bis 372 jedoch für den Handelsverkehr das Zurückbehaltungsrecht. Die Erweiterung liegt zunächst darin, dass der Kaufmann, soweit er Schuldner eines Herausgabeanspruchs bezüglich beweglicher Sachen oder Wertpapiere ist, diesem Anspruch auch solche Forderungen aus Handelsgeschäften entgegensetzen kann, die nicht aus demselben rechtlichen Verhältnis stammen, also **nicht konnex** sind. **393**

Aber darin erschöpft sich die Besonderheit des kaufmännischen Zurückbehaltungsrechts nicht. Hat der Kaufmann in seinem Besitz befindliche Sachen und Wertpapiere herauszugeben, kann er wegen seiner Gegenforderung nicht nur die Herausgabe verweigern mit der bloßen Folge der Zug-um-Zug-Verurteilung gem. § 274 BGB, sondern er darf die Gegenstände auch **durch Versteigerung verwerten**, um Befriedigung für seine Gegenforderung zu erreichen (§ 371)[111]. Die Gegenstände dienen dem Kaufmann als Sicherheit für seine Gegenforderungen. Die Besonderheit des kaufmännischen Zurückbehaltungsrechts zeigt sich also nur dann, wenn der Kaufmann im Besitz von beweglichen Sachen oder Wertpapieren seines kaufmännischen Vertragspartners ist. Stehen sich andere Ansprüche gegenüber, bleibt es bei §§ 273, 274 BGB.

---

107 ABlEU L 48/1 vom 16.2.2011.

108 Für die Anwendung des Richtlinienkonzepts auch im allgemeinen Privatrechtsverkehr: *Herresthal*, JuS 2014, 289 (295); *Nobbe*, WM 2012, Sonderbeilage 2, S. 21, dagegen *Martin Schwab*, NJW 2011, 2833 (22825 ff.); *Bülow*, WM 2013, 245 (249).

109 EuGH, NJW 2008, 1935 Rn. 35 für Überweisung mit Bspr. *Faust*, JuS 2009, 81; *Gösele*, Festschr. Nobbe 2009, S. 75; nicht bei Rechtzeitigkeit zur Feststellung von Skontoberechtigung, OLG Stuttgart, NJW 2012, 2360 zu II.b,c (Absendung eines Schecks). .

110 So *Herresthal*, ZGS 2008, 259, dagegen *Martin Schwab*, NJW 2011, 2833; *Köndgen*, Festschr. K. Schmidt 2009, S. 909.

111 OLG Köln, EWiR § 49 KO 1/99, 31 – *Runkel* –.

394 **b)** Beide Teile, der Zurückbehaltende und derjenige, dem die Sachen oder Wertpapiere gehören, sind **sowohl Gläubiger wie Schuldner:** Der Zurückbehaltende ist Schuldner des Herausgabeanspruchs und Gläubiger seiner Gegenforderung; der andere ist Gläubiger des Herausgabeanspruchs und Schuldner der Gegenforderung. Wenn in §§ 369 ff. von dem „Schuldner" die Rede ist, so ist darunter derjenige Schuldner der Forderungen aus Handelsgeschäften zu verstehen, der zugleich Gläubiger des Anspruchs auf Herausgabe der beweglichen Sache oder des Wertpapiers ist. „Gläubiger" ist der Gläubiger der Forderung aus den Handelsgeschäften und Schuldner des Herausgabeanspruchs an den beweglichen Sachen oder Wertpapieren: Er ist es, der das kaufmännische Zurückbehaltungsrecht hat.

2. Die Regelung im Einzelnen

395 **a) Forderung und Herausgabeanspruch. – aa)** Während der Anspruch des Schuldners auf Herausgabe geht (z.B. §§ 985, 1007, 667, 695 BGB), kann die Forderung des Gläubigers, der das Zurückbehaltungsrecht an den Sachen oder Wertpapieren geltend macht, jedwede durchsetzbare Forderung sein; allerdings setzt die Verwertung nach §§ 1228 Abs. 2 BGB, 371 eine Geldforderung voraus[112] (nachf. Rn. 405). Diese Forderung muss nach Maßgabe von § 271 BGB fällig sein. Ist die Forderung ihrerseits einredebehaftet, endet die Durchsetzbarkeit und damit die Erheblichkeit des Zurückbehaltungsrechts, wenn die Einrede erhoben wird[113]. Die Verjährung der dem zurückbehaltenden Kaufmann zustehenden Forderung nach Entstehung des Zurückbehaltungsrechts ist gem. § 215 BGB dagegen unschädlich[114].

396 Die Gegenforderungen müssen zwar nicht demselben rechtlichen Verhältnis wie der Anspruch des Schuldners auf Herausgabe entstammen (keine Konnexität, vorst. Rn. 393), aber doch aus beiderseitigen Handelsgeschäften zwischen Gläubiger und Schuldner (§ 345 ist also nicht anwendbar: kein kaufmännisches Zurückbehaltungsrecht gegenüber einem Nichtkaufmann, der es aber – freilich ohne Geltung von § 371 – vertraglich einräumen kann), wozu auch deliktische oder Bereicherungsansprüche zählen können. Der zurückbehaltende Gläubiger muss also unmittelbarer Geschäftspartner des kaufmännischen Schuldners gewesen sein. Durch das Erfordernis der **Unmittelbarkeit** („zwischen ihnen geschlossene Handelsgeschäfte", § 369 Abs. 1) wird zum Schutz des Schuldners ausgeschlossen, dass auch ein Zessionar das kaufmännische Zurückbehaltungsrecht ausüben könnte:

397 **bb)** Hat ein anderer Kaufmann gegen den Schuldner eine Forderung, aber keine Sicherheit dafür, könnte er die Forderung an einen Kaufmann, der eine Sache oder ein Wertpapier des Gläubigers in Besitz hat, abtreten und damit in der Person des Zessionars das Zurückbehaltungsrecht entstehen lassen. Das Unmittelbarkeitserfordernis baut einer solchen Manipulation vor. In teleologischer Reduktion bleibt es aber beim kaufmännischen Zurückbehaltungsrecht aus § 369, wenn Schuldnerschutz nicht in Frage steht. Das ist der Fall, wenn der Zessionar die Sachen oder Wertpapiere des

112 Baumbach/*Hopt*, § 369 Rn. 4.
113 *Diederichsen*, JuS 1985, 825 (829).
114 BGHZ 48, 116 = NJW 1967, 1902.

Schuldners erst nach der Abtretung in seinen Besitz bekommt. Gleiches gilt im Erbfall oder bei Schuldnerwechsel gem. § 414 BGB. Nicht schutzwürdig ist der Schuldner auch, wenn die Forderung des Gläubigers in einem Inhaber- oder Orderpapier verkörpert ist, das der Schuldner ausstellte und das in die Hände eines Kaufmanns gelangt, der Sachen des Schuldners hat: Der Schuldner muss von vornherein damit rechnen, dass solche Papiere wegen ihrer Umlauffähigkeit in die Hände von Besitzern seiner Sachen gelangen[115].

b) Sachen und Wertpapiere. Gegenstand des Zurückbehaltungsrechts sind be- **398**
wegliche Sachen und Wertpapiere, also nicht Grundstücke und Rechte (Patentrechte, Urheberrechte, Geldforderungen), wohl aber dann, wenn sie in einem Wertpapier verbrieft sind. Aber auch nicht alle Wertpapiere sind Gegenstand des kaufmännischen Zurückbehaltungsrechts, sondern nur solche, mit denen sich das Ziel des Zurückbehaltungsrechts verwirklichen lässt, die also gem. § 371 selbst und als solche verwertet werden können. Das sind Inhaber- und Orderpapiere, nicht aber Rektapapiere wie Hypotheken- und Grundschuldbriefe (Ausnahme Inhabergrundschuldbrief § 1195 BGB): Diese können nicht selbständig verwertet werden, nur das Grundstück selbst. Hier bleibt es beim Zurückbehaltungsrecht gem. § 273 BGB.

c) Eigentum des Schuldners. Der Herausgabeanspruch des Schuldners besteht, **399**
wenn er Eigentümer der Sache oder des Wertpapiers ist. Wenn der zurückbehaltende Gläubiger selbst Eigentümer ist, kann er trotzdem verpflichtet sein, es auf den Schuldner zurück zu übertragen. Er kann z.B. zur Rückübertragung verpflichtet sein, wenn er an dem Eigentum ungerechtfertigt bereichert ist (§ 812 BGB) oder wenn er nach vollzogenem Kauf gem. §§ 437 Nr. 2, 440 BGB zurücktritt, also das Eigentum auf den Schuldner übertragen muss. In diesem Fall erstreckt sich das kaufmännische Zurückbehaltungsrecht auf diese zurück zu übertragenden Sachen, wie § 369 Abs. 1 Satz 2 bestimmt. Ist der Kaufmann Sicherungseigentümer, hat er ohnehin das Verwertungsrecht[116].

d) Gutgläubiger Erwerb? Von dem in § 369 Abs. 1 Satz 2 erfassten Sonderfall **400**
(vorst. Rn. 399) abgesehen, ist Grundlage des kaufmännischen Zurückbehaltungsrechts das Eigentum des Schuldners an beweglicher Sache oder am Wertpapier. Problematisch wird es, wenn die Sache oder das Wertpapier dem Schuldner nicht gehören, auch nicht auf ihn zurück zu übertragen sind, der Gläubiger aber redlicherweise annimmt, der Schuldner sei Eigentümer. Es stellt sich die Frage, ob das Zurückbehaltungsrecht auch an fremden Sachen kraft guten Glaubens an das Eigentum des Schuldners entstehen kann. Das hätte zur Folge, dass der wirkliche Eigentümer seines Eigentums endgültig verlustig ginge, wenn die Sache gem. § 371 verwertet wird: Kehrseite des Gutglaubenserwerbs ist immer der Rechtsverlust des anderen. Im Rahmen des kaufmännischen Zurückbehaltungsrechts bietet das Gesetz dafür keine Handhabe. Der Rechtsverlust ist gem. §§ 932 ff. BGB, 366 (s.u. Rn. 436) beschränkt auf rechtsgeschäftliche Verfügungen eines Nichtberechtigten über das Eigentum. Darauf muss

115 RGZ 9, 45 (49) zu Art. 313 ADHGB.
116 *Bülow*, Kreditsicherheiten, Rn. 1215.

sich einstellen, wer den unmittelbaren Besitz an einer Sache aufgibt. Das kaufmännische Zurückbehaltungsrecht entsteht dagegen jenseits einer Verfügung und kraft Gesetzes, wenn auch auf der Grundlage eines Handelsgeschäfts und verbunden mit der Geltendmachung als Einrede gegen den Herausgabeanspruch. Ebenso wenig wie gesetzliche Pfandrechte (§ 1257 BGB) gutgläubig erworben werden können (sehr str.)[117], ist auch der Rechtsverlust durch gutgläubigen Erwerb des Zurückbehaltungsrechts nicht möglich[118].

401 **e) Unmittelbarer Besitz und Geltendmachung als Einrede. – aa)** Das kaufmännische Zurückbehaltungsrecht entsteht nur an Sachen oder Wertpapieren, an denen der Gläubiger mit Willen des Schuldners unmittelbaren Besitz hat. **Eigenmächtig erlangter Besitz** berechtigt nicht zur Zurückbehaltung. Die Nähe zum Pfandrecht an beweglichen Sachen zeigt sich: Wie dieses durch Einigung und Übergabe (oder Übergabeersatz) gem. §§ 1205, 1206 BGB entsteht, gründet sich auch das kaufmännische Zurückbehaltungsrecht auf gewollte Besitzverschaffung. Nur entsteht die Sachhaftung nicht durch dingliche Einigung, sondern durch Erklärung des Gläubigers, das Zurückbehaltungsrecht geltend zu machen. Trotz dieser Nähe zum rechtsgeschäftlich bestellten Pfandrecht fehlt es aber an einer Rechtsgrundlage zum gutgläubigen Erwerb (vorst. Rn. 400).

402 **bb)** Das kaufmännische Zurückbehaltungsrecht entsteht nicht allein dadurch, dass seine Voraussetzungen erfüllt sind. Vielmehr bedarf es einer Erklärung des Gläubigers. Das kaufmännische Zurückbehaltungsrecht ist nämlich ebenso wie dasjenige aus § 273 BGB eine **Einrede**, die als Gestaltungsrecht nur Wirkung entfaltet, wenn sich der Berechtigte darauf beruft. Verlangt der Schuldner also Herausgabe, muss der Gläubiger mit seinem Gegenanspruch die Einrede erheben (was nach allgemeinen Regeln konkludent geschehen kann[119]). Im Prozess auf Herausgabe der Sachen oder Wertpapiere wird der Gläubiger (als Beklagter) verurteilt, wenn er die Einrede nicht erhebt. Tut er es, tritt gem. § 274 BGB Zug-um-Zug-Verurteilung ein.

403 **f) Dritte.** Das ausgeübte Zurückbehaltungsrecht hat nicht nur die Wirkung eines Leistungsverweigerungsrechts gegenüber dem Herausgabeanspruch. Es wirkt gem. § 369 Abs. 2 auch Dritten gegenüber, soweit ihnen Einwendungen gegen den Herausgabeanspruch entgegengesetzt werden können. Gemeint ist § 986 Abs. 2 BGB. Danach kann der Besitzer (hier: der zurückbehaltende Kaufmann) im Falle der Eigentumsübertragung gem. § 931 BGB (Einigung und Abtretung eines Herausgabeanspruchs) dem Zessionar als neuem Eigentümer Einwendungen gegen den abgetretenen Herausgabeanspruch (z.B. aus einem zugrunde liegenden Verwahrungsvertrag) entgegensetzen. Ein solcher Einwand ist auch die Einrede des Zurückbehaltungsrechts aus § 369. Wer die Sache, an der das Zurückbehaltungsrecht geltend gemacht wird, gem. § 931 BGB erworben hat, ist also seinerseits dem Zurückbehaltungsrecht ausgesetzt. Ver-

117 Dazu *Bülow*, Kreditsicherheiten, Rn. 558 ff. m.w.N.
118 RGZ 69, 13 (17); im Ergebnis ebenso *Canaris*, § 28 Rn. 10.
119 Heymann/*Horn*, § 369 Rn. 4.

langt er Herausgabe, kann der Kaufmann dies nicht nur verweigern, sondern auch die Verwertung nach § 371 betreiben. In analoger Anwendung wird Gleiches zu gelten haben, wenn der Erwerber durch Besitzkonstitut gem. §§ 929, 930 BGB Eigentümer geworden war[120].

g) Gläubigerweisung. Das Zurückbehaltungsrecht ist ausgeschlossen, wo seine Ausübung dem Sinn der Besitzverschaffung widersprechen würde (§ 369 Abs. 3). Das ist der Fall, wenn der Gläubiger die Sache mit der Verpflichtung erhalten hatte, mit ihr in bestimmter Weise zu verfahren oder nach entsprechender Anweisung zu handeln. Zu denken ist an Kommissionäre oder Handelsvertreter, die die Sache verkaufen oder Spediteure und Frachtführer, die die Sache transportieren sollen. Sie dürfen weder zurückbehalten noch verwerten. **404**

h) Verwertung. Das kaufmännische Zurückbehaltungsrecht erschöpft sich nicht in der Wirkung eines Leistungsverweigerungsrechts. Der Gläubiger kann sich in einer Weise aus der Sache befriedigen, als hätte er ein Faustpfandrecht an ihr erhalten, so § 371 Abs. 2[121]. Der Gläubiger kann also den Pfandverkauf durch Privatversteigerer betreiben („Verkaufsbefriedigung"), braucht aber auch dann einen vollstreckbaren Titel (bei Verkauf eines Pfandes nicht), gem. § 371 Abs. 3 gerichtet auf Duldung der Verwertung[122]. Seine Rechtsverfolgung ist durch § 372 erleichtert: Der Schuldner gilt als Eigentümer, d.h., die Klage auf Duldung der Zwangsvollstreckung kann gegen ihn gerichtet werden, auch wenn die Sache inzwischen auf einen Dritten übertragen worden ist, Redlichkeit vorausgesetzt (gleiche Regelung für das Faustpfandrecht in § 1248 BGB). Tritt der Eigentumsübergang nach Klageerhebung ein, wirkt das Urteil gem. §§ 325, 727 ZPO gegen den Rechtsnachfolger, bei Redlichkeit des Gläubigers auch bei Übergang davor (§ 372 Abs. 2). Daneben kann wegen der Forderung ein gewöhnlicher Zahlungstitel erwirkt und aus diesem die Zwangsvollstreckung nach allgemeinen Regeln betrieben werden, auch in die zurückbehaltenen Sachen. **405**

i) Insolvenz und Zwangsvollstreckung. In der Insolvenz des Schuldners und Eigentümers fällt die zurückbehaltene Sache in die Insolvenzmasse. Jedoch hat der Gläubiger, der Sache oder Wertpapier kraft seines kaufmännischen Zurückbehaltungsrechts hat, Anspruch auf abgesonderte Befriedigung i.S.v. § 51 Nr. 3 InsO[123]. In der Zwangsvollstreckung gegen den Schuldner kommt die Vorzugsklage nach § 805 ZPO nur bei Herausgabebereitschaft des Gläubigers gem. § 809 ZPO bzw. bei Pfändung des Herausgabeanspruchs gem. §§ 829, 846, 847 ZPO in Betracht. **406**

120 *Canaris*, § 28 Rn. 27.
121 BGH, WM 2011, 1421 = ZIP 2011, 1419 Rn. 19, 31, 32.
122 Dazu *Bülow*, Kreditsicherheiten, Rn. 583.
123 OLG Köln, NJW-RR 1994, 544 und EWiR § 49 KO 1/99 – *Runkel* –.

VIII. Kontokorrent (§§ 355 bis 357)

1. Überblick

407 In § 355 ist das Kontokorrent definiert, jedoch nur eine eher geringfügige Rechtsfolge (Verzinsung, Rn. 391) gegenüber weiterreichenden Konsequenzen geregelt. Das Kontokorrent dient der Vereinfachung des Zahlungsverkehrs mit einem Kaufmann, wenn eine Vielzahl beiderseitiger Ansprüche aus laufender Geschäftsverbindung entsteht. Den Beteiligten steht es frei, alle einzelnen beiderseitigen Ansprüche abzurechnen. Durch das Kontokorrent werden die Ansprüche dagegen saldiert, d.h.: Die Ansprüche des einen Teils und die Ansprüche des anderen Teils werden addiert, und nach bestimmtem Zeitablauf wird festgestellt, für welchen der beiden ein Überschuss (**Saldo**) besteht. Die Rechtsbeziehungen konzentrieren sich dann auf diesen Überschuss, aber nicht mehr auf die einzelnen Ansprüche. Durch das Kontokorrent vereinbaren die Parteien gem. § 355 Abs. 1, dass die beiderseitigen Ansprüche in Rechnung gestellt werden (**Kontokorrentabrede**, auch stillschweigend[124]), dass die Ansprüche in bestimmten Zeitabschnitten verrechnet werden (**Verrechnungsabrede**) und dass ein Überschuss, der Saldo, festzustellen ist (**Feststellung oder Anerkenntnis)**. Diese drei Abreden beruhen auf der Geschäftsverbindung, also auf dem Willen der Parteien, fortgesetzt miteinander Geschäfte zu machen[125].

2. Kontokorrentabrede

408 **a)** In der Vereinbarung, die gegenseitigen Ansprüche in Rechnung zu stellen, schließen die Parteien aus, dass die einzelnen Ansprüche selbständig geltend gemacht werden können. Es ist vielmehr nur noch der festzustellende Saldo am Schluss der Rechnungsperiode, dessen Leistung verlangt werden darf. Die Kontokorrentabrede gewährt dem Schuldner demgemäß eine besondere, der Stundung ähnliche **Einrede** gegen die Geltendmachung der Einzelforderungen, die deren Verjährung (§ 205 BGB)[126] hemmt, ebenso die Aufrechnung gegen die Einzelforderung hindert. Das Kontokorrent begründet ein Dauerrechtsverhältnis und endet durch Kündigung[127] oder auch durch vereinbarten Fristablauf[128] (zur Insolvenz nachf. Rn. 423).

409 **b)** Der Ausschluss der selbständigen Geltendmachung bedeutet auch den Ausschluss der **Verfügungsmöglichkeit über die Forderung** im Verhältnis zu Dritten. Sie kann nicht selbständig abgetreten und als Folge dessen auch nicht verpfändet (§ 1274 Abs. 2 BGB) oder gepfändet (§ 851 Abs. 1 ZPO) werden (wohl aber der Schlusssaldo, nachf. Rn. 415, 421). Der Ausschluss der Abtretung ist ein **Abtretungsverbot** i.S.v. § 399 BGB zugunsten des jeweiligen Schuldners, das absolut, also auch gegenüber Dritten wirkt (nicht nur obligatorisch wie in der Fallgestaltung von § 137 BGB, näher u. Rn. 426). Hat sich ein Zessionar die Forderung antizipiert, also vor ihrer Entstehung,

124 BGH, NJW-RR 1991, 1251.
125 *Müller-Graff*, JZ 1976, 153; *A. Maier*, JuS 1987, 812 und 1988, 196; Koller/*Roth*, § 355 HGB Rn. 3.
126 BGHZ 49, 24 (27).
127 BGH, WM 1987, 897.
128 BGH, WM 2003, 1418 zu II.1.

abtreten lassen (z.B. im Wege des verlängerten Eigentumsvorbehalts), wird die Forderung dann aber mit ihrer Entstehung in das Kontokorrent gestellt, geht die Abtretung ins Leere[129] (unten Rn. 433).

c) Die Kontokorrentabrede braucht nicht alle Forderungen aus der Geschäftsverbindung der Parteien zu erfassen. Die Parteien können nach Belieben bestimmte **Forderungen ausnehmen**, im Zweifel solche, deren Vereinnahmung im Kontokorrent ihrem Sinn und Zweck widerspräche, z.B. einen Barkredit[130] oder Forderungen aus Schecks oder Wechseln[131], weil sonst ihre schnelle und wesensgemäße Durchsetzung vereitelt wäre. Nicht kontokorrentfähig sind Forderungen auf rückständige Einlagen bei Kapitalgesellschaften und Genossenschaften: Das würde dem gesellschaftsrechtlichen Grundsatz der Kapitalaufbringung widersprechen. Steht also ein Gesellschafter mit seiner Gesellschaft jenseits des Gesellschaftsverhältnisses in Geschäftsverbindung, befindet sich auch die Einlageforderung jenseits des Kontokorrents. Dagegen ist im Zweifel der Anspruch auf Auszahlung des Scheck- oder Wechselbetrages gegen die Bank, die mit der Einziehung betraut war (Nr. 9 Abs. 1 AGB-Banken, 23 Abs. 1 AGB-Sparkassen), kontokorrentgebunden[132]. **410**

3. Verrechnungsabrede

a) Mit der Verrechnungsabrede vereinbaren die Parteien, dass mit allen neu in das Kontokorrent eingestellten Forderungen des einen die Forderungen des anderen in bestimmten Zeitabständen getilgt werden, also erlöschen. Die Verrechnungsabrede hat demgemäß gleich einem Aufrechnungsvertrag[133] dinglichen Charakter, indem sie eine Verfügung über die Forderung herbeiführt, gleichermaßen durch Leistung wie etwa die Einzahlung in das Kontokorrent. Die Verrechnung führt in aller Regel, nämlich bei unausgeglichenem Kontokorrent, zu einem Überschuss des einen der Beteiligten. Dieser kann im Zweifel gem. § 355 Abs. 3 jederzeit durch Kündigung die Zahlung des Überschusses beanspruchen. Der Überschuss folgt aus der Addition und Saldierung aller einzelnen Posten, man bezeichnet ihn als kausalen Schlusssaldo[134]. **411**

b) Die Verrechnung (ebenso die Feststellung, nachf. Rn. 414) findet gem. § 355 Abs. 1 in regelmäßigen Zeitabschnitten statt, mangels anderer Abrede jährlich (§ 355 Abs. 2). Vorher bleiben die einzelnen Rechnungsposten in ihrem Bestand unberührt. Die Geltung eines solchen **Periodenkontokorrents** ist jedoch nicht zwingend. Die Parteien können auch das **Staffelkontokorrent** vereinbaren, nach dem jede Einstellung eines Rechnungspostens in das Kontokorrent zugleich zur Verrechnung und ggf. Feststellung führt. Im Zweifel ist nicht vom Staffelkontokorrent auszugehen. Die Regelungen von §§ 355 bis 357 sind aber auf das Staffelkontokorrent anwendbar. **412**

---

129 *Bülow*, Kreditsicherheiten, Rn. 1409 f.
130 *E. Wagner*, JZ 1985, 718.
131 *Bülow*, WG, ScheckG, 5. Aufl. 2013, Art. 1 WG Rn. 40; MünchKomm/*Langenbucher*, 3. Aufl. 2013, § 355 HGB Rn. 45.
132 *Canaris*, § 25 Rn. 14; *Bülow*, WG ScheckG, 5. Aufl. 2013, Nr. 23 AGB I Rn. 23.
133 *Bülow*, JuS 1991, 531 (536).
134 *Canaris*, § 25 Rn. 20; BGHZ 150, 122 (128/129) = NJW 2002, 1722; OLG Koblenz, WM 1997, 1566; OLG Karlsruhe, WM 1998, 1178 zu II.

413 **c)** Umstritten ist, in welchem Umfang eine Forderung des einen durch die Einstellung einer Forderung oder Leistung durch den anderen getilgt wird, nachdem die Verrechnung stattgefunden hatte. Besteht das Kontokorrent bei einer Partei aus drei Forderungen von je 2000,-€ und wird demgegenüber eine Einzahlung von 3000,– € in das Kontokorrent eingestellt, könnte jede Forderung anteilig getilgt werden, sodass von jeder noch 1000,– € übrigbleiben („verhältnismäßige Gesamtaufrechnung")[135]. Es könnten auch zunächst die älteren Forderungen völlig getilgt werden und nur die neueren übrig bleiben (**Staffelkontokorrent**); es könnte auch das Reglement zur Tilgungsverrechnung aus §§ 366, 396 BGB analog anwendbar sein, welches eine Konfliktlösung für gleichartige Sachverhalte enthält[136]. Die Parteien können diese Frage vertraglich regeln. Fehlt es daran, hilft eine Feststellungsabrede[137].

4. Feststellungsabrede

414 **a)** Die Unsicherheit des kausalen Schlusssaldos können die Parteien dadurch beseitigen, dass sie sich darüber einigen, der Schlusssaldo solle unabhängig von den Rechnungsposten, aus denen er entstanden ist, geschuldet sein. Mit dieser Einigung, der Feststellungsabrede, stellen die Parteien den Schlusssaldo fest und konzentrieren die Schuld auf ihn (**abstrakter Schuldsaldo**). Die Feststellung des Schlusssaldos ist ein abstraktes Schuldanerkenntnis im Sinne von § 781 BGB (formlos, § 350, o. Rn. 381, auch durch Schweigen gem. Nr. 7 Abs. 2 AGB-Banken[138]). Umstritten ist, ob die kausale Saldoforderung dadurch erlischt und statt ihrer ein neuer Schuldgrund geschaffen wird (Novation)[139], oder ob der Bestand der kausalen Saldoforderung unberührt bleibt und die Forderung aus dem Anerkenntnis nur neben sie tritt mit der Folge, dass die Leistung auf das Anerkenntnis, den abstrakten Schlusssaldo, dann kondiziert werden kann (§ 812 Abs. 2 BGB), wenn es auf einer nichtbestehenden Einzelforderung beruhte; hierfür liegt die Beweislast beim Schuldner dieser Einzelforderung[140]. Gegen die Novationslehre spricht nicht nur § 364 Abs. 2 BGB (Anerkenntnis nur erfüllungshalber, nicht an Erfüllungs statt), sondern auch § 356: Danach kann der Gläubiger trotz Feststellung des Schlusssaldos aus Sicherheiten, die für einzelne Rechnungsposten bestellt wurden, Befriedigung suchen (nachf. Rn. 418). Das setzt voraus, dass die einzelnen Forderungen nicht untergegangen sind, sondern sich, soweit sie nicht durch Verrechnung gem. § 389 BGB erloschen sind, im Schlusssaldo fortsetzen.

415 Werden Forderungen aus Naturalobligationen (§§ 762 ff. BGB) in den abstrakten Schlusssaldo einbezogen, sind Anerkenntnis und Verrechnung unverbindlich[141].

---

135 So die Rechtsprechung, RGZ 56, 19 (24); 164, 212 (215); BGHZ 49, 24 (309 = NJW 1968, 33.

136 *Canaris*, § 25 Rn. 23; MünchKomm/*Langenbucher*, § 355 HGB Rn. 82 ff.

137 Vgl. BGH, NJW 1991, 2908 mit Komm. *Koller*, EWiR § 355 HGB 1/91, 805 und OLG Oldenburg, ZIP 1995, 1000 mit Komm. *Koller*, § 355 HGB 1/95, 687.

138 *Wessels*, WM 1997, 1509.

139 RGZ 126, 142 (150); BGHZ 26, 142 (150); BGH, NJW 1985, 3010; *Olzen*, in: Staudinger, Eckpfeiler des Zivilrechts, 2005, S. 229 (255).

140 Im Einzelnen Staudinger/*Marburger*, § 782 BGB Rn. 7; die Theorie des kausalen Feststellungsvertrags, *Blaurock*, NJW 1971, 2208, beseitigt dagegen nicht die Unsicherheit des kausalen Schlusssaldos.

141 BGHZ 93, 307 (312) = NJW 1985, 1706.

b) Die Parteien können den Schlusssaldo durch Zahlung ausgleichen. Bei fortbestehender Geschäftsverbindung kann der Saldo aber auch auf die nächste Rechnungsperiode **übertragen** werden, wo er ein einzelner Rechnungsposten neben den neuen Posten der nächsten Rechnungsperiode ist. Folge davon ist, dass der Saldo wiederum zum unselbständigen Rechnungsposten wird und weder abgetreten noch verpfändet werden kann; die Pfändung in der Zwangsvollstreckung wird jedoch durch § 357 ermöglicht (nachf. Rn. 421). Erst der Schlusssaldo bei Beendigung der Geschäftsverbindung ist im Falle der Saldoübertragung verfügbar. Dies wirkt sich auf die **Verjährung** aus: Ohne Übertragung richtet sich die Verjährung der Forderung aus dem Schlusssaldo nach §§ 195, 199 Abs.1 und 4 BGB[142], andernfalls ist sie gem. §§ 205, 209 BGB gehemmt. Nach dem Ende der Kontokorrentbindung erst beginnt die Verjährungsfrist, im Regelfall gem. § 195 BGB von drei Jahren[143]. **416**

5. Zinsen

Gem. §§ 248 Abs. 1, 289 Satz 1 BGB, 353 Satz 2 können **Zinseszinsen** nicht verlangt werden (Rn. 391). Eine Ausnahme gilt für Banken und Sparkassen (Kreditinstitute, § 248 Abs. 2 BGB), außerdem als Form der Schadensberechnung für mittelbare Zinsen gem. §§ 252, 289 Satz 2 BGB[144]. Eine weitere Ausnahme gilt für das Kontokorrent: Gem. § 355 Abs. 1 können auf den Schlusssaldo Zinsen berechnet werden, auch wenn die einzelnen Rechnungsposten schon verzinslich waren (z.B. gem. § 354 Abs. 2). **417**

6. Sicherheiten

a) Die Einbeziehung einer Forderung in das Kontokorrent hindert den Gläubiger nicht, sich eine Sicherheit bestellen zu lassen (ein Mobiliar- oder Grundpfand, eine Bürgschaft[145], eine Schuldmitübernahme oder Sicherungsgesamtschuld). Bei einer Kaufpreisforderung kann sich der Gläubiger das Eigentum an der Ware vorbehalten; er kann ein Zurückbehaltungsrecht haben oder aus Rechtsgründen, die außerhalb des Kontokorrents liegen (vorst. Rn. 410), aufrechnen können. Ist der Gläubiger auf diese Weise gesichert, kann er sich gem. § 356 Abs. 1 **aus der Sicherheit befriedigen**, auch wenn er den Schlusssaldo anerkannt hatte; hier wirkt die Selbständigkeit der gesicherten Forderung, des Rechnungspostens, noch fort. Ist der Schlusssaldo niedriger als die gesicherte Forderung, haftet die Sicherheit natürlich nur insoweit. Gleichermaßen kann der Gläubiger einen Gesamtschuldner, der die Verbindlichkeit mit dem Geschäftspartner zusammen begründet hatte, in Anspruch nehmen (§§ 421 BGB, 356 Abs. 2 – gleichgründige, paritätische Gesamtschuld[146]). Die Parteien können die Sicherheit auch für den Schlusssaldo bestellten; wird dieser auf die nächste Rechnungsperiode übertragen (vorst. Rn. 416), fehlt es an der Fälligkeit, sodass die Sicherheit **418**

142 OLG Stuttgart, WM 1986, 225.

143 BGHZ 51, 346 (348); zu unterscheiden von der Verjährung der Einzelforderungen, deren Verjährung nur durch ihre jeweilige Rechnungsperiode gehemmt ist, LG Saarbrücken, WM 2011, 2043 mit Komm. *Harrer*, EWiR § 355 HGB 1/12, 53.

144 *Bülow*, ZIP 1996, 8; MünchKomm/*Langenbucher*, § 355 HGB Rn. 106.

145 BGH, NJW 1985, 3007; OLG Koblenz, WM 1997, 1566.

146 BGH, BB 1985, 1688.

noch nicht verwertet werden kann, sondern erst bei Beendigung der Geschäftsbeziehung.

419 **b)** Umstritten ist, wie die Sicherheit mit der gesicherten Forderung verknüpft bleibt. Nach dem von der Rechtsprechung aufgestellten **Grundsatz der niedrigsten Saldohaftung**[147] bleibt die Befriedigungsmöglichkeit aus der Sicherheit für den Saldo unabhängig vom Schicksal der der Sicherheit zugrunde liegenden, also der gesicherten Forderung bestehen. Auch wenn beispielsweise eine Kaufpreisforderung, für die ein Eigentumsvorbehalt begründet worden war, durch Tilgung erloschen ist, geht das Eigentum nach dieser Ansicht doch nicht auf den Käufer über. Es sichert vielmehr nicht nur den nächsten Schlusssaldo, soweit er für den Vorbehaltsverkäufer besteht, sondern bei Übertragung auf folgende Rechnungsperioden (vorst. Rn. 416) auch die weiteren Schlusssalden (wobei der jeweils niedrigste Saldo die Höchstgrenze der Haftung ist). Bei nicht endender Geschäftsverbindung würde also auch der Eigentumsvorbehalt nicht enden (wenn nicht der Saldo zu null oder die Sache veräußert wird, § 185 Abs. 1 BGB). Dieses „absurde Ergebnis“[148] wird nur dann vermieden, wenn sich die Sicherheit (entgegen der Rechtsprechung) nach dem Schicksal der Forderung als einzelnem Rechnungsposten richtet, der ja als solcher von der Saldoanerkennung unberührt bleibt (anders nur nach der Novationstheorie, siehe vorst. Rn. 414[149]), aber durch Tilgung (§ 362 BGB) erlosch.

420 **c)** Scheidet ein **persönlich haftender Gesellschafter** aus einer Personengesellschaft aus, haftet er zwar für Verbindlichkeiten weiter, die bis zu seinem Ausscheiden entstanden sind (Altschulden), aber nicht für Neuschulden. Deshalb kann sich seine Haftung auch nicht nach einem von der Gesellschaft später anerkannten Saldo richten[150].

7. Zwangsvollstreckung und Insolvenz

421 **a) Zwangsvollstreckung.** Der Zwangsvollstreckung unterliegen zwar nicht die einzelnen Forderungen, die als Rechnungsposten in das Kontokorrent eingestellt wurden, wohl aber der Schlusssaldo. Auch er wäre der Zwangsvollstreckung entzogen, würde er in die neue Rechnungsperiode übertragen. Auf diese Weise könnten die Forderungen durch Parteivereinbarung der Zwangsvollstreckung entzogen werden. Das verhindert das Gesetz für ein Abtretungsverbot nach § 399 BGB durch § 851 Abs. 2 ZPO, für das Kontokorrent durch § 357. Danach ist dem Vollstreckungsgläubiger der „Einbruch in das Kontokorrent“[151] ermöglicht. Er kann nicht nur durch Pfändung und Überweisung gem. §§ 829 ff. ZPO auf den Schlusssaldo zugreifen, sondern darüber hinaus auch auf den jeweiligen gegenwärtigen, im Zeitpunkt der Pfändung zu ziehenden Saldo (**Tagessaldo**)[152]. Die Pfändung unterbricht also die Rechnungsperiode des Kontokorrents.

---

147 BGHZ 50, 277 = NJW 1962, 2100; BGH, NJW 2003, 61 zu 2.; RGZ 76, 330 (334).
148 *Canaris*, § 25 Rn. 40.
149 *Bülow*, Kreditsicherheiten, Rn. 1510.
150 *Canaris*, § 25 Rn. 44, insoweit auch BGHZ 50, 277 (284) = NJW 1962, 2100.
151 *Canaris*, § 25 Rn. 47.
152 *Hübner*, JZ 1985, 1040 und BGHZ 84, 371, a.A. *Zwicker*, DB 1984, 1713.

Wird der Saldo, der zugunsten des Vollstreckungsschuldners besteht, durch Rechnungsposten zugunsten seines Kontokorrentpartners (das ist der Drittschuldner i.S.v. § 829 Abs. 1 Satz 1 ZPO und Saldoschuldner) gemindert, die nach der Pfändung entstehen, so bleibt die Pfändung davon unberührt.

Die Frage, wann ein Rechnungs- oder Schuldposten entsteht, beantwortet § 357 Satz 2. **422**
Es kommt darauf an, wann der rechtliche Grund für seine Entstehung gelegt war. War dies bereits vor der Pfändung geschehen, verringert sich der Tagessaldo. Ein Schuldposten, der ein Anspruch auf Minderung gem. §§ 437 Nr. 2, 441 ist, entsteht danach mit Abschluss des Kaufvertrages, nicht erst durch Zugang der Minderungserklärung nach § 441 Abs. 1 BGB. Das gilt in gleicher Weise für Anfechtung und Rücktritt. Solche Schuldposten wirken also gegen die Pfändung, indem sie den gepfändeten Tagessaldo verringern (§ 357 Satz 2). Andererseits erfasst die Pfändung auch nicht Rechnungsposten, die zugunsten des Vollstreckungsschuldners nach der Pfändung eingestellt wurden (Habenposten). Der Vollstreckungsgläubiger kann aber auch darauf zugreifen, indem er einen zukünftigen Saldo pfänden lässt[153] oder erneut vollstreckt.

b) Insolvenz. Gem. § 91 Abs. 1 InsO können Dritte nach Insolvenzverfahreneröff- **423**
nung keine Rechte an Gegenständen erwerben, die zur Insolvenzmasse gehören. Daraus folgt, dass die Kontokorrentabrede gem. §§ 115, 116 InsO mit Verfahrenseröffnung endete und danach entstehende Rechnungsposten nicht mehr kontokorrentgebunden sind. Es entsteht wiederum ein Tagessaldo als kausaler Schlusssaldo, der in die Insolvenzmasse fällt, bezogen auf den Zeitpunkt der Verfahrenseröffnung[154] . Wenn die Forderung aus diesem Schlusssaldo vor Verfahrenseröffnung antizipiert abgetreten oder verpfändet worden war, steht § 91 Abs. 1 InsO dem Rechtswerb des Zessionars resp. Pfandgläubigers entgegen, sie können also nicht gem. §§ 47, 50 InsO aus- oder absondern[155].

Auf der anderen Seite kann ein aussonderungsberechtigter Gläubiger das Nachsehen **424**
haben, wenn der Gegenstand bereits veräußert worden war. Er kann aber Ersatzaussonderung nach § 48 Satz 2 InsO verlangen, also den Veräußerungserlös, soweit dieser noch unterscheidbar vorhanden ist. Das ist zu bejahen, wenn der Erlös auf ein Kontokorrentkonto gebucht worden war, jenseits von verhältnismäßiger Gesamtaufrechnung (vorst. Rn. 412) und Novationstheorie (vorst. Rn. 413)[156].

153 Heymann/*Horn*, § 357 HGB Rn. 16; *Schultheiß* JuS 2014, 516 (518 f.) .
154 BGHZ 74, 253.
155 BGH, NJW 2009, 2677 Rn. 9-11 unter Aufgabe von BGHZ 70, 86 (94) sowie OLG Frankfurt, ZIP 2008, 2127; MünchKomm/*Langenbucher*, § 355 HGB Rn. 121; Koller/*Koller*, § 355 HGB Rn. 17; dagegen dezidiert *Canaris*, § 25 Rn. 53. Anders, wenn der Zessionar/Pfandgläubiger bereits eine gesicherte Rechtsposition erlangt hatte, BGH, NJW 2006, 2487 Rn. 6, z.B. wenn die Forderung bereits vor Verfahrenseröffnung entstanden, aber betagt war.
156 BGHZ 141, 116 = NJW 1999, 1709 mit Komm. *Canaris*, EWiR § 46 KO 1/99, 707 gegen BGHZ 58, 257.

8. Kontokorrent unter Nichtkaufleuten

425 Das Kontokorrent gehört zu den einseitigen Handelsgeschäften (§ 345, o. Rn. 353). Kontokorrentpartner kann also auch ein Nichtkaufmann sein. Wichtigster Fall ist das Bankgirokonto, an dem außer der Bank Kaufleute ebenso wie Nichtkaufleute beteiligt sein können[157]. Aber auch Nichtkaufleute untereinander können eine Kontokorrentverbindung begründen (**uneigentliches Kontokorrent**), auf das §§ 355 bis 357 anwendbar sind (o. Rn. 84) mit Ausnahme von § 355 Abs. 1 insoweit, als danach Zinseszinsen berechnet werden können. Dieses ist für den nichtkaufmännischen Verkehr gem. § 248 Abs. 1 BGB ausgeschlossen.

IX. Abtretungsverbot

1. Dogmatischer Ausgangspunkt

426 **a)** Ein Abtretungsverbot, wie es auch aus der Kontokorrentabrede folgt (o. Rn. 409) kann nach der allgemeinen Vorschrift von § 399 BGB für jede Forderung vereinbart werden, auch mittels AGB[158]. Parteien sind der Gläubiger und der Schuldner der Forderung. Das vertragliche Abtretungsverbot (*pactum de non cedendo*) führt zur Unwirksamkeit der dennoch vollzogenen, in der Abtretung liegenden Verfügung, wer immer der Zessionar sei. Die Wirkung tritt danach gegenüber jedem ein, der Forderung erwerben will, hat also absoluten Charakter[159]. Eine andere, hier nicht zu vertiefende Frage[160] ist, ob die aus der absoluten Wirkung folgende Unwirksamkeit eine relative (vgl. §§ 135, 136 BGB) oder absolute ist, d.h. nur im Verhältnis unter Schuldner und Zessionar oder im Verhältnis zu jedermann eintritt[161]. Ein Abtretungsverbot bewirkt im Vergleich zu den Regelungen von §§ 404 ff. BGB den stärkeren Schuldnerschutz. Es vereitelt den im Kaufrecht ubiquitären verlängerten Eigentumsvorbehalt, durch den die aus dem Weiterverkauf der Vorbehaltsware entstehende Forderung im Voraus an den Lieferanten abgetreten wird.

427 **b)** Unberührt bleibt die Vereinbarung eines schuldrechtlich wirkenden Abtretungsverbots[162]. Der Gläubiger kann sich dem Schuldner oder jedem anderen gegenüber also wirksam (§ 137 Satz 2 BGB) verpflichten, die Forderung nicht abzutreten. Die vertragswidrige Abtretung ist, auch dem Schuldner gem. § 137 Satz 1 BGB gegenüber, dennoch wirksam. Dieser kann die drohende vertragswidrige Abtretung allerdings

157 Dazu BGH, NJW 1985, 2699.
158 BGH, NJW 2006, 3486 mit Anm. *Berger*, LMK 2006, 199669.
159 *Bülow*, NJW 1993, 901.
160 *Bülow*, JuS 1994, 1 (7).
161 Dezidiert für relative Unwirksamkeit *Canaris*, Festschrift Serick, 1992, S. 13 und *E. Wagner*, Vertragliche Abtretungsverbote im System zivilrechtlicher Verfügungshindernisse, 1994, S. 228 ff. (316 ff.); auch *Astrid Bauer*, § 354a HGB – eine geglückte gesetzgeberische Lösung eines rechtspolitischen Problems?, 2001, S. 48.
162 Vgl. BGH, NJW 1982, 2768 zu I.2.

durch Einstweilige Verfügung (§ 935 ZPO) verhindern mit der Folge, dass die verfügungswidrige Abtretung gem. §§ 135, 136 BGB wiederum relativ unwirksam ist[163].

2. Vertraglicher Ausschluss im Handelsverkehr

Kehrseite eines die Unwirksamkeit der Abtretung bewirkenden vertraglichen Verbots ist, dass der Gläubiger in seinen geschäftlichen Dispositionen behindert ist. Er kann seine Forderung beispielsweise nicht für einen verlängerten Eigentumsvorbehalt oder für die Finanzierung durch Factoring einsetzen[164]. **428**

a) Wirksamkeit, aber beschränkte Wirkungen. Im kaufmännischen Verkehr bewertet das Gesetz durch § 354a Abs. 1 die Interessen des Gläubigers höher als das Schutzbedürfnis des Schuldners. Sofern nämlich die Forderung aus einem beiderseitigen Handelsgeschäft stammt und auf Geld gerichtet ist, kann ein gem. § 399 BGB vereinbartes Abtretungsverbot – gleichermaßen ein Zustimmungsvorbehalt[165] – die gewollte Wirkung nicht erreichen: Eine verbotswidrige Abtretung vollzieht dennoch den Gläubigerwechsel nach § 398 BGB, der Zessionar hat beispielsweise bei Pfändung seiner Forderung durch einen Gläubiger des Zedenten (§ 829 ZPO) die Drittwiderspruchsklage gem. § 771 ZPO resp. das Aussonderungsrecht in der Insolvenz nach § 47 InsO (o. Rn. 423). Die Abtretung ist absolut wirksam, nicht lediglich relativ unwirksam gegenüber dem Schuldner. Nur der Zessionar und nicht der Zedent kann auch vom Schuldner Leistung verlangen. **429**

Allerdings entfaltet das Abtretungsverbot hierbei noch Wirkung: Gem. § 354a Abs. 1 Satz 2 hat der Schuldner die Wahl, ob er an seinen wirklichen Gläubiger, den Zessionar, oder an den früheren Gläubiger, den Zedenten, leistet oder ein Erfüllungssurrogat erbringt. So kann er gegenüber dem Zessionar aufrechnen[166], ohne an die Voraussetzungen von § 406 BGB gebunden zu sein[167]; der Aufrechnung gegenüber dem insolventen Zedenten kann allerdings das Aufrechnungsverbot von § 95 Abs. 1 Satz 3 InsO entgegenstehen[168]. Entgegen § 362 Abs. 1 BGB hat die Leistung an den falschen Gläubiger (den Zedenten) also befreiende Wirkung. Dieser wird gem. § 816 Abs. 2 BGB Kondiktionsschuldner des Zessionars. Gleiches gilt nach der allgemeinen Regel von § 407 Abs. 1 BGB, wenn der Schuldner die Abtretung nicht kannte. Die Befreiung nach § 354a Abs. 1 Satz 2 tritt aber gerade auch bei Kenntnis des Schuldners von der Abtretung ein. Das mit einem Abtretungsverbot verbundene Interesse des Schuldners, **430**

163 *Baukelmann*, Festschrift Brandner 1996, S. 185 (198); *Nefger*, Vertragliche Abtretungsverbote, 2013, S.90; *Bülow*, JuS 1994, 1 (8).
164 Näher *Bülow*, Kreditsicherheiten, Rn. 1466, 1677.
165 OLG Köln, WM 1998, 859 m. Anm. *E. Wagner*, WuB IV E.–1.98; OLG Celle, NJW-RR 1999, 618 mit Bspr. *Schmidt*, JuS 1999, 920; a.A. OLG Schleswig, EWiR § 354a HGB 1/2000, 1163 – *Koller* –.
166 Hierzu *Lehmann*, JuS 2008, 420 (422 zu III.4.); aber kein wirksamer Vergleich zwischen Schuldner und Zedent bei Kenntnis: BGH, NJW 2009, 438 Tz. 20-22 mit Anm. *Lange*, LMK 2009, 276661 und BSpr. *K. Schmidt*, JuS 2009, 375.
167 BGH, WM 2005, 429 mit Bspr. *Schmidt*, JuS 2005, 564, Anm. *Chr. Berger*, LMK 2005, 74 und *E. Wagner*, WuB IV.E.-1.05.; *Saar*, ZIP 1999, 988 (993).
168 BGH, WM 2003, 2338 zu II. 1. a. bb.; *Gundlach/Frenzel/Nik. Schmidt*, KTS 2000, 519.

den Abrechnungsverkehr klar und übersichtlich zu gestalten[169], bleibt also geschützt. Außerdem ist er nicht mit der Unsicherheit über die Wirksamkeit der Abtretung aus anderen Gründen – etwa wegen Sittenwidrigkeit gem. § 138 BGB – belastet, die eine Hinterlegung gem. § 372 BGB geboten erscheinen lassen könnte[170].

431 Das Wahlrecht des kaufmännischen Schuldners steht allerdings unter dem allgemeinen Vorbehalt des Rechtsmissbrauchs nach § 242 BGB. Im Falle eines verlängerten Eigentumsvorbehalts (vgl. u. Rn. 444) darf der Abnehmer des Zwischenhändlers (Kaufpreisschuldner) deshalb im Allgemeinen nicht mehr an den Zwischenhändler als Zedenten (Vorbehaltskäufer) leisten, wenn die Vorausabtretung dem Abnehmer durch den Vorbehaltslieferanten offen gelegt worden war[171].

432 Auch im kaufmännischen Verkehr ist ein vertragliches Abtretungsverbot also keineswegs nichtig, seine durch das Gesetz beschränkte Wirkung aber nicht abdingbar (§ 354a Abs. 1 Satz 3). Das ändert nichts daran, dass sich der kaufmännische Zedent gegenüber seinem kaufmännischen Schuldner vertragswidrig verhält, wenn er gegen die Verpflichtung verstößt, die Forderung nicht abzutreten. Dem allgemeinen Konzept des Handelsrechts entgegen (o. Rn. 8) wird der kaufmännische Verkehr im Verhältnis zum allgemeinen Rechtsverkehr stärker geschützt[172].

433 **b) Verhältnis zum Kontokorrent.** § 354a hat Vorrang gegenüber abtretungsausschließenden Vereinbarungen, aber nicht gegenüber dem sich mittelbar aus der Kontokorrentabrede ergebenden Abtretungsverbot (Rn. 409). Die Kontokorrentbindung vereitelt die Abtretbarkeit also auch und gerade im kaufmännischen Verkehr[173]. Dies gilt beispielsweise auch bei der Abtretung im Rahmen eines verlängerten Eigentumsvorbehalts.

434 **c) Auswirkungen auf den gutgläubigen Erwerb.** Durch § 366 ist der gute Glaube an die Verfügungsbefugnis (§ 185 Abs. 1 BGB) geschützt mit der Folge, dass der Eigentumserwerb auch dann eintreten kann, wenn die Verfügungsbefugnis in Wahrheit fehlt. Sie könnte fehlen, wenn sie – wie beim verlängerten Eigentumsvorbehalt[174] – von der Abtretung einer Forderung abhinge, die Abtretung aber nach § 399 BGB wirksam ausgeschlossen wäre. Aber § 354a verhindert den wirksamen Ausschluss der Abtretbarkeit gerade, sodass dem gutgläubigen Erwerb (sollte aus anderen Gründen keine Verfügungsbefugnis bestehen) insoweit nichts entgegensteht resp. sich die Frage der Gutgläubigkeit nicht stellt (näher Rn. 445).

435 **d) Nichtkaufleute.** Die Einschränkung von § 399 BGB durch §354a gilt nur für Geschäfte unter Kaufleuten, aber weder bei einseitigen Handelsgeschäften (§ 345, o.

169 BGHZ 51, 113 (116), deshalb keine Unwirksamkeit nach § 307 BGB, BGHZ 77, 274 = NJW 1980, 2285.

170 *Bülow*, JuS 94, 766 (768); *ders.*, Kreditsicherheiten, Rn. 1102.

171 *Schmidt*, NJW 1999, 400; *ders.*, Festschrift Schimansky 1999, S. 503, 514; *Derleder*, BB 1999, 1561 (1566); *Canaris*, § 26 Rn. 25.

172 *Canaris*, § 26 Rn. 17.

173 *E. Wagner*, WM 1996, Beil. 1, S. 7; *Canaris*, § 26 Rn. 22.

174 *Bülow*, Kreditsicherheiten, Rn. 1473.

Rn. 353) noch bei Geschäften unter gewerblichen Nichtkaufleuten[175] (o. Rn. 23) oder gar unter nicht gewerblichen Unternehmern (Freiberufler) oder unter Verbrauchern[176] oder bei Privatgeschäften des Kaufmanns (vgl. § 344, oben Rn. 349[177]).

e) Rückausnahme für Darlehen (§ 354a Abs. 2). Auch im kaufmännischen Geschäftsverkehr bleibt es bei der gewollten absoluten Wirkung eines vereinbarten Abtretungsverbots nach § 399 BGB, wenn die Forderung, deren Abtretung der Schuldner verbietet, eine Darlehensforderung bestimmter Art ist. Handelt es sich nämlich um einen Gelddarlehensvertrag (nicht um ein Sachdarlehen nach § 607 BGB) und ist Darlehensgeber ein Kreditinstitut (§ 1 Abs. 1 Nr. 2 KWG, private Bank, Sparkasse, Genossenschaftsbank), ist wegen der Ansprüche aus § 488 Abs. 1 Satz 2 BGB (Zinsen, Rückerstattung des Darlehens) § 354a Abs. 1 nicht anwendbar. Die Rückausnahme hat ihren ökonomischen Hintergrund in Missbräuchen, die beim Handel mit Kreditforderungen aufgetreten waren[178]. **435a**

D. Besondere Regelungen zum Sachenrecht

I. Gutgläubiger Erwerb (§§ 366, 367)

1. Überblick

Gem. §§ 932 ff. BGB kann eine bewegliche Sache vom Nichteigentümer zu Eigentum erworben werden, wenn der Erwerber den Nichtberechtigten guten Glaubens für den Eigentümer hielt. Das ist aber nicht die einzige Möglichkeit, eine dem Veräußerer nicht gehörende Sache zu erwerben. Ihm kann Verfügungsbefugnis gem. § 185 Abs. 1 BGB eingeräumt sein, also die Befugnis, im eigenen Namen über die fremde Sache ein Verfügungsgeschäft abzuschließen. Ist die Einwilligung gem. § 185 Abs. 1 BGB erteilt, wird der Erwerber Eigentümer, ohne dass es auf guten Glauben ankommen könnte. Der Handelsverkehr bringt es nun häufig mit sich, dass die Sache nicht vom Eigentümer, sondern vom verfügungsberechtigten Nichteigentümer veräußert wird: Darauf beruht das Kommissionsgeschäft (u. Rn. 523), aber auch der Weiterverkauf von Waren, die unter Eigentumsvorbehalt stehen, durch den Händler[179]. Wer von einem Kommissionär erwirbt, weiß, dass dieser in aller Regel nicht Eigentümer der veräußerten Sache ist (sondern der Kommittent). Er glaubt also nicht an das Eigentum des Kommissionärs und kann mithin nicht nach Maßgabe von §§ 932 ff. BGB gutgläubig erwerben. Um den Handel mit beweglichen Sachen zu erleichtern, bestimmt § 366 Abs. 1 aber, dass der Eigentumserwerb auch bei **gutem Glauben an die Verfügungsbefugnis** des Veräußerers, also an die in Wahrheit nicht erteilte Einwilligung des Eigentümers gem. **436**

175 BGH, WM 2006, 2142 = NJW 2006, 3486, a.A. *Canaris*, § 26 Rn. 35. Aber Verstoß der Norm gegen Willkürverbot Art. 3 Abs. 1 GG? Koller/*Roth*, § 354a HGB Rn. 2

176 Krit. zum gesetzgeberischen Konzept *E. Wagner*, WM 1996, Beil. 1, S. 8; zur Kontroverse über den zeitlichen Anwendungsbereich BGH, NJW 2001, 1724 mit Anm. *Magnus*, WuB IV E – 1.01.

177 OLG Frankfurt, NJW 2004, 3266.

178 *Langenbucher*, NJW 2008, 3169 (3173); *Nefger*, Vertragliche Abtretungsverbote, S. 159.

179 *Bülow*, Kreditsicherheiten, Rn. 1473 ff.

§ 185 Abs. 1 BGB, möglich ist[180]. Gleiches gilt für die Verpfändung gem. §§ 1204 ff. BGB. Unberührt bleibt § 935 BGB: Für den Erwerb **abhanden gekommener Sachen** nutzt auch der gute Glaube an die Verfügungsbefugnis nichts. Andererseits ist im Hinblick auf § 935 Abs. 2 BGB für abhanden gekommene Inhaberpapiere die Möglichkeit des gutgläubigen Erwerbs gem. § 367 eingeschränkt (nachf. Rn. 453). Der gute Glaube an die Geschäftsfähigkeit ist auch im Handelsrecht nicht geschützt. Einzige Ausnahme der Rechtsordnung hierzu sind Artt. 16 Abs. 2, 40 Abs. 3 WG, 21 ScheckG[181].

2. Grundtatbestand

437 **a) Parteien des Verfügungsgeschäfts. – aa)** Voraussetzung für die Möglichkeit des Erwerbs kraft guten Glaubens an die Verfügungsbefugnis des besitzenden Veräußerers ist, dass dieser die Kaufmannseigenschaft hat. Das richtet sich nach §§ 1 bis 6. Der gute Glaube an die Verfügungsbefugnis des Kleingewerbetreibenden, der seine Eintragung nach § 2 nicht herbeiführte (o. Rn. 56), begründet demgemäß im Allgemeinen nicht den Erwerb, wohl aber im besonderen, wenn der kleingewerbliche Veräußerer Kommissionär, Frachtführer, Spediteur oder Lagerhalter ist (§§ 383 Abs. 2, 407 Abs. 3 Satz 2, 453 Abs. 3, 467 Abs. 3, o. Rn. 81, 82). Nicht Voraussetzung ist, dass etwa auch der Eigentümer, dessen Sache veräußert wird, Kaufmann wäre.

438 **bb)** Der Erwerber, der an die Verfügungsbefugnis glaubt, braucht nicht Kaufmann zu sein, noch nicht einmal gewerblich oder beruflich zu handeln. Auch der gute Glaube eines Verbrauchers (§ 13 BGB) ist geschützt.

439 **cc)** Ist der Veräußerer nur **Scheinkaufmann**, geriert sich also z.B. nur als Kommissionär, ist § 366 Abs. 1 nicht anwendbar[182]. Anderer Ansicht ist *Canaris*[183] mit der Begründung, der Rechtsverlust wäre auch eingetreten, wenn sich der Veräußerer nicht bloß als Verfügungsermächtigter, sondern sogar als Eigentümer ausgegeben hätte. Das mag sein, entspringt aber einer anderen Tatsachenlage und ist keine Rechtsgrundlage für den Grundsatz, dass an sich niemand mehr Rechte übertragen könne, als er habe (*nemo plus iuris ad alium transferre potest quam ipse haberet)*. Wo davon (durch die Anwendung des deutschrechtlichen Grundsatzes „Hand wahre Hand") eine Ausnahme gemacht, d.h. die Enteignung des vormaligen Eigentümers mittels Privatrechts hingenommen werden soll, bedarf es gesetzlicher Anordnung. Für eine Analogie fehlt es an der Voraussetzung der Gesetzeslücke. Gutgläubiger Erwerb vom Scheinkaufmann ist also nicht möglich[184].

440 **b) Betriebsbezogenheit und Besitz.** Anwendungsvoraussetzung ist, dass der Kaufmann die Sache im Betriebe seines Handelsgewerbes veräußert; hier gilt § 344 (o. Rn. 349). Bei Privatgeschäften des Kaufmanns ist § 366 nicht anwendbar, vielmehr

180 Dazu Denkschrift HGB, S. 221.

181 *Bülow,* WG, ScheckG,5. Aufl. 2013, Art. 16 WG Rn. 26, Art. 40 WG Rn. 7; *Nitschke*, JuS 1968, 541.

182 *Gounalakis/Heuel*, in: *Pfeiffer*, Handelsgeschäfte, § 10 Rn. 53; *Lieder*, JuS 2014, 1009 (1012); offen BGH, NJW 1999, 425 zu II.1.

183 Lehrbuch, § 6 Rn. 26, § 29 Rn. 5.

184 *Bülow*, AcP 86 – 1986 –, 576; OLG Düsseldorf, NJW-RR 1999, 615 mit Bspr. *Schmidt,* JuS 1999, 921.

bleibt es bei §§ 932 ff. BGB. Der veräußernde Kaufmann muss (unmittelbarer oder mittelbarer) Besitzer der Sache sein.

c) Guter Glaube an die Vertretungsmacht? Umstritten ist, ob § 366 in analoger Anwendung auch auf den Mangel der Vertretungsmacht, m.a.W. auf den Erwerb vom falsus procurator, anwendbar ist. Insoweit enthalten §§ 75h, 91a aber schon positivrechtliche Regelungen, gleichermaßen die Grundsätze über Anscheins- und Duldungsvollmacht[185]. Für eine darüber hinausgehende Kategorie des Rechtsverlusts durch den Eigentümer ist kein Raum. Auch wäre der Erwerb nicht von Beständigkeit: Das obligatorische Geschäft bliebe nach Maßgabe von § 177 BGB unwirksam, sodass das gutgläubig erworbene Eigentum mittels Leistungskondiktion wieder herausverlangt werden könnte (nur die Eingriffskondiktion versagt gegenüber gutgläubigem Erwerb!). Richtigerweise ist § 366 auf den Mangel der Vertretungsmacht also nicht anwendbar. 441

d) Guter Glaube. Der Erwerber ist guten Glaubens an die Verfügungsbefugnis, wenn er die fehlende Verfügungsbefugnis nicht kennt, also einem Irrtum unterliegt, nämlich entweder einen Sachverhalt annimmt, bei dem, wenn er wahr wäre, Verfügungsbefugnis bestände, oder zwar den wahren Sachverhalt kennt, daraus aber falsche rechtliche Schlüsse zieht, eben die Einwilligung zur Verfügung folgert[186]. Der Irrtum allein begründet guten Glauben aber noch nicht. Nach Maßgabe von § 932 Abs. 2 BGB darf der Erwerber dem Irrtum nicht **grob fahrlässig** unterliegen. Daraus folgt im Einzelnen: 442

aa) Gegen die Verfügungsbefugnis spricht, dass der Veräußerer ein Handelsgewerbe betreibt, in dem typischerweise keine Verfügungsbefugnis erteilt wird, so beim Spediteur, Frachtführer,[187] oder Vermieter[188]. In der Regel wird einem Kommissionär Verfügungsbefugnis nicht erteilt für die Übereignung zur Sicherung eigener Verbindlichkeiten. Große Bedeutung hat § 366 bei der Veräußerung von Sachen, an denen sich der Lieferant das **Eigentum vorbehalten** hat. Der Veräußerer von Vorbehaltsware erteilt dem Händler in aller Regel Verfügungsbefugnis nur im Rahmen ordnungsgemäßen Geschäftsverkehrs. Daran kann es fehlen, wenn die Ware zu Schleuderpreisen verkauft wird[189], und ein gutgläubiger Erwerb kann scheitern. Der Händler bewegt sich aber noch im Rahmen ordnungsgemäßen Geschäftsverkehrs, wenn er mit dem Erwerber Kontokorrentbindung vereinbart[190]. Bei Erwerb eines gebrauchten Kraftfahrzeugs ist Gutgläubigkeit gehindert, wenn der **Kraftfahrzeugbrief** nicht vorgelegt wird[191] . 443

bb) Im Falle eines **verlängerten Eigentumsvorbehalts** erteilt der Lieferant seinem gewerblichen Käufer Verfügungsbefugnis über die Ware gegen Abtretung derjenigen Kaufpreisforderung, die der Käufer aus dem Weiterverkauf der Sache an seinen Abnehmer erlangt. Hatte sich dieser Abnehmer allerdings ein wirksames **Abtretungsverbot** nach § 399 BGB ausbedungen, scheitert der verlängerte Eigentumsvorbehalt (vgl. o. Rn. 409, 434). 444

---

185 Zutr. *Canaris*, § 29 Rn. 16, *Petersen*, Jura 2004, 247; dagegen dezidiert *Schmidt*, § 23 III.1.b; *Raisch*, Festschrift Hagen, 1999, S. 449 und JuS 1987, 936.

186 BGHZ 2, 52 = NJW 1952, 219 zu 8.; BGH, NJW 1961, 777 zu 2.a.

187 *Canaris*, § 27 Rn. 19.

188 BGH, NJW 1999, 425 zu II.2.a.

189 Im Einzelnen *Bülow*, Kreditsicherheiten, Rn. 1474 ff.

190 Näher *Bülow*, a.a.O., Rn. 1477.

191 BGH, WM 1996, 1318; OLG Hamburg, NJW-RR 1987, 1266 und EWiR § 366 HGB 1/95, 1105 mit Komm. *Eggert*; differenzierend für Neuwagenkauf BGH, NJW 2005, 1365 zu II. 1. mit Bspr. *Schmidt*, JuS 2005, 650.

445 Der gewerbliche Käufer darf nicht verfügen. Der Abnehmer ist im Allgemeinen nicht guten Glaubens an die Verfügungsbefugnis, weil er ja selbst durch sein Abtretungsverbot das Scheitern bewirkt hatte[192]. Sind aber sowohl der gewerbliche Käufer wie sein Abnehmer Kaufleute und handelt es sich um ein beiderseitiges Handelsgeschäft, ist die Abtretung der Forderung aus dem Weiterverkauf gem. § 354a Satz 1 wirksam, und die Verfügungsbefugnis besteht wirklich. Der Abnehmer wird Eigentümer, ohne dass sich die Frage des gutgläubigen Erwerbs stellt[193]. Dagegen ist der Abnehmer bösgläubig, wenn er bereits im Voraus an seinen Verkäufer, den Zwischenhändler, geleistet hatte, weil dadurch die Kaufpreisforderung gem. § 362 Abs. 1 BGB erlischt und die Abtretung ins Leere geht[194]. Keine Verfügungsbefugnis hat der gewerbliche Käufer mehr, wenn er seinem Abnehmer das Eigentum an der Vorbehaltssache bereits verschafft hatte. Ist die Vorbehaltssache noch in seinem Besitz und will er zugunsten eines weiteren Abnehmers verfügen, kommt es auf dessen guten Glauben an das Eigentum des gewerblichen Käufers an die Verfügungsbefugnis in Verbindung mit § 354a Abs. 1 an.

3. Lastenfreier Erwerb

446 Ist die Sache mit einem Pfandrecht oder mit einem Nießbrauch belastet, erwirbt der Gutgläubige lastenfrei (sei es vom Eigentümer, sei es vom Nichtberechtigten, § 936 BGB). Gem. § 366 Abs. 2 erwirbt er darüber hinaus selbst dann lastenfrei, wenn er die Belastung zwar kannte, aber glaubte, der Veräußerer sei befugt, über die Sache unter Aufgabe der Belastung („ohne Vorbehalt des Rechts") zu verfügen.

4. Pfandrecht

447 **a) Vertragspfandrechte.** § 366 Abs. 1 gilt nicht nur für die Veräußerung einer Sache, sondern auch für ihre Verpfändung gem. §§ 1204 ff. BGB, also für die rechtsgeschäftliche Begründung eines Mobiliarpfandrechts. Gem. § 1207 BGB kann das Pfandrecht an einer Sache nach Maßgabe von §§ 932, 934, 935 (nicht § 933!) BGB erworben werden, wenn die Sache dem Veräußerer gar nicht gehörte[195], der Gläubiger ihn aber für den Eigentümer hielt. Im Handelsverkehr tritt der gutgläubige Pfandrechtserwerb auch dann ein, wenn der Gläubiger wusste, dass der Verpfänder nicht Eigentümer ist, wenn er aber gutgläubig annahm, der Verpfänder dürfe gem. § 185 Abs. 1 BGB im eigenen Namen einen Pfandvertrag über die Sache abschließen und sie übergeben.

448 **b) Gesetzliche Pfandrechte.** Das Handelsrecht trifft aber nicht nur über das Vertragspfand eine Sonderregelung. Gem. § 366 Abs. 3 ist auch der gutgläubige Erwerb bestimmter gesetzlicher Pfandrechte möglich, nämlich der Besitzpfandrechte des Kommissionärs am Kommissionsgut (§ 397), des Frachtführers (§ 440), des Spediteurs (§ 464) und des Verfrachters am Frachtgut (§ 495) sowie des Lagerhalters am eingelagerten Gut (§ 475b, nicht aber der besitzlosen Pfandrechte des Beförderers von Reisenden auf See am Gepäck, § 552, und der Schiffsgläubiger am Schiff, § 597).

---

192 BGHZ 77, 274 (278) = NJW 1980, 2285; BGH, NJW 1999, 425 zu III.2.b. mit Bspr. *K. Schmidt*, JuS 1999, 502.
193 *Schmidt*, NJW 1999, 400; *ders.*, Festschrift Schimansky 1999, S. 503, 520.
194 BGH, WM 2003, 2420 mit Komm. *Theis*, EWiR § 456 BGB a.F. 1/04, 327 und Bspr. *Köper*, JA 2004, 265.
195 Im Einzelnen *Bülow*, Kreditsicherheiten, Rn. 501.

§ 366 Abs. 3 bestimmt zugunsten dieser Kaufleute und zulasten des Eigentümers, der seine Sache bei der Pfandverwertung (u. Rn. 454) verliert, also zweierlei:

aa) Guter Glaube an das Eigentum. Zum einen lässt die Vorschrift überhaupt den gutgläubigen Erwerb gesetzlicher Pfandrechte zu. Dies ist nach dem Wortlaut von § 1257 BGB nicht anzunehmen, weil sich diese Vorschrift ausdrücklich nur auf bereits entstandene gesetzliche Pfandrechte bezieht, den Entstehungstatbestand (durch gutgläubigen Erwerb) also gerade nicht behandelt (höchst umstritten)[196]. Der Kommissionär jedenfalls, der Kommissionsgut vom Kommittenten erhält, erwirbt gem. § 366 Abs. 3 am Kommissionsgut das gesetzliche Pfandrecht aus § 397, wenn er den Kommittenten gutgläubig für den Eigentümer hielt. Entsprechendes gilt für die übrigen der vorgenannten gesetzlichen Pfandrechte. **449**

Gem. §§ 397 Satz 1, 440 Abs. 1 Satz 1, 464 Satz 1, 475b Abs. 1 Satz 1, 495 Abs. 1 Satz 1 entsteht das Pfandrecht auch am **Gut eines Dritten**, der dem Kauf oder Verkauf, Transport oder Lagerung zugestimmt hatte. Ist der Dritte in Wahrheit gar nicht Eigentümer des Guts, entsteht gleichwohl das gesetzliche Pfandrecht daran, wenn der Kommissionär, Transporteur oder Lagerhalter den Dritten gutgläubig für den Eigentümer hielt[197]. **449a**

bb) Guter Glaube an die Verfügungsbefugnis. Zum anderen folgt aus § 366 Abs. 3 in Verbindung mit den Pfandvorschriften, dass der gutgläubige Erwerb der dort genannten gesetzlichen Pfandrechte auch dann möglich ist, wenn der Erwerber, also der Kommissionär, Frachtführer, Spediteur, Verfrachter oder Lagerhalter zwar wusste, dass sein Vertragspartner, der ihm die Sache übergab, nicht ihr Eigentümer war, aber gutgläubig annahm, dieser dürfe über die Sache einen Kommissions-, Speditions-, Lager-, Fracht- oder Stückgutvertrag abschließen und zu diesem Zwecke den Besitz an der Sache des Dritten übertragen. Das Pfandrecht entsteht also kraft guten Glaubens an **Drittgut,** obwohl der Dritte in Wahrheit seine Zustimmung zum Abschluss eines entsprechenden Vertrags nicht gegeben hatte. War der Dritte außerdem auch nicht Eigentümer, kann das Pfandrecht am Drittgut nur entstehen, wenn sich der gute Glaube des Kaufmanns auch auf das Eigentum des Dritten bezieht (Rn. 449a); der gute Glaube an die Zustimmung des Dritten allein genügt nicht für den Pfandrechtserwerb[198]. Auf diese Weise sichert das Gesetz die Vorleistung des Kaufmanns, die den in § 366 Abs. 3 aufgezählten Handelsgeschäften typisch ist, auch dann, wenn die Sache ebenso typischerweise nicht im Eigentum des Vertragspartners ist. Auf andere gesetzliche Pfandrechte als die genannten dürfte die Vorschrift von § 366 Abs. 3 aufgrund ihres Ausnahmecharakters[199] nicht entsprechend anwendbar sein; den Interessen der Gläubiger aus anderen Geschäften (namentlich der Werkunternehmer, § 647 BGB) kann auf andere Weise Rechnung getragen werden[200]. **450**

196 Nachweise bei *Bülow*, Kreditsicherheiten, Rn. 558 ff.
197 *K. Schmidt* NJW 2014, 1 (5 zu V.1.).
198 So bereits BGH, NJW-RR 2010, 1546 Rn. 50.
199 *Frohn*, AcP 161 – 1961 –, 33; MünchKomm/BGB/*Busche*, § 647 BGB Rn. 11.
200 *Bülow*, Kreditsicherheiten, Rn. 560; MünchKomm/BGB/*Busche*, § 647 BGB Rn. 12; Koller/*Koller*, § 366 HGB Rn. 4 a.E., a.A. dezidiert *Canaris*, § 27 Rn. 37 und *K. Schmidt*, NJW 2014, 1 (5).

451 **cc) Die gesicherten Forderungen.** Der gutgläubige Pfandrechtserwerb tritt zur Sicherung von Forderungen aus dem zugrunde liegenden Kommissions-, Speditions-, Lager-, Fracht- oder Stückgutfrachtvertrag ein. Für **inkonnexe Forderungen**, also solche, die mit dem zugrunde liegenden Vertrag nichts zu tun haben, kommt es darauf an, ob es sich um Gut des Vertragspartners oder um Drittgut handelt. Am Gut des Vertragspartners tritt die Haftung für inkonnexe Forderungen gem. §§ 397 Satz 2, 440 Abs. 1 Satz 2, 464 Satz 2, 475b Abs. 1 Satz 2 und 495 Abs. 1 Satz 2 i.V.m. 366 Abs. 3 Satz 1 ein, wenn der Kaufmann seinen Vertragspartner gutgläubig für den Eigentümer hielt. Drittgut haftet dagegen für inkonnexe Forderungen gem. § 366 Abs. 3 Satz 2 nicht. Insoweit geht Eigentumsschutz vor Verkehrsschutz[201]. Wenn der Pfandrechtserwerber jedoch annehmen durfte, dass sein Vertragspartner Eigentümer des Drittguts sei, gilt das vorstehend Gesagte, das Pfandrecht erstreckt sich also auch auf inkonnexe Forderungen.

452 **dd)** Die gesetzlichen Pfandrechte entstehen mit Besitzerlangung durch den Gläubiger und Willen des Vertragspartners oder Verfügungsmöglichkeit mittels Traditionspapiers. In **grenzüberschreitenden Fällen** kann es sein, dass der Besitz erst im Ausland übergeht. Gem. Art. 43 Abs. 1 EGBGB richtet sich der Pfandrechtswerb nicht nach deutschem Recht, sondern dem ausländischen Sachrecht, das am Lageort des Guts gilt[202].

452a **ee)** Der gutgläubige Erwerb gesetzlicher Pfandrechte des Handelsrechts stellt sich **zusammengefasst** wie folgt dar:

Zunächst ist Voraussetzung des Pfandrechtserwerbs, dass Kommissionär, Transporteur oder Lagerhalter Besitz erlangen oder mittels Traditionspapiers über das Gut verfügen können (§§ 397 Satz 3, 440 Abs. 2, 464 Satz 3, 475b Abs. 3, 495 Abs. 2, Rn. 452).

452b Ist der Vertragspartner, also der Kommittent, Absender, Versender, Einlagerer, Befrachter, nicht Eigentümer des Guts, entsteht das Pfandrecht bei gutem Glauben des Gläubigers an das Eigentum gem. § 366 Abs. 3 Satz 1 (Rn. 449). Ist nicht der Vertragspartner Eigentümer, sondern ein Dritter, entsteht das Pfandrecht bei gutem Glauben daran, dass der Dritte dem Kommissions-, Transport- oder Lagergeschäft zugestimmt hatte (Rn. 449a). Ist der Dritte in Wahrheit nicht Eigentümer, tritt der Pfandrechtserwerb nur dann ein, wenn der Kaufmann auch guten Glaubens an das Eigentum des Dritten war (Rn. 450). Das so entstandene Pfandrecht am Gut des Vertragspartners haftet für konnexe und inkonnexe Forderungen, dasjenige am Drittgut nur für konnexe Forderungen (Rn. 451).

5. Einschränkung des gutgläubigen Erwerbs

453 Erleichtert § 366 die Möglichkeit gutgläubigen Erwerbs, so schränkt ihn § 367 ein. Bei dieser Vorschrift geht es um Folgendes: Der gutgläubige Erwerb an abhanden gekommenen Sachen ist ausgeschlossen, wie § 935 Abs. 1 BGB bestimmt. Wohl aber ist der gutgläubige Erwerb an abhanden gekommenen Inhaberpapieren möglich: § 935

201 BR-Drucks. 368/97, S. 32; *Bülow/Artz*, JuS 1998, 680 (684).
202 BGH, NJW 2009, 2824 = WM 2009, 1484 Rn. 9 (für Eigentumsübergang).

Abs. 2 BGB[203]. Erwirbt aber ein Bankier (nicht notwendig ein Kreditinstitut i.S.v. § 1 KWG) Inhaberpapiere, stellt § 367 Abs. 1 die widerlegliche (Abs. 2) Vermutung auf, dass der Bankier unter bestimmten Voraussetzungen nicht gutgläubig ist. Die Voraussetzungen sind, dass der Verlust des Inhaberpapiers im Bundesanzeiger bekannt gemacht worden ist und dass nicht mehr als ein Jahr seit der Veröffentlichung vergangen war. Den Bankier trifft also die Obliegenheit, den Bundesanzeiger zu beachten[204]. Zur Erweiterung auf andere Wertpapiere und Einschränkungen s. § 367 Abs. 1 Satz 2 und Abs. 3.

II. Pfandverkauf

Die Verwertung eines rechtsgeschäftlich begründeten Pfandrechts findet nach Maßgabe von **454**
§§ 1228 ff. BGB statt, regelmäßig durch Privatversteigerung (§ 1235 BGB)[205]. Gem. § 1234 BGB ist die Verwertung anzudrohen, um dem Pfandschuldner die Chance zu geben, ihr durch Erfüllung der gesicherten Forderung zu entgehen. Nach der Androhung muss der Gläubiger mit der Verwertung mindestens einen Monat warten. Bei beiderseitigen Handelsgeschäften billigt § 368 Abs. 1 dem Schuldner eine solch lange Frist nicht zu: Sie beträgt nur **eine Woche**. Gleiches gilt für bestimmte gesetzliche Pfandrechte (ebenso wie in § 366 Abs. 3), für das Pfandrecht des Spediteurs, Frachtführers und Verfrachters selbst dann, wenn der Vertragspartner nicht Kaufmann ist (einseitiges Handelsgeschäft, § 345, o. Rn. 353). Das gilt auch beim Transport auf Binnenschiffen gem. § 26 BinnSchG.

E. Besondere Regelungen zum Wertpapierrecht

I. Überblick

1. Die Beteiligung am Verkehr mit Wertpapieren ist im Allgemeinen nicht Kaufleuten **455**
vorbehalten. Jeder Geschäftsfähige kann wirksam Wechsel oder Schecks zeichnen und erwerben, durch Erwerb von Aktien Aktionär werden etc. Für bestimmte Arten von Wertpapieren erweitert das Gesetz aber die Handlungsmöglichkeiten ausschließlich für Kaufleute. Bekanntlich kann man Wertpapiere nach der Art ihrer Übertragung einteilen in Namens-(Rekta-), Inhaber- und Orderpapiere[206]. Während die erstgenannten Wertpapierarten nach allgemeinen schuld- oder sachenrechtlichen Regeln übertragen werden, kennzeichnen sich letztere durch eine besondere wertpapierrechtliche Übertragungsform, nämlich das **Indossament**. Es ist ein schriftlicher Vermerk auf dem Wertpapier, nach dem nicht an den früheren Berechtigten (den Indossanten), sondern an den neuen (den Indossatar) zu leisten ist, mit anderen Worten: nicht an den Veräußerer, sondern an den Erwerber. Das Indossament ist Ausdruck eines Verfügungsvertrages zwischen Veräußerer und Erwerber, dem wertpapierrechtlichen **Begebungsvertrag**. Das Indossament verschafft dem Indossatar eine im Vergleich zur Abtretung

203 BGH, NJW 1994, 2093 mit Bspr. *Schmidt*, JuS 1994, 889 und Komm. *Schwintowski*, EWiR § 932 BGB 2/94, 769.
204 KG, EWiR § 367 HGB 1/93, 1215 mit Komm. *Hoeren.*
205 Im Einzelnen *Bülow*, Kreditsicherheiten, Rn. 568 ff.
206 *Zöllner*, S. 9 ff.

(§§ 398, 404, 407 BGB) stärkere, nämlich weitgehend einwendungsfreie Rechtsstellung (nachf. Rn. 479).

456 **2.** Nicht jedes Wertpapier kann durch Indossament übertragen werden, sondern nur ein solches, für welches das Gesetz die Indossierung zulässt, namentlich für Wechsel und Schecks (Artt. 11 ff. WG, 14 ff. ScheckG). Für den kaufmännischen Verkehr nun ist die Möglichkeit, bestimmte Wertpapiere in der Form des Indossaments zu übertragen, durch §§ 363 bis 365 erweitert. Diese Möglichkeit wird verwirklicht durch die sog. Orderklausel, das ist ein schriftlicher Vermerk auf dem Wertpapier, der die Übertragung der Berechtigung aus dem Wertpapier mittels Indossaments erlaubt. Die übliche Formulierung lautet, dass an den Berechtigten „oder dessen Order", d.h. aufgrund seiner Weisung an den Indossatar, zu leisten ist; daher die Bezeichnung „Orderklausel". Während Wechsel und Scheck kraft Gesetzes durch Indossament übertragen werden können, gleichgültig also, ob sie eine Orderklausel enthalten („geborene Orderpapiere", Art. 11 Abs. 1 WG, 14 Abs. 1 ScheckG), erwächst dem kaufmännischen Wertpapier die Übertragungsfähigkeit durch Indossament erst mittels besonderen Zusatzes, der Orderklausel (**„gekorene Orderpapiere"**). Ohne sie können auch kaufmännische Wertpapiere nicht durch Indossament übertragen werden, sind dann also keine Orderpapiere Die Wirkungen des Indossaments unterscheiden sich von denjenigen des Wechsel- oder Scheckindossaments (nachf. Rn. 484).

457 **3.** In der Zulassung des Indossaments erschöpft sich der Regelungsgehalt der §§ 363 bis 365 aber nicht. Es steht nicht im Belieben der Parteien, ob sie einer Urkunde mit Wirkung gegenüber Dritten Wertpapiercharakter beimessen. Vielmehr bestimmt das Gesetz, wann eine Urkunde Wertpapier ist, also ein privates Recht in der Weise verbrieft, dass es ohne die Urkunde nicht geltend gemacht werden kann[207]. Die Bindung der Geltendmachung des Rechts an die Papierinnehabung ist also das entscheidende Merkmal des Wertpapierbegriffs. Sie schreibt das Gesetz bei Wechsel und Scheck (Artt. 38 WG, 28 ScheckG) vor, auch bei der angenommenen Anweisung gem. § 785 BGB, der Inhaberschuldverschreibung (§ 797 BGB), dem Hypotheken- und Grundschuldbrief (§§ 1160, 1192 BGB) etc. Durch § 363 Abs. 1 und Abs. 2 in Verbindung mit §§ 443, 475c, 513 HGB, 3 VVG ist zugleich ausgesprochen, dass die dort genannten Urkunden Wertpapiercharakter haben, zur Rechtsausübung also die Papierinnehabung erforderlich ist. Zwei Arten kaufmännischer Wertpapiere zählt das Gesetz auf: Forderungsrechtliche (§ 363 Abs. 1) und sachenrechtliche (Abs. 2) Wertpapiere.

II. Forderungsrechtliche Wertpapiere

458 Kaufmännische Wertpapiere, die eine Forderung verbriefen, sind die Anweisung, der Verpflichtungsschein und die Transportversicherungspolice.

207 *Zöllner*, S. 18.

1. Kaufmännische Anweisung

a) Die Anweisung ist eine Aufforderung an einen Dritten (den Angewiesenen) eine Leistung an den Anweisungsempfänger (den Begünstigten) zu erbringen (§ 783 BGB). Wird diese Aufforderung durch den Anweisenden (z.B. einem Käufer) in einer Urkunde niedergelegt und die Urkunde dem Anweisungsempfänger (z.B. einem Verkäufer) ausgehändigt, kann dieser bei dem Angewiesenen (z.B. einer Bank) die Leistung (z.B. den Kaufpreis) im eigenen Namen einfordern. Natürlich können Anweisender und Anweisungsempfänger nicht über den Kopf des Angewiesenen hinweg eine Forderung begründen, das wäre eine Vereinbarung zu Lasten Dritter. Eine Forderung gegen den Dritten, den Angewiesenen, erwirbt der Anweisungsempfänger vielmehr nur, wenn der Angewiesene die Anweisung annimmt (§ 784 BGB, Akzept). Eine Anweisung gem. §§ 783 ff. BGB kann jedermann erteilen. Sie ist Namens-(Rekta-)papier, nicht aber Orderpapier. Zum Orderpapier kann die Anweisung nur werden, wenn der **Angewiesene** zugleich **Kaufmann** ist (Anweisender und Anweisungsempfänger brauchen also nicht Kaufmann zu sein), vorausgesetzt, die Leistung geht auf Geld, Wertpapiere oder andere vertretbare Sachen (§ 91 BGB) und wird nicht von einer Gegenleistung abhängig gemacht. Wird eine Anweisung ohne diese Voraussetzungen an Order gestellt, wird der Indossatar nicht zum Berechtigten (es sei denn, das Indossament ist in einen Übertragungsvertrag gem. § 792 BGB umzudeuten – § 140 BGB). **459**

b) Die kaufmännische Anweisung auf Geld ist weitgehend durch Wechsel und Scheck und vor allem durch elektronische Medien verdrängt. Sie tritt noch auf als Anweisung an einen Hersteller auf Lieferung von Waren, auch als Kreditbrief im Bankgeschäft (nicht aber als Akkreditiv zur Kreditsicherung[208]). **460**

2. Kaufmännischer Verpflichtungsschein

a) Er verbrieft ein Schuldversprechen des Kaufmanns, das nicht notwendig abstrakt wie im Falle von §§ 780, 781 BGB oder wie beim Wechsel (Art. 1 Nr. 2)[209], aber von einer Gegenleistung unabhängig sein muss. Ist in der Urkunde der Schuldgrund angegeben („Ich verpflichte mich zur Zahlung von 1000,– € aus dem Kaufvertrag vom …"), können Einwände aus dem Kausalverhältnis geltend gemacht werden. Ohne Angabe eines Schuldgrundes ist der Verpflichtungsschein in der Regel abstraktes Schuldversprechen. Er tritt in reiner Form kaum auf. Sonderformen sind Schuldverschreibungen, die auf den Namen lauten[210] (also nicht solche gem. § 793 BGB!), sowie der eigene Wechsel gem. Art. 75 WG. Praktische Bedeutung gewinnt der kaufmännische Verpflichtungsschein bei der Frage, ob ein nichtiger Wechsel in ihn umgedeutet werden kann[211]. **461**

b) Der Verpflichtungsschein kann auf den Namen des Berechtigten lauten und dann an Order gestellt werden. Er kann auch jeden Inhaber legitimieren und wird damit zur **462**

---

208 *Bülow*, Kreditsicherheiten, Rn. 1608.

209 *Baumbach/Hefermehl/Casper*, WG, ScheckG, Recht der kartengestützten Zahlungen, 23. Aufl. 2008, Einl. WG Rn. 39; *Bülow*, WG, ScheckG, 5. Aufl. 2013, Art. 1 Rn. 8.

210 Dazu *Kümpel*, WM 1981, Sonderbeilage 1.

211 BGHZ 53, 11 = NJW 1970, 324; *Bülow*, a.a.O., Art. 76 WG Rn. 1.

Schuldverschreibung auf den Inhaber gem. § 793 BGB; staatliche Genehmigung ist nicht mehr Wirksamkeitserfordernis (§ 795 BGB a.F.).

3. Transportversicherungspolice

463 Gegen die Gefahren beim Transport kann eine Transportversicherung gem. §§ 130 ff. VVG abgeschlossen, über den Anspruch aus dem Versicherungsvertrag kann ein Versicherungsschein erteilt werden. Gewöhnlich berechtigt er den namentlich ausgewiesenen Versicherungsnehmer. Er kann auch jeden Inhaber berechtigen, wird dann aber nicht zum Inhaberpapier, sondern lediglich zum Legitimationspapier gem. § 808 BGB, wie § 4 Abs. 1 VVG bestimmt (und ist dann also nicht Wertpapier). Papierinnehabung ist in diesem Falle nicht erforderlich. Im Handelsverkehr kann die Übertragung der Forderung durch Indossament ermöglicht werden, eben durch Orderklausel gem. § 363 Abs. 2. Eine derartige Transportversicherungspolice ist Wertpapier.

464 *(Randnummer nicht belegt)*

III. Sachenrechtliche Wertpapiere (Traditionspapiere)

465 Die Traditionspapiere haben im Gegensatz zu den forderungsrechtlichen Wertpapieren des Handelsrechts (vorst. Rn. 460, 461) große praktische Bedeutung.

1. Überblick

466 Sachenrechtliche Wertpapiere, die sog. Traditionspapiere, sind Ladeschein, Konnossement und Lagerschein. Ausgangspunkt ist, dass sie den schuldrechtlichen Anspruch auf Herausgabe des transportierten oder eingelagerten Guts verbriefen. Wer dem Frachtführer zu Lande, dem Seeverfrachter (ebenso dem Binnenschiffer, § 26 BinnenSchG) oder dem Lagerhalter eine Sache übergibt und ihn damit zum unmittelbaren Besitzer macht, kann die Sache herausverlangen, wenn Transport oder Lagerung erledigt sind. Diese Herausgabeansprüche zum Gegenstand des Rechtsverkehrs zu machen, ist kaufmännisches Bedürfnis. Die Verkehrsfähigkeit des Herausgabeanspruchs kann man dadurch erleichtern, dass man ihn in einer Urkunde verbrieft, deren Innehabung zur Geltendmachung des Anspruchs erforderlich ist. Auf diese Weise braucht man nur das Papier zu übertragen, um einen anderen zum Anspruchsinhaber zu machen, ihn also in den Stand zu versetzen, vom Frachtführer, Verfrachter oder Lagerhalter Herausgabe zu verlangen. Der rechtstechnische Weg, auf dem der Papierinhaber Herausgabe verlangen kann, ist in §§ 448, 475g, 524 niedergelegt: Die Übergabe des Papiers, also die Verschaffung des Besitzes daran, hat dieselben Rechtswirkungen wie die Übergabe des Gutes. Bedarf ein rechtlicher Erfolg der Übergabe der Sache, z.B. bei der Eigentumsübertragung oder der Verpfändung gem. §§ 929, 1205 BGB, kann stattdessen das Papier übergeben werden. Darin liegt die sog. Traditionswirkung. Deren Bezug zum Besitz begründet die sachenrechtliche Qualifikation der Traditionspapiere. Welche Rechtsnatur die Traditionswirkung hat, ist allerdings umstritten. Falsch ist jedenfalls der Satz, die Verfügung über das Papier ersetze die Verfügung über die Sache. Die Übergabe des Papiers kann vielmehr nur die Besitzverschaffung an der Sache ersetzen. Sie führt aber noch nicht zur Verfügung, namentlich nicht zur Eigentumsübertragung oder Verpfändung. Zur Übergabe des Papiers muss vielmehr jedenfalls noch die dingliche Einigung über den Eigentumsübergang an der Sache oder über die Verpfändung treten. Aber auch nach dieser Klärung bleibt der Inhalt der Traditionswirkung umstritten.

2. Theorien zur Traditionswirkung

Geläufig sind drei Theorien: Die absolute, die relative und die Repräsentationstheorie. **467**

a) Absolute Theorie. Nach ihr ersetzt der Besitz des Briefs den Besitz der Sache, **468** gleichgültig, wie die Besitzlage an der Sache wirklich ist. Nach der absoluten Theorie ermöglichen die Traditionspapiere demgemäß eine eigenständige Erwerbsart, die neben die Veräußerungstatbestände des BGB tritt. Durch Einigung gem. § 929 BGB und Übergabe des Papiers tritt der Eigentumsübergang danach selbst dann ein, wenn die Transportperson oder der Lagerhalter nicht unmittelbarer Besitzer und mithin nicht Besitzmittler sind oder sein wollen; das ist der Fall, wenn sie den Besitz verloren hatten oder wenn sie die Sache für sich selbst besitzen wollen. Ist der Papierinhaber Nichtberechtigter, richtet sich der gutgläubige Erwerb der Sache nach § 932 BGB (nicht etwa nach § 934 BGB). Bei Gutgläubigkeit tritt der Eigentumsübergang demgemäß mit Papierübergabe ein. Nur wenn ein Dritter die Sache (unabhängig vom Papier) gutgläubig erworben hatte (z.B. direkt von der Transportperson), findet durch die Papierübergabe kein Eigentumserwerb statt. § 935 BGB bleibt anwendbar, sodass auch mittels Traditionspapiers kein gutgläubiger Erwerb an abhanden gekommenen Sachen möglich ist. Voraussetzung ist stets, dass die Transportperson oder der Lagerhalter die Sache nach Maßgabe des Vertrages übernommen hatten, also – jedenfalls zunächst – unmittelbare Besitzer geworden waren.

Die absolute Theorie wirkt zugunsten des Veräußerers, der mit Papierübergabe das **469** Eigentum verschafft, was ihm mit der Sache selbst nicht gelungen wäre und der auf diese Weise seine schuldrechtliche Verpflichtung zur Eigentumsverschaffung erfüllen kann.

b) Relative Theorie. Nach ihr tritt keinerlei eigenständige Erwerbswirkung ein, viel- **470** mehr verbrieft das Papier allein den Herausgabeanspruch. Mittels Traditionspapiers kann deshalb nur eine Eigentumsübertragung gem. §§ 931, 929 BGB vollzogen werden. Der gutgläubige Erwerb richtet sich nach § 934 BGB: Ist der (nichtberechtigte) Veräußerer mittelbarer Besitzer (er hat z.B. die fremde, weil unter Eigentumsvorbehalt stehende Sache der Transportperson übergeben), tritt der Erwerb mit der im Papier verbrieften Abtretung des Herausgabeanspruchs ein, also mit Papierübergabe. Ist der Veräußerer nicht mittelbarer Besitzer (er hat zwar das Papier, ist aber nicht Partei des Transportvertrages), tritt der Eigentumserwerb erst dann ein, wenn der Gutgläubige den Besitz der Sache vom unmittelbaren Besitzer erlangt (§ 934, 2. Alt. BGB). § 935 BGB ist anwendbar[212].

212 *Zöllner*, S. 153 f.; *Hueck/Canaris*, Wertpapierrecht, S. 199/200.

471 **c) Repräsentationstheorie.** Sie richtet sich am Wortlaut der §§ 448, 475g, 524 aus. Danach repräsentiert der Besitz am Papier den Besitz an der Sache so, wie er wirklich besteht, also im störungsfreien Regelfall den unmittelbaren Fremdbesitz der Transportperson oder des Lagerhalters als Besitzmittler für den Veräußerer als mittelbarem Eigenbesitzer und rechtmäßigem Papierinhaber. Die Repräsentationstheorie modifiziert die absolute Theorie also dahin, dass die wirkliche Besitzlage ihre Bedeutung behält. Bei Besitzverlust oder Änderung des Besitzwillens findet mittels Traditionspapiers demgemäß kein Eigentumserwerb statt. Mit der Papierübergabe kann der Veräußerer nicht mehr erreichen als mit der Sache selbst. Der Erwerb vom Berechtigten, des Papierinhabers als Eigentümer des Guts, richtet sich nach § 929, der gutgläubige Erwerb nach §§ 932, 935 BGB. Die Transportperson oder der Lagerhalter müssen das Gut also nicht nur übernommen haben, sie müssen es auch noch im Zeitpunkt der Übereignung als Besitzmittler besitzen.

472 Die Repräsentationstheorie führt in den meisten Fällen zu sachgerechten Ergebnissen. Freilich ist ihr Kernsatz, der Papierbesitz ersetze den Sachbesitz, zweifelhaft[213]. Dies zeigt sich dann, wenn die Übereignung nicht nach § 929 BGB, sondern nach § 931 BGB durch Abtretung des Herausgabeanspruchs gegen die Transportperson oder den Lagerhalter vollzogen wird. Diese Übereignungsmöglichkeit wird durch das Traditionspapier natürlich nicht ausgeschlossen. In der Papierübergabe liegt dann die Abtretung des Herausgabeanspruchs. Die Papierübergabe ersetzt in diesem Falle nicht die Übergabe des Gutes.

3. Arten der sachenrechtlichen kaufmännischen Wertpapiere

473 **a) Ladeschein.** Durch den Frachtvertrag ist der Frachtführer u.a. zur Herausgabe des Frachtgutes verpflichtet. Über diesen Herausgabeanspruch kann der Frachtführer gem. § 443 einen Ladeschein ausstellen (u. Rn. 625). Sein Inhalt folgt aus § 408 Abs. 1. Neben der **Traditionswirkung** nach § 448 hat der Ladeschein auch **schuldrechtliche Bedeutung**: Gem. § 444 Abs. 1 und 3 bestimmt der Ladeschein über das Rechtsverhältnis zwischen dem Frachtführer und dem Empfänger des Gutes, nicht aber der zwischen Absender (dem Vertragspartner) und Frachtführer abgeschlossene Frachtvertrag (dieser bleibt aber maßgebend, wenn kein Ladeschein ausgestellt wurde). Für das Rechtsverhältnis zwischen Absender (dem Vertragspartner) und Frachtführer bleibt es beim Frachtvertrag. Der Empfänger kann sich gegenüber dem Frachtführer also nicht auf weitergehende Bestimmungen des Frachtvertrages berufen. Der Ladeschein begründet die Vermutung, dass die Güter wie beschrieben übernommen wurden, ordnungsgemäß verpackt waren und dass das Rohgewicht stimmte (§§ 444 Abs. 1, 409 Abs. 2, 3). Hatte der Frachtführer in Wahrheit kein oder anderes Gut übernommen, haftet er auf Schadensersatz. Aber er kann den Beweis des Gegenteils führen, da die Vermutung widerleglich ist. Außerdem kann der Frachtführer gem. § 409 Abs. 2 Satz 2 einen Vorbehalt in den Ladeschein aufnehmen. Er braucht das Gut nur Zug um Zug gegen Rückgabe des Ladescheins herauszugeben (§ 445 Abs. 2 Satz 1).

213 *Zöllner*, S. 155.

§ 444 regelt die **Legitimationsfunktion** des Ladescheins: Legitimiert zum Empfang des Guts ist beim Rektaladeschein (Rn. 627) der im Ladeschein als Empfänger Bezeichnete, beim Orderladeschein (Rn. 629) der Indossatar und beim Inhaberladeschein (Rn. 628) dessen Besitzer[214]. Diese Umstände begründen die formelle Legitimation. Der Frachtführer kann das Frachtgut an diese Personen mit befreiender Wirkung herausgeben, selbst dann, wenn sie in Wahrheit nicht berechtigt, also nicht zugleich materiell legitimiert sind (z.B. nichtiger Begebungsvertrag, Rn. 455). Das wiederum gilt gem. § 445 Abs. 2 Satz 2 nicht, wenn der Frachtführer weiß oder aus grober Fahrlässigkeit nicht weiß, dass der formell Legitimierte nicht auch materiell legitimiert ist. Entsprechendes gilt für nachträgliche Weisungen i.S.v. §§ 418, 419 i.V.m. § 446 (Rn. 627b). **474**

Nicht zu verwechseln ist der Ladeschein mit dem **Frachtbrief** nach § 408, der nicht Wertpapier, sondern bloße Beweisurkunde ist. Dessen Übergabe kann allenfalls als Abtretung des Herausgabeanspruchs nach § 931 BGB auszulegen sein. Im Eisenbahnverkehr werden Ladescheine als Wertpapiere nicht ausgestellt (§ 25 Abs. 1 Satz 2 EVO), sondern nur Gepäckscheine (§ 27 Abs. 2 EVO). **475**

b) Konnossement. Im **Seefrachtgeschäft** entspricht dem Ladeschein das Konnossement. Gem. § 513 ist es vom Verfrachter dem Ablader, Partei des Stückgutfrachtvertrages (§ 481), zu erteilen (der Verfrachter ist vom Reeder, dem Eigentümer des Schiffs, § 476, zu unterscheiden). Der Inhalt ist in § 515 vorgeschrieben. Gem. § 519 Nr. 2 kann das Konnossement, wie der Ladeschein, Rekta- oder Orderkonnossement sein. Die Traditionswirkung regelt § 524, die Legitimationswirkung § 519, die schuldrechtliche Bedeutung § 517 [215]. Im **Binnenschiffsverkehr** sind die Vorschriften über den Frachtvertrag anwendbar (§ 26 BinnSchG), es werden also Ladescheine ausgestellt. **476**

c) Lagerschein. Über den Anspruch gegen den Lagerhalter auf Herausgabe des verwahrten Gutes kann ein Lagerschein ausgestellt werden (Rn. 680), der gem. § 475d Abs. 3 ebenfalls Inhaber- Order- oder Rektalagerschein sein kann und gem. § 475g die Traditionswirkung entfaltet. Im Gegensatz zur Rechtslage vor der Seehandelsrechtsreform (Rn. 11) beschränkt sich die Traditionswirkung des Lagerscheins nicht auf solche, die an Order lauten, sondern gilt auch für Inhaber- und Rektaladescheine. Der Inhalt des Lagerscheins ist in § 475c vorgeschrieben. Er darf erst ausgestellt werden, wenn der Lagerhalter das Gut übernommen hat, anders beim Ladeschein! Der Lagerschein begründet gem. § 475d Abs. 2 die widerlegliche Vermutung der Richtigkeit. **477**

IV. Kaufmännisches Indossament

1. Legitimations- und Transportfunktion

Stellt derjenige, der mit der Transportperson oder dem Lagerhalter den Vertrag abschloss, ein Traditionspapier aus und lautet es an Order oder werden Anweisung, Verpflichtungsschein oder Versicherungspolice mit der Orderklausel versehen, so kön- **478**

214 *Staub/Keller*, § 447 HGB Rn. 9.
215 BGHZ 98, 284 (287) = NJW 1987, 588; *Klingsporn*, WM 1991, 1105.

nen sie gem. § 364 Abs. 1 durch Indossament übertragen werden mit der Folge, dass alle Rechte aus dem Papier (also der Anspruch auf Herausgabe, auf Zahlung) auf den Indossatar übergehen, transportiert werden. Wie beim Wechsel hat das Indossament Legitimationsfunktion[216], d.h. durch das Indossament hat der Indossatar den Nachweis geführt, dass er der Berechtigte, also der Gläubiger ist. Er ist formell legitimiert, während der Schuldner aus dem Papier, der die Leistung verweigern will, den Beweis der in Wahrheit fehlenden materiellen Legitimation zu führen hätte Mit der Indossierung wird der Indossatar zugleich Eigentümer des Papiers, selbst dann, wenn der Indossant Nichtberechtigter war, aber der Indossatar gutgläubig ist. Aber sogar wenn das Papier abhanden gekommen war, ist gutgläubiger Erwerb gem. § 365 Abs. 1, Art. 16 Abs. 2 WG möglich. § 935 Abs. 1 BGB gilt also nicht. Vielmehr gelten die Grundsätze des Wechselrechts[217].

2. Einwendungen

479 Der Ausschluss von Einwendungen richtet sich nach § 364 Abs. 2. Danach sind wie gem. Art. 17 WG, 22 ScheckG oder § 796 BGB nur drei Gruppen von Einwendungen erheblich, die der Schuldner (Transportperson, Lagerhalter, Versicherer) dem legitimierten Inhaber entgegensetzen kann, nämlich:

- Gültigkeitseinwendungen,
- urkundliche Einwendungen und
- persönliche Einwendungen.

480 **a) Gültigkeitseinwendungen.** Sie richten sich gegen die Gültigkeit der Erklärung des Schuldners in der Urkunde, nämlich[218] wegen

- Fälschung,
- Geschäftsunfähigkeit,
- mangelnder Vertretungsmacht,
- mangelnder Erklärungshandlung bei Unterzeichnung des Papiers (Gewaltanwendung, Drohung),
- mangelnden Erklärungsbewusstseins,
- fehlenden Begebungsvertrags und
- vorhandenen, aber nichtigen Begebungsvertrags (z.B. §§ 138, 142 BGB).

481 Gültigkeitseinwendungen können **absolut**, also jedem Papierinhaber gegenüber, oder **relativ**, d.h. nicht gegen einen in Beziehung zur Einwendung Gutgläubigen wirken. Nur bei Fehlen oder Nichtigkeit des Begebungsvertrags wirken Gültigkeitseinwendungen relativ, in den anderen Fällen absolut, weil es hier an zurechenbarer Veranlassung durch den Schuldner (Transportperson oder Lagerhalter) fehlt[219].

---

216 *Zöllner*, S. 91.
217 *Zöllner*, S. 93 ff.
218 *Zöllner*, S. 152, 132 ff.; MünchKomm/*Langenbucher,* § 364 HGB Rn. 23 ff., 31 ff.
219 Näher *Zöllner*, S. 134; *Bülow*, WG, ScheckG Art. 17 WG Rn. 24 ff.

b) Urkundliche Einwendungen. Es handelt sich um absolut wirkende Einwendungen, die sich aus dem Inhalt der Urkunde ergeben. Sie können etwa im Falle von Traditionspapieren Mängel der in § 408, 515 genannten Formvorschriften betreffen oder z.B. Mängel der Indossamentenkette (§ 365 Abs. 1 i.V.m. Art. 16 Abs. 1 WG). Aus der Urkunde kann sich die Verjährung ergeben. Das Lager- oder Transportrecht des HGB kann zu urkundlichen Einwendungen führen, z.B. dass die Beschädigung der Sache auf Umständen beruht, die auch bei größter Sorgfalt nicht zu vermeiden und deren Folgen nicht abzuwenden waren, § 426 (Rn 614). Dies kann der Schuldner dem Anspruch aus dem Wertpapier entgegensetzen. **482**

c) Persönliche Einwendungen. Sie gründen sich auf die unmittelbaren Rechtsbeziehungen zum Papierinhaber und stehen dem Schuldner deshalb nur diesem gegenüber zu (z.B. Stundung, Erlass; dilatorische Einreden gegen das Grundgeschäft nur bei entsprechender Zweckabrede[220], sehr streitig). Dem neuen Papierinhaber können sie nicht entgegengesetzt werden. Einwendungen aus dem Grundgeschäft (z.B. Nichtigkeit des Versicherungsvertrages, des Frachtvertrages) können dem Papierinhaber in analoger Anwendung von Art. 17 WG ausnahmsweise aber dann entgegengesetzt werden, wenn der Indossatar bewusst zum Nachteil des Schuldners handelte[221]. **483**

3. Garantiefunktion

Das Indossament auf einem Wechsel oder einem Scheck hat gem. Art. 15 WG, 18 ScheckG Garantiefunktion, d.h. der Indossant haftet für die Annahme des Wechsels und seine Bezahlung. Er wird selbst zum sekundären (Art. 43 WG, 40 ScheckG) Wertpapierschuldner. Das Indossament auf kaufmännischen Wertpapieren hat diese Garantiefunktion **nicht**. Der Indossatar erwirbt nur die Rechte (Transportfunktion), geht dadurch aber keine wertpapierrechtliche Sekundärhaftung ein. Dies ist ein entscheidender Unterschied zum Wechsel- und Scheckrecht. **484**

2. Abschnitt

Besondere Regelungen zum Besonderen Schuldrecht

Das Handelsrecht hat das Kaufrecht für die Bedürfnisse des Handelsverkehrs ergänzt und modifiziert, kennt außerdem als Teil des Absatzmittlungsrechts[222] besonders ausgestaltete Geschäftsbesorgungsverträge als Dienst- oder Werkverträge sowie Sonderformen des Werkvertrages, nämlich die Transportverträge, und den entgeltlichen Verwahrungsvertrag (Lagergeschäft). **485**

220 BGHZ 85, 346 = NJW 1983, 1059.
221 *Hueck/Canaris*, Wertpapierrecht, S. 198.
222 *Martinek*, Moderne Vertragstypen, Band II, 1992, S. 52.

A. Handelskauf

486 Das HGB trifft besondere Bestimmungen über Inhalt und Rechtsfolgen von Kaufverträgen, die im Handelsverkehr abgeschlossen werden (Handelskauf, §§ 373 bis 382[223], auch sog. Werklieferungsvertrag, Lieferungskauf gem. §§ 651 BGB, 381 Abs. 2[224] sowie Tausch § 480 BGB[225]). Der Fall, dass der Kaufvertrag im eigenen Namen, aber für Rechnung eines anderen abgeschlossen wird, ist als Ausführungsgeschäft durch die Kommission (u. Rn. 522 ff.) als besonderem Geschäftsbesorgungstypus erfasst.

I. Begriff und Abgrenzung

487 **1.** Das von einem Kaufmann abgeschlossene Kaufgeschäft ist nicht immer ein Handelskauf, sondern, wie sich aus § 381 ergibt[226], nur dann, wenn Gegenstand des Kaufs bewegliche Sachen (gleich nachf. Rn. 488) oder Wertpapiere sind, nicht aber bei Grundstücken und Rechten. Hier gelten ausnahmslos die §§ 433 ff., 311b Abs. 1 BGB. Die allgemeinen privatrechtlichen Bestimmungen gelten im Übrigen überall da, wo §§ 373 ff. keine Sonderregelungen enthalten, so zu den Grundpflichten von Käufer und Verkäufer, zur Rechtsmängelhaftung, zum Inhalt der Gewährleistungsansprüche (Nacherfüllung, Rücktritt, Minderung, Schadensersatz), zur Gefahrverteilung gem. §§ 446, 447 BGB. Die Grundfrage, ob ein Kaufvertrag zustandegekommen ist, richtet sich nach §§ 145 ff., 433 BGB. Anspruchsgrundlagen sind auch im Handelsverkehr § 433 Abs. 1 oder Abs. 2 BGB. Handelsrechtliche Sondervorschriften bestehen zum Verzug, zum Fixgeschäft, zur Geltendmachung von Sachmängeln und zu weiteren Einzelheiten.

488 **2.** Ein Kauf ist ein Handelskauf, wenn mindestens eine der Vertragsparteien Kaufmann ist (§ 345, Rn. 353) und Gegenstand des Kaufs Waren oder Wertpapiere sind; gleichgestellt ist die Lieferung von Computer-Software[227]. Die besonderen Gewährleistungsregelungen von § 377 walten dagegen nur, wenn der Kauf ein beiderseitiges Handelsgeschäft ist (Rn. 502).

II. Sonderregelungen zum Verzug

1. Gläubigerverzug

489 **a) Besonderes Hinterlegungsrecht.** Wann der Gläubiger in Annahmeverzug gerät, richtet sich nach §§ 293 bis 299 BGB. Der Käufer ist Gläubiger hinsichtlich der Übergabe- und Eigentumsverschaffungspflicht des Verkäufers (§ 433 Abs. 1 Satz 1

223 *U. Huber*, ZHR 161 – 1997 –, 160.
224 BGH, NJW 1993, 2436 mit Komm. *J. Schneider*, EWiR, § 631 BGB 1/94, 35; OLG Brandenburg, NJW 2012, 2124; *Röthel*, NJW 2005, 625.
225 *Oetker*, § 8 Rn. 68, nicht aber Leasinggeschäfte, vgl. Rn. 508 und Abgrenzung Rn. 517.
226 Was *Dreier*, ZfIR 2004, 416 übersieht.
227 BGHZ 102, 135; 143, 307; OLG Köln, NJW-RR 1999, 565, 1287.

BGB). Nimmt er die Sache nicht ab, gerät er nach Maßgabe der §§ 293 ff. BGB in Annahmeverzug (und zugleich aufgrund § 433 Abs. 2, 2. Alt. BGB in Schuldnerverzug gem. §§ 284 ff. BGB). Die Rechtsfolgen des Annahmeverzugs sind in §§ 300 bis 304 BGB geregelt (s. auch § 374)[228]. Über diese Bestimmungen hinaus darf der Schuldner, hier der Verkäufer, die abzunehmende Sache gem. §§ 372 ff. BGB hinterlegen, jedoch nur, wenn es sich um Geld, Wertpapiere oder sonstige Urkunden handelt.

Beim Handelskauf hat der Verkäufer daneben (§ 374) noch weitere Rechte. Das Hinterlegungsrecht erfasst gem. § 373 Abs. 1 auch **Waren**, also bewegliche Sachen. Sie können anders als gem. § 372 Satz 1 BGB nicht nur bei einer nach Maßgabe der landesrechtlichen Hinterlegungsvorschriften bestimmten öffentlichen Stelle hinterlegt werden (meist Amtsgerichte), sondern auch in einem öffentlichen (d.h. jedermann zugänglichen, also auch privaten) Lagerhaus oder sonst in sicherer Weise, so bestimmt es § 373 Abs. 1. Entgegen § 374 BGB braucht der Hinterlegungsort nicht der Leistungsort (§ 269 BGB) zu sein. Kosten der Hinterlegung und die Gefahr des zufälligen Untergangs oder der zufälligen Verschlechterung bei Gattungssachen trägt der Käufer (§§ 300 Abs. 2, 304 BGB). Die **Erfüllungswirkung** gem. § 378 BGB kann freilich nur durch Hinterlegung bei einer staatlichen Stelle eintreten. 490

b) Verwertungsrecht. Bei einem Kauf, der nicht Handelskauf ist, darf der Verkäufer die verkaufte Sache bei Annahmeverzug des Käufers gem. § 383 BGB als Selbsthilfemaßnahme nur dann versteigern lassen, wenn sie zur Hinterlegung nicht geeignet ist. Gem. § 373 Abs. 2 bis 5 steht dagegen das Recht zum Selbsthilfeverkauf dem Verkäufer stets wahlweise neben dem Hinterlegungsrecht zu, also nicht nur bei Ungeeignetheit zur Hinterlegung. Hat die Ware einen Börsen- oder Marktpreis (Gattungssachen, Wertpapiere), darf die Sache durch einen öffentlich bestellten Handelsmakler (§ 34b Abs. 5 GewO) freihändig, also ohne Versteigerung, verkauft werden (ebenso § 385 BGB), andernfalls ist die Sache öffentlich zu versteigern nach Maßgabe von § 383 Abs. 3 BGB. Beide Maßnahmen sind dem Käufer als Gläubiger anzudrohen. Die Androhung ist nur entbehrlich, wenn die Ware verderblich ist und Gefahr besteht, sie werde auch verderben, indem mit der Androhung Zeit vergeht (§ 373 Abs. 2 Satz 2). Sie ist auch dann entbehrlich, wenn sie untunlich ist (ein Preisverfall steht bevor, der Käufer ist nicht zu erreichen). Geht der Verkäufer fahrlässigerweise von Untunlichkeit aus, hat er dies zu vertreten, weil die Haftungsprivilegierung des Schuldners aus § 300 Abs. 1 BGB hier nicht gilt[229]. 491

Die Versteigerung oder der freihändige Verkauf erfolgen gem. § 373 Abs. 3 für **Rechnung des Käufers**, d.h. der Verkäufer hat bei der Durchführung des Selbsthilfeverkaufs die Stellung eines Beauftragten (§§ 662 ff. BGB) des Käufers[230]. Ist der Verkauf ordnungsgemäß (die Voraussetzungen von § 373 Abs. 2 sind eingehalten) durchgeführt worden, tritt, soweit der Kaufpreis noch nicht getilgt worden war und der Erlös aus- 492

228 BGH, NJW 1996, 1465.
229 Koller/*Roth*, §§ 373, 374 HGB Rn. 7.
230 Koller/*Roth*, §§ 373, 374 HGB Rn. 14.

reicht[231], **Erfüllungswirkung** ein[232]. Einen etwaigen höheren Erlös hat der Verkäufer gem. § 667 BGB herauszugeben. Sind die Voraussetzungen von § 373 Abs. 2 nicht eingehalten, war der Verkauf also nicht ordnungsgemäß, handelte der Verkäufer nicht für Rechnung des Käufers mit der Folge, dass einerseits auch keine Erfüllungswirkung eintritt[233] und andererseits der Anspruch des Käufers auf Lieferung der Sache (ersatzweise § 283 BGB) bestehen bleibt. Wird versteigert, hat der Verkäufer den Käufer vorher zu benachrichtigen. Unterlässt er das, bleibt der Verkauf trotzdem ordnungsgemäß, Erfüllungswirkung tritt also ein[234], aber der Verkäufer macht sich schadensersatzpflichtig (§ 373 Abs. 5 Satz 2). Der Schaden kann darin liegen, dass der Käufer nicht mitbieten konnte (§ 373 Abs. 4). Der Verkäufer haftet nur, wenn er bei der Unterlassung der Benachrichtigung schuldhaft handelte (§§ 276 BGB, 347 sind anwendbar, nicht das Privileg aus § 300 Abs. 1 BGB). Nach der Versteigerung ist wiederum Nachricht zu geben sowie Rechnung zu legen (§ 666 BGB).

2. Schuldnerverzug

493 Einen besonderen Fall der Verzuges regelt § 375 für den **Bestimmungskauf**. Er kennzeichnet sich dadurch, dass sich die Parteien zwar schon bindend geeinigt haben, der Käufer aber noch nähere Bestimmungen über den Kaufgegenstand zu treffen hat (Form, Maß oder ähnliche Verhältnisse). Der Bestimmungskauf ist ein Sonderfall von § 315 BGB (aber nicht von § 154 BGB, kein offener Dissens).

494 Gegenstand der Regelung von § 375 Abs. 1 ist, dass die Bestimmung durch den Käufer eine **Hauptpflicht** darstellt. Kommt der Käufer hiermit in Verzug („Spezifikationsverzug"[235]), kann der Verkäufer die Rechte aus §§ 280 Abs. 2, 286, 323 BGB geltend machen. Er kann aber auch, so bestimmt es § 375 Abs. 2, die Bestimmung selbst treffen, wobei dem Käufer noch eine Nachfrist einzuräumen ist, in der er Gelegenheit hat, die Bestimmung doch noch nachzuholen. Bietet der Verkäufer dementsprechend an, kann der Käufer darüber hinaus in Annahmeverzug geraten[236].

495 Wie wäre die Rechtslage ohne § 375? Der Verkäufer könnte nicht hinterlegen: Welche Ware sollte es denn ohne die Bestimmung durch den Käufer sein? Er könnte aber gem. § 264 Abs. 2 BGB analog die Bestimmung selbst treffen. Um nun die Rechte aus §§ 323, 280, 281 BGB wahrnehmen zu können, müsste er die nunmehr von ihm spezifizierte Ware anbieten. Vorher könnte der Käufer die Leistung gem. § 320 BGB verweigern. Dieses Verfahren kürzt § 375 ab[237].

---

231 Soweit nicht, bleibt die Kaufpreisschuld bestehen, Baumbach/*Hopt*, § 374 HGB Rn. 24.
232 *Emmerich*, JuS 1997, 98.
233 *Hübner*, Rn. 565.
234 *Canaris*, § 29 Rn. 11.
235 Heymann/*Emmerich*, § 375 HGB Rn. 1.
236 Heymann/*Emmerich*, § 375 HGB Rn. 7.
237 Staub/*Koller*, § 375 HGB Rn. 6.

III. Fixhandelskauf

1. Begriff des Fixgeschäfts

Ein Fixgeschäft kennzeichnet sich dadurch, dass die Leistung des einen Vertragspartners genau zu einer fest bestimmten Zeit oder innerhalb einer fest bestimmten Frist zu bewirken ist (§ 323 Abs. 2 Nr. 2 BGB, § 376 HGB). Insoweit gilt für das Handelsrecht nichts Besonderes. Der Zeitfaktor muss nach dem Parteiwillen überragende Bedeutung haben[238] (Abgrenzung zur bloßen Bestimmung nach dem Kalender, die nur zum Verzug gem. § 286 Abs. 2 Nr. 1 BGB führt), z.B. durch die Formulierungen „fix“, „exakt“, „genau“, die die Rechtsstellung des Gläubigers über die Verzugsregeln der §§ 286 ff. BGB hinaus verstärkt (kein eigentliches Fixgeschäft, wenn die Nichtbeachtung des Zeitfaktors zur Unmöglichkeit, §§ 275 ff., 283 BGB, führt – absolutes Fixgeschäft[239]). Gem. § 323 Abs. 2 Nr. 2 BGB kann der Gläubiger ohne die weiteren Voraussetzungen von § 323 Abs. 1 BGB zurücktreten. **496**

Die Befugnisse des Gläubigers beim Handelskauf gehen teils weiter, teils sind sie eingeschränkt. Ist das Fixgeschäft nicht Handelskauf, hat der Gläubiger die Wahl, ob er zurücktritt (oder seinen Schaden liquidiert, nachf. Rn. 500) oder Erfüllung verlangt. **497**

2. Kaufmännische Besonderheiten

a) Beim Fixhandelskauf kann der Gläubiger, sofern er Kaufmann ist[240], gem. § 376 Abs. 1 Satz 2 Erfüllung nur verlangen, wenn er **sofort** (nicht bloß unverzüglich, § 121 BGB) nach dem Ablauf der Zeit oder der Frist dem Schuldner anzeigt, dass er auf Erfüllung bestehe. Sonst geht der Erfüllungsanspruch unter, sodass der Gläubiger auf die Ersatzrechtsbehelfe angewiesen ist. Die **Anzeige** ist eine einseitige, empfangsbedürftige, formlose **Willenserklärung**. Verlangt der Gläubiger Erfüllung, ist er daran gebunden und kann nicht mehr die Ersatzrechtsbehelfe wählen[241]. **498**

b) Für Erklärung und Wirkung des Rücktritts (Rn. 496) gilt gegenüber den allgemeinen Regelungen von §§ 346 ff. BGB nichts Besonderes. **499**

c) Das Frist- oder Zeitversäumnis beim Fixhandelskauf berechtigt nicht nur zum **Rücktritt**, sondern begründet wahlweise auch Anspruch auf **Schadensersatz**, ähnlich §§ 280 Abs. 2, 286, 289 Satz 2 BGB, jedoch ohne das Erfordernis der Fristsetzung für die Leistung. Der Schuldner haftet auf Schadensersatz statt der Leistung (in § 376 Abs. 1 Satz 1 noch die alte Begrifflichkeit vor der Schuldrechtsmodernisierung „wegen Nichterfüllung“), wenn er die Zeit- oder Fristversäumung zu vertreten hat, § 286 Abs. 4 BGB. Der Gläubiger ist zur **konkreten oder abstrakten Schadensberechnung** (§ 252 BGB) befugt[242]. Gem. § 376 Abs. 2 kann der Gläubiger abstrakt den Differenzbetrag **500**

238 BGHZ 110, 88 (96 f.); BGH, NJW-RR19 89, 1373.
239 Nicht bei Flugbeförderungsvertrag, BGH, NJW 2009, 2743 Rn. 12.
240 In teleologischer Reduktion von § 345 (oben Rn. 353), *Herresthal*, ZIP 2006, 887 (889 f.); *Canaris*, Festschr. Konzen 2006, S. 43 (48).
241 BGH, NJW-RR 1998, 1489 zu II. 3.a.
242 Analogiefähig für den Bereich des Handelsrechts? so *Gerd Müller*, WM 2013, 1 (6).

zwischen einem Börsen- oder Marktpreis der Ware und dem tatsächlich vereinbarten Kaufpreis verlangen (dieser muss also niedriger sein als der Börsen- oder Marktpreis[243]). Gleiches gilt, wenn ein Börsen- oder Marktpreis fehlt, aber ein üblicher Verkaufswert besteht[244]. Der Gläubiger (der Käufer) kann auch den entstandenen Schaden konkret berechnen, insbesondere aus einem Deckungskauf, sowie den entgangenen Gewinn gem. § 252 Satz 1 BGB[245]. Hat die Ware einen Börsen- oder Marktpreis, schreibt § 376 Abs. 3 vor, dass das Deckungsgeschäft sofort abgeschlossen werden muss, um Spekulationen des Gläubigers zu vermeiden. Zu Deckungsgeschäften mittels Versteigerung s. § 376 Abs. 3 Satz 2, Abs. 4; der Verkäufer ist danach Gläubiger i.S. der letztgenannten Vorschrift, wenn der Käufer die Sache nicht zur ausbedungenen Leistungszeit oder -frist abnimmt[246].

IV. Gewährleistungsrecht (§ 377)

1. Überblick

501 Große Bedeutung hat die Modifikation zum Gewährleistungsrecht des Handelskaufs. Grundlage ist auch hier das Kaufrecht des BGB (§§ 434 ff.): Zum Fehlerbegriff (wobei nur Sachmängel, nicht aber Rechtsmängel nach § 435 BGB erfasst sind)[247], zu den Gewährleistungsansprüchen Nacherfüllung, Rücktritt, Minderung, Schadensersatz und Aufwendungsersatz (§ 437 BGB), zur Verjährung (§ 438 BGB) gelten keine Besonderheiten.

502 Während sich aber der Käufer einer Kaufsache, der nicht Handelskäufer ist, bis zur Grenze der Verwirkung beliebig Zeit lassen kann, dem Verkäufer einen Mangel zu melden und einen der ihm zustehenden Gewährleistungsansprüche geltend zu machen (freilich die Verjährungseinrede des Verkäufers nach § 438 BGB riskierend), muss sich der Handelskäufer beeilen, wenn der Kauf ein **beiderseitiges Handelsgeschäft** ist (§ 345, o. Rn. 353). Im Falle von Handelskäufen mit Nichtkaufleuten bleibt es allein bei §§ 434 ff., ggf. 475 ff. BGB[248]. Will der Handelskäufer seiner Gewährleistungsansprüche nicht verlustig gehen, hat er die Ware nämlich **unverzüglich** (nicht sofort, § 121 BGB) zu untersuchen und im gegebenen Fall unverzüglich Mängelanzeige beim Handelsverkäufer zu machen (§ 377 Abs. 1). Unterlässt er die Anzeige, fingiert[249] § 377 Abs. 2 die Genehmigung der Ware. Der Käufer kann sich infolgedessen auf den Mangel nicht mehr berufen, also keine Gewährleistungsansprüche mehr erheben. Gleiches wie für den Mangel gilt nach der allgemeinen Vorschrift von § 434 Abs. 3 BGB für aliud-Lieferungen und Quantitätsabweichungen (Rn. 512). Die handelsrechtliche Re-

---

243 *U. Huber*, ZHR 161 – 1997 –, 160, 170.
244 *Canaris*, § 31 Rn. 11.
245 BGH, NJW 1994, 2478; WM 1998, 931.
246 *Leßmann*, JA 1990, 143.
247 Hierzu *Canaris*, Festschr. Konzen 2006, S. 43 (51 ff.); *Gerd Müller*, WM 2013, 1; Koller/*Roth*, § 377 HGB Rn. 5.
248 BGHZ 110, 130 (139) = NJW 1990, 1290.
249 Staub/*Koller*, § 377 HGB Rn. 161.

gelung bezweckt, zugunsten des Verkäufers eine schnelle Abwicklung der Käufe im Handelsverkehr zu erleichtern.

2. Untersuchungs- und Rügeobliegenheit im Einzelnen

a) Unverzügliche, tunliche Untersuchung. Der Käufer hat die Ware ohne schuldhaftes Zögern (§ 121 BGB) zu untersuchen. Die Frist beginnt mit der Ablieferung durch den Verkäufer, d.h. dadurch, dass der Verkäufer den Gewahrsam an der Ware und damit die Verfügungsgewalt aufgibt, sodass der Käufer jederzeit eigenen Gewahrsam begründen kann, anders gewendet: Die Kaufsache ist abgeliefert, wenn sie derart in den Machtbereich des Käufers verbracht wird, dass dieser sie untersuchen kann[250]. Das gilt auch bei Lieferung von Software, nämlich durch Übergabe der Datenträger (vorst. Rn. 488)[251]. Haben die Parteien z.B. „fob" vereinbart (Rn. 363), ist abgeliefert, wenn die Ware an Bord übernommen wurde. Jedoch obliegt dem Käufer die Untersuchung nur, als dies nach ordnungsgemäßem Geschäftsgange **tunlich** ist. Wird z.B. während eines Streiks geliefert, ist die Untersuchung währenddessen untunlich und die Nachholung nach seiner Beendigung noch nicht verzüglich. Tunlich kann die Untersuchung lediglich durch Stichprobe sein (z.B. bei Konservendosen)[252] oder durch den Probelauf einer Maschine[253]. Die Frist richtet sich nach den Umständen. Bei verderblicher Ware, insbesondere Lebensmitteln, bleiben dem Käufer nur Stunden, im Allgemeinen ist Richtwert eine Woche. Maßgeblicher Zeitpunkt für die Fristberechnung ist die Ablieferung . 503

b) Unverzügliche Mängelanzeige. – aa) Hat der Käufer einen Mangel aufgrund unverzüglicher und tunlicher Untersuchung entdeckt, ist er gehalten, ihn dem Verkäufer unverzüglich und hinreichend bestimmt[254] anzuzeigen. Wie aber, wenn der Käufer einen Mangel nicht entdeckt? Das Gesetz unterscheidet zwischen **offenen** (Abs. 1) und **verdeckten** (Abs. 3) **Mängeln** (siehe auch § 309 Nr. 8 lit. b cc BGB)[255]. Ein offener Mangel ist ein solcher, der bei gehöriger Sorgfalt nach objektiven Maßstäben bei der Untersuchung aufzudecken gewesen wäre[256] Gleiches gilt für Mängel, die dem Käufer bekannt sind und offen zutage liegen, wobei im Übrigen die Anwendung von § 442 BGB (Gewährleistungsausschluss bei Kenntnis des Mangels im Zeitpunkt des Vertragsschlusse) unberührt bleibt. Ein offener Mangel muss, gleich ob er tatsächlich entdeckt wurde oder nicht oder überhaupt eine Untersuchung stattfand, unverzüglich gerügt werden, soll nicht die Genehmigungsfiktion (nachf. Rn. 511) eintreten. 504

250 BGHZ 93, 338 (345) = NJW 1985, 1333; BGH, NJW 1993, 461; WM 1995, 2105 zu II.3. a mit Bspr. *Emmerich,* JuS 1996, 263; NJW 1996, 586; Heymann/*Emmerich*, § 377 HGB Rn. 11; *Hübner*, JZ 1985, 1039.

251 BGHZ 143, 307 (313) = NJW 2000, 1415 mit Anm. *Marly*, LM Nr. 42 zu § 377 HGB, Bspr. *Emmerich*, JuS 2000, 710 und Komm. *Saenger*, EWiR § 377 HGB 1/2000, 341.

252 BGH, NJW 1977, 1150.

253 BGH, NJW 1977, 84.

254 BGH, NJW 1986, 3136; OLG Köln, NJW 1983, 2627; OLG Koblenz, NJW-RR 2004, 1553.

255 *Marly*, NJW 1988, 1184.

256 BGH, DB 1977, 1408.

505 Alle anderen Mängel sind verdeckte Mängel, also objektiv nicht sogleich erkennbare. Sie sind nach ihrer Entdeckung, dann aber wiederum unverzüglich[257], anzuzeigen. Eine derartige Anzeige ist auch dann rechtzeitig, wenn der Käufer zunächst eine unverzügliche Untersuchung unterlassen hatte: Dadurch wäre der Mangel ja nicht entdeckt worden. Wird der verdeckte Mangel erkennbar, entdeckt ihn der Käufer aber trotzdem nicht, bleibt es bei der Notwendigkeit der Anzeige, durch deren Versäumung die Genehmigungsfiktion eintritt. Der verdeckte Mangel ist, zusammengefasst, nach Entdeckung oder Erkennbarkeit unverzüglich zu rügen.

506 Gleichermaßen kann die aliud-Lieferung (nachf. Rn. 512) offen zu Tage liegen oder nicht sogleich feststellbar sein (eine bestellte chemische Substanz ist äußerlich nicht unterscheidbar von einem gelieferten aliud[258], auch bei Quantitätsabweichungen ist diese Unterscheidung denkbar – von 500 gelieferten Säcken Korn haben einige ein zu niedriges Gewicht, was Stichproben nicht zutage förderten[259]). Danach richtet sich die Rechtzeitigkeit der Anzeige.

507 Dem Käufer obliegt nur die Anzeige des Mangels. Er ist aber nicht gehalten, zugleich mitzuteilen, welche Gewährleistungsansprüche er geltend machen will[260]. Hierfür bleibt es bei § 438 BGB (vgl. nachf. Rn. 510).

508 **bb)** Der Rügeobliegenheit unterliegt auch ein Handelskäufer, der die Ware sogleich an seinen Abkäufer weiterliefert (**Zwischenhändler**) oder der den Verkäufer anweist, direkt an den Abkäufer auszuliefern. Im letzten Fall kann der Handelskäufer allerdings nicht selbst untersuchen. Er handelt noch unverzüglich, wenn er die (unverzügliche) Rüge seines Abkäufers sogleich an den Verkäufer weiterleitet. Der Zwischenhändler handelt dagegen auf eigenes Risiko, wenn er die Ware nicht selbst untersucht, obwohl er es könnte (str.)[261]. Ist Käufer ein kaufmännischer **Leasinggeber**, kann er seinen nichtkaufmännischen Leasingnehmer mit Untersuchung und Rüge beauftragen; diesen selbst treffen aus dem Handelskauf aber keine Obliegenheiten. Die unterlassene Anzeige führt zur Genehmigung (nachf. Rn. 511) zu Lasten des Leasinggebers[262].

509 **cc)** Bei einem **Verbrauchsgüterkauf** nach § 474 BGB ist der Abkäufer des Zwischenhändlers ein Verbraucher nach § 13 BGB. Tritt der Verbraucher wegen Mangelhaftigkeit zurück oder mindert er den Kaufpreis, steht der Zwischenhändler vor der Frage des Rückgriffs gegen seinen Lieferanten. Diesen Rückgriff erleichtert § 478 BGB, indem es der Fristsetzung nach §§ 437 Nr. 2, 323 Abs. 1 BGB gegenüber dem Lieferanten nicht bedarf. Die Entbehrlichkeit der Fristsetzung ändert aber nichts daran, dass der Kaufvertrag zwischen Lieferant und Zwischenhändler, wenn beide Kaufleute sind (vorst. Rn. 502), als Handelskauf der Rügeobliegenheit nach § 377 untersteht, wie § 478

257 BGH, NJW-RR 2006, 857 Tz. 19.
258 BGH, BB 1967, 433.
259 Staub/*Koller*, § 377 HGB Rn. 38.
260 BGH, NJW 1996, 2228.
261 S. *Marburger*, JuS 1983, 1 (8); *Oetker*, § 8 Rn. 45; LG Hamburg, NJW 2003, 3486 zu I. d.
262 BGHZ 110, 130 (138) = NJW 1990, 1290 mit Bspr. *Emmerich*, JuS 1990, 580, Rezension *Knops*, JuS 1994, 106 und Komm. *v. Westphalen*, EWiR § 377 HGB 1/90, 487; OLG Köln, CR 1995, 218.

Abs. 6 BGB klarstellt, sodass dem Zwischenhändler die Rügeerleichterung nach § 478 BGB nichts nützt, wenn Gewährleistungsansprüche gem. § 377 präkludiert sind[263].

c) Rechtsfolgen. – aa) Rechtsfolge der Anzeige ist, dass es dem Käufer freisteht, **Gewährleistungsansprüche** gem. § 437 BGB geltend zu machen. Der Käufer kann also Nacherfüllung verlangen, zurücktreten, mindern, Schadensersatz oder Aufwendungsersatz verlangen, wenn die gekaufte Sache mangelhaft ist, sie also nicht frei von Sachmängeln (§ 434 BGB) ist. Der Sachmangel richtet sich zuvörderst nach der vereinbarten Beschaffenheit (subjektiver Fehlerbegriff), mangels Vereinbarung nach der im Vertrag vorausgesetzten Verwendung, sonst nach der gewöhnlichen Verwendung, also nach objektiven Kriterien. **510**

bb) Die Besonderheit der handelsrechtlichen Regelung liegt in den Rechtsfolgen der Unterlassung einer Rüge. In diesem Falle gilt die Ware nämlich als **genehmigt**, handelte es sich um einen offenen oder verdeckten Mangel (§ 377 Abs. 2, 3), mit anderen Worten: Der Käufer wird behandelt, als sei er mit der – an sich mangelhaften – Lieferung einverstanden, sodass er keine Gewährleistungsansprüche mehr hat (Genehmigungsfiktion bzw. Präklusion[264]). Daraus folgt, dass der Käufer nicht verpflichtet ist, Mängel rechtzeitig zu rügen. Nur wenn er es unterlässt, hat er die Nachteile daraus zu tragen. Die Mängelanzeige ist also bloße **Obliegenheit** des Käufers. Für die Rechtzeitigkeit, also die Fristeinhaltung, kommt es gem. § 377 Abs. 4 auf die Absendung an. Das ändert nichts daran, dass die Anzeige dem Verkäufer nach allgemeinen Grundsätzen zugehen muss (§ 130 BGB). Der Verkäufer trägt demzufolge zwar das Verzögerungsrisiko, aber nicht das Verlustrisiko[265]. **511**

d) Aliud und Quantitätsabweichungen. – aa) Die Rügeobliegenheit trifft den Käufer nicht nur bei mangelhafter Ware, sondern gem. § 434 Abs. 3 BGB auch bei aliud-Lieferungen, sei es beim Stückkauf (Identitäts-aliud) oder Gattungskauf (Qualifikations-aliud)[266] und bei Quantitätsabweichungen. Aliud und peius sind also gleichgestellt mit der Folge, dass der Käufer so behandelt wird, als habe er die aliud-Lieferung genehmigt. Deshalb kann er nicht mehr Nacherfüllung (§ 439 BGB) verlangen. Es kommt nicht darauf an, ob der Verkäufer darauf vertrauen durfte, der Käufer würde das Aliud genehmigen; das Aliud muss sich aber aus der Sicht des Käufers zumindest als Erfüllungsversuch darstellen[267]. Fehlt es selbst daran, liegt die Zusendung unbestellter Ware vor, wofür § 377 nicht gilt. **512**

Problematisch ist, ob die Genehmigungsfiktion auch dann eingreift, wenn das Aliud einen höheren Wert als die vereinbarte Lieferung hat (melius-Lieferung). Die fehlende Mängelanzeige würde sich zu Lasten des Verkäufers auswirken. Deshalb dürfte dem **513**

263 *Bülow/Artz*, Verbraucherprivatrecht, 4. Aufl. 2014, Rn. 556; *Stoppel*, ZGS 2006, 49 (53).

264 *Marburger*, JuS 1983, 1 (10); OLG München, NJW 1986, 1111.

265 BGHZ 101, 49 = NJW 1987, 2235 mit Bspr. *Emmerich*, JuS 1987, 747, krit. *Mössle*, NJW 1988, 1190, *Niedrig*, Die Mängelrüge, 1994, S. 121 und *Michalski*, DB 1997, 81 (83).

266 BGHZ 115, 286 = NJW 1992, 556 mit BSpr. *Emmerich*, JuS 1992, 433 und Komm. *Heinrichs*, EWiR § 378 HGB 1/92, 65; BGH, NJW-RR 1992, 1076; *Bitter*, BB 1993, 2315; Parallelregelung in § 355 Abs. 1 Satz 3, Abs. 3 Satz 3 BGB.

267 BT-Drucks. 14/6040, S. 216.

Verkäufer in diesem Fall ein Wahlrecht zustehen, nämlich entweder auf den vereinbarten Kaufpreis kraft Genehmigungsfiktion oder auf Kondiktion (§ 812 BGB) des gelieferten Aliud mit der Folge, dass der Lieferungsanspruch noch zu erfüllen ist[268].

514 **bb)** Die Genehmigungsfiktion gilt auch bei der **Quantitätsabweichung**. Eine Minderlieferung gilt also als vereinbarte Lieferung mit der Folge, dass der vereinbarte und nicht etwa nur ein verminderter Kaufpreis geschuldet ist. Der Käufer verliert auch den an sich noch offenen Erfüllungsanspruch auf Restlieferung. Dem der Regelung von § 377 zugrunde liegenden Interesse an schneller Handelsgeschäftsabwicklung und Dispositionsmöglichkeit beim Verkäufer entsprechend gilt das selbst dann, wenn der Ausgleich der Mengendifferenz nachträglich noch möglich wäre[269]. Anders ist es nur, wenn der Verkäufer selbst die Minderlieferung offen ausweist, z.B. in einem Lieferschein. Der Erfüllungsanspruch des Käufers ist in diesem Fall noch offen, und er braucht den vereinbarten Kaufpreis noch nicht zu zahlen (§ 320 BGB). Die Genehmigungsfiktion entfällt wiederum, wenn die Quantitätsabweichung so erheblich ist, dass sich die Minderlieferung nicht als Erfüllungsversuch darstellt (vorst. Rn. 512). Bei Zuviellieferung ist Folge der unterlassenen Rüge nicht, dass der Käufer die zuviel gelieferten Mengen bezahlen müsste[270]; allenfalls bei konkludenter nachträglicher Vertragsänderung betreffend die Menge wäre davon auszugehen[271]. Andernfalls kann der Verkäufer die zuviel gelieferte Menge kondizieren (§ 812 Abs. 1 Satz 1, 1. Alt. BGB)[272].

515 **cc)** Die Präklusion durch unterlassene Anzeige ergreift auch Ansprüche auf Ausgleich von **Mangelschäden** und von **Mangelfolgeschäden** (nicht ganz unstreitig)[273], insbesondere aus Pflichtverletzung wegen der Lieferung einer Sache, die entgegen der in § 433 Abs. 1 Satz 2 BGB bestimmten Pflicht nicht frei von Sachmängeln ist[274]. Entsprechend der Regelung von § 377 Abs. 3 (vorst. Rn. 505) ist die Schadensanzeige zu machen, sobald der Schaden entdeckt ist. **Deliktische Schadensersatzansprüche** werden dagegen im Allgemeinen nicht aufgrund von § 377 präkludiert[275].

516 Ist die gelieferte Sache mangelfrei, hatte der Verkäufer aber **Aufklärungspflichten** oder andere Nebenpflichten verletzt, kann der Käufer daraus Rechte ohne die zeitliche Beschränkung von § 377 herleiten (Pflichtverletzung, § 280 BGB, ebenso Ansprüche aus *culpa in contrahendo* gem. § 311 Abs. 2 BGB[276]).

---

268 *Schmidt*, § 29 III 5 c; *Oetker*, § 8 Rn. 60; *Canaris*, § 31 Rn. 42; differenzierend *Thier*, AcP 203 – 2003 –, 399 (421 ff.).

269 BGH, BB 1984, 1576; *Werner*, BB 1984, 221.

270 OLG Hamm, NJW-RR 2003, 613; OLG Oldenburg, NJW-RR 1996, 1528 m. Bspr. *Emmerich*, JuS 1997, 375.

271 OLG Hamm, BB 1978, 1748 zu 2. b; OLG Oldenburg, NJW-RR 1996, 1528.

272 Koller/*Roth*, § 377 HGB Rn. 27b.

273 Vgl. *Oetker*, § 8 Rn. 54 m.w.N:; *Canaris*, Festschr. Konzen 2006, S. 42 (53 f.).

274 BGHZ 132, 175 (179) = NJW 1996, 1537 mit Rezension *G. Müller*, ZIP 1997, 661, Kommentar *von Gerkan*, EWiR § 377 HGB 1/96, 563 und Bspr. *Emmerich*, JuS 1996, 844.

275 BGHZ 101, 337 = NJW 1987, 2818, Bspr. *Emmerich*, JuS 1989, 1015; NJW 1992, 912; *H. Roth*, JuS 1988, 938; Koller/*W.-H. Roth*, § 377 HGB Rn. 26; *Müller*, ZIP 2002, 1178 (1181) *Lettl*, Jura 2006, 721 (723).

276 BGHZ 107, 331 = NJW 1989, 2532 mit Bspr. *Emmerich*, JuS 1989, 933; *Gabius*, VersR 1995, 761; a.A.: *Tiedtke*, NJW 1990, 14.

e) Ähnliche Geschäfte, Arglist. § 377 dürfte nicht nur auf Handelskäufe, sondern auch auf kaufähnliche Geschäfte, die zum Eigentumserwerb führen, analog anwendbar sein[277], z.B. Sachdarlehen unter Kaufleuten gem. § 607 BGB oder Mietkaufgeschäfte[278] oder Finanzierungsleasing mit Erwerbsoption[279]. **517**

Sind Rechtsgrund für die Regelung vor allem Interesse und Vertrauen des Verkäufers, entfällt die besondere handelsrechtliche Rügeobliegenheit folgerichtig bei Arglist des Verkäufers (§ 377 Abs. 5), also bei Verschweigen eines Mangels oder Vorspiegeln einer Eigenschaft[280]. **518**

f) Abdingbarkeit. Der Verkäufer kann jederzeit, auch konkludent (z.B. vorbehaltlose Rücknahme der Ware[281]) auf die Schutzvorschriften von § 377 verzichten, nicht nur individuell, sondern auch durch vom Käufer gestellte AGB. Gelingt es dem Käufer, aufgrund seiner Nachfragemacht (z.B. als Autohersteller im Verhältnis zum Zulieferer) seine AGB durchzusetzen, kann ihrer Geltung allerdings die Inhaltskontrolle aus § 307 BGB entgegenstehen (o. Rn. 380). Danach ist der Ausschluss im Hinblick auf offene Mängel (vorst. Rn. 504) unwirksam[282]. Regelmäßig findet der Ausschluss im Falle von **Just-in-time-Käufen** statt[283], bei denen der Verkäufer zu genauen, den Produktionsabläufen des Käufers angepassten Zeiten liefern muss, um dem Käufer die Lagerhaltung zu ersparen. Daneben treffen die Parteien in so genannten Qualitätssicherungsabreden umfassende Beschaffenheitsvereinbarungen, die das Produkthaftungsrisiko (§§ 823 BGB, 1 ProdHaftG) auf den Verkäufer abwälzen. Darauf gründet sich der Ausschluss der Rügeobliegenheit[284]. **519**

V. Teilzahlungskauf

Auch Kaufleute können vereinbaren, dass der Kaufpreis in Raten zu zahlen ist, so dass der sachliche Anwendungsbereich eines Teilzahlungsgeschäfts i.S.v. § 506 Abs. 3 BGB erfüllt ist. Die Schutzbestimmungen dieser Regelung greifen dennoch nicht ein, weil es am persönlichen Anwendungsbereich gem. § 13 BGB fehlt (o. Rn. 8): Kaufmännische Käufer sind gerade nicht Normadressaten, d.h. nicht Verbraucher. Ausnahmsweise ist das Gesetz aber auf solche Vertragspartner anwendbar, die den Vertragsgegenstand für die Aufnahme einer gewerblichen Tätigkeit verwenden, also Existenzgründer nach § 512 BGB sind. Sie können in der Gründungsphase schon die kaufmännische Qualifikation erfüllen[285]. Keinerlei Rolle spielt hierfür die Eintragung im Handelsregister (anders noch die frühere Rechtslage nach § 8 AbzG). Die Anwendung der Vorschriften **520**

277 BGH, NJW 1985, 2417.
278 *Bülow,* in: 10 Jahre Mietrechtsreform, 2011, S. 85 (91 f.).
279 *Bülow/Artz*, Verbraucherkreditrecht, 8. Aufl. 2014, § 506 BGB Rn. 81 ff.; im Übrigen aber keine Anwendung auf Leasing, Rn. 486.
280 Dazu BGH, NJW 1986, 316.
281 BGH, NJW 1999, 1259 zu III.2.a; *Thamm/Möffert*, NJW 2004, 2710.
282 BGH, NJW 1991, 2634; BGHZ 132, 375 (380) = NJW 1996, 1537 für Mangelfolgeschäden.
283 *Klein/Burianski*, NJW 2010, 2248; LG Duisburg, ZGS 2011, 430 mit Rez. *Lange*, ZGS 2011, 393.
284 *Grunewald*, NJW 1995, 1777; *Steinmann*, BB 1993, 873.
285 *Bülow/Artz*, Verbraucherkreditrecht, § 512 BGB Rn. 5.

über Haustürgeschäfte (§ 312b BGB) oder Fernabsatzgeschäfte (§ 312c BGB) auf Kaufleute als Nachfrager ist dagegen stets ausgeschlossen[286], sie sind vielmehr Unternehmer i.S.v. § 14 BGB.

B. Kaufmännisches Vertriebsrecht (Dienstvertragsrecht)

521 Hersteller von Waren ebenso wie Dienstleistungserbringer verfügen über unterschiedliche Wege, ihre Leistung am Markt anzubieten. Entscheiden sie sich für den Direktvertrieb an den Endkunden, sei er Verbraucher oder nicht, stellen sich keine hier zu erörternden Probleme. Oftmals werden allerdings Personen im Vertriebsweg zwischengeschaltet. Man spricht vom **vertikalen Vertriebssystem**[287], das unterschiedliche Produktion- und Vertriebsstufen erfasst. Dieser Vertrieb von Waren oder Dienstleistungen kann auf unterschiedlichen Wegen erfolgen, die sich insbesondere durch die Intensität der **Einbindung** des Vertriebsmittlers in die **Organisationsstruktur** des Herstellers, der am Beginn der Vertriebskette steht, unterscheiden lassen. Dienstvertraglicher Natur (§§ 611 ff. BGB) sind insoweit das Kommissionsgeschäft (nachf. Rn. 522) und die Handelsvertretung (nachf. Rn. 552), außerdem die Rechtsverhältnisse von Vertragshändlern (nachf. Rn. 583). Schließlich erfolgt der Vertrieb oftmals über ein Netz ausgewählter selbständiger Fachhändler. Hier stellen sich in erster Linie Probleme des Kartellrechts (nachf. Rn. 585a ff.).

I. Kommission (§§ 383 bis 406)

1. Überblick

522 **a) Wesen des Kommissionsgeschäfts. – aa)** Auch der Kommissionär schließt Kaufverträge ab. Er handelt jedoch im Auftrag eines anderen, des **Kommittenten**, für dessen Rechnung er tätig wird. Dieses Auftragsverhältnis als Innenverhältnis ist wesentlicher Regelungsgegenstand des Rechts der Kommission, nicht dagegen das Außenverhältnis zwischen Kommissionär und seinem Vertragspartner beim Kauf, der Handelskauf oder gewöhnlicher Kauf nach §§ 433 ff. BGB sein kann. Dieses Kaufgeschäft bezeichnet man als das **Ausführungsgeschäft**.

523 Mit der Durchführung des Kaufs oder Verkaufs für einen anderen besorgt die beauftragte Kommissionärin ein Geschäft für den anderen nach Maßgabe von § 675 Abs. 1 BGB. Die **Geschäftsbesorgung** ist in der Weise ausgestaltet, dass der Kommissionär den Kaufvertrag im eigenen Namen, aber für fremde Rechnung, nämlich diejenigen des Kommittenten, abschließt. Fremde Rechnung heißt, dass der Beauftragte zwar im eigenen Namen handelt, das Geschäftsergebnis aber dem Auftraggeber zugute kommt[288]. Der Beauftragte, der Kommissionär, schließt im Falle der **Verkaufs-**

286 BGH, NJW 2005, 1273 mit Anm. *Artz*, LMK 2005, 82.
287 Instruktiv zum Vertriebsrecht als Rechtsgebiet, *Martinek*, ZVertriebsR 2012, 1.
288 BGHZ 28, 222 (228).

kommission also als Verkäufer Kaufverträge über fremde Sachen ab und verfügt über diese. Er ist Nichtberechtigter, handelt aber mit Einwilligung des Auftraggebers, des Kommittenten, gem. § 185 Abs. 1 BGB, ist also verfügungsbefugt[289]. Bei der **Einkaufskommission** handelt er als Käufer bei der Übereignung der Ware oder des Wertpapiers ebenfalls in eigenem Namen, wird also selbst gem. § 929 BGB (resp. Art. 14 WG, § 952 BGB, oben Rn. 455, 456) Eigentümer, und er übereignet den Kaufpreis an den Verkäufer.

Das unterscheidet den Kommissionär vom **Handelsvertreter** i.S.v. § 84 Abs. 1, der zwar auch damit betraut sein kann, Käufe oder Verkäufe für einen anderen (den Unternehmer) zu tätigen, der aber nicht im eigenen Namen, sondern als Bevollmächtigter (§§ 164 ff. BGB) im Namen des Unternehmers handelt (u. Rn. 559). Dieser ist unmittelbarer Stellvertreter, der Kommissionär **mittelbarer Stellvertreter**. Vom **Handelsmakler** (§ 93) und vom Vermittlungsvertreter (§ 84 Abs. 1, 2. Alternative) unterscheidet sich der Kommissionär dadurch, dass er den Kaufvertrag abschließt und nicht nur vermittelt, den Abschluss also nicht seinem Auftraggeber und dem Dritten überlässt. Der **Vertragshändler** wird wie der Kommissionär im eigenen Namen tätig (unten Rn. 583) und handelt für eigene Rechnung und nicht wie der Kommissionär für fremde Rechnung, nämlich die des Kommittenten. Außerdem steht der Vertragshändler ebenso wie der Handelsvertreter in ständiger Geschäftsbeziehung zu seinem Auftraggeber, während der Kommissionär von Fall zu Fall tätig wird. Allerdings kann der Kommissionsvertrag auch so ausgestaltet werden, dass die ständige Geschäftsbeziehung begründet wird. Einen solchen Kommissionär bezeichnet man als **Kommissionsagenten**[290], auf den einzelne Vorschriften des Handelsvertreterrechts analog anwendbar sein können[291]. Der Kommission wesensgleich ist die **Spedition**, durch die der Spediteur im eigenen Namen und für fremde Rechnung handelt, aber nicht Kaufverträge, sondern Frachtverträge abschließt (§§ 453, 407, 556). 524

Geschäftsbesorgungsverträge können Dienstverträge (§§ 611 ff. BGB) oder Werkverträge (§§ 631 ff. BGB) sein. Richtigerweise wird man sagen müssen, dass der Kommissionär nicht den Kauf oder Verkauf als Erfolg schuldet, sondern eine sorgfältige Tätigkeit zur Herbeiführung des Kaufgeschäfts, so dass ergänzend **Dienstvertragsrecht** (insbesondere §§ 621 Nr. 5, 627 BGB) anwendbar ist[292]. 525

Das Kommissionsgeschäft ist ein gesetzlich ausgeformter Fall der **Treuhand**: Der Kommissionär als Treuhänder tritt nach außen als Rechtsträger auf, während das Geschäft dem dahinterstehenden Kommittenten als Treugeber zugute kommen soll. Der Kommittent kann sich unerkannt im Hintergrund halten. Diese Art der Treuhand ist – etwa im Gegensatz zur Sicherungstreuhand – eine fremdnützige[293]. 526

---

289 BGH, WM 2004, 132 zu II. 2. a.

290 BGH, NJW 2004, 132 zu II. 2 b mit Anm. *Martinek*, LMK 2004, 190; *Hopt*, Festschrift Hadding 2004, S. 443.

291 *Canaris*, § 16 Rn. 6.

292 *Canaris*, § 30 Rn. 5.

293 *Bülow*, Kreditsicherheiten, Rn. 936.

527 **bb)** Der Kaufvertrag als **Ausführungsgeschäft** ist der wichtigste Fall. Gleichgestellt sind gem. § 406 Abs. 2 **Lieferungskaufverträge** über nicht vertretbare bewegliche Sachen, die gem. § 651 Satz 1 BGB ihrerseits dem Kaufrecht unterliegen (vgl. auch oben Rn. 486); die Erstreckung auf herzustellende oder zu erzeugende Sachen, ob vertretbar oder nicht, ist geboten[294]. Die Vorschriften über die Kommission einschließlich des Selbsteintrittsrechts (str.[295] und u. Rn. 545) sind aber auch auf andere Ausführungsgeschäfte als den Kauf anwendbar, wie § 406 Abs. 1 Satz 1 bestimmt. Praktische Bedeutung haben Verlagsverträge, Werbungsverträge, Filmverleihverträge, Bauverträge, Inkassoverträge (Einziehung von Forderungen, Wechseln, Schecks), Darlehensverträge, die der Kommissionär über das Geld des Kommittenten mit einem Darlehensnehmer abschließt[296], Verträge über Finanzinstrumente (§§ 1 Abs. 1 Nr. 4 KWG, 2 Abs. 3 Nr. 1 WpHG)[297], nicht jedoch Frachtverträge: Hier gilt gem. §§ 453 ff. Speditionsrecht (u. Rn. 641).

528 **cc)** Das Kommissionsgeschäft umfasst **drei Rechtsverhältnisse**: die Rechtsbeziehungen zwischen Kommissionär und Kommittenten regelt der Kommissionsvertrag (nachf. Rn. 532); die Rechtsbeziehungen zwischen Kommissionär und dem Dritten sind das Ausführungsgeschäft (insbesondere der Kaufvertrag, nachf. Rn. 539); die Übertragung der vom Kommissionär im eigenen Namen erworbenen Rechtspositionen auf den Kommittenten ist das Abwicklungsgeschäft (nachf. Rn. 550).

Größte praktische Bedeutung hat die Kommission im Bankgeschäft beim Handel mit Wertpapieren (Effektenkommission) sowie im Kunst- und Antiquitätenhandel, wo der Auftraggeber (Kommittent) unerkannt bleiben kann.

529 **b) Kaufmannseigenschaft.** Ob der Kommissionär als Kaufmann Normadressat des Sonderprivatrechts ist, richtet sich nach allgemeinen Vorschriften. Er kann demgemäß Ist-Kaufmann oder Kannkaufmann sein. Hat sein Unternehmen kleingewerblichen Zuschnitt und entschließt er sich nicht, gem. § 2 die Eintragung im Handelsregister beizuführen, ist er zwar Unternehmer und Gewerbetreibender, aber nicht Kaufmann. Trotzdem sind gem. § 383 Abs. 2 Satz 1 die Vorschriften über die Kommission (§§ 383 bis 406) auf den Kommissionsvertrag, das Ausführungsgeschäft und das Abwicklungsgeschäft (vorst. Rn. 528) anwendbar. Darüber hinaus sind hierauf die allgemeinen Vorschriften über Handelsgeschäfte (§§ 343 bis 372, also z.B. auch § 366 über den gutgläubigen Erwerb von Kleinkommissionär[298]) weitgehend anwendbar, wie § 383 Abs. 2 Satz 2 bestimmt. Dies gilt nur in Ansehung des Kommissionsgeschäfts. Schließt der Kleingewerbetreibende außer dem Kommissionsgeschäft noch andere Geschäfte ab, ist das Sonderprivatrecht hierauf nicht anwendbar, sondern es bleibt beim allgemeinen Bürgerlichen Recht. Von der Strenge des kaufmännischen Sonderprivatrechts verschont bleibt der kleingewerbliche nichtkaufmännische Kommissionär jedoch be-

---

294 Baumbach/*Hopt*, § 406 BGB Rn. 3; vgl. die Anpassung von § 381 HGB an § 651 BGB.
295 Staub/*Koller*, § 406 Rn. 4.
296 OLG Celle, WM 1974, 735.
297 BVerwG, ZIP 2009, 1899; 2008, 911; VGH Kassel, WM 2007, 1457; OLG Frankfurt, WM 2009, 1033; *Voge*, WM 2007, 1640.
298 Zweifelnd *v. Olshausen*, JZ 1998, 717, 720.

züglich der Bindung an die Höhe einer Vertragsstrafe (§ 348, o. Rn. 384), bezüglich der selbstschuldnerischen Bürgschaft (§ 349, u. Rn. 382, 687) und bezüglich der Formfreiheit von Schuldversprechen und -anerkenntnis sowie der Bürgschaft (§ 350, o. Rn. 381). Für ihn gelten vielmehr §§ 339, 771, 780, 781, 766 BGB, auch soweit sich das Handeln des Kleinkommissionärs auf das Kommissionsgeschäft bezieht (o. Rn. 81).

Natürlich setzt die Anwendbarkeit der Vorschriften über die Kommission nicht voraus, **530**
dass der Kommittent oder der Dritte (nachf. Rn. 539) Kaufleute sein müssten.

c) Gelegenheitskommission. Gem. § 406 Abs. 1 Satz 2 gelten die Vorschriften über **531**
das Kommissionsgeschäft auch für Kaufleute, die sich hauptsächlich mit anderen Geschäften befassen, z.B. Händler sind, aber nebenbei auch einmal im eigenen Namen für Rechnung eines Auftraggebers handeln. Solche Gelegenheitskommissionäre können Kaufleute oder wohl auch[299] ihnen nach § 383 Abs. 2 (vorst. Rn. 529) gleich gestellte Unternehmer sein, aber auch andere nichtkaufmännische Gewerbetreibende[300] (auf Letztere sind aber nicht die allgemeinen Vorschriften, § 343 ff., anwendbar), nicht aber nichtgewerbliche Unternehmer wie beispielsweise Freiberufler.

2. Kommissionsvertrag

a) Pflichten des Kommissionärs. – aa) Gem. § 383 kann Gegenstand der Kom- **532**
mission ein Kauf oder ein Verkauf (oder ein anderes Geschäft, vorst. Rn. 527) sein: Bei der Einkaufskommission kauft der Kommissionär Waren oder Wertpapiere für den Kommittenten von einem Dritten ein, bei der Verkaufskommission verkauft er Ware des Kommittenten an einen Dritten. Gem. § 384 Abs. 1 hat der Kommissionär das Geschäft mit der Sorgfalt eines ordentlichen Kaufmanns auszuführen, dabei die Interessen des Kommittenten wahrzunehmen und dessen **Weisungen** zu befolgen. Verletzt er diese Pflichten, macht er sich schadensersatzpflichtig (s. § 385 mit § 665 BGB, gesetzlich ausgeformter Fall der Pflichtverletzung, § 280 BGB) und schuldet gem. § 249 Satz 1 BGB Naturalrestitution, z.B. Lieferung von Aktien bei so genannter Effektenkommission[301]. Für das Verschulden der Kaufvertragspartei, des Dritten, haftet er nicht (dieser ist nicht Erfüllungsgehilfe des Kommissionärs gem. § 278 BGB). Ausnahmsweise muss er aber selbst für die Erfüllung des Kaufvertrages im Verhältnis zum Kommittenten einstehen, wenn

- er den Dritten nicht namhaft macht (§ 384 Abs. 3),
- dem Dritten ohne Zustimmung des Kommittenten Kredit gewährt, also vorleistet, § 393 Abs. 3 oder
- er für die Erfüllung kraft Vereinbarung oder Handelsbrauch garantiert (Delkredere, § 394)[302].

---

299 *v. Olshausen*, NJW 2001, 1840.
300 MünchKomm/*Häuser*, § 406 HGB Rn. 11; Koller/*Roth*, § 406 Rn. 1 a.E.; LG Köln, NJW-RR 2000, 507.
301 BGH, WM 2002, 1502 mit Komm. *M. Roth*, WuB 1 G 2. – 1,93 und Komm. *Schäfer*, EWiR § 383 HGB 1/02, 955; vgl. auch BGH, WM 2002, 1687 zu III. 3. b. mit Bspr. *Schmidt*, JuS 2003, 198.
302 Dazu BGH, WM 2002, 1687 zu III. 2.; *Bülow*, Kreditsicherheiten, Rn. 1616.

533 **bb)** Weisungen des Kommittenten können in vorgeschriebenem Höchstpreis bei der Einkaufskommission oder Mindestpreis bei der Verkaufskommission liegen. Handelt der Kommissionär dieser Weisung zuwider, kann der Kommittent das Geschäft als nicht für seine Rechnung abgeschlossen **zurückweisen**[303], d.h.: Die eingekaufte Sache braucht er nicht zu übernehmen, er braucht Aufwendungen des Kommissionärs nicht zu erstatten, braucht keine Provision zu zahlen (nachf. Rn. 536). Allerdings gilt das weisungswidrig abgeschlossene Geschäft als **genehmigt**, wenn es der Kommittent nicht unverzüglich (§ 121 BGB) zurückweist. Er darf gem. § 386 Abs. 2 nicht zurückweisen, wenn sich der Kommissionär bereit erklärt, den Preisunterschied selbst zu tragen. Natürlich darf der Kommissionär vorteilhafter abschließen, als er vom Kommittenten angewiesen wurde, aber der Vorteil kommt dem Kommittenten zugute (§ 387), auch das geht also auf dessen Rechnung.

534 Wird dem Kommissionär Ware vom Kommittenten oder von einem Dritten zugesandt und ist sie beschädigt oder mangelhaft, hat der Kommissionär, will er sich gegenüber dem Kommittenten nicht schadensersatzpflichtig machen, die **Rechte gegen die Transportperson** zu wahren, z.B. den Frachtführer gem. § 425 in Anspruch zu nehmen (u. Rn. 614), wie § 388 Abs. 1 bestimmt.

535 Sowohl bei Einkaufs- wie Verkaufskommission hat der Kommissionär die Ware typischerweise einige Zeit in Obhut. Gem. § 390 haftet er in der Zeit der Verwahrung auf Schadensersatz[304] für **Verlust und Beschädigung** aber nur, wenn diese bei Anwendung kaufmännischer Sorgfalt hätte abgewendet werden können[305]. Ist die Ware verderblich, kann der Kommissionär unter den Voraussetzungen von § 388 Abs. 2 zum **Selbsthilfeverkauf** (s.o. Rn. 491) schreiten, gem. § 389 ebenso, wenn der Kommittent eingekaufte Ware nicht abnimmt oder Weisungen unterlässt. Gem. § 384 Abs. 2 ist der Kommissionär dem Kommittenten zu **Auskunft und Rechenschaft** verpflichtet. Von der Ausführung der Kommission (also dem Abschluss des Kaufvertrages) hat er unverzüglich Mitteilung zu machen (§ 386 Abs. 1, 1. Halbsatz), braucht aber nicht den Namen des Vertragspartners zu nennen (§ 384 Abs. 3, vorst. Rn. 532). Das aus der Geschäftsbesorgung Erlangte hat er herauszugeben (Abwicklungsgeschäft, § 384 Abs. 2, 2. Hs. 2. Alt., s. nachf. Rn. 550, zur Drittschadensliquidation s. nachf. Rn. 544).

536 **b) Rechte des Kommissionärs. – aa)** Für ihre Geschäftsbesorgung kann die Kommissionärin gem. § 396 Abs. 1 Satz 1 **Provision** verlangen, ähnlich dem Makler aber nur dann, wenn Kauf- oder Verkaufsgeschäft ausgeführt sind, also nicht nur der Vertrag mit dem Dritten auf Rechnung des Kommittenten endgültig (insbesondere ohne aufschiebende Bedingung, § 158 Abs. 1 BGB oder ohne Widerrufsmöglichkeit nach § 355 BGB), abgeschlossen, sondern auch erfüllt wurde[306]. Örtliche Handelsbräuche, aber auch abweichende Parteivereinbarungen[307], können die Provision auch ohne Ausfüh-

---

303 Dazu LG Köln, NJW-RR 2001, 262.
304 OLG Frankfurt, NJW-RR 2004, 835.
305 BGH, WM 2007, 1381; OLG Brandenburg, NJW-RR 1996, 358.
306 Staub/*Koller*, § 396 Rn. 5, 7.
307 BGH, WM 2005, 1447 für Zeichnungsgebühr bei Aktienemission durch AGB, a.A. Vorinstanz OLG Brandenburg, WM 2002, 2284.

rung entstehen lassen, sog. Auslieferungsprovision, außerdem dann, wenn die Ausführung aus Gründen scheitert, die in der Person des Kommittenten liegen[308]. Andere Gründe gehen auf das Risiko des Kommissionärs (z.B. Einfuhrsperren; zur Unmöglichkeit unten Rn. 550a). Bei weisungsgemäß ausgeführtem Geschäft kann der Kommissionär jedenfalls Ersatz seiner **Aufwendungen** nach Auftragsrecht (§ 670 BGB) verlangen, wozu, wie § 396 Abs. 2 klarstellt, auch Lager- und Transportkosten zählen.

bb) Was geschieht, wenn der Kommittent die Provisions- und Aufwendungsersatzansprüche des Kommissionärs nicht befriedigt? Zunächst ist der Kommissionär, wenn er aus der Geschäftsbesorgung etwas erlangt hat (Kaufpreis, Kaufsache), dadurch gesichert, dass er das Zurückbehaltungsrecht gem. § 273 BGB oder, am eingekauften Gut, dasjenige gem. § 369 geltend machen kann, sofern auch der Kommittent Kaufmann ist (o. Rn. 396). Das Gesetz räumt dem Kommissionär noch weitergehende Sicherungsmöglichkeiten ein. Er hat gem. § 397 ein **gesetzliches Pfandrecht**[309] am Kommissions-gut, das gem. § 366 Abs. 3 dem gutgläubigen Erwerb durch den Kommissionär zugänglich ist (o. Rn. 450), und gem. § 399 kann er sich an Forderungen aus dem Ausführungsgeschäft befriedigen, deren Gläubiger er ist (nachf. Rn. 539): Im Falle der Verkaufskommission kann er also die Kaufpreisforderung wegen seiner eigenen Ansprüche gegenüber dem Kommittenten für eigene Rechnung bei dem Dritten, dem Käufer, einziehen. Das gesetzliche Pfandrecht besteht für alle Forderungen aus Kommissionsgeschäften mit dem Kommittenten, also nicht nur wegen solcher, die aufgrund des jeweiligen Kommissionsgeschäfts entstanden sind (inkonnexe Forderungen, vgl. auch o. Rn. 451). Dem unmittelbaren oder mittelbaren Besitz am Kommissionsgut gleichgestellt ist die Verfügungsmöglichkeit mittels Traditionspapiers (o. Rn. 466). 537

Der Bestand des Pfandrechts richtet sich gem. § 1257 BGB nach allgemeinen Vorschriften (Erlöschen bei freiwilliger Besitzaufgabe durch den Kommissionär, vgl. § 1253 BGB – also nicht: Abhandenkommen[310] –; bei Tilgung der Forderung durch den Kommittenten, § 1292). Ist der Kommissionär – bei der Einkaufskommission – Eigentümer der Sache, erwächst ihm ein pfandähnliches Befriedigungsrecht nach § 398. 538

3. Ausführungsgeschäft

a) Gläubiger des Dritten. Der Kommissionär handelt im eigenen Namen, er und nicht der Kommittent ist Partei des Ausführungsgeschäfts mit dem Dritten, des Kaufvertrags (nicht: Hilfs- und Nebengeschäfte wie Scheckeinreichung[311]). Der Kommissionär ist bei der Verkaufskommission folglich Gläubiger der Kaufpreisforderung gegen den Dritten gem. § 433 Abs. 2 BGB, gegebenenfalls von Mängelansprüchen (§§ 434 ff. BGB) und Schuldner der Forderung des Dritten als Käufer auf Übergabe und Eigentumsverschaffung gem. § 433 Abs. 1 Satz 1 BGB, vice versa bei der Einkaufskommission. Leistet der Dritte sogleich den Kaufpreis an den Kommissionär, erlischt die Forderung, und der Kommissionär hat dem Kommittenten das Erlangte herauszugeben 539

308 Dieser wird insolvent, RGZ 73, 71.
309 *Bülow*, Kreditsicherheiten, Rn. 555 ff.
310 *Altmeppen*, ZHR 157 (1993), 541, 557.
311 OLG Hamburg, VersR 1988, 288.

(vorst. Rn. 535). Hatte der Dritte aber noch nicht geleistet und will der Kommittent aus der Kaufpreisforderung unmittelbar vom Dritten Befriedigung erlangen, so kann er das nur, wenn ihm die Forderung von dem Kommissionär abgetreten worden war, wie § 392 Abs. 1 klarstellt (gleichermaßen im Speditionsgeschäft gem. § 457 Satz 1, unten Rn. 641). Die Vorschrift geht allerdings ins Leere, wenn die Forderung nicht abtretbar ist, z.B. nach § 399 BGB (vgl. oben Rn. 426, Schuldner ist kein Kaufmann) oder aufgrund Kontokorrentabrede (oben Rn. 409).

540 **b) Berechtigungsfiktion für den Kommittenten (§ 392 Abs. 2).** Andererseits gebührt die Forderung bei wirtschaftlicher Betrachtungsweise schon vor Abtretung dem Kommittenten, weil diesem das Geschäftsergebnis zugute kommen soll (vorst. Rn. 523). Er würde aber der Forderung verlustig gehen, wenn der Kommissionär insolvent wird oder die Zwangsvollstreckung gegen ihn betrieben wird, oder wenn dieser die Forderung gem. § 398 BGB an einen Dritten abtritt. Dem beugt die – abdingbare[312] – Vorschrift von § 392 Abs. 2 vor mit der Fiktion, dass die Forderung im Verhältnis zwischen Kommissionär und Kommittenten diesem zusteht, ebenso im Verhältnis von Gläubigern des Kommissionärs und dem Kommittenten. Die Verfügung über die Forderung ist dem Kommittenten gegenüber relativ unwirksam (vgl. § 135 BGB)[313]. Betreibt also ein Gläubiger des Kommissionärs gem. § 829 ZPO die Zwangsvollstreckung in die Forderung durch Pfändung, kann der Kommittent mit Aussicht auf Erfolg Drittwiderspruchsklage gem. § 771 ZPO erheben[314]. In der Insolvenz des Kommissionärs kann er gem. § 47 InsO aussondern. Die Abtretung an einen Gläubiger des Kommissionärs braucht er nicht gegen sich gelten zu lassen; vielmehr ist die nachfolgende Abtretung des Kommissionärs an ihn selbst wirksam[315] (gleiche Regelung für die Spedition gem. § 457 Satz 2, unten Rn. 641). Hatte sich der Schuldner der Forderung ein Abtretungsverbot ausbedungen, scheitert die Abtretung allerdings ohnehin. Die übrigen Wirkungen von § 392 Abs. 2 zugunsten des Kommittenten treten aber auch bei Unabtretbarkeit der Forderung ein[316]. Die Berechtigungsfiktion tritt nur für Forderungen ein, d.h. im Falle der Einkaufskommission für die Forderung auf Übereignung der Sache, aber nicht für die Sache selbst, d.h. nicht am Kommissionsgut bei der Einkaufskommission (nachf. Rn. 550). Dieses ist, ebenso wie das zur Erfüllung der Kaufpreisforderung bei der Verkaufskommission an den Kommissionär gezahlte Geld, nur Surrogat für die Forderung. Wo eine dinglich Surrogation eintreten soll, trifft das Gesetz aber eine ausdrückliche Bestimmung, so in § 422 Abs. 2 (u. Rn. 611) oder auch in § 2111 BGB.

541 **c) Insbesondere: Partei des Ausführungsgeschäfts.** Besondere Betrachtung ist geboten, wenn der Gläubiger des Kommissionärs zugleich Schuldner der Forderung aus dem Ausführungsgeschäft ist, also z.B. der Käufer, der dem Kommissionär den Kaufpreis gem. § 433 Abs. 2 BGB schuldet. Wenn dieser Käufer eine Forderung gegen

---

312 Staub/*Koller*, § 392 Rn. 22.
313 *Bülow*, JuS 1994, 1 (5/6).
314 *Wüst*, JuS 1990, 390.
315 BGHZ 104, 123 (127) = NJW 1988, 3203 mit Bspr. *K. Schmidt*, JuS 1989 und Rezension *Hüffer*, JuS 1991, 195.
316 *Staub/Koller*, § 392 HGB Rn. 10.

den Kommissionär hat, könnte er damit gegen den Kaufpreisanspruch aufrechnen. Die Aufrechnung setzt gem. § 387 BGB Gegenseitigkeit voraus. Daran könnte es aber fehlen, weil die Kaufpreisforderung gem. § 392 Abs. 2 als eine solche des Kommittenten gilt, aber eben nicht des Kommissionärs als Gegner der Aufrechnung. Fraglich ist, ob dem Käufer die Aufrechnung mangels Gegenseitigkeit wirklich verwehrt ist.

Unbestritten ist, dass der Dritte wegen **konnexer Gegenforderungen** aufrechnen darf, **542** also solchen, die mit dem Ausführungsgeschäft in unmittelbarem Sachzusammenhang stehen (z.B. Transportkosten, die er für den Kommissionär verausgabt hat). Wie aber ist es mit **anderen Forderungen** (z.B. solche, die der Dritte gegen den Kommissionär seinerseits durch Abtretung erworben hat)? Hierzu ist festzustellen: Die dem Kommittenten zustehende Forderung geht ihm ohne weiteres dann verloren, wenn der Dritte, also der Käufer, zahlt, also gem. § 362 Abs. 1 BGB erfüllt. Im Verhältnis zum Kommissionär ist der Dritte ohne weiteres zur Zahlung verpflichtet, da die Fiktion aus § 392 Abs. 2 im Verhältnis zu ihm gerade nicht gilt (er kann also nicht etwa die Leistung an den Kommissionär verweigern, weil die Forderung als eine solche des Kommittenten gilt). Die Aufrechnung ist aber nur ein Erfüllungssurrogat[317] – warum soll der Dritte nicht davon Gebrauch machen dürfen? Es verbietet sich auch eine entsprechende Anwendung von §§ 406, 407 BGB[318] (Aufrechnungszulässigkeit nur mit älteren Gegenforderungen oder bei Unkenntnis von der Kommissionärseigenschaft): Die Fiktion aus § 392 Abs. 2 greift gänzlich unabhängig von der Kenntnis des Gläubigers ein. Richtigerweise ist § 392 Abs. 2 in teleologischer Reduktion demgemäß nicht im Verhältnis zum Dritten, der Partner des Ausführungsgeschäfts und zugleich Gläubiger des Kommissionärs ist, anwendbar (sehr str.[319]).

d) Eingriffskondiktion. Gehört die zu verkaufende Sache gar nicht dem Kommittenten, verfügt der Kommissionär darüber aber wirksam gem. §§ 932 BGB oder 366 HGB, fragt sich, gegen wen der vormalige Eigentümer Anspruch auf Erlösherausgabe gem. § 816 Abs. 1 Satz 1 BGB hat. Zwar verfügt der Kommissionär, aber der Erlös soll dem Kommittenten zugute kommen, und die Forderung daraus gilt gem. § 392 Abs. 2 als Forderung des Kommittenten. Richtigerweise ist deshalb dieser und nicht der Kommissionär Kondiktionsschuldner des vormaligen Eigentümers (sehr str.)[320]. **543**

e) Drittschadensliquidation. Macht bei der Einkaufskommission der Kommissionär **544** als Käufer Schadensersatzansprüche gegen den Dritten als Verkäufer geltend, z.B. gem. § 437 Nr. 3 BGB, würde sein Anspruch an sich daran scheitern, dass er selbst gar keinen Schaden erleidet, sondern der Kommittent, für dessen Rechnung der Kaufvertrag ja abgeschlossen wurde. Der Kommittent hätte gegen den Dritten andererseits keinen Schadensersatzanspruch, weil er nicht Vertragspartner und nicht Eigentümer der gekauften Sache ist (vorst. Rn. 523). Diese Schadensverlagerung befreit den Dritten

317 *Bülow*, JuS 1991, 531 (535).

318 So aber *Schwartz*, NJW 1969, 1942.

319 Wie hier BGH, NJW 1969, 276, a.A. *Hofmann*, S. 168 m.w.N:; differenzierend MünchKomm/*Häuser*, § 392 HGB Rn. 25: Aufrechnung nur mit konnexen Forderungen.

320 *Canaris*, § 30 Rn. 87 ff.

jedoch nicht, vielmehr kann der Kommissionär den Schaden nach den Grundsätzen über die Drittschadensliquidation geltend machen[321].

4. Insbesondere: Selbsteintritt des Kommissionärs (§§ 400 ff.)

545 **a) Wesen.** Der Kommissionär kann Interesse haben, die zu verkaufende Sache selbst zu erwerben oder die einzukaufende Sache (resp. Wertpapier) dem Kommittenten selbst zu liefern, also das Ausführungsgeschäft nicht mit einem Dritten abzuschließen, sondern selbst Vertragspartner des Ausführungsgeschäfts, unmittelbar mit dem Kommittenten, zu werden. Ein Selbsteintrittsrecht räumt das Gesetz – abdingbar – dem Kommissionär ein, wenn Ware oder Wertpapier einen Börsen- oder Marktpreis haben (oder diese amtlich notiert werden) und der Kommittent nichts anderes bestimmt, so § 400 Abs. 1. Der Kommissionär als Treuhänder macht damit den Kommittenten als Treugeber zum Vertragspartner des Ausführungsgeschäfts. Mit der Beschränkung auf Waren oder Wertpapiere mit bestehendem oder festzustellendem Börsen- oder Marktpreis verhindert das Gesetz, dass der Kommissionär die Interessen des Kommittenten zugunsten seiner eigenen hintanstellt[322]: Der dem Kommittenten zustehende Kaufpreis kann leicht ermittelt werden. In anderen Fällen können die Parteien ein Selbsteintrittsrecht vereinbaren.

546 **b) Marktpreis und Deckungsgeschäft.** Der dem Kommittenten geschuldete Kaufpreis ist gem. § 400 Abs. 2 mindestens der Börsen- oder Marktpreis. Hätte der Kommissionär bei gehöriger Sorgfalt aber einen besseren als den Börsen- oder Marktpreis erzielen können, so schuldet er diesen (§ 401 Abs. 1). Hatte der Kommissionär über die Ware, die er selbst liefert oder kauft, schon einen Folgekaufvertrag mit einem Dritten abgeschlossen (Deckungsgeschäft), so schuldet er den mit dem Dritten vereinbarten Kaufpreis (§ 401 Abs. 2), allerdings nur dann, wenn dieses Geschäft schon vor der gem. § 384 Abs. 2 abzusendenden Anzeige an den Kommittenten abgeschlossen worden war und wenn das Deckungsgeschäft an der Börse oder am Markt stattfand. In diesen Fällen ist das Deckungsgeschäft in Wahrheit dasjenige, das für Rechnung des Kommittenten hätte ausgeführt werden sollen. § 400 Abs. 3 bis 5 stellt sicher, dass dem Kommittenten bei Kursschwankungen unter den dort genannten Voraussetzungen der günstigere Kurs zu berechnen ist. Die Bestimmungen zum geschuldeten Kaufpreis sind zugunsten des Kommittenten gem. § 402 zwingend. Im Wertpapierhandel ist der Selbsteintritt, insbesondere durch Kreditinstitute, die Regel.

547 **c) Anzeige, Provision, Erlöschen.** Der Selbsteintritt bedarf gem. § 405 Abs. 1 der ausdrücklichen Mitteilung in der dem Kommissionär gem. § 384 Abs. 2 obliegenden Ausführungsanzeige. Unterlässt er sie, gilt das Geschäft als mit einem Dritten abgeschlossen, und der Kommissionär haftet gem. § 384 Abs. 3 auf Erfüllung. Das läuft an

321 Dazu RGZ 170, 246 (250/251); BGHZ 25, 250 (258); 40, 91 (100); *v. Caemmerer*, ZHR 127 – 1965 –, 241 (256); *Stamm*, Regressfiguren im Zivilrecht, 2000, S. 311; Abgrenzung BGH, WM 1996, 1618 zu III.1.; NJW 1998, 1864 mit Bspr. *Emmerich*, JuS 1998, 947.

322 Kritisch dazu *Kiehnle*, AcP 212 (2012), 875.

sich auf dasselbe hinaus, doch kommt dem Kommissionär nicht die nur begrenzte Rechenschaftspflicht gem. § 400 Abs. 2 Satz 1 zugute.

Der Selbsteintritt schmälert die Rechte des Kommissionärs aus dem Kommissionsvertrag nicht. Er hat deshalb Anspruch auf Provision (§§ 403, 396) und für diesen am Kommissionsgut das gesetzliche Pfandrecht (§§ 404, 397, 398, vorst. Rn. 537). Außerdem kann er im Falle der Verkaufskommission gegen den nun geschuldeten Kaufpreisanspruch des Kommittenten aufrechnen. **548**

Das Selbsteintrittsrecht erlischt gem. § 405 Abs. 3 bei rechtzeitigem Widerruf durch den Kommittenten. **549**

5. Abwicklungsgeschäft

Bei der Einkaufskommission wird der Kommissionär gem. § 929 BGB Eigentümer des Kommissionsguts. Er hat es gem. § 384 Abs. 2, letzte Alt. und gem. § 667 BGB dem Kommittenten zu übereignen. Hierbei treffen den Kommittenten, wenn auch er Kaufmann ist, gem. § 391 die Obliegenheiten aus § 377 (oben Rn. 501 ff.). Wird der Kommissionär vor der Übereignung an den Kommittenten insolvent oder betreibt ein Gläubiger die Zwangsvollstreckung in das Kommissionsgut oder veräußert es der Kommissionär abredewidrig (aber als Berechtigter) an einen Dritten, hat der Kommittent das Nachsehen (vgl. § 91 InsO). Auch die Vereinbarung eines antizipierten Besitzkonstituts gem. § 930 BGB hilft dem Kommittenten nicht, da Durchgangserwerb beim Kommissionär eintritt[323]. Wo das Ausführungsgeschäft ein Bargeschäft des täglichen Lebens ist, was selten vorkommen wird, kann der Kommittent freilich nach den Grundsätzen des Verfügungsgeschäfts für den, den es angeht, Eigentümer werden. Die Voraussetzungen für eine Analogie zu § 392 Abs. 2[324] dürften mangels Gesetzeslücke (siehe etwa § 398) nicht gegeben sein[325]. Zwar gilt die aus dem Kaufvertrag entstandene Forderung auf Verschaffung des Eigentums am Kommissionsgut als auf den Kommittenten übergegangen, aber nicht das Kommissionsgut selbst als Surrogat dieser Forderung; eine **dingliche Surrogation**, d.h. eine Perpetuierung der Fiktion, findet **nicht** statt (vorst. Rn. 540). An anderer Stelle, nämlich im Frachtrecht nach § 422 Abs. 2, wird zwar die Übertragung des Surrogats einer Forderung auf den Auftraggeber im Frachtvertrag, den Absender, fingiert (u. Rn. 611), aber die Ausgangslage ist eine andere: Der Absender ist von Anfang an Gläubiger der Forderung, so dass es hierfür nichts zu fingieren gibt, sondern erst bei der Surrogation im Hinblick auf das für die Forderung durch Nachnahme Erlangte. Auch aufgrund von § 422 Abs. 2 tritt keine Perpetuierung der Fiktion ein[326]. **550**

---

323 Näher *Bülow*, Kreditsicherheiten, Rn. 1303 ff.

324 So Heymann/*Herrmann*, § 392 HGB Rn. 8; *Canaris*, § 30 Rn. 82; *Martinek*, Festschrift Musielak 2004, 355 (380); *Vrbaski*, Forderungszuständigkeit und Insolvenzschutz beim Handel in Kommission, 2005, S. 113 ff.

325 So BGHZ 79, 89 (94); BGH, NJW 1974, 456 zu III.2.; MünchKomm/*Häuser*, § 392 HGB Rn. 43; *Gundlach et al.*, DZWIR 2000, 449.

326 OLG Hamm, WM 2004, 1252.

550a Es kann vorkommen, dass es dem Kommissionär unmöglich ist, dem Kommittenten die Sache zu übereignen, weil sie untergegangen ist. Der Kommittent kann gem. § 326 Abs. 5 BGB zurücktreten, wobei es keine Rolle spielt, ob der Kommissionär die Unmöglichkeit zu vertreten hat. Die Folge ist, dass der Kommissionär seinen Provisionsanspruch (oben Rn. 536) verliert[327].

551 Bei der Verkaufskommission ist die in der Person des Kommissionärs entstandene Kaufpreisforderung gem. § 392 Abs. 1 an den Kommittenten abzutreten bzw. der bereits gezahlte Kaufpreis gem. § 384 Abs. 2 (vorst. Rn. 535) herauszugeben, gegen Zwischenverfügungen ist der Kommittent durch § 392 Abs. 2 geschützt (vorst. Rn. 540).

II. Handelsvertreter (§§ 84 bis 92c)

1. Überblick

552 Typischerweise besorgen Kommissionäre Geschäfte für Kommittenten von Fall zu Fall und haben mit einer Vielzahl von Kommittenten Kommissionsverträge abgeschlossen oder tun das auch nur bei Gelegenheit (§ 406 Abs. 1 Satz 2, oben Rn. 531). Die Rechtsstellung des Handelsvertreters nach § 84 Abs. 1 ist dagegen dadurch gekennzeichnet, dass er in **ständiger Geschäftsbeziehung** zu seinem Auftraggeber steht und oft auch nur für einen einzigen arbeitet (vgl. § 92a). Trotz seiner Selbständigkeit (Legaldefinition in § 84 Abs. 1 Satz 2[328]) ist der Handelsvertreter deshalb in den Grenzbereich zum abhängigen Arbeitnehmer gerückt, und Schwerpunkt der Regelung des Handelsrechts ist ein sozialer Schutz des Handelsvertreters gegenüber dem Auftraggeber, der arbeitsrechtlichen Schutz ersetzt. Von diesen Gedanken ist auch die Handelsvertreter-Richtlinie 86/653/EWG vom 18.12.1986 geprägt, deren Regelungen im HGB transformiert wurden[329]. Den arbeitsrechtlichen Schutz hat der Handelsvertreter originär, wenn er nicht selbständig ist, wie § 84 Abs. 2 klarstellt[330], der Schutz arbeitnehmerähnlicher Handelsvertreter folgt aus §§ 5 Abs. 2 ArbGG, 92a[331].

2. Begriff des Handelsvertreters

553 **a)** Der Handelsvertreter ist selbständig und steht in dauerndem dienstvertraglichen Verhältnis zum Auftraggeber, den das Gesetz als **Unternehmer** bezeichnet (§ 84 Abs. 1; als selbständiger Gewerbetreibender ist aber auch der Handelsvertreter Unternehmer, o. Rn. 36). Er ist also nicht nur für ein einzelnes Geschäft beauftragt, sondern für eine Vielzahl, ohne aber zur ununterbrochenen Tätigkeit für den Unternehmer verpflichtet zu sein. Er kann **Abschluss- oder Vermittlungsvertreter** sein, also im Namen

---

327 *Canaris*, Festschr. Konzen 2006, S. 43 (57 ff.).
328 BAG, ZIP 2001, 36 mit Komm. *Emde*, EWiR § 84 HGB 1/01, 277.
329 ABlEG L 382, S. 17 v. 31.12.1986; *Kuther*, NJW 1990, 304; *Thume*, BB 1990, 1645 und 2004, 2473; *Westphal*, EWS 96, 43; EuGH, NJW 2008, 1211; OLG Koblenz, NJW-RR 2007, 1044; ArbG Lübeck, BB 1996, 177; OLG Hamburg, NJW 2004, 3126.
330 BGH, NJW 1998, 2057; *Abrahamczyk*, DStR 1996, 184.
331 BAG, NJW 2005, 1146 mit Komm. *Emde*, EWiR § 92 HGB 1/05.

und für Rechnung des Unternehmers abschließen (§ 164 BGB) oder den Abschluss vermitteln. Vermittlung ist mehr als der bloße Nachweis eines Interessenten (zum Makler s.u. Rn. 588), vielmehr ist es Aufgabe des Handelsvertreters, den Abschluss durch Einwirkung auf den Dritten zu fördern. Bei Abschlussvertretern ist der Umfang der Vertretungsmacht durch § 55 bestimmt: Er ist **zugleich Handlungsbevollmächtigter** i.S.v. § 54, aber nicht als abhängiger Arbeitnehmer, sondern seinerseits als selbständiger gewerblicher Unternehmer. Im Zweifel dürfen Handelsvertreter die abgeschlossenen Verträge nicht nachträglich ändern, insbesondere nicht Stundung gewähren (§ 55 Abs. 2), im Zweifel auch nicht Forderungen einziehen (§ 55 Abs. 3), wohl aber Gewährleistungsansprüche für den Unternehmer geltend machen und sichern vgl. §§ 204 Abs. 1 Nr. 7 BGB, 405 ff. ZPO, 55 Abs. 4). Die Befugnis von Vermittlungsvertretern bei der Geltendmachung von Gewährleistungsansprüchen regelt § 91 Abs. 2 ähnlich wie § 55 Abs. 4. Ist der Unternehmer nicht Kaufmann, gilt für den Vertreter die Regelung des § 55 gleichwohl, wie § 91 Abs. 1 bestimmt. Problematisch ist, ob durch Handelsvertreterverhältnisse das kartellrechtliche Preisbindungsverbot aus Art. 101 AEUV, EG-VO 1/2003 und EU-VO 330/2010 unterlaufen werden kann (Problematik der sog. **unechter Handelsvertreter**)[332]. Wenn und soweit der Handelsvertreter im Namen des Unternehmers handelt, ist er nicht wie der Kommissionär als mittelbarer Stellvertreter dessen Treuhänder (o. Rn. 526).

b) Ob der Handelsvertreter als **Kaufmann** Normadressat von Handelsrecht ist, richtet **554**
sich nach allgemeinen Vorschriften, also dem Größenzuschnitt des von ihm betriebenen Unternehmens oder der Handelsregistereintragung nach § 2. Ist er nach diesen Merkmalen kleingewerblicher Nichtkaufmann, sind die Vorschriften über Handelsvertreter auf ihn gem. § 84 Abs. 4 gleichwohl anwendbar, sonstige Vorschriften des Sonderprivatrechts aber anders als im Falle des kleingewerblichen Kommissionärs nicht (o. Rn. 529).

c) Welcher Art die abzuschließenden oder zu vermittelnden Geschäfte sind, ist für **555**
den Begriff des Handelsvertreters unerheblich: Es können Kaufverträge sein (so sind z.B. Tankstellenbetreiber in aller Regel Handelsvertreter), aber auch Transportverträge, Reiseverträge, Bausparkassenverträge, Anlageberatungsverträge oder, praktisch besonders wichtig, Versicherungsverträge.

3. Handelsvertretervertrag

a) Vertragsart und -abschluss. Der Handelsvertretervertrag zwischen Handelsver- **556**
treter und Unternehmer ist ein Geschäftsbesorgungsvertrag i.S.v. § 675 Abs. 1 BGB in der Form des Dienstvertrages nach §§ 611 ff. BGB, deren Bestimmungen ergänzend anwendbar sind (z.B. § 630 BGB – Recht auf Zeugnis[333]), nicht aber die Kündigungsvorschriften, da insoweit §§ 89, 89a gelten (nachf. Rn. 571)[334], umstritten für § 624 BGB bei über fünfjähriger Vertragsdauer[335]. Er begründet ein Dauerschuldverhältnis.

332 *Semler*, ZVertriebsR 2012, 156; *Kapp/Andresen*, BB 2006, 2253; *Baur*, BB 1985, 1821.
333 A.A. Baumbach/*Hopt*, § 86 HGB Rn. 5.
334 BGH, NJW 1987, 57.
335 BGH, JZ 1970, 368.

Als gegenseitiger Vertrag[336] unterliegt er den allgemeinen Bestimmungen der §§ 320 ff. BGB.

557 Der Vertrag zwischen Unternehmer und Handelsvertreter kann formlos, auch stillschweigend[337], abgeschlossen werden, doch kann jeder Teil gem. § 85 jederzeit schriftliche Niederlegung (Beurkundung) verlangen. Wird die Beurkundung vorher verabredet, greift die Auslegungsregel von § 154 Abs. 2 BGB ein, so dass der Vertragsschluss scheitern kann[338]. Wird der Vertrag dennoch tatsächlich vollzogen, ist an die Anwendung der Grundsätze über faktische Arbeitsverhältnisse zu denken, wonach die Beendigung der Rechtsbeziehung nur mit Wirkung ex nunc eintritt und beispielsweise Ausgleichsansprüche nach § 89b anzunehmen sind (nachf. Rn. 573)[339]. Wegen der beiderseitigen Leistungen aus dem Vertrag besteht kein einheitlicher Erfüllungsort (§ 269 BGB)[340] .

558 **b) Pflichten des Handelsvertreters. – aa)** Der Vertrag verpflichtet den Handelsvertreter gem. § 86 Abs. 1 unabdingbar (Abs. 4), sich um Vermittlung oder Abschluss von Geschäften für den Unternehmer zu bemühen und dabei das Interesse des Unternehmers wahrzunehmen; sonst macht sich der Handelsvertreter schadensersatzpflichtig unter dem Gesichtspunkt der Pflichtverletzung (§ 280 BGB). Als **Interessenwahrer** unterscheidet er sich vom neutralen **Makler** (u. Rn. 596). In der Regel darf der Handelsvertreter während der Vertragszeit nicht für Konkurrenzunternehmen tätig werden (Wettbewerbsverbot)[341]. Dagegen bedarf ein Wettbewerbsverbot für die Zeit nach Beendigung des Handelsvertretervertrages der besonderen und schriftlichen Vereinbarung (§ 90a, nachf. Rn. 591). Kartellrechtliche Ausschließlichkeitsbindungen, soweit wirksam (Art. 101, 102 AEUV), muss er beachten. Im Zweifel muss er seine Dienste gem. § 613 BGB in Person leisten. Oft ist aber vereinbart, dass er **Untervertreter** einsetzen darf. Darauf beruht die Regelung von § 84 Abs. 3. Er ist zur kaufmännischen Sorgfalt verpflichtet (§ 86 Abs. 3), darf z.B. nicht insolvente Vertragspartner beibringen. Gem. § 86 Abs. 2 hat der Handelsvertreter den Unternehmer von jedem Geschäftsabschluss oder der Vermittlung unverzüglich zu unterrichten und sonstige erforderliche Nachrichten zu geben.

559 **bb)** Für die **Erfüllung des Vertrags mit dem Dritten** haftet er nicht (es sei denn wegen Pflichtverletzung, z.B. wegen der Zuführung eines insolventen Dritten und Kenntnis davon). Er kann sich zu solcher Haftung aber besonders verpflichten (**Delkredere** § 86b[342], wie der Kommissionär gem. § 394, s.o. Rn. 532), doch ist seine Vertragsfreiheit insoweit eingeschränkt: Das Delkredere kann nur für bestimmte Geschäfte oder nur für Geschäfte übernommen werden, die der Handelsvertreter selbst abgeschlossen oder vermittelt hat (§ 86b Abs. 1, Satz 2, also nicht für sämtliche Geschäfte

336 *Oetker*, § 6 Rn. 29.
337 BGH, BB 1987, 220.
338 BGH, WM 1991, 1472 zu II.2.
339 BGHZ 129, 290.
340 BGH, NJW 1988, 966.
341 BGH, NJW-RR 2003, 981 mit Anm. *v. Hoyningen-Huene*, LMK 2003, 186; zum Auskunftsanspruch des Unternehmers BGH, NJW 2014, 381.
342 *Kapp*, EuZW 2008, 167; *Masing*, BB 1995, 2589.

bestimmter Art, die ein anderer vermittelt hat oder nicht für mit einem bestimmten Dritten abgeschlossene Geschäfte, die ein anderer zustande gebracht hat: Bezirksvertreter, nachf. Rn. 563). Dafür kann der Handelsvertreter eine besondere **Provision** verlangen, die mit Abschluss des Geschäfts entsteht (§ 86b Abs. 2). Dieser Anspruch ist nur im Nachhinein abdingbar. Nicht schutzbedürftig (und ebenso zu behandeln wie ein Kommissionär) ist der Handelsvertreter insoweit bei ausländischen Unternehmern oder Dritten, d.h. Vertragspartnern des Unternehmers (für eine unbeschränkte Delkredereübernahme besteht hier besonderer Anlass, weil die Kreditwürdigkeit des Dritten für den Unternehmer schwerer nachprüfbar ist) und bei unbeschränkter Vollmachtserteilung an den Handelsvertreter (§ 86b Abs. 3).

cc) Nebenpflicht des Handelsvertreters ist, dass er **Geschäfts- und Betriebsgeheimnisse** für sich behalten muss. Gem. § 90 ist der Handelsvertreter auch nachvertraglich verpflichtet, solche Umstände anderen nicht mitzuteilen und nicht für sich zu verwerten, sofern dies der Berufsauffassung eines ordentlichen Kaufmanns widersprechen würde. Insoweit ist die Vertragspflicht zeitlich unbegrenzt. **560**

c) Anspruch auf Provision sowie auf Material. – aa) Der Handelsvertreter ist entgeltlich tätig. Für Geschäfte zwischen Unternehmer und Dritten, die auf seine Tätigkeit zurückzuführen sind[343], hat er gem. § 87 Abs. 1 Anspruch auf Provision gegen den Unternehmer. Erfasst sind nach dieser Vorschrift auch Folgevereinbarungen, an denen er nicht mehr mitgewirkt hat (Geschäfte mit Dritten, die er als Kunden für Geschäfte der gleichen Art geworben hatte, sog. **Überhangprovision**[344]; diese Erweiterung gilt nicht für Versicherungsvertreter, § 92 Abs. 3[345]). Die Höhe der Provision kann frei vereinbart werden, sonst gilt der übliche Satz, d.h. ein Prozentsatz von dem Entgelt, das der Dritte oder der Unternehmer zu leisten hat, z.B. von einem Kaufpreis; Modalitäten enthält § 87b[346]. Schließlich hat der Handelsvertreter, wenn er entgegen § 55 Abs. 3 zur Forderungseinziehung bevollmächtigt und beauftragt ist, gem. § 87 Abs. 4 Anspruch auf **Inkassoprovision**. **561**

bb) Fällig ist die Provision gem. § 87a bei **Ausführung des Geschäfts**, soll heißen nicht etwa schon bei Vertragsabschluss, sondern erst bei Erfüllung durch den Unternehmer[347]. Erbringt der Dritte aber nicht seine Gegenleistung, entfällt der Provisionsanspruch wieder (§ 87a Abs. 2). Erfüllt der Unternehmer nicht dem abgeschlossenen Vertrag entsprechend, bleibt es beim Provisionsanspruch (Abs. 3 Satz 1)[348]; Letzteres ist zugunsten des Handelsvertreters unabdingbar (Abs. 5)[349]. Anders ist es nur, wenn die Nichtausführung auf Umständen beruht, die vom Unternehmer nicht zu vertreten sind (Abs. 3 Satz 2)[350]. Über die Provision ist monatlich abzurechnen. Weitere Einzel- **562**

343 BGH, NJW-RR 2006, 976 Tz. 19.
344 BAG, DB 2008, 761; BGH, WM 1998, 723.
345 BGH, BB 1986, 2091.
346 BGH, WM 2005, 1041 zu II. B. 2.
347 BGHZ 159, 388 (394/395) = NJW 2004, 3118.
348 Beispielsfall BGH, WM 2008, 923 mit Komm. *Emde*, EWiR § 87a HGB 1/08, 559.
349 BGH, NJW-RR 2003, 1615 zu II. 3. mit Komm. *Becher*, EWiR § 87a HGB 1/04, 235.
350 Beispiel: Absage einer Reise wegen Nichterreichung der vorab mitgeteilten Mindestteilnehmerzahl, BGH, NJW 2014, 930.

heiten s. § 87c[351]. Neben der Provision hat der Handelsvertreter nicht Anspruch auf Aufwendungsersatz gem. § 670 BGB, weil dieser schon in der Provision eingerechnet ist, ausnahmsweise nur dann, wenn der Aufwendungsersatz handelsüblich ist, so § 87d.

563 **cc)** Besonderer Regelung bedurfte der Provisionsanspruch bei **Bezirksvertretern** und **ausgeschiedenen Vertretern**.

564 Ist Gegenstand des Handelsvertretervertrages, dass dem Vertreter ein bestimmter Bezirk zugewiesen ist oder ein bestimmter Kundenkreis, kann es vorkommen, dass Geschäfte abgeschlossen werden, ohne dass der Handelsvertreter die Kausalität seiner Tätigkeit nachweisen kann, ja, der Unternehmer könnte den Provisionsanspruch unterlaufen, indem er selbst an die Kunden herantritt. Trotzdem kann der Abschluss unmittelbar durch die Betreuung des Bezirks oder des Kundenstamms durch den Handelsvertreter zustande gekommen sein. Deshalb bestimmt § 87 Abs. 2, dass der Handelsvertreter den Provisionsanspruch für alle in seinem Bezirk oder mit seinem Kundenstamm abgeschlossenen Geschäfte hat. Allerdings muss der Handelsvertreter überhaupt tätig geworden sein, jedenfalls darf die Untätigkeit von ihm nicht verschuldet worden sein[352].

565 Der Vertragsabschluss zwischen Unternehmer und Drittem folgt der Tätigkeit des Handelsvertreters nach. Endet der Handelsvertretervertrag zwischen der Tätigkeit des Handelsvertreters und dem Abschluss des Geschäfts, hätte der Vertreter gem. § 87 Abs. 1 keinen Provisionsanspruch. Diesen billigt ihm § 87 Abs. 3 trotzdem zu, sofern der Abschluss überwiegend auf seine Tätigkeit zurückzuführen ist und nicht eine unangemessene Frist seit Vertragsbeendigung verstrichen ist. In letztem Falle erscheint die Kausalität unwahrscheinlich. Die Angemessenheit der Frist richtet sich nach der Art des Geschäfts und nach seinem Umfang. Bei einem Geschäft zur Errichtung einer Fabrik z.B. können Jahre angemessen sein, bei Geschäften des täglichen Bedarfs nur Tage. Sofern der ausgeschiedene Handelsvertreter danach Anspruch auf Provision hat, steht seinem Nachfolger der Anspruch nicht zu (§ 87 Abs. 1 Satz 2, Abs. 2 Satz 3).

566 **dd)** Für die Verjährung der Ansprüche des Handelsvertreters, auch Schadensersatzansprüche[353], gilt die allgemeine Verjährungsfrist von § 195 BGB (früher: § 88 HGB, vier Jahre). Vertragliche Abkürzung ist gem. § 202 BGB nicht ausgeschlossen[354].

567 **ee)** Wegen seiner Provisionsansprüche hat der Handelsvertreter, sofern er denn Kaufmann ist (vorst. Rn. 574), das Zurückbehaltungsrecht aus § 369 (o. Rn. 383 ff.) an herauszugebenden Sachen des Unternehmers[355]. Hierauf kann er gem. § 88a nicht im Voraus verzichten.

568 Der Unternehmer hat den Handelsvertreter gem. § 86a kostenlos mit dem **Material** zu versorgen, das er benötigt, um seine Dienste leisten zu können (Muster, Werbematerial, Zeichnungen, Preislisten etc.). Allerdings beschränkt sich dieser Anspruch nach restriktiver Auslegung der Rechtsprechung auf Gegenstände, auf die der Handelsvertreter **angewiesen** ist, um Verträge abschließen zu können[356]. Außerdem muss er dem Handelsvertreter die nötigen **Informationen** geben, insbesondere seine Entscheidung

---

351 Dazu BGH, WM 2007, 1418; 2001, 1258; OLG Bamberg, NJW-RR 2004, 471; OLG Frankfurt, NJW RR 2002, 823.
352 BGH, MDR 1959, 727.
353 BGH, WM 2003, 250 zu II. 2.
354 BGH, NJW 2003, 1670; 1996, 2097 zu III. 2. b.
355 OLG Düsseldorf, BB 1990, 1086.
356 BGH, NJW 2011, 2423 (nicht: Büroausstattung und „Give-aways").

über den Abschluss des vermittelten Geschäfts oder über Einschränkungen des Abschlusses (Abs. 2). Bei Verletzung dieser Pflichten kann sich der Unternehmer gegenüber dem Handelsvertreter schadensersatzpflichtig machen. Im Übrigen unterliegt es der ungebundenen Entschließung des Unternehmers, ob er ein vermitteltes Geschäft abschließt.

d) Beendigung. Der Handelsvertretervertrag kann zeitlich begrenzt werden, meist wird er aber auf unbestimmte Zeit abgeschlossen. In diesem Falle kann das Vertragsverhältnis durch ordentliche (§ 89) oder außerordentliche **Kündigung** (§ 89a) beendet werden. **569**

Für die ordentliche Kündigung muss die Kündigungsfrist mindestens einen Monat betragen, Kündigungstermin ist der Monatsschluss. Ohne besondere Vereinbarung beträgt die Kündigungsfrist je nach vergangener Vertragsdauer sechs Wochen oder drei Monate. Gem. § 89 Abs. 2 kann sich ein Vertragsteil nicht eine kürzere oder längere Kündigungsfrist als der andere Teil ausbedingen. Die außerordentliche Kündigung kann gem. § 89a bei wichtigem Grund erklärt werden. Hier gelten die allgemeinen Grundsätze[357]. So kann der wichtige Grund aus objektiven Umständen gegeben sein (Einfuhrsperre; Betriebsumstellung[358]; Verstoß gegen Berichtspflicht aus § 86 Abs. 2, vorst. Rn. 558[359], „Nachschieben" von Kündigungsgründen denkbar[360]). Wer die Erklärung der außerordentlichen Kündigung aufgrund seines Verhaltens zu vertreten hat, ist dem anderen Teil gem. § 89a Abs. 2 schadensersatzpflichtig (vgl. § 628 Abs. 2 BGB)[361]. Wichtiger Grund für den Unternehmer kann der Verstoß gegen ein Wettbewerbsverbot[362] und die Missachtung von Weisungen[363] sein, für den Handelsvertreter z.B. die Abwerbung von Stammkunden zum Zwecke des Direktbezugs beim Unternehmer[364]. **570**

e) Nachvertragliches Wettbewerbsverbot. – aa) Nach Beendigung des Vertragsverhältnisses ist der Vertreter nicht gehindert, zum bisherigen Unternehmer in Wettbewerb zu treten, z.B. für die Konkurrenz tätig zu werden. Allerdings können die Parteien gem. § 90a ausdrücklich und schriftlich ein Wettbewerbsverbot vereinbaren, das ähnlich §§ 74 ff. dem Grundsatz der **bezahlten Karenz** folgt (s.o. Rn. 342). Das Wettbewerbsverbot ist also nur (§ 90a Abs. 4) wirksam, wenn der Unternehmer dem Handelsvertreter während der längstens zweijährigen Dauer (§ 90a Abs. 1 Satz 2) eine angemessene Entschädigung für den unterlassenen Wettbewerb zahlt (§ 90a Abs. 1 Satz 3). Darüber hinaus muss das Wettbewerbsverbot auf den bisherigen räumlichen, persönlichen und sachlichen Tätigkeitskreis des Handelsvertreters beschränkt bleiben (Abs. 1 Satz 2, 2. Halbsatz); überschreitet die Abrede diese Grenze, so ist sie nicht unwirksam sondern im Rahmen der gesetzlichen Schranken gültig. Es erfolgt eine geltungserhaltende Reduktion[365]. **571**

bb) Im Übrigen kann sich der Unternehmer von der Entschädigung dadurch **befreien**, dass er auf die Einhaltung des Wettbewerbsverbots verzichtet, allerdings vor Been- **572**

357 Vgl. BGH, NJW 2000, 1866 mit Anm. *Emde*, BB 2000, 738; BB 2001, 645.
358 BGH, BB 1986, 1317.
359 BGH, WM 2008, 1840; BB 1988, 12; *Börner/Hubert*, BB 1989, 1633.
360 BGH, LM Nr. 10 zu § 626 BGB.
361 BGH, NJW 2008, 3436; OLG Hamm, NJW-RR 2004, 191.
362 BGH, ZVertriebsR 2012, 50; WM 1999, 1986 und 391.
363 BGH, VersR 1960, 414.
364 BGH, MDR 1959, 911.
365 BGH, NJW 2013, 2027 Rn. 31 ff.

digung des Vertragsverhältnisses (§ 90a Abs. 2). Außerdem kann sich jeder Teil, Handelsvertreter oder Unternehmer, vom Wettbewerbsverbot lossagen, wenn er aus wichtigem Grund wegen schuldhaften Verhaltens des anderen Teils gekündigt hatte. Lossagung heißt, dass der Handelsvertreter in Konkurrenz treten darf und der Unternehmer keine Entschädigung zu leisten hat (§ 90a Abs. 3)[366]. Bei Verstoß gegen das Wettbewerbsverbot entfällt die Verpflichtung zur Zahlung der Entschädigung[367], nach Maßgabe von § 323 BGB kann der Unternehmer zurücktreten (Unterlassungspflicht als Hauptpflicht aus dem Wettbewerbsverbot). Das gilt auch für Verstöße durch Umgehung (Beteiligung an Konkurrenzunternehmen durch nahe Familienangehörige)[368]. Das Rücktrittsrecht hat auch der Handelsvertreter, wenn der Unternehmer nicht zahlt.

573 **f) Ausgleichsanspruch (§ 89b). – aa)** Weil die Tätigkeit des Handelsvertreters Fernwirkung haben kann (der Vertragsabschluss kommt erst nach zeitlicher Verzögerung zustande, § 87 Abs. 1), kann es sein, dass der Provisionstatbestand erst nach Beendigung des Vertragsverhältnisses eintritt (auch beim Bezirksvertreter, § 84 Abs. 2, vorst. Rn. 563). Der Handelsvertreter würde seine Provision verlieren, obwohl er sie gem. § 87 Abs. 1 resp. 2 verdient hätte. Zwar hat der Handelsvertreter gem. § 87 Abs. 3 auch nachvertragliche Provisionsansprüche. Diese Vorschrift erfasst aber nicht Nachbestellungen (§ 87 Abs. 1 Satz 1, 2. Alt.: Geschäfte mit Dritten, die der Handelsvertreter als Kunde geworben hatte für Geschäfte der gleichen Art) und auch nicht den Anspruch auf die Bezirksvertreterprovision (§ 87 Abs. 2). Diesem Verlust baut (der in der Praxis außerordentlich bedeutsame, im Voraus nicht abdingbare, § 89b Abs. 4[369]) § 89b teilweise vor, indem der Handelsvertreter einen nachvertraglichen Provisionsanspruch haben kann, höchstens eine durchschnittliche Jahresprovision, § 89b Abs. 2. Dieser Anspruch ist ein zusätzlicher, neben den Provisionsanspruch tretender Vergütungsanspruch, weder Schadensersatzanspruch noch Bereicherungsanspruch[370], der auch bei Nichtigkeit des Vertrages bestehen kann[371]. Es handelt sich um eine Entgeltforderung im Sinne des § 288 Abs. 2 BGB[372]. Dem Handelsvertreter steht der Ausgleichsanspruch auch zu, wenn er seinen Geschäftsbetrieb anschließend einstellt, mag dies auch auf seine Insolvenz zurückzuführen sein[373].

574 **bb)** Allerdings bleibt das fehlende Vertragsverhältnis, dessen Bestand gem. § 87 Anspruchsvoraussetzung für die Provision ist, nicht ganz außer Betracht. Der Ausgeschiedene ist einem noch tätigen Handelsvertreter also nicht gleichgestellt. Für die von § 87 Abs. 3 nicht erfassten Geschäfte hat der Handelsvertreter nämlich den nachvertraglichen Ausgleichsanspruch nur, wenn und soweit

366 BT-Drucks. 13/8444, S. 62.
367 BAG, NJW 1964, 1641.
368 OLG Celle, DB 1971, 865.
369 BGHZ 152, 121 (130) = WM 2003, 504 zu II. 3. a.; BGH, NJW-RR 2006, 1542 Tz. 19; OLG München, BB 2005, 630 mit Anm. *Semler*, BB 2005, 965 und Komm. *Emde*, EWiR § 89b HGB 1/05, 471.
370 Zum Ganzen Heymann/*Sonnenschein/Weitemeyer*, § 89b HGB Rn 4.
371 BGHZ 129, 290 = NJW 1995, 1958.
372 BGH, VersR 2011, 363.
373 BGH, NJW 2011, 848 Rn. 24.

- es sich um Geschäfte mit Dritten handelt, die der Handelsvertreter **neu geworben** hatte (also nicht solche Kunden, die vom Handelsvertreter zwar betreut wurden, aber schon Kunden des Unternehmers waren[374], wobei der BGH dem EuGH nun die Frage zur Vorabentscheidung vorgelegt hat, ob dieser Neukundenbegriff **produktbezogen** ausgelegt werden kann[375]; gleichgestellt ist die erhebliche Erweiterung der Geschäftsverbindung, § 89b Abs. 1 Satz 2);
- der Unternehmer aus dieser Geschäftsverbindung noch **erhebliche Vorteile** hat (also Umsätze macht, „Stammkunden")[376], § 89b Abs. 1 Satz 1 Nr. 1;
- die Zahlung des Ausgleichs der **Billigkeit** entspricht, wobei insbesondere die dem Handelsvertreter entgehenden Provisionen zu berücksichtigen sind (Nr. 2).

Die Verschaffung des Kundenstammes allein genügt also nicht. Die Geschäftsverbindung muss vielmehr nach Beendigung des Vertragsverhältnisses fortbestehen. Die erheblichen Vorteile liegen vor allem in Unternehmensgewinnen aus der Geschäftsverbindung, aber etwa auch in einer Wertsteigerung des Unternehmens, die auf dem Kundenstamm beruht. Die Vorteile für den Unternehmer sind das Gegenstück zu den Nachteilen für den Handelsvertreter, die im Provisionsverlust liegen[377]. 575

cc) Bei der **Billigkeitsprüfung** nach Abs. 1 Satz 1 Nr. 2 ist das gesamte Vertragsverhältnis einschließlich der Beendigungsgründe zu werten. Durch den völligen Ausschluss des Ausgleichsanspruchs in Abs. 3 wird die Billigkeitsprüfung konkretisiert[378]. 576

So sind z.B. Ansprüche auf Altersversorgung gegen den Unternehmer oder entsprechende Versicherungsleistungen von der Ausgleichszahlung abzuziehen[379], andererseits können Beträge hinzuzurechnen sein, die der Handelsvertreter seinerseits an Untervertreter zu zahlen hat. Gem. § 89b Abs. 3 besteht der Anspruch nicht bei Kündigung durch den Handelsvertreter[380] (Nr. 1) und bei Kündigung durch den Unternehmer aus wichtigem Grunde wegen schuldhaften Verhaltens des Handelsvertreters[381] (Nr. 2). Dabei muss das **schuldhafte Verhalten** des Handelsvertreters **kausal** für die Kündigung gewesen sein. Lagen die Voraussetzungen für eine fristlose Kündigung wegen eines Fehlverhaltens des Handelsvertreters zwar vor, waren diese dem Unternehmer aber nicht bekannt, so dass die Kündigung nicht darauf gestützt wurde, liegt der Ausschlusstatbestand des § 89b Abs. 3 Nr. 2 HGB nicht vor. Dem Handelsvertreter steht der Ausgleichsanspruch zu, da es für dessen Ausschluss unter Berücksichtigung der zu Grunde liegenden Handelsvertreterrichtlinie (Art. 18 lit. a) eines unmittelbaren Zusammenhangs zwischen schuldhaftem Verhalten des Handelsvertreters und Kündigung durch den Unternehmer gegeben haben muss[382]. Weiterhin ausgeschlossen ist der Ausgleichsanspruch in Nachfolgefällen[383] (Nr. 3). Die Kündigung durch den Handelsvertreter ist hingegen unschädlich, wenn der Unternehmer Anlass dazu gegeben hatte[384] (Nr. 1). Der Handelsvertreter kann auf den Anspruch nur nach Beendigung des Vertrages verzichten, er muss ihn binnen drei 577

---

374 Zäsur nach Insolvenz des Unternehmens, BGH, ZVertriebsR 2012, 48.
375 BGH, WM 2014, 1769 mit Bspr. *Gräfe/Giesa*, ZVertriebsR 2014, 287.
376 BGH, BB 1997, 852; *Rittner*, DB 1998, 457.
377 Baumbach/*Hopt*, § 89b HGB Rn 23.
378 Koller/*Roth*, § 89b HGB Rn. 15.
379 BGHZ 45, 268 (271); OLG Düsseldorf, NJW-RR 1996, 225.
380 BGH, WM 1996, 877; nicht: bei Ablehnung einer Vertragsänderung, BGH, WM 2007, 1042; außer dem BGH, WM 2006, 1115.
381 BGH, NJW 2007, 3068 mit Rezension *Bieder*, NJW 2007, 3471; 2000, 1866.
382 EuGH, NJW-RR 2011, 255; BGH, EuZW 2009, 667 (Vorlagebeschluss) und NJW-RR 2011, 614; dazu *R. Koch*, ZIP 2011, 1752.
383 *Kiene*, NJW 2006, 2007.
384 *Saenger*, DB 2000, 129.

Monaten geltend machen (§ 89b Abs. 4[385]; für das EU-Ausland: § 92c[386]). Für Versicherungsvertreter kommt es gem. Abs. 5 nicht auf neue Kunden an, sondern darauf, dass neue Versicherungsverträge, sei es auch mit alten Kunden, vermittelt wurden. Gleichgestellt sind **Bausparkassenvertreter** (§ 92 Abs. 5). Handelsvertreter im **Nebenberuf**, also solche, die noch andere Einkommen haben, sind gem. § 92b Abs. 1 nicht ausgleichsberechtigt[387].

4. Rechtsverhältnis zu dem Dritten

578 **a) Genehmigungsfiktion bei der Vollmachtsüberschreitung (§ 91a). – aa)** Durch ein Geschäft, das ein Abschlussvertreter zustandebringt (s. auch Rn. 334a), werden der Unternehmer und der Dritte zu Vertragspartnern, wie § 164 Abs. 1 Satz 1 BGB Maß gibt. Vorausgesetzt ist also, dass der Handelsvertreter im Rahmen der ihm erteilten Vollmacht gem. §§ 55, 54 (vorst. Rn. 553), ggf. i.V.m. § 91 Abs. 1 handelt. Überschreitet der Handelsvertreter seine Vollmacht, ist er falsus procurator, so dass die Wirksamkeit des Vertrages gem. § 177 BGB von der Genehmigung des Unternehmers abhängt. Wer also z.B. als Handelsvertreter Arthandlungsvollmacht hat (oben Rn. 326) und Verträge mit Privatpersonen, nicht aber mit gewerblichen Abnehmern abschließen darf, überschreitet seine Vertretungsmacht, wenn er dies dennoch tut. Freilich würde die Reibungslosigkeit des Geschäftsverkehrs behindert, wenn der Dritte (wie im privaten Rechtsverkehr gem. § 164 BGB) den Umfang der Vertretungsmacht überprüfen müsste, wollte er nicht das Risiko eingehen, sich mit einem Vertreter ohne Vertretungsmacht einzulassen. Zur Vermeidung dessen verlagert § 91a Abs. 2 das Risiko auf den Unternehmer, den Vollmachtgeber. Dem Dritten obliegt es nicht, den Unternehmer nach Maßgabe von § 177 Abs. 2 BGB zur Genehmigung aufzufordern. Vielmehr gilt die Genehmigung des Unternehmers als erteilt, wenn ihm der Abschluss des Geschäfts und sein wesentlicher Inhalt vom Handelsvertreter oder dem Dritten mitgeteilt wurden und er das Geschäft nicht unverzüglich (§ 121 BGB) gegenüber dem Dritten ablehnt (die Ablehnung gegenüber dem Handelsvertreter genügt also nicht). Das **Schweigen** des Unternehmers gewinnt demgemäß **positive Bedeutung**, nämlich diejenige der Genehmigung (s.o. Rn. 365), auch dann, wenn der Unternehmer gar keinen Genehmigungswillen hatte. § 91a fingiert also die Genehmigung. Der Vertrag kommt durch das Schweigen mit rückwirkender Kraft zustande (§ 184 Abs. 1 BGB). Freilich greift die Genehmigungsfiktion nur ein, wenn der Dritte schutzwürdig ist. Das ist dann der Fall, wenn dem Dritten nicht bekannt war, dass der Handelsvertreter keine Vertretungsmacht hatte, den Vertrag mit ihm abzuschließen; fahrlässige Unkenntnis beseitigt die Schutzwürdigkeit nicht[388].

579 **bb)** Ebenso wenig wie der Dritte erkennen kann, wie weit die Vertretungsmacht des Handelsvertreters geht, mag er erkennen, ob der Handelsvertreter nur Vermittlungs- oder aber Abschlussvertreter ist. Sofern jemand nur **Vermittlungsvertreter** ist, aber gleichwohl einen Vertrag im Namen des Unternehmers abschließt, gilt die Genehmigungsfiktion nach § 91a Abs. 1.

---

385 BGH, BB 1996, 1734.

386 Dazu OLG München, NJW-RR 2003, 201 und 471 sowie EWS 1995, 425.

387 BGH, WM 2007, 1856 mit Komm. *Döpfer*, EWiR § 42b HGB 1/08, 17; WM 1999, 388.

388 *Kindl*, Rechtsscheintatbestände und ihre rückwirkende Beseitigung, 1999, S. 243.

579a Das Rechtsverhältnis zu Dritten ist in gleicher Weise geregelt für den abhängigen Handlungsgehilfen als Arbeitnehmer durch § 75h. Auch hier gibt es Abschluss- und Vermittlungsgehilfen (s.o. Rn. 344).

580 **b) Verfügungen.** Die Vertretungsmacht bezieht sich oft nur auf das Verpflichtungsgeschäft. Sofern der Vertrag durch ein Verfügungsgeschäft zu erfüllen ist – so beim Kauf – kann sich der Unternehmer dessen Vollzug selbst vorbehalten, also selbst liefern. Die Vollmacht kann sich aber auch auf das Verfügungsgeschäft erstrecken. Das ist anzunehmen, wenn dem Handelsvertreter ein Auslieferungslager zugewiesen wird, aus dem er die Kunden (also die Vertragspartner des Unternehmers) direkt beliefert. Er kann in diesem Falle die dingliche Einigung über die Ware im Namen des Unternehmers gem. §§ 929, 164 BGB erklären. Er kann die Ware auch für den Unternehmer übergeben. Der Veräußerer, also der Unternehmer, muss die Übergabe nicht notwendig selbst vollziehen. Es genügt, wenn ein Besitzmittler (der Handelsvertreter) die Sache dem Erwerber übergibt, sofern dieser dadurch Besitzer wird und der Veräußerer den Besitz verliert[389]. Der Handelsvertreter kann auch den unmittelbaren Besitz als Geheißperson des Unternehmers[390] übertragen.

581 **c) Verhältnis zur Scheinvollmacht und zum falsus-procurator-Recht.** Hatte der Unternehmer zurechenbar den Rechtsschein einer in Wahrheit nicht bestehenden Vollmacht veranlasst und durfte der Geschäftspartner darauf vertrauen, so dass er von einer Vollmacht ausging[391], kann sich der Unternehmer auf den Mangel der Vollmacht nicht berufen und haftet aufgrund Anscheinsvollmacht. Deshalb kommt es nicht zur Anwendung von § 91a[392].

582 Dem Geschäftspartner steht es frei, den Unternehmer nach § 177 Abs. 2 BGB zur Genehmigung aufzufordern. Diese Genehmigung wiederum kann gem. § 91a durch Schweigen erteilt werden. Bis dahin kann der Geschäftspartner gem. § 178 BGB widerrufen, ggf. den Handelsvertreter nach § 179 BGB als falsus procurator in Anspruch nehmen.

III. Vertragshändler

1. Abhängigkeit vom Unternehmer

583 Ein Vertragshändler (oder auch: **Eigenhändler**) ist ein selbständiger Kaufmann, der im eigenen Namen Verträge über Erzeugnisse eines Unternehmers abschließt, aber nicht für dessen Rechnung wie ein Kommissionär (o. Rn. 522), sondern für eigene Rechnung. Das Geschäftsergebnis des Vertrages kommt also ganz dem Vertragshändler zugute, dem Unternehmer als Lieferanten schuldet er den Kaufpreis für das Erzeugnis, sein Ertrag ist die Verdienstspanne zwischen Einkaufspreis und Verkaufspreis. Insoweit

389 BGH, NJW 1959, 1536 zu II.
390 *Wadle*, JZ 1974, 689.
391 BGH, VuR 1999, 18 zu II.2.a.
392 Staub/*Emde*, § 91a HGB Rn. 30.

unterscheidet sich ein Vertragshändler nicht von einem gewöhnlichen Händler. Was den Vertragshändler dennoch in die Nähe von Handelsvertretern rücken kann, ist eine Einschränkung der Selbständigkeit, wie sie aus der Geschäftsverbindung mit dem Unternehmer folgen kann. Diese Geschäftsverbindung, die die einzelnen Lieferungen des Unternehmers an den Vertragshändler, typischerweise mittels Kaufverträgen, überlagert, kann durch ein Vertragsverhältnis verdichtet sein (**Vertragshändlervertrag**[393]). Rechtliche Rahmenbedingungen des Vertragshändlervertrags ergeben sich insbesondere aus der **Gruppenfreistellungsverordnung für vertikale Vereinbarungen** (VO 330/2010, dazu nachf. Rn. 585a ff. zum Fachhändler). Durch die Vertragsgestaltung kann der Vertragshändler so in die Absatzorganisation des Unternehmers eingegliedert sein, dass er nicht selbständig wie ein gewöhnlicher Händler, sondern in einer Weise abhängig ist, dass er in seiner Existenz auf den Bestand des Vertragsverhältnisses angewiesen ist. Dann fragt sich in gleicher Weise wie für den Kommissionsagenten (o. Rn. 524), ob er trotz seiner formalen Selbständigkeit partiell des Schutzes wie ein Handelsvertreter bedarf. Das bezieht sich nicht auf Provisionsansprüche – insoweit bleibt es bei der Verdienstspanne –, wohl aber auf den Ausgleichsanspruch gem. § 89b[394]. Büßt der Vertragshändler durch die Ausgestaltung des Vertragshändlervertrages seine Selbständigkeit im Vergleich zu einem gewöhnlichen Händler ähnlich wie ein Handelsvertreter ein und ist er verpflichtet, den Kundenstamm auf den Unternehmer zu übertragen, ist § 89b, da eine der Interessenlage entsprechende Regelung im Gesetz fehlt, analog anwendbar[395], auch bei Nichtigkeit des Vertragshändlervertrags (o. Rn. 573)[396] bzw. späterer Insolvenz des Vertragshändlers[397]. Die Vorgaben der Handelsvertreterrichtlinie erstrecken ihre Wirkung auch auf den Vertragshändlervertrag. Auch der Vertragshändler verliert den Ausgleichsanspruch etwa nur dann, wenn das schuldhafte Verhalten des Vertragshändlers ursächlich war für die Vertragskündigung[398]. Anwendbar kann auch § 89 über die Kündigung[399] (oben Rn. 569) oder § 90a über Wettbewerbsabreden sein[400].

584 Vertragshändlerverträge in dieser Ausprägung sind Geschäftsbesorgungsverträge i.S.v. § 675 Abs. 1 BGB und, weil ständige Tätigkeit für den Unternehmer geschuldet ist, Dienstverträge.

393 BGHZ 54, 338 (240) = WM 1970, 1451; BGH, WM 2003, 842 zu II.1.B; Überblick zu aktuellen Entwicklungen bei *Genzow*, ZVertriebsR 2013, 81.

394 Ausführlich zu rechtlichen Problemen bei der Beendigung des Vertragshändlervertrags, *Wauschkuhn/Teichmann*, ZVertriebsR 2013, 139.

395 BGH, NJW 2011, 848; NJW-RR 2011, 389; NJW-RR 2011, 614; WM 2007, 1983; ZIP 1987, 1383 mit Rezension *Horn*, ZIP 1988, 137; BGH, NJW 1996, 2159 zu II.1. m.w.N: und Komm. *Martinek,* EWiR § 89b HGB 3/96, 803 sowie Anm. *Noack,* LM Nr. 26 zu § 84 HGB; WM 2004, 991 zu II.; OLG Frankfurt, WRP 2006, 377; *Siegert*, NJW 2007, 188, str.; Staub/*Brüggemann*, vor § 84 HGB Rn. 27 ff.; krit. *Stumpf*, NJW 1998, 12.

396 BGH, WM 1997, 235.

397 BGH, NJW 2011, 848.

398 EuGH, NJW-RR 2011, 255; BGH, EuZW 2009, 667 (Vorlagebeschluss) und NJW-RR 2011, 614.

399 BGH, WM 2003, 842 mit Komm. *v. Hoyningen-Huene*, EWiR § 89 HGB 1/03, 587.

400 OLG München, GmbHR 1997, 310.

2. Franchise

Eine besondere Spielart ist der Franchise-Vertrag, der sich vielfach nicht auf Waren, sondern auf Dienstleistungen bezieht (Autoreparaturen, Schuhreparaturen, Transportwesen, Gastronomie[401]) und bei dem die Abhängigkeit vom know-how (z.B. auch Art der Werbung, Marken) und den Weisungen des Unternehmers (Franchise-Gebers) besonders stark ausgeprägt ist[402]. Verdichtet sich die Weisungs- und existentielle Abhängigkeit des Franchisenehmers vom Franchisegeber in einer gleichen Weise wie beim Handelsvertreter (Subordinationsfranchising im Gegensatz zum Partnerschaftsfranchising), ist der Weg für eine analoge Anwendung von § 89b[403] oder von §§ 89, 89a (außerordentliche Kündigung, o. Rn. 570[404]) eröffnet. Die Abhängigkeit kann nach Lage des Einzelfalls sogar so weit reichen, dass der Franchisenehmer als Arbeitnehmer anzusehen ist[405] . **585**

IV. Fachhändler

Hersteller können ihre Waren resp. Dienstleistungen auch über den Fachhandel betreiben, zu dem sie dann nicht in einem handelsrechtlich geprägten Dienstleitungsverhältnis stehen. Grundsätzlich hat der Hersteller auf dem Boden der Vertragsfreiheit die Möglichkeit, einzelne Händler auszuwählen, die mit Ware beliefert werden. Kartellrechtlich relevant wird allerdings dieser Auswahlprozess, wenn er Bestandteil eines sog. selektiven Vertriebssystems ist. Hier beschränkt der Hersteller den Kreis der belieferten Händler nach qualitativen oder quantitativen Kriterien. Während eine solche Selektion grundsätzlich einen Verstoß gegen das Kartellverbot aus Art. 101 Abs. 1 AEUV darstellt, erfolgt auf der Grundlage von Abs. 3 eine Freistellung entsprechender Vereinbarungen unter bestimmten Bedingungen. Von hoher Relevanz ist diesbezüglich die Verordnung (EU) Nr. 330/2010 der Kommission vom 20. April 2010 über die Anwendung von Artikel 101 Absatz 3 des Vertrags über die Arbeitsweise der Europäischen Union auf Gruppen von vertikalen Vereinbarungen und abgestimmten Verhaltensweisen, die sog. **Vertikal-Gruppenfreistellungsverordnung**. **585a**

Nach Art. 2 der VO werden vertikale Vereinbarungen, also solche zwischen zwei Unternehmen, die auf unterschiedlichen Vertriebsebenen – Produktions- oder Vertriebsstu- **585b**

---

401 *Bodewig*, BB 1997, 637.

402 Art. 1 lit. f EG-VO 2790/99 v. 22.12.1999, dazu *Liebscher/Pelsche*, EuZW 2000, 400, sowie BGH, NJW 1985, 1894; *Skaupy*, Franchising, 2. Aufl. 1994; *Emmerich*, JuS 1995, 761; pachtrechtliche Elemente sieht *C. Möller*, AcP 203 – 2003 –, 319 (333).

403 *Martinek*, Moderne Vertragstypen, Band II 1992, S. 150 ff., 62; *ders.*, ZIP 1988, 1362; ZHR 161 – 1997 –, 67 (95); *Canaris*, § 18 Rn. 29; *Langenbucher/Wolf*, JuS 2003, 572; *Flohr*, BB 2006, 389 (400); *Kroll*, ZVertriebsR 2014, 290.

404 BGH, WM 2003, 251 mit Komm. *Emde*, EWiR § 89 HGB 1/02, 915.; KG, BB 1998, 607; *Hansen*, ZGS 2006, 376 (381 ff.).

405 BAG, NJW 1997, 2973 mit Rezension *Bumiller*, NJW 1998, 2953; LAG Düsseldorf, NJW 1988, 725 m. abl. Rezension *Bauder*, NJW 1989, 78; LAG Mainz, BB 1996, 1890; OLG Düsseldorf, NJW 1998, 2798 und 2981; verneint in BGH, WM 2003, 353 (356 ff.); *Haager*, NJW 2005, 3394; *Hansen*, ZGS 2006, 376 (377 ff.).

fen – tätig sind (z.B. Hersteller und Einzelhändler), grundsätzlich von dem Kartellverbot freigestellt, soweit sie keinen Verstoß gegen die in Art. 4 der VO enthaltenen Kernbeschränkungen enthalten. Eingeschränkt wird die Freistellung allerdings in Art. 3 der VO durch die Marktanteilsschwelle von 30 %. Zu unterscheiden sind zwei Arten von Vertriebsbeschränkungen. Zum einen spricht man von **Inhaltsbestimmungen**, bei denen der Hersteller dem Händler z.B. vorgibt, zu welchem Preis dieser die Ware am Markt anzubieten hat. Zum anderen gibt es **Abschlussbedingungen**, durch die etwa Vertriebsgebiete abgesteckt werden.

585c Enthält die Vereinbarung zwischen Hersteller und Händler eine Regelung, die **Art. 4 der VO** als **Kernbeschränkung** einordnet, hat dies den kompletten Verlust der Freistellung zur Folge (sog. schwarze Klauseln). Art. 5 der VO enthält darüber hinaus eine Regelung zu Vereinbarungen, die separat nicht nach Art. 2 freigestellt werden, wobei sich hier die Rechtsfolge darauf beschränkt, dass die einzelne Vereinbarung unwirksam wird (sog. graue Klauseln). Besondere Relevanz kommt allerdings Art. 4 zu. Zum Beispiel verbietet Art. 4a) die sog. **Preisbindung der zweiten Hand**. Hersteller dürfen weder unmittelbar noch mittelbar Händlern den Verkaufspreis diktieren. Versuchen sie dies, verliert ihr selektives Vertriebssystem die kartellrechtliche Freistellung. Unverbindliche Preisempfehlungen dürfen allerdings erteilt werden[406].

585d Sehr intensiv wird im Vertriebsrecht derzeit diskutiert, inwiefern es mit Art. 4 der Vertikal-Gruppenfreistellungsverordnung vereinbar ist, dem Händler den Warenvertrieb über das **Internet** oder entsprechende Handelsplattformen Dritter zu untersagen[407]. Hier kommt der Unterscheidung zwischen **aktivem** und **passivem Verkauf** erhebliche Bedeutung zu.

C. Kaufmännisches Werkvertragsrecht

586 Werkverträge des Handelsrechts, also solche, bei denen nicht ständige Tätigkeit für einen anderen Schwerpunkt der geschuldeten Leistung ist, sondern ein Erfolg, sind die mit dem Transport von Gütern zusammenhängenden Verträge (Fracht-, Speditions-, Seefrachtverträge). Die Erfolgsabhängigkeit kennzeichnet auch den Handelsmaklervertrag.

I. Handelsmakler (§§ 93 bis 104)

1. Überblick

587 **a)** Der Handelsmakler vermittelt (wie der Handelsvertreter als Vermittlungsvertreter) Verträge für andere, ohne jedoch ständig damit betraut zu sein. Der Makler wird zur

---

406 Zur Abgrenzung s. die Leitlinien für vertikale Beschränkungen (2010/C 130/01), Rn. 48.

407 Sehr informativ dazu Leitlinien für vertikale Beschränkungen (2010/C 130/01), Rn. 51 ff.; dazu weiterhin KG, MMR 2013, 774; OLG Schleswig, NJW 2014, 3104; *Rudowicz*, NZKart 2014, 253; *Pichler/Hertfelder*, NZKart 2014, 47; *Mäger/v. Schreitter*, NZKart 2015, 62.

Vermittlungstätigkeit nicht verpflichtet. Er hat, vorbehaltlich anderer Vereinbarung (Rn. 589) keinen Provisionsanspruch, wenn das Geschäft nicht zustande kommt.

b) Handelsmakler ist ein Makler nur, wenn Gegenstand der Vermittlung **Handelsgeschäfte** sind, insbesondere die Anschaffung und Veräußerung von Waren[408] oder Wertpapieren, Versicherungen, Güterbeförderungen, Schiffscharter, Bankgeschäfte, § 93 Abs. 1. Ist Gegenstand der Vermittlung ein anderes Geschäft, sind die Regelungen über Handelsmakler nicht anwendbar, sondern allein §§ 652 bis 656 BGB, die im Übrigen subsidiär für den Handelsmakler gelten. Kein Handelsgeschäft ist insbesondere die Vermittlung von **Grundstücksgeschäften** (§ 93 Abs. 2). Wer sich damit befasst, ist sog. Zivilmakler, gleichermaßen der Kreditvermittler i.S.v. § 655a. Sie sind unter den Voraussetzungen von §§ 1, 2 Kaufleute. 588

§ 93 umschreibt das Tätigkeitsfeld des Handelsmaklers mit der Vermittlung von Verträgen, während § 652 Abs. 1 BGB zwischen dem bloßen **Nachweis** des Vertragsabschlusses und der **Vermittlung** unterscheidet. Richtigerweise (str.)[409] folgt daraus, dass sich die zum Anspruch auf Provision führenden Vertragspflichten von Zivilmakler und Handelsmakler unterscheiden können, indem nämlich der Handelsmakler auf die Willensbildung der anderen Partei Einfluss nehmen muss, um sich die Provision zu verdienen, während der Zivilmakler nur eine geringere Nachweisprovision verlangen kann, wenn er nicht mehr tut[410]. Je nach dem Inhalt der übernommenen Tätigkeit kann ein und dieselbe Person für den einen Auftraggeber einen Handelsmaklervertrag, für den anderen einen Zivilmaklervertrag abschließen (Rn. 575). Voraussetzung ist stets, dass der vermittelte oder nachgewiesene Vertrag wirklich und wirksam[411] zustande kommt und Kausalität mit der Maklerleistung besteht[412], sonst war die Arbeit des Maklers vergeblich (es sei denn, der Auftraggeber verpflichtet sich zur Zahlung einer erfolgsunabhängigen Provision: Maklerdienstvertrag[413]). Besteht wirtschaftliche Identität zwischen Makler und der anderen Vertragspartei, z.B. durch gesellschaftsrechtliche oder andere[414] **Verflechtung**, kann es an echter Vermittlung fehlen[415]. Dagegen ist die **Doppeltätigkeit** sowohl für die eine wie für die andere Partei als solche, d.h. wenn die Gefahr von Interessenkollisionen für den Makler nicht besteht (vgl. § 654 BGB) und im Maklervertrag nichts Entgegenstehendes vereinbart wurde, zulässig und nicht unüblich; aber der Makler muss in diesem Fall strenge Unparteilichkeit wahren[416]. Der Makler kann auch zugleich Vertreter der anderen Partei sein, so oft beim Versiche- 589

408 Z.B. Versteigerung von Teppichen, OLG München, NJW 2015, 81 zu II.1.
409 Baumbach/*Hopt*, § 93 HGB Rn. 13 .
410 Dazu BGH, MDR 1977, 209; BB 1987, 90.
411 Also keine Provision bei Anfechtung, Formmangel, Gesetz- oder Sittenwidrigkeit, BGH, NJW 2009, 2810 Rn. 9; vgl. auch § 655c Satz 1 BGB.
412 BGH, NJW 2008, 651; 2006, 3062; NJW-RR 2007, 402.
413 BGH, NJW-RR 2007, 55, NJW 2003, 1249; 1985, 2477.
414 BGH, NJW 2012, 1504 Rn. 9: sog. unechte Verflechtung.
415 BGH, NJW 1985, 2473 m.w.N.; BSG, NJW 2007, 1902 Tz. 17; Provisionsanspruch aber, wenn Verflechtung dem anderen Teil bekannt ist, BGH, NJW 2009, 1199 Rn. 16. Keine Verflechtung, wenn Makler aus der Gesellschaft, die Vertragspartei wird, ausgeschieden war, BGH, NJW 2009, 1809 Rn. 10 mit Bspr. *K. Schmidt* JuS 2009, 1054.
416 BGHZ 48, 344 (348) = NJW 1968, 150; *Reuter*, NJW 1990, 1321.

rungsmakler, der dem Versicherer den Vertrag vermittelt und für den potentiellen Kontrahenten, den Versicherungsnehmer, als Vertreter auftritt[417].

590 **c)** Ob der Handelsmakler **Kaufmann** ist, richtet sich nach den allgemeinen Grundsätzen von §§ 1 und 2 (Rn. 41, 43). Ist er mangels Größenzuschnitts seines Unternehmens resp. mangels Handelsregistereintragung nicht Kaufmann, sind die Vorschriften über Handelsmakler gem. § 93 Abs. 3 dennoch anwendbar, nicht jedoch, wie beim kleingewerblichen Kommissionär (Rn. 529), allgemeine Vorschriften über Handelsgeschäfte. Gleiches gilt gem. § 84 Abs. 4 für Handelsvertreter (Rn. 554).

591 Kaufmann kann auch der **Krämermakler** sein (§ 104), der Warengeschäfte im Kleinverkehr vermittelt. Die fehlende Größe bezieht sich auf die vermittelten Verträge, nicht auf das von ihm betriebene Unternehmen.

591a **d)** Der Auftraggeber braucht weder Kaufmann noch Unternehmer zu sein, er kann auch zu privatem Zweck handeln und ist in diesem Fall **Verbraucher** nach weiterer Maßgabe von § 13 BGB. Der Makler kann seine Vermittlungstätigkeit durch Fernkommunikationsmittel anbieten, namentlich im Internet, sodass ein Fernabsatzgeschäft nach § 312c BGB zustande kommt, gegebenenfalls im elektronischen Geschäftsverkehr gem. § 312i BGB. Der Verbraucher hat das Widerrufsrecht nach §§ 312g, 355, 357 (insbesondere Abs. 4) BGB, gem. § 312j BGB hat der Makler sicherzustellen, dass der Verbraucher ausdrücklich, durch Mausklick, bestätigen kann, sich zu einer Zahlung zu verpflichten („Button-Lösung")[418]. Wird die Provision des Maklers gegen Entgelt (Teilzahlungszuschlag) gestundet, kommt ein widerrufliches (§ 506 Abs. 1, 495 BGB) Teilzahlungsgeschäft zustande (§ 506 Abs. 3 BGB)[419].

2. Maklervertrag

592 **a) Vertragspflichten.** Die Provision wird nur geschuldet, wenn der Makler von einem Interessenten zur Vermittlung des Vertragsabschlusses **beauftragt** worden ist, sodass – vorbehaltlich eines Anspruchs nach § 354[420] (Rn. 690) – ein Maklervertrag zustandekommt. Dadurch verpflichtet sich der Auftraggeber, die Provision zu zahlen, wenn der in Aussicht genommene Vertrag zustandekommt[421]. Weder ist der Makler, wenn nichts anderes vereinbart ist[422], verpflichtet, überhaupt tätig zu werden[423], noch ist der Auftraggeber verpflichtet, den vermittelten Vertrag abzuschließen. Beide Vertragspartner treffen aber allgemeine **Rücksichtspflichten**, insbesondere ist der Makler zur Verschwiegenheit verpflichtet. Schweigt der Makler auf einen an ihn gerichteten

---

417 BGHZ 94, 356; BGH, NJW 1988, 60 zu II.1.b; Abgrenzung NJW-RR 2001, 593; zu § 278 BGB: BGH, NJW 1996, 451.

418 *Lange/Werneburg*, NJW 2015, 193; *Bülow/Artz*, Verbraucherprivatrecht, 4. Aufl. 2014, Rn. 84, 112,265.

419 BGH, NJW 2014, 1655 Rn. 20; BGH, NJW 2012, 3428 Rn. 12 mit Anm. *Bülow*, LMK 2012, 338473; *Bülow/Artz*, Verbraucherprivatrecht, Rn. 396.

420 *Heße*, NJW 2002, 1835.

421 BGH, BB 1986, 1737.

422 Vermittlung als Leistungspflicht durch Maklerwerkvertrag, BGH, NJW 1988, 967.

423 Staub/*Thiessen*, vor § 93 Rn. 12; *Schmidt*, § 26 II.2.

Vermittlungsauftrag, kommt der Maklervertrag nach Maßgabe von § 362 Abs. 1 zustande (Rn. 364). Formerfordernisse stellt das Gesetz nicht auf. Die Problematik der notariellen Form (§ 313 BGB) im Rahmen der Vermittlung von Grundstücksgeschäften[424] stellt sich beim Handelsmakler anders als bei Zivilmaklern gerade nicht (Rn. 588). Sofern der Makler tätig wird, hat er gem. § 347 die Sorgfalt eines ordentlichen Kaufmanns zu beachten (Rn. 389). Die Vermittlungstätigkeit des Handelsmaklers besteht darin, den zwischen seinem Auftraggeber und dem Dritten geplanten Vertrag zur **Abschlussreife** vorzubereiten, also die Konditionen auszuhandeln.

b) Schlussnote. Ist Abschlussreife erreicht, hat der Makler, wenn er nicht Krämermakler ist (§ 104 Satz 1), beiden Parteien unverzüglich eine Schlussnote gem. § 94 zuzustellen, die die Vertragskautelen enthält. 593

aa) Damit kommt nicht etwa der Vertrag zustande. Der Makler hat ja typischerweise keine Abschlussvollmacht. Den Vertragsabschluss können vielmehr nur der Auftraggeber des Maklers und der Dritte vollziehen. Die Schlussnote hat aber hierfür insoweit Bedeutung, als im Schweigen auf die Schlussnote die Zustimmung nach den Grundsätzen über das Schweigen auf kaufmännische Bestätigungsschreiben liegen und so der Vertragsabschluss herbeigeführt werden kann (Rn. 366 ff.)[425]. Will der Auftraggeber oder der Dritte den Vertrag nicht nach Maßgabe der Schlussnote zustandekommen lassen, muss er entweder gegenüber dem Vertragspartner widersprechen oder die Annahme der Schlussnote verweigern, was der Makler der anderen Partei unverzüglich anzuzeigen hat (§ 94 Abs. 3). Bei Verträgen, die erst zu späterem Zeitpunkt zu erfüllen sind, ist die Schlussnote von den Parteien zu unterschreiben, um deren Beweiskraft zu erhöhen (Abs. 2). Weil nur mit der Vermittlung beauftragt, hat der Makler **keine Inkassovollmacht** (§ 97). Keine der Vertragsparteien kann also an ihn mit befreiender Wirkung leisten (§ 362 BGB), wenn nichts anderes vereinbart ist. 594

bb) Der Geschäftsverkehr kann es mit sich bringen, dass der Makler einen Vertrag bestimmten Inhalts in der Schlussnote zusagt, ohne schon einen Dritten gefunden zu haben. Weist der Auftraggeber die Schlussnote nicht zurück, muss der Makler den Vertrag mit dem noch **unbekannten Dritten** abschließen, wie § 95 Abs. 1 bestimmt. Der Auftraggeber ist nur dann nicht gebunden, wenn gegen den später benannten Dritten begründete Einwände bestehen (so § 95 Abs. 1 a.E.), z.B. wegen Zahlungsunfähigkeit. Kommt es aufgrund dessen, oder weil der Makler keinen Dritten als Vertragspartner findet, nicht zum Vertragsabschluss, haftet der Makler gem. § 95 Abs. 3 selbst auf Erfüllung (zum Selbsteintritt wie der Kommissionär gem. § 400 ist er nicht befugt). Gleiches gilt, wenn der Dritte nur zu anderen Konditionen abschließen will, als es die Schlussnote vorgibt. Aber auch dann steht es dem Auftraggeber natürlich frei, auch diesen abweichenden Vertrag abzuschließen. Ist er ungünstiger als die Schlussnote, bleibt es bei der Haftung auf Erfüllung. Es handelt sich wie im Fall von § 177 Abs. 1 BGB (Haftung des *falsus procurator)* um einen Schadensersatzanspruch, der verschuldensunabhängig ist. Der Makler haftet aus gesetzlicher Garantie. 595

c) Haftung gegenüber beiden Vertragspartnern. Der Makler, soweit er Kaufmann ist (Rn. 590), haftet nach dem Sorgfaltsmaßstab von § 347 (o. Rn. 389), sonst gem. § 276 BGB. Aber er ist nicht nur seinem Auftraggeber aus dem Maklervertrag nach § 280 Abs.1 BGB verpflichtet, sondern sein Bemühen ist auch dadurch gekennzeich- 596

424 BGH, BB 1986, 1876.
425 OLG Hamburg, BB 1955, 847.

net, dass er einen für beide potentielle Kontrahenten interessengerechten Vertrag zustandebringt. Aus dem Leitbild des **„ehrlichen Maklers"**[426] zieht § 98 die Konsequenz, indem der Makler beiden Vertragspartnern für den durch sein Verschulden entstandenen Schaden haftet. Diese Haftung ist eine gesetzliche, die ein Beispiel für die Haftung wegen Verletzung von Schutzpflichten, nämlich den anderen Vertragspartnern gegenüber, darstellt[427], nach a.A.[428] Vertrag mit Schutzwirkung für Dritte.

597 **d) Provisionsanspruch.** Den Anspruch auf Provision (Courtage) hat der Makler gegen seinen Vertragspartner, also den Auftraggeber, wenn der Vertrag wirksam zustandekommt (also nicht bei Anfechtung, § 142 BGB[429], wohl aber bei Rücktritt[430] oder Widerruf gem. § 355 BGB), aber auch dann, wenn der Makler selbst gem. § 95 Abs. 3 (vorst. Rn. 595) auf Erfüllung haftet. Oft besteht ein Auftragsverhältnis aber auch zu dem Dritten, es kann im Zuge der Vermittlungstätigkeit entstehen[431] (vorst. Rn. 589). Dann besteht der Provisionsanspruch gegen beide, wenn Ortsgebrauch oder Vereinbarung nichts anderes vorsehen, wie der nicht ganz klare Wortlaut von § 99 bestimmt. Hatte der Makler also ausschließlich mit einer der Vertragsparteien einen Maklervertrag abgeschlossen, besteht der Provisionsanspruch nur gegen diese Partei. § 99 ist keine Anspruchsgrundlage, sondern setzt sie, nämlich aufgrund eines Maklervertrages, voraus[432]. Im Übrigen bestimmt § 99 den Ausgleich der Parteien des Vertrages über die Courtage im Innenverhältnis.

598 **e) Maklertagebuch.** Der Makler ist, wenn er nicht Versicherungs- oder Bausparkassenmakler ist (§ 104 Satz 2), unter Bußgeldandrohung (§ 103) verpflichtet, ein Tagebuch zu führen, in das er die ausgehandelten Verträge einzutragen hat (§ 100). Es ist Beweismittel, wie die Schlussnote, ohne die Wirksamkeit des von den Parteien geschlossenen Vertrages oder gar des Maklervertrages zu berühren. Jede Partei (auch wenn sie nicht Partner des Maklervertrages ist), kann Auszüge (§ 101) und Vorlegung im Rechtsstreit verlangen. Das Tagebuch tritt neben die Handelsbücher (Rn. 260), ist aber selbst nicht Handelsbuch i.S.v. § 238.[433] Krämermakler müssen weder Tagebuch (§ 104 Satz 1) führen noch Schlussnote erteilen (Rn. 591).

II. Transportverträge über Güter

1. Überblick

599 **a)** Unterschiedlich sind die Interessenlagen nach der Art des Beförderungsmittels und des Beförderungsweges. Deshalb gibt es eigene Transportrechtsordnungen für den

---

426 BGH, WM 2000, 422 zu I.2.b; NJW 1964, 1467 (1469); Koller/*Roth*, § 93 HGB Rn. 24.
427 Gesetzliches Schutzpflichtverhältnis: *Canaris*, § 19 Rn. 26; Koller/*Roth*, § 93 HGB Rn. 24.
428 Z.B. *Schmidt*, § 26 II. 3.c.
429 BGH, ZIP 2001, 160.
430 BGH, NJW 2005, 1357 zu II.6.a.
431 BGH, NJW 2002, 1945; OLG Celle, NJW-RR 2003, 418.
432 *Canaris*, § 19 Rn. 30; str.: Heymann/*Herrmann*, § 99 HGB Rn. 1: Gesetzlicher Anspruch.
433 Koller/*Roth*, § 100 HGB Rn. 1.

Seetransport einerseits und für die Güterbeförderung zu Lande, auf Binnengewässern und mit Luftfahrzeugen andererseits. Der Seehandel ist durch §§ 476 ff. mit dem Seefrachtrecht in §§ 481 ff. geregelt; Gegenstand der Güterbeförderung zu Lande, auf Binnengewässern und in der Luft sowie der Lagerung ist das hier zu erörternde Transportrecht in §§ 407 bis 475h.

Bevor das Gut befördert oder nachdem es abgeliefert wurde, besteht oft die Notwendigkeit es einzulagern. Wer ein Gut befördern lassen will, kann sich selbst den Frachtführer aussuchen. Aber er kann dieses Geschäft auch von einem anderen besorgen lassen. Diese Art der Geschäftsbesorgung nennt man Spedition. Das private Transportrecht setzt sich demgemäß zusammen aus dem Frachtgeschäft (§§ 407 bis 452d, nachf. Rn. 602 ff.), dem Speditionsgeschäft (§§ 453 bis 466, nachf. Rn. 632 ff.) und dem Lagergeschäft (§§ 467 bis 475h, u. Rn. 655 ff.). Der Regelungskreis behördlicher, also öffentlich-rechtlicher Erlaubnis ist Gegenstand des GüKG[434].

b) In der grenzüberschreitenden Güterbeförderung sind die privaten Rechtsbeziehun- **600**
gen durch einen völkerrechtlichen Vertrag, die CMR (Convention relative au contrat de transport international des marchandises par route) geregelt, an den das Frachtrecht des HGB angelehnt ist[435], in der Luftbeförderung galt das Warschauer Abkommen (WA)[436] vom 12.10.1929 mit Änderungen, seit 28.6.2004 das Montrealer Übereinkommen (MÜ)[437]. Weitere, mit Transporten zusammenhängende Vertragstypen sind gebräuchlich, z.B. der Ladevertrag zur Abfertigung von Charterflugzeugen[438].

c) Nicht Gegenstand transportbezogener Normen des Handelsrechts ist der Perso- **601**
nentransport (hierzu beispielsweise § 1 EVO).

2. Frachtgeschäft (§§ 407 bis 452d)

a) Anwendungsbereich. – aa) Das Vertragsrecht über das Frachtgeschäft im 4. Ab- **602**
schnitt des 4. Buches gliedert sich in drei Teile. Der 1. Unterabschnitt mit seinen allgemeinen Vorschriften regelt den Frachtvertrag, der zwischen dem **Frachtführer** und dem **Absender** abgeschlossen wird, für alle Beförderungsarten zu Lande, auf Binnengewässern oder der Luft (§ 407 Abs. 3 Nr. 1), gleich ob mit Lastkraftwagen, der Eisenbahn, mit Fahrrädern, mit Flugzeugen, auf Binnenschiffen (klarstellend § 26 BinnenSchG)[439]. Für die Verkehrsträger Straße, Schiene, Binnenschifffahrt, Luft[440] gilt gleiches Recht[441]. Die Güterbeförderung mit der Eisenbahn enthält Sondervorschriften nur insoweit, als es sich bei dem Gut um Reisegepäck handelt (§ 1 EVO)[442].

---

434 *Martell*, NJW 1999, 193.
435 BT-Drucks. 13/8445, S. 24.
436 Hierzu BGH, NJW-RR 2005, 1122.
437 BGBl. II 358 = TranspR 1999, 315; Beispielsfall BGH, NJW 2013, 778.
438 BGH, NJW-RR 1995, 1241.
439 *Korioth*, TranspR 1998, 92.
440 *Ruhwedel*, TranspR 1999, 369.
441 BT-Drucks. 13/8445, S. 23, 123.
442 *Freise*, TranspR 1998, 89.

603 Unter Fracht versteht das Gesetz die Vergütung des Frachtführers, nicht etwa das zu befördernde Gut (s. §§ 407 Abs. 2, 408 Abs. 1 Nr. 9).

604 **bb)** Einige Sondervorschriften für den Frachtvertrag, der sich auf die Beförderung von Umzugsgut bezieht, enthält der 2. Unterabschnitt (§§ 451 bis 451h, näher Rn. 610, 614, 620).

605 **cc)** Unterschiedliche Vertragsrechtsordnungen für das Frachtgeschäft gelten für die verschiedenen Verkehrsträger (o. Rn. 599). Wird dasselbe Gut auf einem Teil der Strecke zur See, dem nächsten Teil auf dem Land und zuletzt in der Luft befördert, sind zwei Transportrechtsordnungen berührt. Man spricht von **multimodalem Transport**[443]. Ausgangspunkt des 3. Unterabschnitts (§§ 452 bis 452d) über den multimodalen Transport ist gem. § 452, dass das Frachtrecht des 1. Unterabschnitts anwendbar ist, das jedoch internationalen Übereinkommen, z.B. der CMR (vorst. Rn. 600), weicht. Abweichungen von diesem Ausgangspunkt gelten für die Haftung. § 452a unterscheidet zwischen bekanntem und unbekanntem Schadensort. Steht fest, wo das Gut beschädigt wurde, findet das Haftungsrecht desjenigen Verkehrsträgers Anwendung, durch den das Gut auf dieser Teilstrecke befördert worden war, also z.B. Seefrachtrecht nach §§ 498 ff.[444] bzw. nach anwendbarem ausländischen Recht (Art. 3, 5 Abs. 1 Rom-I-VO)[445]. Ist der Schadensort unbekannt, bleibt es bei der Anwendung von §§ 407 ff.; für die Haftung gelten also die §§ 425 ff. (nachf. Rn. 614).

606 **b) Kaufmannseigenschaft.** Ein Vertrag über die Güterbeförderung zu Lande oder auf Binnengewässern ist nicht notwendig ein handelsrechtlicher Frachtvertrag. Vielmehr setzt ein Frachtvertrag persönliche Merkmale bei einer Partei, nämlich dem Frachtführer, voraus. Gem. § 407 Abs. 3 Nr. 2 muss die Beförderung zum Betrieb eines gewerblichen Unternehmens gehören. Der Beförderungsvertrag unter Privatleuten ist schlichter Werkvertrag nach § 631 BGB. Das gewerbliche Unternehmen des Frachtführers braucht sich andererseits nicht in erster Linie mit dem Frachtgeschäft zu befassen, sondern Frachtrecht ist für jede, auch gelegentliche Güterbeförderung durch den Unternehmer anwendbar[446]. Das gewerbliche Unternehmen bedarf auch keines kaufmännischen Größenzuschnitts oder der Handelsregistereintragung nach § 2 (Rn. 41, 43). Auch der nichtkaufmännische Gewerbetreibende unterliegt gem. § 407 Abs. 3 Satz 2 dem Frachtrecht und darüber hinaus, ebenso wie der kleingewerbliche Kommissionär (Rn. 529), den meisten **Allgemeinen Vorschriften** über Handelsgeschäfte nach §§ 343 bis 372; ausgenommen sind nur die als gefährlich eingestuften Vorschriften von §§ 348 bis 350 (Rn. 381, 385): Insoweit wiederum bleibt es bei den für jedermann geltenden Bestimmungen des BGB.

---

443 BT-Drucks. 13/8445, S. 28; BGH, NJW 2013, 778 Rn. 18; BGH, ZGS 2010, 517 Rn. 25; *Drews*, TranspR 2003, 12; *Looks*, VersR 1999, 31.

444 BGHZ 164, 394 = NJW-RR 2006, 616 Tz. 16 mit Komm. *Koller*, EWiR § 452 HGB 1/06, 79; BGH, NJW-RR 2008, 549.

445 BGH, NJW-RR 2006, 1694.

446 BT-Drucks. 13/8445, S. 34.

c) Inhalt des Frachtvertrages. – aa) Der Frachtvertrag kennzeichnet sich dadurch, dass es der Frachtführer unternimmt, ein Gut von einem Ort zu einem anderen (nicht notwendig verschiedene politische Gemeinden, sogar innerhalb eines Gebäudes)[447] zu transportieren und es während dessen in seiner Obhut zu behalten und dass typischerweise derjenige, an den das Gut ausgeliefert werden soll (**Empfänger**), ein anderer ist, als derjenige, der es dem Frachtführer übergibt und den Frachtvertrag mit ihm abschließt (**Absender**). Es entsteht ein Dreipersonenverhältnis. Der Empfänger wird unmittelbar aus dem Frachtvertrag gegenüber dem Frachtführer berechtigt (echter **Vertrag zugunsten Dritter** gem. § 328 Abs. 1 BGB)[448]. Gem. § 421 Abs. 1 ist der Empfänger zwar neben dem Absender (§ 407 Abs. 2, 421 Abs. 4) zur Zahlung des **Entgelts** für die Beförderung, **die Fracht**, verpflichtet, aber diese Verpflichtung ist eine gesetzliche und wird erst durch die Ablieferung des Guts ausgelöst. Der Empfänger wird dadurch nicht etwa zur Partei des Frachtvertrags. Vertragsschuldner für die Fracht ist der Absender, Anspruchsgrundlage ist § 631 BGB, die Fälligkeit richtet sich nach § 420: nach Erbringung der Transportleistung[449], der Frachtführer ist vorleistungspflichtig (so auch §641 BGB). Absender und Empfänger haften als Gesamtschuldner (§ 421 Abs. 4, gesetzlicher Schuldbeitritt)[450]. Die Höhe der Fracht kann frei vereinbart werden (§ 408 Abs. 1 Nr. 9 und nachf. Rn. 619). 607

bb) Der Frachtvertrag ist ein gegenseitiger Konsensualvertrag (§ 320 BGB)[451], durch den der Frachtführer gem. § 407 Abs. 1 zur Beförderung und zur Ablieferung beim Empfänger innerhalb der Lieferfrist (§ 423) verpflichtet wird. Der Absender ist nicht nur verpflichtet, die Fracht zu zahlen (§ 407 Abs. 2), sondern ihm obliegt es auch, das Transportgut zu verpacken, zu kennzeichnen, auf LKW, Eisenbahnwaggon, Flugzeug oder Binnenschiff sicher aufzuladen und zu verstauen. Diese beiden Handlungsabläufe nennt das Gesetz in § 412 Abs. 1 Satz 1 „verladen". Nach Abschluss der Beförderung obliegt dem Absender die Entladung des Guts. Der Frachtführer hat keinen Erfüllungsanspruch auf Verladung und Entladung, aber der Absender haftet dem Frachtführer bei Obliegenheitsverletzung gem. § 414 – unter Anrechnung von Mitverschulden durch den Frachtführer, Abs. 2 – verschuldensunabhängig auf Schadensersatz und Aufwendungsersatz[452] . 608

Ist die Verladung durch den Absender abgeschlossen, ist der Frachtführer gem. § 412 Abs. 1 Satz 2 verpflichtet, für die Betriebssicherheit der Verladung zu sorgen, was bedeutet, dass das Gut vor Beschädigung durch die vorhersehbaren Transportumstände geschützt ist. Durch Verladen und Entladen vergeht Zeit. Hierfür kann der Frachtführer nur Vergütung (Standgeld) verlangen, wenn angemessene Zeit (Lade-resp. Entladezeit) – die nicht seinem Risikobereich angehört – verstrichen ist, § 412 Abs. 3 und Abs. 2. 609

---

447 BGH, WM 1985, 673 mit Komm. *Koller*, EWiR, § 430 HGB a.F. 1/95, 273.
448 *Schmidt*, § 32 II. 6. 2.; *Canaris*, § 31 Rn. 60; *Coester-Waltjen*, Jura 1999, 656 (659); *Sieg*, TranspR 1996, 317.
449 OLG Düsseldorf, TranspR 1995, 350 zu III.
450 *Canaris*, § 31 Rn. 62.
451 BT-Drucks. 13/8445, S. 24.
452 Vgl. OLG Hamm, NJW-RR 1999, 1123; *Helm*, Festschrift Herber 1999, S. 88.

610 Bei der Beförderung von **Umzugsgut** (vorst. Rn. 604) gehört das Verladen und Entladen gem. § 451a Abs. 1, außerdem der Ab- und Aufbau der Möbel, zur Leistungspflicht des Frachtführers.

611 **cc)** Zu einer dogmatischen Besonderheit führt eine **Nachnahmevereinbarung** nach § 422. Der Absender als Vertragspartei kann die Fracht an den Frachtführer leisten, der sie beim Empfänger für den Absender wieder einzieht. Insoweit besorgt er ein Geschäft für den Absender und ist zur Herausgabe gem. § 667 BGB verpflichtet. Gegenüber dem Empfänger handelt der Frachtführer kraft Einziehungsermächtigung[453] im eigenen Namen. Das Geld (bar oder durch Scheck)[454] ist bis zur Ablieferung beim Frachtführer und dem potentiellen Zugriff von dessen Gläubigern ausgesetzt. Sie haben aber gem. § 422 Abs. 2 das Nachsehen, weil das Erlangte – der Regelung von § 392 Abs. 2 beim Kommissionär ähnlich (Rn. 540) – als auf den Absender übertragen gilt (**Übertragungsfiktion**). Diese Fiktion bezieht sich anders als § 392 Abs. 2 (Rn. 550) nicht auf die Forderung des Absenders, deren Berechtigter er ja ohnehin ist, sondern auf das Surrogat für diese Forderung, nämlich das an den Frachtführer vom Empfänger geleistete Geld[455]. Aufgrund dessen hat der Absender im Falle einer Pfändung des Erlangten durch einen Gläubiger des Frachtführers die Drittwiderspruchsklage gem. § 771 ZPO.

612 **dd)** Der Frachtvertrag zwischen Frachtführer und Absender bedarf **keiner Form**. Der Frachtführer kann vom Absender jedoch die Ausstellung eines **Frachtbriefs** (§ 408) verlangen. Der Brief ist Beweisurkunde für den Abschluss und Inhalt des Frachtvertrages und Grundlage für die beim Empfänger gem. § 421 Abs. 2 Satz 1 zu erhebende Fracht. Er ist nicht mit dem Ladeschein (Rn. 625) nach § 443 zu verwechseln und kein Wertpapier (Rn. 475). Der Absender hat Begleitpapiere für Zoll- und ähnliche Zwecke zu übergeben (§ 413). Die Beförderungszeit (§ 423) und die Beförderungsmenge sind Gegenstand der vertraglichen Einigung[456] .

613 Der Regelung von § 649 BGB entsprechend[457] bestimmt § 415 ein willkürliches **Kündigungsrecht** des Absenders, das dem Frachtführer einen Teil der vereinbarten Fracht belässt (pauschaliert als sog. Fautfracht gem. Abs. 2 Nr. 2). Der Frachtführer kann seinerseits nach weiterer Maßgabe von § 417 kündigen, wenn der Absender die Ladezeit (Rn. 608) nicht einhält.

614 **ee)** Der Frachtführer **haftet** gem. § 425 für Beschädigung oder Verlust des Gutes[458], das in seiner **Obhut** ist (Zeit zwischen Übernahme und Ablieferung)[459], sowie für Verspätungsschäden, wenn er nicht beweist (§ 426), dass Ursache unvermeidbare Umstände und die Folgen unabwendbar waren. Verschulden ist also nicht Haftungsvoraussetzung. Weitere besondere Haftungsausschlüsse enthält § 427, für den Umzugsvertrag (Rn. 604) nach dem Katalog von § 451d. Der Frachtführer haftet nicht nur gem. § 278 BGB für das Verschulden seiner Erfüllungsgehilfen, sondern auch für das

453 *Bülow*, Kreditsicherheiten, Rn. 1448.
454 BT-Drucks. 13/8445, S. 55.
455 OLG Hamm, WM 2004, 1252; Staub/*Patrick Schmidt*, § 422 HGB Rn. 22.
456 OLG Nürnberg, NJW-RR 1995, 437.
457 BT-Drucks. 13/8445, S. 43/44.
458 Dazu BGH, NJW-RR 1998, 543 zu II.2.a; *Thume*, Gedächtnisschrift Helm 2001, S. 341.
459 BGH, NJW 2014, 997 Rn. 15.

Verschulden seiner (§ 428), das sind betriebszugehörige Personen, die der Frachtführer nicht gerade für die Erfüllung seiner Transportverbindlichkeiten zu beschäftigen braucht. Gleiches gilt für andere, d.h. nicht betriebszugehörige, insbesondere selbstständige Personen, die gerade für die Beförderung eingesetzt werden (§ 428 Satz 2), z.B. für den ausführenden Frachtführer nach § 437, der seinerseits haftet[460]. Mitverursachung durch Absender oder Empfänger oder Mängel des Gutes werden gem. § 425 Abs. 2 und § 254 BGB entsprechend angerechnet[461]. Maß des Schadensersatzes ist gem. § 429 der Wert des Gutes[462], sodass Folgeschäden, z.B. wegen entgangenen Gewinns, nicht zu ersetzen sind.

Gem. §§ 431, 451e ist die Haftung des Frachtführers der **Höhe nach beschränkt**. Dies 615
gilt gem. § 433 auch für Fälle der Pflichtverletzung (§ 280 Abs. 1 BGB) wegen beförderungstypischen Fehlverhaltens über die Pflichtverletzung von § 425 hinaus (Beispiel: der Frachtführer übernimmt entgegen der Regel von § 412 – Rn. 608 – an Stelle des Absenders[463] die Verladung)[464], jedoch nur für allgemeine Vermögensschäden[465]; für Sach- oder Personenschäden bleibt es in diesen Fällen bei der unbeschränkten Haftung. Gem. § 434 greift die Haftungshöchstgrenze außerdem ein, wenn in der Beschädigung des Gutes zugleich eine Eigentumsverletzung liegt und der Absender seinen Anspruch auf § 823 BGB oder auch auf § 7 StVG[466] stützt (anders die frühere Rechtslage)[467] oder wenn mit dem Transport ein Versendungskauf i.S.v. § 447 BGB ausgeführt wird und der Käufer aus abgetretenem Recht Ansprüche nach den Grundsätzen über die Drittschadensliquidation hat (s. auch Rn. 544).

Jedoch endet die Haftungsbeschränkung, wenn der Frachtführer selbst (§ 435) oder 616
seine Leute (§ 436) vorsätzlich oder leichtfertig in dem Bewusstsein, ein Schaden werde mit Wahrscheinlichkeit eintreten, handelte, wofür der Anspruchsteller die Beweislast trägt[468]. Dieser besondere Haftungsmaßstab der **Leichtfertigkeit** hat Tradition in Transportrechtsübereinkommen und übersteigt das Maß der groben Fahrlässigkeit[469].

---

460 BGH, NJW 2009, 1205 Rn. 28; *Seyffert*, Die Haftung des ausführenden Frachtführers, 2000, S. 75; *G. Wagner*, ZHR 163 – 1999 –, 677; *Zapp*, TranspR 2000, 106; *Schindler*, Gedächtnisschrift Helm 2001, S. 331.

461 Z.B. fehlende Wertangabe, BGH, NJW-RR 2014, 215 sowie 2010, 848; BGH, NJW-RR 2008, 347 Tz. 28; NJW 2003, 3626; WM 1999, 1981 mit Anm. *Thume*, BB 1999, 2371 und Komm. *Koller*, EWiR § 254 BGB 2/99, 989; BGH, NJW-RR 2006, 756 und 2005, 1058; *Knöfel*, Festschrift Herber 1999, S. 96.

462 BGH, NJW 2009, 3239 Rn. 9.

463 *Koller*, Festschrift Herber 1999, S. 106.

464 Baumbach/*Hopt*, § 433 HGB Rn. 2.

465 *Dubischar*, Festschrift Heinrichs 1998, S. 207 (210).

466 BGH, NJW 2007, 58.

467 BGHZ 32, 134 (203) = NJW 1960, 1201 zu IV.; *Ruhwedel*, Festschr. Herber 1999, S. 163 (167 ff.).

468 BGH, NJW 2010, 1816; NJW-RR 2009, 751.

469 BR-Drucks. 368/97, S. 70/71; BGH, WM 2014, 2331 Rn. 35; BGHZ 158, 322 = NJW 2004, 2445 mit Bspr. *Schmidt*, JuS 2004, 1108 und Komm. *Koller*, EWiR § 435 HGB 1/04, 855; BGH, NJW 2011, 296 Rn. 24; NJW-RR 2006, 1695 Tz. 21; *Hackert*, Die Reichweite der Haftungsbegrenzung bei sonstigen Vermögensschäden gem. § 435 HGB, 2001, S. 137 ff.; *Starck*, Festschrift Herber 1998, S. 128; *Stachow*, Schweres Verschulden in modernen Transportrechtsübereinkommen, 1998, S. 250.

617 Gem. §§ 438, 451f, 452b sind Verlust oder Beschädigung **anzuzeigen**[470], die Unterlassung kann zu Verfristungen führen. Im Übrigen **verjähren** Ansprüche nach einem Jahr resp. bei Vorsatz oder Leichtfertigkeit (§ 435)[471] in drei Jahren, § 439 Abs. 1 Satz 2[472]. Die Verjährung beginnt gem. § 439 Abs. 2 mit der Ablieferung des Transportguts[473], sie ist nach Maßgabe von Abs. 3 gehemmt (§ 209 BGB)[474].

618 **ff)** Wegen seiner Ansprüche, insbesondere auf die Fracht, hat der Frachtführer ein **gesetzliches Pfandrecht** am transportierten Gut des Absenders (§ 440, Rn. 607), das Pfandrecht braucht also nicht gem. § 1205 BGB vereinbart zu werden (was indessen bei Einbeziehung von Nr. 20 ADSp der Fall ist). Es besteht auch am Transportgut, das einem Dritten gehört, sofern der Dritte der Beförderung seines Guts zugestimmt hatte. Das Pfandrecht sichert nicht nur konnexe, sondern auch Forderungen aus anderen Frachtverträgen oder Speditions- und Lagerverträgen, die die Parteien abgeschlossen hatten (inkonnexe Forderungen[475]). Voraussetzung ist in diesem Fall aber, dass die Forderung vom Absender nicht bestritten wird[476]; nicht notwendig ist andererseits, dass die Forderung von ihm anerkannt oder dass sie rechtskräftig festgestellt worden war. Das Pfandrecht sichert auch nicht gänzlich frachtvertragsfremde Forderungen, z.B. eine solche, die der Frachtführer als Zessionar von einem früheren Gläubiger des Absenders erworben hatte[477]. Die Pfandhaftung für inkonnexe Forderungen gilt nicht für Drittgut. Das Pfandrecht **erlischt** gem. §§ 1252, 1257 BGB mit der Forderung, für die es besteht, namentlich durch die vom Absender oder Empfänger geleistete Zahlung (§ 362 Abs. 1 BGB). Einreden gegen die Forderung hindern gem. § 1211 BGB die Verwertung, gem. § 216 Abs. 1 BGB nicht aber die Einrede der Verjährung[478]. Als Besitzpfandrecht würde es an sich auch dann erlöschen, wenn der Frachtführer das Gut an den Empfänger aushändigt (§ 440 Abs. 2). Um die (für den Frachtführer) gefahrlose Übergabe zu erleichtern, besteht es aber gem. § 440 Abs. 3 auch nach der Ablieferung fort, wenn der Frachtführer binnen drei Tagen Klage zur Geltendmachung des Pfandrechts erhebt und das Gut noch im Besitz des Empfängers ist (sog. Folgerecht). Der **gutgläubige Erwerb** des Pfandrechts tritt gem. § 366 Abs. 3 Satz 1 i.V.m. Abs. 1 auch im Hinblick auf die Verfügungsbefugnis der Vertragspartners, also die Zustimmung des Dritten zur Beförderung (Rn. 450), ein. In diesem Fall erstreckt sich das Pfandrecht am Drittgut aber nicht auf inkonnexe Forderungen (§ 366 Abs. 3 Satz 2, Rn. 451).

619 **d) Vertragsfreiheit.** Der Grundsatz der Privatautonomie gilt auch im Frachtrecht. Das gesamte Recht des Frachtvertrages ist demgemäß dispositiv und kann von den

---

470 *Becker*, NJW 2001, 1094; LG Hamburg, NJW-RR 2005, 543; multimodaler Transport § 452b: BGH, BeckRS 2009, 13171 mit Anm. *Koller*, LMK 2009, 286016.

471 Hierzu BGH, NJW-RR 2006, 1210 mit Komm. *Koller*, EWiR § 435 HGB 1/06, 589; OLG Frankfurt, TranspR 2005, 405 mit Bspr. *Köper*, TranspR 2006, 191.

472 Dazu BGH, NJW 1986, 132; OLG Zweibrücken, NJW-RR 2004, 685.

473 OLG Schleswig, Beck-RS 2008, 13994.

474 BGH, NJW-RR 2013, 553 (Schriftform für Erklärung des Absenders).

475 BGHZ 150, 326 (329) = WM 2002, 1416 mit Anm. *Dubischar*, LM Nr. 4 zu § 131 InsO und *Smid*, WUB VI C – 1.03; BGH, WM 2005, 1033 zu II.1. mit Komm. *Gerhardt*, EWiR § 131 InsO 1/05, 545; *Didier*, NZI 2003, 513 (518 ff.).

476 Hierzu OLG Karlsruhe, NJW-RR 2005, 402.

477 BGHZ 20, 231.

478 AnwKomm/*Bülow*, § 1211 BGB Rn. 10.

Parteien durch Individualvereinbarung anders gestaltet werden. Jedoch setzt § 449 der Parteidisposition in zweifacher Hinsicht Grenzen.

aa) Die erste Grenze knüpft sich an die persönliche Qualifizierung des Absenders. Ist er nämlich Verbraucher i.S.v. § 13 BGB, sind eine Reihe frachtrechtlicher Vorschriften gem. § 449 Abs. 3 halbzwingend, d.h. von ihnen kann nur zugunsten, nicht aber zulasten des Verbrauchers – wohl aber zulasten des Frachtführers – abgewichen werden, sei es durch Individualvereinbarung oder durch AGB[479]. Die halbzwingenden Vorschriften beziehen sich namentlich auf die Haftung des Frachtführers nach §§ 425 bis 438 (vorst. Rn. 614) und die Haftung des Absenders nach § 414 (Rn. 608). Halbzwingend zugunsten des Verbrauchers sind gem. § 451h Abs. 1 auch die Haftungsvorschriften des Umzugsvertrags (§§ 451e bis 451g). Die Beweislast für die Zurechnung zur gewerblichen oder freiberuflichen Tätigkeit des Absenders trägt, wie sich aus der Formulierung von § 13, 2. Halbsatz BGB ergibt, der Frachtführer[480] . **620**

bb) Die andere, auch gegenüber gewerblichen Absendern und gegenüber dem Frachtführer selbst geltende Grenze der Vertragsfreiheit richtet sich nach der rechts-geschäftlichen Art der Abweichung von gesetzlichen Vorschriften, nämlich durch **Allgemeine Geschäftsbedingungen** oder durch Individualvereinbarung. Gem. § 449 Abs. 1 Satz 1 sind einige Bestimmungen, namentlich über die Haftung des Frachtführers nach §§ 425 bis 438 (Rn. 614), nur insoweit dispositiv, als Abweichungen von den Parteien im einzelnen ausgehandelt wurden, sind also der Regelung durch AGB nicht zugänglich. Sie müssen aber nicht für jeden Folgevertrag erneut ausgehandelt werden. Wer sich auf die abweichende vertragliche Regelung beruft, hat zu beweisen, dass die Vertragsklausel ausgehandelt und nicht § 305 Abs. 1 BGB gestellt worden war[481]. Eine Rückausnahme gilt gem. § 449 Abs. 2 Satz 1 für die Haftungshöchstbeträge nach § 431 (Rn. 615) sowie für die Haftung des Absenders (§ 414, Rn. 608) gem. Satz 2, die auch durch AGB verändert werden können[482]. Aber ein Höchstbetrag kann andererseits durch AGB nicht gänzlich ausgeschlossen, also eine unbegrenzte Haftung begründet werden, und es kann auch nicht die Haftung völlig ausgeschlossen werden. Nicht mehr möglich ist im Frachtgeschäft demgemäß eine Haftungsersetzung durch Versicherung, wie sie §§ 41 lit. a, 37, 39 ADSp a.F. vorsahen[483]. Die ADSp werden nicht in Verträge mit Verbrauchern einbezogen (Nr. 2.4 ADSp), werden andererseits nicht nur von Spediteuren, sondern auch von Frachtführern und Lagerhaltern verwendet (Nr. 2.1). Zur Aufnahme abweichender Vereinbarungen in den Ladeschein nach § 449 Abs. 1 Satz 2 siehe Rn. 630a. **621**

cc) Vertragsfreiheit besteht gem. Art. 3 Rom-I-VO auch bei der Rechtswahl. Die Parteien können demgemäß eine fremde Rechtsordnung auch für inländische Transporte **622**

479 *Brandner/Kummer*, Gedächtnisschrift Helm 2001, S. 13; *Bülow*, in: Bülow/Artz, Verbraucherprivatrecht in der Praxis, 2005, 16. Kap. Rn. 3 ff.

480 Näher *Bülow*, WM 2011, 1349; *Bülow/Artz*, Verbraucherprivatrecht, 4. Aufl. 2014, Rn. 62.

481 BT-Drucks. 13/8445, S. 86; BGH, NJW-RR 2006, 758 Tz. 24.

482 BGHZ 153, 208 = NJW 2003, 1397 mit Komm. *Koller*, EWiR § 449 HGB 1/03, 375; BGH, NJW 2006, 2976 Tz. 23/24; OLG Stuttgart, NJW-RR 2004, 610 (612 zu 4.); OLG Frankfurt, NJW-RR 2004, 1485; *Temme*, Festschrift Herber 1999, S. 197; *Ramming*, VersR 1999, 1177.

483 *Basedow*, TranspR 1998, 58 (62); BT-Drucks. 13/8445, S. 86; jetzt: Nr. 23 ADSp.

vereinbaren. In diesem Fall bleibt jedoch gem. Art. 3 Abs. 3 Rom-I-VO zwingendes inländisches Recht unberührt. Hierzu gehört gem. § 449 Abs. 4 auch die Abbedingung durch AGB. Ist allerdings der Frachtführer Ausländer (**Kabotage**), ist Art. 3 Abs. 3 wegen des dadurch hergestellten Auslandsbezugs nicht anwendbar. Jedoch bleiben gem. Art. 6 der EG-VO 3118/93[484] bestimmte Vorschriften des Aufnahmestaats anwendbar. Hierzu zählen § 418 Abs. 1 und Abs. 2[485]. Mangels Rechtswahl gibt Art. 5 Rom-I-VO Maß.

623 **e) Verfügungsrecht von Absender und Empfänger.** Bis zur Ablieferung des Gutes beim Empfänger kann der Absender den Transport durch neue Weisungen beeinflussen, z.B. das Gut zurückzugeben oder an einen anderen Empfänger auszuliefern (§ 418 – Verfügungsrecht des Absenders), muss aber auch dadurch entstehende Mehrkosten (Abs. 1 Satz 4) tragen. Das Verfügungsrecht besteht aber nur so lange, bis es auf den Empfänger übergeht. Das ist der Fall, wenn das Gut an der im Frachtvertrag vereinbarten Ablieferungsstelle ankommt (§§ 421 Abs. 1, 418 Abs. 2)[486]. Nach Ankunft des Gutes am Ort der Ablieferung kann der Empfänger die ihn begünstigenden Rechte aus dem Frachtvertrag geltend machen (ohne selbst Vertragspartner zu sein), insbesondere die Übergabe von Gut und ggf. Frachtbrief verlangen, aber gem. § 421 Abs. 1 Satz 2, 1. Hs. auch Schadensersatzansprüche geltend machen. Hierin mag man eine gesetzliche Ausformung der Drittschadensliquidation sehen[487], sodass es eines Rückgriffs auf die dazu *praeter legem* entwickelten Grundsätze (u. Rn. 641) nicht bedarf[488]. Der Empfänger ist Herr der nun folgenden Transportabwicklung. Dafür ist er kraft Gesetzes durch § 422 Abs. 1 zur Zahlung der Fracht verpflichtet (vorst. Rn. 607). Der Absender ist aber neben dem Empfänger noch befugt, Ansprüche aus Beschädigung, Verlust oder Terminüberschreitung geltend zu machen (§ 421 Abs. 1 Satz 2, 2. Hs.). Er haftet außerdem daneben aus dem Frachtvertrag als Gesamtschuldner.

624 **f) Mehrheit von Frachtführern.** Oft ist es nicht ein einzelner Frachtführer, der den Transport besorgt, sondern es sind mehrere Frachtführer für einzelne Streckenabschnitte beteiligt (vgl. insbes. §§ 452 ff., oder Haupt- und Unterfrachtführer): Das Gut kann zwischenzeitlich eingelagert worden sein, Spediteure können den Transport besorgt haben, es kann sich um Kommissionsware handeln. Alle Beteiligten können **gesetzliche** Pfandrechte gem. §§ 397, 440, 464, 475b, 495 (Rn. 448) erlangt haben. Die Konkurrenz der Pfandrechte regelt § 442, indem eine **Rangordnung** nach Sachnähe zum Transport und nach Posteriorität errichtet wird (vgl. anders § 1209 BGB)[489]. Der letzte in der Reihe der Frachtführer (§ 441 Abs. 1) ist dem vorhergehenden, auch einem beteiligten Spediteur (§§ 441 Abs. 3, 465) gegenüber verpflichtet, auch deren Ansprüche, und zwar im eigenen Namen (gesetzliche Rechts-, ggf. Prozessstandschaft)[490],

484 ABlEG 1993 L 279, S. 1.
485 *Staudinger*, IPRax 2001, 183; *Basedow*, TranspR 1998, 58, 62.
486 *Thume*, Festschrift Herber 1999, S. 153.
487 *Oetker*, JuS 2001, 833; *Becker*, AcP 202 – 2002 –, 722 (734); *Canaris*, § 33 Rn. 61.
488 *Homann*, JA 1999, 978.
489 *Bülow*, Kreditsicherheiten, Rn. 477 ff.
490 Staub/*Koller*, § 441 HGB Rn. 13.

geltend zu machen. Deren Pfandrechte erlöschen mit demjenigen des letzten Frachtführers (§ 441 Abs. 1 Satz 2).

g) Ladeschein. – aa) Der Frachtführer ist zur Ablieferung des Gutes (Rn. 608), d.h. zur Herausgabe verpflichtet. Dieser Anspruch kann gem. § 443 Abs. 1 durch ein Wertpapier, den Ladeschein, verbrieft werden mit der Folge, dass der Frachtführer gem. § 445 Abs. 1 nur an den legitimierten Inhaber (§ 444 Abs. 3) herauszugeben verpflichtet ist. **625**

bb) Wer als Inhaber des Ladescheins legitimiert ist, richtet sich nach der wertpapierrechtlichen Art des Ladescheins. Der Ladeschein kann Namens-(Rekta-), Inhaber- oder Orderpapier sein (§ 444 Abs.3, Rn. 455, 473). **626**

Stellt der Frachtführer einen **Rektaladerschein** aus, bleibt die Verfügungsmöglichkeit über den Herausgabeanspruch unberührt. Die Übertragung des Anspruchs erfolgt also durch Abtretung nach § 398 BGB. Der Zessionar wird gem. § 952 Abs. 2 BGB Eigentümer der Urkunde (§ 985 BGB). Die Zession wird auf dem Ladeschein vermerkt. Infolgedessen kann der Frachtführer der Urkunde entnehmen, wer Zessionar und damit zur Geltendmachung des Anspruchs legitimiert ist. Ohne die Urkunde kann der Zessionar seinen Herausgabeanspruch nicht durchsetzen. Auf der anderen Seite haftet der Frachtführer, wenn er das Gut ohne Rücknahme des Ladescheins an jemanden abliefert, der nicht Gläubiger des Herausgabeanspruchs war, gem. § 447 auf Schadensersatz. Wer den Ladeschein in der Hand hat, aber dennoch in Wahrheit nicht Gläubiger des Herausgabeanspruchs ist, kann den Anspruch nicht übertragen; einen gutgläubigen Forderungserwerb vom Nichtberechtigten gibt es nicht. Durch die Regelung von § 445 ist noch nicht abschließend geklärt, ob der Frachtführer das Gut nicht nur abliefern darf, sondern auch muss. Zur Ablieferung verpflichtet ist er gegenüber dem Gläubiger des Herausgabeanspruchs, den man als materiell Legitimierten bezeichnet. Im Ladeschein braucht nicht notwendigerweise der materiell Legitimierte vermerkt zu sein, namentlich dann, wenn er, vielleicht ohne es zu wissen, von einem Scheinzedenten erwarb, also jemandem, der in Wahrheit gar nicht Inhaber des Herausgabeanspruchs gewesen war. Der aus dem Vermerk auf dem Ladeschein folgenden formellen Legitimation entspricht in diesem Fall nicht die materielle Legitimation. Die formelle Legitimation begründet aber gem. § 444 Abs. 3 Satz 2 die Vermutung der materiellen Legitimation. Der Frachtführer darf die Herausgabe also nur verweigern, wenn er beweist, dass der Inhaber des Ladescheins trotz formeller Legitimation in Wahrheit nicht materiell legitimiert ist. Darüber hinaus muss er die Herausgabe gem. § 445 Abs. 2 Satz 2 verweigern, wenn er weiß oder aus grober Fahrlässigkeit nicht weiß, dass der formell legitimierte Inhaber des Ladescheins nicht materiell legitimiert ist. **627**

Der Herausgabepflicht entspricht die **Liberationswirkung**. Der Frachtführer wird von seiner Herausgabepflicht befreit, hat also gem. § 362 BGB erfüllt, wenn er das Gut gutgläubig an den formell Legitimierten herausgibt, auch wenn dieser mangels materieller Legitimation nicht Gläubiger des Herausgabeanspruchs war, gleichermaßen bei Leistung an den materiell Legitimierten, auch wenn dieser nicht formell legitimiert war. In anderen Fällen tritt keine Befreiungswirkung ein, und der Frachtführer haftet auf Schadensersatz nach weiterer Maßgabe von § 445 Abs.3. **627a**

627b Entsprechendes gilt gem. § 446 für nachträgliche Weisungen nach §§ 418, 419, z.B. bei Beförderungs- oder Ablieferungshindernissen. Die Weisungen darf der Frachtführer bei Meidung der Schadensersatzpflicht aus § 446 Abs. 2 nur befolgen, wenn sie vom formell legitimierten Besitzer des Ladescheins erteilt werden, materielle Legitimation genügt in diesem Fall nicht[491]. Er darf sie auch nicht befolgen, wenn er die fehlende materielle Legitimation kannte oder hätte kennen müssen (§ 446 Abs. 1 Satz 3).

628 Der Herausgabeanspruch kann auch durch einen **Inhaberladeschein** verbrieft werden (§ 444 Abs. 3 Nr. 1), der Schuldverschreibung i.S.v. § 793 BGB ist. Gegenstand der Übertragung ist das Eigentum an der Urkunde nach § 929 BGB. Wer demgemäß Eigentümer der Urkunde geworden war, ist zugleich und anders als im Falle von Rektapapieren (§ 952 Abs. 2 BGB, Rn. 627) Gläubiger des Herausgabeanspruchs. Gutgläubiger Erwerb ist gem. § 935 Abs. 2 BGB sogar an abhanden gekommenen Papieren möglich. Die formelle Legitimation liegt im Gewahrsam am Papier.

629 Wird der Ladeschein an Order gestellt (o. Rn. 455, **Orderladeschein**, § 444 Abs. 3 Nr. 2), ist der Indossatar formell legitimiert. Er wird gem. § 365 Abs. 1 i.V.m. Art. 16 WG kraft guten Glaubens materiell legitimierter Inhaber. Fehlt es an der materiellen Legitimation, wird sie kraft formeller Legitimation, die in der geschlossenen Indossamentenkette liegt, vermutet.

630 **cc)** Der Ladeschein hat, ebenso wie das Konnossement im Seefrachtrecht (§ 513), **Traditionswirkung** (§§ 448, 524 Rn. 466), gleich, ob es sich um einen Rekta-, Inhaber- oder Orderladeschein handelt.

630a Die Vorschriften des Frachtrechts sind weitgehend dispositiv, jedoch kann von den Regelungen über die Haftung nur im Rahmen von § 449 abgewichen werden (Rn. 620-622). Solche vertraglichen Abweichungen können auch in den Ladeschein aufgenommen werden (s. §§ 443 Abs. 1 Satz 1, 408 Abs. 1 Satz 2) und entfalten Wirkung für und gegen dessen berechtigten Besitzer (§ 444 Abs. 3). Wer den Ladeschein erworben hatte, war an den abweichenden Vereinbarungen aber nicht beteiligt gewesen. Um der Umlauffähigkeit des Ladescheins willen[492] bestimmt deshalb § 449 Abs. 1 Satz 2, dass sich der Frachtführer gegenüber der Berechtigten aus dem Ladeschein nicht auf Abweichungen nach § 449 Abs. 1 Satz 1 berufen kann, die sich zu Lasten der Scheininhaberin auswirken. Diese Einschränkung erstreckt sich aber nicht auf die Fälle von § 449 Abs. 2 (Höchstbeträge, Absenderhaftung). Gleiches gilt gem. § 525 für das Konnossement.

631 **h) Hypothekarische Haftung.** Der Fuhrpark auf dem dem Frachtunternehmer gehörendem Grundstück ist nicht Zubehör i.S.v. §§ 97, 1120 BGB[493].

491 Koller/*Koller*, §§ 446, 448 Rn. 2.
492 BT-Drucks. 17/10309, S. 59.
493 BGHZ 85, 234 = NJW 1983, 746.

3. Speditionsgeschäft (§§ 453 bis 466)

a) Vertragsbeziehungen. Wenn Güter von einem Ort zu einem anderen gelangen sollen, ist es nicht damit getan, einen Frachtführer zu beauftragen. Vielmehr hat der Absender Obliegenheiten, das Gut zu verpacken und zu kennzeichnen (§ 411), es zu laden, zu stauen und zu entladen (§ 412, Rn. 608), Begleitpapiere zur Verfügung zu stellen; hierfür haftet er gem. § 414 verschuldensunabhängig. Wie das Beispiel des multimodalen Transports (Rn. 605) zeigt, kann eine Güterbeförderung hohen Organisationsaufwand notwendig machen, der besondere Fachkenntnisse verlangt. Diese Organisationsleistung kann derjenige, der Güter versenden will, von einem anderen besorgen lassen. Eine solche Art der Geschäftsbesorgung kennzeichnet das Speditionsgeschäft. 632

Am Speditionsvertrag als Geschäftsbesorgungsvertrag (§ 675 BGB) sind als Parteien gem. § 453 der **Versender** als Auftraggeber und der **Spediteur** als Beauftragter beteiligt. Der Spediteur schließt für den Versender Fracht- und andere Verträge über das Gut ab, sodass der Frachtführer als Beteiligter hinzutritt. Ihm folgt der Empfänger des Guts, typischerweise sind am Speditionsgeschäft also vier Personen beteiligt . 633

b) Kaufmannseigenschaft des Spediteurs. Die Vorschriften des 5. Abschnitts des 4. Buches gelten gem. § 453 Abs. 3 Satz 1 nur, wenn die Besorgung der Versendung zum Betrieb eines gewerblichen Unternehmens gehört, und sei es auch nur bei Gelegenheit. Verpflichtet sich eine Privatperson zur Besorgung des Transports, bewendet es bei § 675 BGB. Persönliche Anwendungsvoraussetzung ist also die Unternehmereigenschaft des Spediteurs (Rn. 36). Dagegen setzt die Anwendung von Speditionsrecht nicht einen kaufmännischen Größenzuschnitt oder die Handelsregistereintragung nach § 2 voraus. Ebenso wie auf den kleingewerblichen Frachtführer Handelsrecht anwendbar ist (Rn. 606), ist der nichtkaufmännische Spediteur nicht nur den Vorschriften über das Speditionsgeschäft, sondern auch den allgemeinen Vorschriften über Handelsgeschäfte nach §§ 343 bis 372 mit Ausnahme von §§ 348 bis 350 unterworfen (Rn. 529). 634

c) Speditionsvertrag. – aa) Der Speditionsvertrag ist ein gegenseitiger Vertrag (§ 320 BGB), dessen Ziel die Ablieferung des Guts am Ablieferungsort ist. Folglich schuldet der Spediteur mit seiner Geschäftsbesorgung in erster Linie einen Erfolg, sodass der Speditionsvertrag ein Geschäftsbesorgungsvertrag in der Form eines **Werkvertrags** (§ 631 BGB) ist[494]. Da die Geschäftsbesorgung aber mit vielfachen Einzeltätigkeiten verbunden ist, die die Abwicklung des Transports mit sich bringt, ist der Speditionsvertrag zugleich einem Dienstvertrag nahe[495]. 635

Die Vertragspflichten des Spediteurs sind in § 454 näher bezeichnet: die Bestimmung des Beförderungsmittels und -wegs[496], die Auswahl ausführender Transportunterneh- 636

494 RGZ 112, 149 (151).
495 RGZ 109, 85; 112, 149.
496 OLG Düsseldorf, NJW-RR 1994, 1523.

mer[497], der Vertragsabschluss mit ihnen und die Informations- und Weisungserteilung an sie, außerdem die Sicherung von Schadensersatzansprüchen des Versenders. Handelt der Spediteur Nachlässe mit dem Frachtführer aus, hat er sie dem Versender weiterzugeben. Hinzu kommen sonstige speditionelle Tätigkeiten[498] wie Verpackung, Versicherung, Zollbehandlung, jedoch nur aufgrund Vereinbarung.

637 Typischerweise nimmt der Spediteur das zu befördernde Gut in **Obhut**. Er hat es bis zur Übergabe an den Frachtführer zu lagern und zum Frachtführer zu transportieren, wird also insoweit selbst wie ein Lagerhalter und Frachtführer tätig. Hierbei hat er gem. § 454 Abs. 4 die Interessen des Versenders wahrzunehmen und dessen Weisungen zu befolgen.

638 Der Spediteur kann mangels abweichender Vereinbarung für einen Teil des Transports einen anderen Spediteur einschalten, der eigenverantwortlich tätig wird; dieser ist **Zwischenspediteur** und, wenn er das Gut am Ende des Transports in Empfang nehmen soll, **Empfangsspediteur**[499]. Der Transport wird dann in Teilstrecken mit einer Kette geschäftsbesorgender Zwischenspediteure aufgeteilt. Setzt der Spediteur dagegen einen weisungsabhängigen Spediteur für eine Teilstrecke ein, ohne die Besorgung des Transports aus der Hand zu geben, ist dieser **Unterspediteur**.

639 Die Vertragspflicht des Versenders liegt nicht nur in der Zahlung der Vergütung (§ 453 Abs. 2) bei Fälligkeit (§ 456) sowie in Aufwendungsersatz (§ 354), sondern auch – wenn nicht vom Spediteur übernommen – gem. § 455 Abs. 1 in der Verpackung des Guts, der Kennzeichnung, Bereitstellung von Urkunden, Auskunftserteilung. Für die Einhaltung dieser Pflichten haftet der Versender dem Spediteur gem. § 455 Abs. 2 Satz 2 verschuldensunabhängig, bei Anrechnung von Mitverursachung durch den Spediteur.

640 Für seine Forderungen, die durch den Speditionsvertrag begründet wurden (konnexe Forderungen), hat der Spediteur ein gesetzliches **Besitzpfandrecht** gem. § 464 am Gut des Versenders sowie an Drittgut, wenn der Dritte der Versendung zustimmte, außerdem das Vertragspfandrecht nach Nr. 20 ADSp (vgl. Rn. 638). Das gesetzliche Pfandrecht des Spediteurs sichert ebenso wie das Frachtführerpfandrecht (Rn. 618) aber auch unbestrittene inkonnexe Forderungen, die der Spediteur gegenüber dem Versender hat, aber nur am Gut des Versenders, nicht an Drittgut. Auch für Erlöschen und gutgläubigen Erwerb gelten die Grundsätze zum Pfandrecht des Frachtführers, sodass namentlich das gutgläubig erworbene Pfandrecht am Drittgut gem. § 366 Abs. 3 Satz 2 nicht für inkonnexe Forderungen haftet (Rn. 451). Geht das Gut durch die Hände mehrerer Transportpersonen, findet die Rechtswahrung wie im Frachtgeschäft statt (§ 464 i.V.m. § 441, o. Rn. 624).

641 **bb)** Nicht notwendiger-, aber typischerweise schließt der Spediteur gem. § 454 Abs. 3 die Frachtverträge im eigenen Namen, aber für Rechnung des Versenders ab. Er ist also gleichsam der Kommissionär (o. Rn. 523) des Transportgeschäfts. Indem der Spediteur als mittelbarer Stellvertreter im eigenen Namen auftritt, ist er selbst Vertragspartner des Transportvertrages mit dem Frachtführer oder dem Verfrachter, also Absender oder

497 BGH, WM 1987, 1203 zu II.1.
498 BT-Drucks. 13/8445, S. 29; BGH, NJW 2008, 1072.
499 OLG Düsseldorf, TranspR 1995, 397.

Befrachter im Sinne von § 407 Abs. 2[500] resp. § 481 Abs.2. Das bedeutet zugleich, dass zwischen Versender und Frachtführer kein Vertragsverhältnis entsteht. Der Frachtvertrag (resp. Stückgutfrachtvertrag) ist das Ausführungsgeschäft (o. Rn. 539) der Spedition. Wie im Kommissionsgeschäft kann der Versender Ansprüche gegen den Frachtführer nur als Zessionar, also nach Abtretung durch den Spediteur an ihn, geltend machen, wie § 457 Satz 1 bestimmt. Im Verhältnis zu Gläubigern des Spediteurs wird der Versender jedoch gem. § 457 Satz 2 für die Zeit vor der Abtretung als Berechtigter fingiert (ebenso wie in der Kommission nach § 392 Abs. 2, Rn. 540). Diese **Berechtigungsfiktion** schützt den Versender (Befrachter): Tritt der Spediteur die Forderung an einen Dritten ab, ist diese Verfügung dem Versender gegenüber gem. § 135 BGB relativ unwirksam[501]. Betreibt ein Gläubiger des Spediteurs die Zwangsvollstreckung in diese Forderung durch Pfändung und Überweisung nach §§ 829, 835 ZPO, kann der Versender dagegen mit Erfolg Drittwiderspruchsklage nach § 771 ZPO erheben, in der Insolvenz des Spediteurs gem. § 47 InsO aussondern. Es kann vorkommen, dass der Gläubiger zugleich Schuldner einer Forderung aus dem Ausführungsgeschäft ist, nämlich der vom Spediteur beauftragte Frachtführer insbesondere nach § 425 (Rn. 614). Dieser könnte gem. §§ 387, 389 BGB **aufrechnen**. Die hierfür vorauszusetzende Gegenseitigkeit könnte aufgrund der Abtretungsfiktion nach § 457 Satz 2 aber entfallen und die Aufrechnung vereiteln. Jedoch ist der Versender nicht davor geschützt, dass der Frachtführer die Forderung durch Zahlung erfüllt und sie gem. § 362 BGB zum Erlöschen bringt; die Forderung ist dadurch für den Versender verloren. Die Aufrechnung ist aber nichts anderes als ein Surrogat für die Erfüllung[502]. Richtigerweise ist die Fiktion von § 457 Satz 2 deshalb nicht anwendbar, wenn der Frachtführer als Partei des Ausführungsgeschäfts aufrechnet, gleichgültig, ob die Aufrechnungsforderung konnex oder inkonnex ist[503].

Im Übrigen hat der Versender allenfalls deliktische Ansprüche gegen den Frachtführer, **641a**
namentlich dann, wenn er Eigentümer des Guts ist. Ansprüche zwischen Spediteur und Frachtführer wegen der Beschädigung des Guts aus dem Frachtvertrag scheitern insoweit, als es um den Schaden geht, der in dem Verlust oder der Beschädigung der Sache liegt, weil der Spediteur mangels Eigentums selbst keinen Schaden hat, vielmehr ist der Versender geschädigt (aber er ist ja nicht Vertragspartner). Der Frachtführer bleibt trotzdem nicht ungeschoren, weil er vom Spediteur nach den Grundsätzen über die **Schadensliquidation im Drittinteresse** in Anspruch genommen werden kann, und er kann diesen Anspruch an den Versender abtreten, damit dieser ihn selbst geltend machen kann[504] (wie in der Kommission, Rn. 544). Übergibt ein Verkäufer die verkaufte Sache einem Spediteur, kann der Verkäufer Schadensersatzansprüche des Käufers gegen den Spediteur geltend machen, auch wenn er selbst aus dem Grunde gar keinen Schaden hat, dass die Preisgefahr gem. § 447 BGB bereits auf den Käufer

500 *Koller*, NJW 1988, 1756.
501 *Bülow*, JuS 1994, 1 (5/6).
502 *Bülow*, JuS 1991, 531 (535).
503 Ebenso BGH, NJW 1969, 276 für § 392 Abs. 2 HGB; Koller/*Koller*, § 457 Rn. 1 – str.! -
504 BGH, ZGS 2010, 484; RGZ 170, 246 (250/251); BGHZ 25, 250 (251); 40, 91 (100); *v. Caemmerer*, ZHR 127 – 1965 –, 241 (256); *Stamm*, Regressfiguren im Zivilrecht, 2000, S. 311; Abgrenzung BGH, WM 1996, 1618 zu III.1.; NJW 1998, 1864 mit BSpr. *Emmerich*, JuS 1998, 947.

übergegangen ist. Drittschadensliquidation kann sich schließlich auch der Versender zunutze machen, der nicht Eigentümer des Guts ist und Schadensersatzansprüche gegen den Spediteur selbst wegen Verletzung des Speditionsvertrages erheben will[505].

642 Den Parteien steht es aber auch frei, unmittelbare Vertragsbeziehungen zwischen Versender und Frachtführer herzustellen, indem der Spediteur **Abschlussvollmacht** (§ 164 BGB) erhält (§ 454 Abs. 3)[506]. Probleme der Drittschadensliquidation treten in einer solchen Vertragskonstruktion nicht auf.

643 **d) Haftung des Spediteurs.** Die Haftung des Spediteurs gegenüber dem Versender hängt von der Art der Pflichtverletzung ab. Es kommt darauf an, ob er Pflichten zur Obhut des übernommenen Guts oder sonstige Pflichten verletzt.

644 **aa)** Das Gesetz verwirklicht das Konzept der Gleichstellung von speditioneller und frachtrechtlicher **Obhutshaftung**[507]. Ist das Gut – was für das Speditionsgeschäft nicht notwendig ist – in der Obhut des Spediteurs, haftet dieser gem. § 461 Abs. 1 Satz 1 für den Schaden, der durch Verlust oder Beschädigung entsteht, verschuldensunabhängig, aber verbunden mit der Begrenzung auf Höchstbeträge gem. § 431 und mit sonstigen Modalitäten der Frachtführerhaftung, insbesondere dem Haftungsausschluss gem. § 426 (§ 461 Abs. 1 Satz 2, o. Rn. 614). Auf Verspätungsschäden erstreckt sich die verschuldensunabhängige Obhutshaftung aber, anders als beim Frachtführer, nicht.

645 **bb)** Für andere, also auch Verspätungsschäden, haftet der Spediteur verschuldensabhängig. Die Beweislast richtet sich nach den für § 280 Abs.1 BGB (Pflichtverletzung) geltenden Regeln, sodass sich insbesondere ein *non liquet* zur Kausalität zwischen Pflichtverletzung und Schaden gegen den Gläubiger wendet[508]. Dagegen geht ein *non liquet* hinsichtlich der Einhaltung kaufmännischer Sorgfalt gem. § 461 Abs. 2 Satz 2 zulasten des Spediteurs[509]. Der Spediteur muss also die Einhaltung kaufmännischer Sorgfalt (§ 347, Rn. 389), nicht aber der Versender die Fahrlässigkeit oder gar den Vorsatz beweisen.

646 Die Haftung kann sich auch auf das Verschulden von **Erfüllungsgehilfen** und der **Leute des Spediteurs** (§§ 278 BGB, 462, Rn. 614) beziehen. Ein Auswahlverschulden im Hinblick auf § 454 Abs. 1 Nr. 2 ist eigenes Verschulden des Spediteurs; die ausführenden Unternehmer, insbesondere der Frachtführer, sind nicht Erfüllungsgehilfen des Spediteurs[510]. Übernimmt er aber gem. § 454 Abs. 2 Satz 1 weitere speditionelle Leistungen (vorst. Rn. 636) und setzt er hierfür ausführende Unternehmer ein, sind §§ 278 BGB, 462 i.V.m. § 461 Abs. 2 Satz 2 anwendbar. Übernimmt der Spediteur beispielsweise[511] die Verpackung des Guts und beauftragt er damit den von ihm ausgewählten Frachtführer, haftet er gem. §§ 278 BGB, 462 für dessen Fehlverhalten bei der

505 BGH, TranspR 1984, 283.
506 BT-Drucks. 13/8445, S. 107; *Valder*, TranspR 1998, 51 (53).
507 BT-Drucks. 13/8445, S. 29, 111 f.
508 BGH, TranspR 2012, 148.
509 BGH, VersR 1987, 1214.
510 OLG Köln, TranspR 1995, 162 zu 2.d; OLG Hamm, NJW-RR 1995, 1000.
511 *Valder*, TranspR 1998, 51 (52).

Verpackung, aber nicht für dessen Fehlverhalten bei der Beförderung. Die Parteien können aber auch in diesem Fall vereinbaren, dass der Spediteur nur für den Abschluss der erforderlichen Verträge haftet, er also nur Auswahlverschulden zu vertreten hat (§ 454 Abs. 2 Satz 2). Schäden aus Fehlverhalten bei der Beförderung kann der Spediteur beim Frachtführer für den Versender liquidieren (vorst. Rn. 641).

cc) Mitverursachung auf der Seite des Versenders ist gem. § 461 Abs. 3 anzurechnen. **647**

e) Vertragsfreiheit. – aa) Ausgangspunkt ist, dass die Vorschriften über das Speditionsgeschäft ebenso wie diejenigen über das Frachtgeschäft (o. Rn. 619) dispositiv sind und von ihnen auch durch Allgemeine Geschäftsbedingungen abgewichen werden kann. Im Speditionsgeschäft ist hiervon durch die Allgemeinen deutschen Spediteur-Bedingungen (**ADSp**) vom 1.1.1999 Gebrauch gemacht worden, die, soweit der Versender Kaufmann ist, wohl immer noch (nicht ganz unbestr.)[512] nahezu ausnahmslos zugrunde gelegt werden, nicht jedoch gegenüber Verbrauchern (§ 13 BGB, Nr. 2.4 ADSp). Jedoch schränkt § 466 die Parteidisposition durch AGB ein. Zunächst gilt wie im Frachtrecht (Rn. 620) der Grundsatz der halbzwingenden Geltung gegenüber Verbrauchern (§ 13 BGB) hinsichtlich Haftungsvorschriften (§ 466 Abs. 3); gegenüber unternehmerischen Versendern können die Vorschriften über die Obhutshaftung und über die Haftung für Schäden nach § 461 Abs. 2 (vorst. Rn. 643) nur durch Individualvereinbarung abbedungen werden (§ 466 Abs. 1); die Haftungshöchstbeträge nach § 431 sind zwar der Regelung durch AGB zugänglich (§ 466 Abs. 2), nicht aber ihr Ausschluss, also die Vereinbarung einer unbegrenzten Haftung. Die in § 51 lit. a ADSp a.F. (1993) bestimmte Beschränkung der Haftung auf Verschulden des Spediteurs oder der Haftungsersatz durch Versicherung gem. §§ 41 lit. a, 37, 39 ADSp könnte heutzutage also nur Vertragsinhalt werden, wenn diese Regelungen zum Gegenstand einer Individualvereinbarung gemacht würden. Dagegen sind die durch Nr. 23 ADSp (1999) bestimmten Höchstgrenzen[513] mit § 466 Abs. 2 vereinbar, nicht aber Nr. 27.1 ADSp (Haftungsbegrenzung auf grobe Fahrlässigkeit statt Leichtfertigkeit, oben Rn. 616)[514]. Auch die übrigen, durch § 466 nicht ausgeschlossenen Regelungen der ADSp können wirksam bis zur Grenze der Treuwidrigkeit nach § 307 BGB in den Vertrag einbezogen werden. So ist beispielsweise die Vergütungsrechnung des Spediteurs gem. Nr. 18 ADSp sofort zu bezahlen, Verzug tritt bei basissatzabhängiger Verzinsung ohne Mahnung zehn Tage nach Zugang der Rechnung ein (vgl. § 286 Abs. 3 BGB). **648**

bb) Ein Kaufmann, der einen Speditionsvertrag mit einem Spediteur abschließt, unterwirft sich den ADSp regelmäßig stillschweigend[515] (o. Rn. 379 und vorst. Rn. 648), wenn zu ihrer Geltung nichts vereinbart wurde (sie z.B. ausdrücklich ausgeschlossen wurden). Sie können auch mit **Nichtkaufleuten** vereinbart werden, für die, wenn sie Unternehmer sind, also Gewerbetreibende oder Freiberufler, §§ 14, 310 Abs. 1 BGB gelten (o. Rn. 379). Mit dieser Maßgabe werden die ADSp Inhalt des Speditionsver- **649**

512 *Herber*, TranspR 1999, 89 (91); *Heuer*, TranspR 1998, 333; *Philippi*, TranspR 1999, 375; MünchKomm/*P. Bydlinski*, Aktualisierungsband, Anh. I zu § 466 HGB Rn. 9.
513 Dazu BGH, NJW 1982, 1820; *Schott*, Festschrift Piper, 1996, S. 1027, 1031 f.
514 So AG Neu-Ulm, NJW-RR 2002, 680.
515 BGHZ 18, 98 (99).

trags zwischen Spediteur und Versender, aber nicht im Verhältnis zum Empfänger des Guts. Die ADSp gelten diesem gegenüber nur dann, wenn sie ausdrücklich vereinbart wurden[516].

650 Speditionsfehler werden durch die Speditionsversicherung (SpV, Nr. 21, 29 ADSp) abgedeckt, berühren aber den Anspruch des Versenders gegen den Spediteur nicht.

651 **cc)** Die Beschränkung der Parteidisposition tritt auch ein, wenn die Parteien eine Rechtswahlvereinbarung gem. Art. 3 Rom-I-VO treffen: § 466 Abs. 5 (vgl. o. Rn. 622).

652 **f) Spediteur als Frachtführer. – aa)** Wie der Kommissionär hat auch der Spediteur ein **Selbsteintrittsrecht** (§ 458): Er braucht die Beförderung also nicht einem Frachtführer zu übertragen, sondern kann sie selbst ausführen. In diesem Fall ist bezüglich der Beförderung Frachtrecht anwendbar. Er kann neben der Fracht seine Vergütung als Spediteur verlangen (§ 458 Satz 2)[517]. Der Selbsteintritt des Spediteurs ist heutzutage der Regelfall[518].

653 **bb)** Zum Frachtführer resp. Verfrachter (vgl. § 481) wird der Spediteur auch, wenn er mit dem Versender nicht Vergütung zuzüglich der anfallenden Kosten, insbesondere der Fracht, vereinbart, sondern einen festen Satz, gleichgültig, wie hoch die tatsächlichen Kosten sind: § 459 (Spedition zu festen Kosten, **Fixkostenspedition**)[519]. Die von ihm beauftragten Frachtführer sind bei der Spedition zu festen Spesen seine Erfüllungsgehilfen gem. § 278 BGB (im gewöhnlichen Fall nicht!, vorst. Rn. 646).

654 **cc)** Zum Frachtführer wird der Spediteur schließlich dann, wenn er das Gut aus mehreren Speditionsverträgen in einer **Sammelladung** befördern lässt, also durch einen einzigen Frachtvertrag. Diesen schließt er auf eigene Rechnung, nicht auf die der Versender ab und tritt ihnen deshalb wie ein Frachtführer gegenüber[520]. Die Sammelfracht ist niedriger als die Einzelfrachten für die Güter der Versender. Der Spediteur kann trotzdem bis zur gewöhnlichen Fracht des einzelnen Gutes gehen (§ 460 Abs. 2 Satz 2).

D. Verwahrungsvertrag: Lagergeschäft (§§ 467 bis 475h)

I. Kennzeichnung und Abgrenzung

655 **1.** Im Rahmen der Beförderung von Gütern, aber auch jenseits davon kann es notwendig werden, die Güter einem anderen in Verwahrung zu geben. Die gewerbsmäßige Verwahrung ist das Lagergeschäft. Rechtsgeschäftliche Grundlage ist ein Verwahrungsvertrag, wie er im Privatrechtsverkehr durch §§ 688 ff. BGB ausgeformt ist.

516 BGH, NJW 1959, 1679.
517 Dazu BGH, NJW 1986, 378.
518 So Koller/*Koller*, § 453 HGB Rn. 2.
519 BGH, NJW 2003, 3626; NJW-RR 2005, 1555 und 1994, 993, OLG Braunschweig, NJW-RR 2005; 834; OLG Frankfurt, NJW-RR 1993, 1255; OLG Düsseldorf, TranspR 1994, 454.
520 OLG Düsseldorf, NJW-RR 1996, 158.

Gehört die Verwahrung zum Betrieb eines gewerblichen Unternehmens (Rn. 36), ist der zugrunde liegende Vertrag ein Lagervertrag nach § 467. Der Verwahrer heißt **Lagerhalter**, der Hinterleger **Einlagerer** (§ 467 Abs. 2). Der Einlagerer kann seinerseits gewerblicher oder sonstiger Unternehmer, gar Kaufmann, aber auch Privatperson sein.

2. Werden Lagerräume überlassen, ohne eine Obhutspflicht für das Gut zu übernehmen, handelt es sich um **Miete**, nicht um ein Lagergeschäft[521]. Wenn bei der Einlagerung vertretbarer Sachen vereinbart wird, dass der Lagerhalter deren Eigentümer und verpflichtet werden soll, Sachen gleicher Art und Güte herauszugeben, handelt es sich um ein **Sachdarlehen** (§§ 700, 607 BGB), bei dem u.a. die Gewährleistungsvorschrift von § 377 anwendbar sein kann[522] (Rn. 517), aber nicht um ein Lagergeschäft. Im Lagergeschäft muss der Lagerhalter also dieselben vertretbaren Sachen verwahren. **656**

3. Lagerfähige Güter sind bewegliche Sachen, wohl auch lebende Tiere (§ 90a Satz 3 BGB)[523], im Allgemeinen nicht aber Wertpapiere, wo das DepotG anwendbar sein kann. **657**

II. Kaufmannseigenschaft des Lagerhalters

Persönliche Anwendungsvoraussetzung für die Vorschriften über das Lagergeschäft ist gem. § 467 Abs. 3 Satz 1, dass der Lagerhalter gewerblicher Unternehmer ist und die Verwahrung zum Betrieb seines Unternehmens gehört. Das Lagergeschäft kann hauptsächlicher Gegenstand des Unternehmens sein oder nur bei Gelegenheit übernommen werden. Einen Lagervertrag kann demzufolge auch ein Kommissionär, Frachtführer oder Spediteur abschließen. Sofern das Gut jedoch im Rahmen eines Kommissions-, Fracht- oder Speditionsvertrags verwahrt wird, sind die Vorschriften über das Lagergeschäft nicht anwendbar[524]. **658**

Ob der Lagerhalter als gewerblicher Unternehmer zugleich Kaufmann ist, richtet sich nach allgemeinen Vorschriften, also Größenzuschnitt gem. § 1 Abs. 2 oder Handelsregistereintragung gem. § 2, und hat für die Anwendung der Vorschriften über das Lagergeschäft keine Bedeutung. Ebenso wie im Falle der Kommission gem. § 383 Abs. 2 (Rn. 529), des Frachtgeschäfts gem. § 407 Abs. 3 Nr. 2 (Rn. 606) und der Spedition gem. § 453 Abs. 3 Satz 2 (Rn. 624) sind auf den nichtkaufmännischen Lagerhalter außerdem die Vorschriften des allgemeinen Teils über Handelsgeschäfte (§§ 343 bis 372) anwendbar, jedoch mit Ausnahme der als für den Kleingewerbetreibenden als gefährlich eingestuften Vorschriften von §§ 348 bis 350 (Rn. 529). **659**

---

521 OLG Koblenz, NJW-RR 1991, 1317.
522 BGH, NJW 1985, 2417.
523 MünchKomm/*Frantzioch*, § 467 HGB Rn. 12: nur in geschlossenen Behältern (Käfigen, Aquarien).
524 *Frantzioch*, TranspR 1998, 101.

III. Inhalt des Lagervertrags

660 Der Lagervertrag ist ein gegenseitiger Vertrag i.S.v. §§ 320 ff. BGB und Konsensualvertrag. In synallagmatischer Beziehung stehen die Verwahrungspflicht des Lagerhalters (§ 467 Abs. 1) und die Vergütungspflicht des Einlagerers (§ 467 Abs. 2), begleitet von Nebenpflichten.

1. Rechtsstellung des Lagerhalters

661 a) **Pflichten.** Der Lagerhalter hat gem. § 467 Abs. 1 die Vertragspflicht, das Gut zu lagern und aufzubewahren. Lagerung bedeutet nur, dass ordnungsgemäßer Lagerplatz zur Verfügung zu stellen ist, gleich wer Eigentümer des Lagergrundstücks ist[525]. Aber es muss sich um die vom Lagerhalter betriebenen Lagerräumlichkeiten handeln; bei einem Dritten darf er das Gut gem. § 472 Abs. 2 nur mit ausdrücklicher Gestattung des Einlagerers einlagern. Die Besonderheit des Lagergeschäfts liegt in der Aufbewahrungspflicht des Lagerhalters, kraft derer er das Gut in Obhut zu nehmen, d.h. gegen potentielle Gefahren zu sichern hat. Dazu gehört auch, Schadensersatzansprüche für den Einlagerer zu sichern, wenn sich das Gut, sofern es dem Lagerhalter zugesandt worden war, in beschädigtem oder mangelhaftem Zustand befindet (§ 470). Außerdem hat er das Gut gem. § 472 Abs. 1 Satz 1 zu versichern, wenn der Einlagerer dies verlangt.

662 Aufbewahrung bedeutet dagegen nicht die Pflicht zur Erhaltung des Gutes. Aber gem. § 471 hat er dem Einlagerer zur Erhaltung notwendige Handlungen zu gestatten und diesem zu diesem Zwecke Zutritt zum Gut zu verschaffen, und er hat ihn nach weiterer Maßgabe von Abs. 2 zu unterrichten. Trifft den Lagerhalter auch nicht die Pflicht zur Erhaltung, so hat er gem. § 471 Abs. 1 Satz 2 doch das Recht dazu.

663 Sind vertretbare Sachen (§ 91 BGB) Gegenstand des Lagervertrags, ist das Gut getrennt von anderen Sachen gleicher Art und Güte zu lagern oder aufzubewahren. Die Parteien können jedoch im Lagervertrag **Sammellagerung** vereinbaren, bei der die Güter verschiedener Einlagerer vermischt werden. Gem. § 469 Abs. 1 können alle beteiligten Einlagerer auch nachträglich ihr Einverständnis zur Vermischung erklären, das ausdrücklich zu erteilen ist, was Konkludenz nicht ausschließt. Rechtsfolge ist, dass unter den Einlagerern Miteigentum an der gesamten vermischten Masse nach Bruchteilen entsteht (§§ 1008 BGB, 469 Abs. 2).

664 Unabhängig von einer vereinbarten Vertragsdauer hat der Lagerhalter dem Einlagerer das Gut gem. § 473 Abs. 1 Satz 1 jederzeit und unbeschadet der Vergütungspflicht – (Rn. 666) – **herauszugeben**, bei Sammellagerung den Anteil ohne Zustimmungserfordernis durch die übrigen Miteigentümer, wodurch wieder kraft Gesetzes Alleineigentum entsteht[526]. Ist über den Herausgabeanspruch ein Lagerschein ausgestellt worden, hat der Lagerhalter das Gut an den legitimierten Inhaber herauszugeben (näher Rn. 679).

---

525 MünchKomm/*Frantzioch*, § 467 HGB Rn. 34: Lagerung in fremden Räumen.
526 *K. Schmidt*, Gedächtnisschrift Helm 2001, S. 849 (858).

Handelt der Einlagerer für private Zwecke (§ 13 BGB), ist der Lagerhalter außerdem verpflichtet, das Gut zu verpacken und zu kennzeichnen (näher Rn. 682). **665**

b) Rechte. – aa) Der Lagerhalter wird für den Einlagerer gegen Entgelt tätig. Er hat gegen ihn gem. § 467 Abs. 2 Anspruch auf Zahlung der vereinbarten Vergütung. Der Anspruch besteht anteilig gem. § 699 Abs. 2 BGB, wenn der Einlagerer von seinem Recht Gebrauch macht (§ 473 Abs. 1 Satz 1), das Gut vorzeitig zurückzuverlangen[527]. Die Vergütung ist nach allgemeinen Vorschriften fällig, d.h. gem. § 699 BGB bei Beendigung der Lagerung[528]. Außerdem hat der Lagerhalter gem. § 474 Anspruch auf Aufwendungsersatz. Die Ansprüche **verjähren** regelmäßig nach einem Jahr (§ 475a). **666**

bb) Wegen seiner aus dem Lagervertrag begründeten, d.h. konnexen Forderungen hat der Lagerhalter am Gut des Einlagerers und an Begleitpapieren ein **gesetzliches Besitzpfandrecht** (§ 475b Abs. 1,3)[529], außerdem am Gut eines Dritten, welcher der Einlagerung zustimmte. Hatte er das Gut für die Einlagerer versichert (§ 472 Abs. 1 Satz 1), entsteht gem. § 475b Abs. 1 Satz 3 und ähnlich § 1127 BGB[530] außerdem ein Forderungspfandrecht an der Versicherungsforderung (§ 1279 BGB), die gleichsam Surrogat für das verlorengegangene oder beschädigte Gut ist. Für die Verwertung gilt die Sondervorschrift von § 368 (Rn. 454). Das Gut des Einlagerers (nicht Drittgut), ersatzweise die Forderung aus einer Versicherung, haftet auch für bestimmte inkonnexe Forderungen des Lagerhalters gegenüber dem Einlagerer, die aber wenigstens aus früheren Lagerverträgen unter den Parteien stammen müssen. Wegen solcher inkonnexer Forderungen ist der **Erwerb vom Nichtberechtigten** gem. § 366 Abs. 3 Satz 2 nicht möglich (Rn. 451), wohl aber ist der gute Glaube des Lagerhalters an die Zustimmung eines Dritten, der Eigentümer des eingelagerten Guts ist, gem. § 366 Abs. 1 i.V.m. Abs. 3 Satz 1 geschützt. Ist der Dritte nicht Eigentümer, entsteht das Pfandrecht für den Lagerhalter nur, wenn er auch guten Glaubens an das Eigentum war (Rn. 450). **667**

Nach Ablauf der vereinbarten Lagerzeit hat der Lagerhalter gem. § 473 Abs. 2 Anspruch auf Rücknahme des Guts. **668**

2. Rechtsstellung des Einlagerers

a) Rechte. Der Einlagerer kann verlangen, dass der Lagerhalter das Gut nicht nur auf Lager, sondern auch in Obhut nimmt (vgl. Rn. 661). Er kann gem. § 472 Abs. 1 Satz 1 verlangen, dass der Lagerhalter das Gut versichert. Er hat Anspruch auf Zugang zum Gut, um Erhaltungsmaßnahmen zu treffen und auf diesbezügliche Benachrichtigungen (§ 471). Wird das einzulagernde Gut an den Lagerhalter versandt, hat der Einlagerer Anspruch auf Sicherung von Schadensersatzansprüchen im Falle der Beschädigung oder mangelhaften Zustands des Guts (§ 470). **669**

Er hat Anspruch auf jederzeitige Herausgabe (§ 473 Abs. 1 Satz 1). **670**

---

527 BT-Drucks. 13/8445, S. 120.
528 BT-Drucks. 13/8445, S. 116.
529 BGH, NJW 1999, 3716 zu II.3.
530 *Bülow*, Kreditsicherheiten, Rn. 138; *ders.*, DB 1999, 269.

671 Wenn der Einlagerer, jedenfalls überwiegend[531], für private Zwecke handelt und deshalb Verbraucher nach § 13 BGB ist, hat er außerdem Anspruch auf Verpackung und Kennzeichnung des Guts (§ 468 Abs. 2 Nr. 1 und Rn. 682).

672 **b) Pflichten. – aa)** Der Einlagerer schuldet gem. § 467 Abs. 2 die vereinbarte Vergütung, bei vorzeitiger Rücknahme gem. § 699 Abs. 2 BGB anteilig, und gem. § 474 Aufwendungsersatz.

673 **bb)** Außerdem hat der Einlagerer gegenüber dem Lagerhalter gem. § 468 begleitende Pflichten. Das Gut ist durch den Einlagerer zu verpacken und zu kennzeichnen (s. auch Rn. 682). Begleitpapiere sind dem Lagerhalter zur Verfügung zu stellen, und es sind Auskünfte zu erteilen (Abs. 1 Satz 2). Handelt es sich um gefährliches Gut, bestehen besondere Mitteilungspflichten.

IV. Haftung

674 Die Folgen von Leistungsstörungen sind im Lagerrecht abweichend von allgemeinen zivilrechtlichen Regeln, insbesondere der Pflichtverletzung, ausgestaltet je nach der verletzten Pflicht.

1. Haftung des Lagerhalters

675 In besonderer Weise haftet der Lagerhalter gem. § 475 für Verlust oder Beschädigung des Guts, solange es in seiner Obhut ist, also von der Übernahme bis zur Auslieferung. Die Haftung ist zwar verschuldensabhängig, aber die Beweislast ist teilweise umgekehrt. Der Einlagerer trägt die Beweislast dafür, dass Beschädigung oder Verlust während der Obhut eintraten. Deshalb hat er darzulegen und bei Bestreiten durch den Lagerhalter zu beweisen, dass das Gut unversehrt in die Verwahrung des Lagerhalters gelangt und beschädigt aus ihr herausgelangt ist[532] (resp. verloren gegangen war). Gelingt ihm dies, kann der Lagerhalter Tatsachen dartun und ggf. beweisen, aus denen sich seine fehlende Sorgfaltspflichtverletzung ergibt. Für das Mitverschulden des Lagerhalters bleibt es bei § 254 BGB[533].

676 Für andere, z.B. Verspätungsschäden, gelten die allgemeinen Vorschriften, z.B. § 280 Abs. 2, 286 BGB. Güterfolgeschäden, z.B. entgangener Gewinn aufgrund der Beschädigung des Guts, richten sich nach den allgemeinen Grundsätzen zur Pflichtverletzung[534].

Haftungshöchstgrenzen wie im Fracht- und Speditionsrecht (§ 431, Rn. 614, 644) bestimmt das Gesetz für das Lagergeschäft nicht.

---

531 *Bülow*, WM 2014, 1.
532 BGH, WM 2014, 2015 Rn. 15.
533 Vgl. BGH, NJW 1999, 3487 zu II.4. mit Anm. *Koller*, EWiR § 475 HGB 1/99, 731.
534 BT-Drucks. 13/8445, S. 121.

2. Haftung des Einlagerers

Verletzt der Einlagerer seine begleitenden Pflichten aus § 468 Abs. 1 (Rn. 673) und entstehen dem Lagerhalter aufgrund dessen Schäden oder Aufwendungen (§ 256 BGB), haftet der Einlagerer hierfür verschuldensunabhängig und nicht auf Höchstbeträge begrenzt. Mitverursachung durch den Lagerhalter ist gem. § 468 Abs. 3 Satz 2 anzurechnen. **677**

Für andere Schäden, z.B. bei Verzug mit der Zahlung der Vergütung, gelten allein die allgemeinen Vorschriften.

Handelt der Einlagerer allerdings zu privaten Zwecken, also als Verbraucher nach § 13 BGB, haftet er nur bei Verschulden (§ 468 Abs. 4, Rn. 683). **678**

V. Lagerschein

1. Wertpapier

Über den Anspruch des Einlagerers auf Herausgabe des Guts kann eine Urkunde errichtet werden, die diesen Anspruch verbrieft. Mit Verbriefung ist eine über die bloße Beweiswirkung hinausgehende Funktion gemeint. Beim Beweis bewendet es für einen Lagerempfangsschein oder eine Lagerquittung. Die Verbriefung des Herausgabeanspruchs zeigt sich darin, dass der Lagerhalter das Gut gem. § 475e Abs. 2 nur gegen Rückgabe der Urkunde herauszugeben braucht, wenn er einen Lagerschein (§ 475c, Rn. 477) ausgestellt hatte. Aufgrund dessen erfüllt der Lagerschein die Voraussetzungen eines Wertpapiers[535]. Liefert der Lagerhalter das Gut aus, ohne sich den Lagerschein zurückgeben zu lassen, haftet er dem Berechtigten (§ 475d Abs. 3, vgl. Rn. 627) gem. 475e Abs. 4 für einen daraus entstandenen Schaden. **679**

2. Arten und Wirkung

Ein Lagerschein kann ebenso wie ein Ladeschein (Rn. 625) als Inhaber-, Rekta- oder Orderlagerschein errichtet werden[536] und hat gem. § 475g **Traditionswirkung** (Rn. 466, 477). **680**

VI. Vertragsfreiheit und Verbraucherschutz

1. Die Vorschriften über den Lagervertrag sind dispositiv (mit Einschränkung bei Verbrauchern nach § 475h, Rn. 684a). Anders als beim Fracht- und Speditionsgeschäft (o. Rn. 624, 648) ist auch die Abänderung durch Allgemeine Geschäftsbedingungen nicht eingeschränkt. Deshalb können beispielsweise die Haftungsbegrenzung nach Nr. 24 ADSp oder die HLB (Hamburger Lagerungsbedingungen von 1999) oder die **681**

535 *Zöllner*, Wertpapierrecht, S. 15/16 und o. Rn. 457.
536 Näher *Koller*, Festschr. Richardi 2007, S. 1121 (insb. 1128): Übertragung durch Abtretung.

BLG (Betriebsordnung Bremer Lagerhausgesellschaft)[537] Geltung beanspruchen. Grenzen setzen allerdings die allgemeinen Vorschriften, insbesondere § 307 BGB[538], bei privaten Einlagerern auch §§ 305 Abs. 2, 308, 309 BGB.

682 **2. – a)** Der Einlagerer kann den Lagervertrag zu privaten oder zu gewerblichen resp. freiberuflichen Zwecken abschließen. Handelt er privat, ist er also Verbraucher nach § 13 BGB, verschieben sich die Vertragspflichten . Die Pflicht, das Gut zu verpacken und zu lagern, trägt entgegen § 468 Abs. 1 (vorst. Rn. 673) der Lagerhalter, wie § 468 Abs. 2 Nr. 1 bestimmt. Die Unterrichtungspflicht bei der Einlagerung gefährlicher Güter beschränkt sich auf allgemeine Angaben. Eine Spezifikation anhand von Gefahrgutvorschriften ist entbehrlich[539]. Über diese Pflicht zur allgemeinen Unterrichtung und auf einschlägige Verwaltungsvorschriften hat ihn der Lagerhalter gem. § 468 Abs. 2 Satz 2 zu unterrichten.

683 **b)** Die Haftung für Schäden und Aufwendungen des Lagerhalters nach § 468 Abs. 3 (Rn. 677) ist bei einem Verbraucher als Einlagerer gem. § 468 Abs. 4 verschuldensabhängig.

684 **c)** Dem privaten Einlagerer gegenüber hat der Lagerhalter gem. § 472 Abs. 1 Satz 2 die Pflicht, auf die Möglichkeit einer Versicherung des Guts durch ihn hinzuweisen.

684a **d)** Halbzwingend sind gem. § 475h, wenn der Einlagerer Verbraucher ist, die Vorschriften von § 475a (Verjährung, Rn. 466 a.E.) und von § 475e (Rn. 679). Abweichungen können also nur zum Vorteil des Verbrauches vereinbart werden. Während beispielsweise die Verjährungsfrist gem. § 439 Abs. 2, worauf § 475a Bezug nimmt, gegenüber Unternehmern verkürzt werden kann (§ 202 Abs. 2 BGB), ist dies für Ansprüche des Verbrauchers nicht wirksam möglich.

685 **e)** Der private Zweck ist dem einzelnen Lagervertrag zu entnehmen. Derselbe Einlagerer kann heute mit dem Lagerhalter einen Lagervertrag zu gewerblichen und morgen zu privaten Zwecken abschließen. Die Rechtsfolgen bestimmen sich im ersten Fall nach §§ 468 Abs. 1 und 3, 472 Abs. 1 Satz 1, im zweiten nach § 468 Abs. 2 und 4, 472 Abs. 1 Satz 2.

E. Bürgschaft

686 Ein Bürge kann, wenn nichts anderes vereinbart ist, dem Anspruch des Gläubigers die Einrede der Vorausklage (genauer: der Vorausvollstreckung) gem. §§ 771 bis 773 BGB entgegensetzen, also einwenden, der Gläubiger müsse zuvor die Zwangsvollstreckung beim Schuldner versuchen. Der Bürge wird geschützt, als er sich auf die Subsidiarität seiner Haftung berufen kann[540].

---

537 BGH, NJW-RR 1998, 1426.
538 BGH, NJW-RR 1998, 1426.
539 BT-Drucks. 13/8445, S. 117.
540 *Bülow*, Jura 1995, 198(205).

Dieses Schutzes bedarf ein Kaufmann nicht. Gem. § 349 Satz 1 steht ihm die Einrede der Vorausklage nicht zu (s. auch Rn. 382, sog. selbstschuldnerische Bürgschaft). **687**

Gleiches gilt für denjenigen, der den Auftrag übernimmt, seinem Auftraggeber Kredit zu verschaffen (Kreditauftrag – §§ 778, 662 BGB, 349 Satz 2).

Soweit jedoch auf den nichtkaufmännischen, weil kleingewerblichen Kommissionär, **688**
Frachtführer, Spediteur, Lagerhalter oder Verfrachter die Allgemeinen Vorschriften über Handelsgeschäfte, zu denen § 349 an sich gehört, anwendbar sind (§§ 383 Abs. 2 Satz 2, 407 Abs. 3 Satz 2, 453 Abs. 3 Satz 2, 467 Abs. 3 Satz 2, 481 Abs. 3 Satz 2, Rn. 529), bleibt es hinsichtlich der Einrede der Vorausvollstreckung bei den allgemeinen bürgenschützenden Vorschriften von §§ 771 bis 773.

Außerdem bedarf die kaufmännische Bürgschaft entgegen § 766 BGB keiner Form **689**
(§ 350, Rn. 381), wohl aber die kleingewerbliche.

F. Geschäftsführung ohne Auftrag

Ist der Kaufmann zur Geschäftsführung ohne Auftrag gem. § 677 BGB berechtigt, han- **690**
delt er also befugterweise im Interesse eines anderen[541], kann er gem. § 354 Abs. 1 trotz fehlender Vereinbarung für den Wert seiner eigenen Dienste Provision, Lagergeld etc. nach ortsüblichen Sätzen verlangen[542], also nicht lediglich Aufwendungsersatz gem. §§ 683, 670 BGB. Handelt er im eigenen Interesse, z.B. bei der Verwertung von Sicherungsgut, hat er diesen Anspruch nicht. Die Höhe der Vergütung richtet sich ebenso wie gem. §§ 612, 632, 653, 689 BGB[543] nach der Ortsüblichkeit. Dies gilt auch dann, wenn zwar ein Vertrag abgeschlossen, aber zur Höhe oder zur Entgeltlichkeit schlechthin[544] nichts vereinbart worden war. § 354 ist in den letztgenannten Fällen keine eigenständige Anspruchsgrundlage, sondern setzt sie voraus, z.B. durch § 611 Abs. 1 BGB. Im Fall der Geschäftsführung ohne Auftrag dagegen ergibt sich der Vergütungsanspruch überhaupt erst aus § 354 und tritt neben den Aufwendungsersatzanspruch aus § 670 BGB[545].

541 BGH, NJW 2009, 3239 Rn. 12; BGHZ 163, 332 = WM 2005, 1696 zu II.2.b. mit Anm. *Hennrichs/Schubert*, LMK 2005, 159848; BGH, NJW 1984, 435.

542 Vgl. BGHZ 95, 393 (398) = NJW 1986, 177; BGH, NJW 2007, 1198 Rn. 37; OLG Düsseldorf, BB 1995, 1000 mit Komm. *Eckert*, EWiR § 354 HGB 1/95, 491; OLG Karlsruhe, BB 1997, 9 (11); *Canaris*, § 26 Rn. 1.

543 Koller/*Roth*, § 354 HGB Rn. 6.

544 BGH, NJW 2000, 2272 zu II.B.1.; OLG Rostock, NJW-RR 2000, 1005 mit Rezension *Stapel*, NZM 1999, 932; Staub/*Canaris*, § 354 HGB Rn. 3.

545 Koller/*Roth*, § 354 HGB Rn. 5 a.E.

3. Abschnitt

Prozessuale Besonderheiten

I. Prorogation

691 **1.** Vereinbarungen, durch welche die Zuständigkeit eines nach Maßgabe von §§ 12 ff. ZPO an sich unzuständigen Gerichts (Prorogation) oder ein Erfüllungsort vereinbart wird, sind oft gem. §§ 134 BGB, 38, 29 ZPO nichtig: In den meisten Fällen ist das Gericht des Orts zuständig, an dem die beklagte Partei ihren Wohnsitz hat (§ 13 ZPO), und sie soll ihres Schutzes wegen nicht gezwungen werden, zu einem entfernten Gerichtsort zu reisen. Dieses Schutzes bedürfen Kaufleute, seien sie Ist-Kaufleute nach § 1 oder Kannkaufleute nach § 2, nicht. Prorogationen unter Kaufleuten sind deshalb zulässig (und weit verbreitet) und halten als solche auch der Inhaltskontrolle nach § 307 BGB stand[546]. Für nichtkaufmännische Gewerbetreibende und Freiberufler bleibt es beim Prorogationsverbot.

692 **2.** Im Anwendungsbereich der EG-VO 1215/2012 (EuGVVO, Brüssel Ia VO)[547] kann eine Gerichtsstandsvereinbarung einem Handelsbrauch im internationalen Handel entsprechend getroffen werden, Art. 25 Abs. 1 Satz 3 lit. c. Der Handelsbrauch kann die Vereinbarung durch Schweigen auf kaufmännisches Bestätigungsschreiben gestatten (Rn. 372)[548]. Wenn die Gerichtsstandsvereinbarung Teil eines Vertrags ist, wird vermutet, dass sie, entgegen dem in § 139 BGB niedergelegten Rechtsgedanken, wirksam ist, auch wenn der Vertrag im Übrigen nichtig sein sollte (Art. 25 Abs. 5)[549].

II. Schiedsverfahren

693 Das prozessuale Erkenntnisverfahren ist Sache des Staates. Die Parteien können sich aber auch dem Spruch privater Schiedsrichter unterwerfen, indem sie einen Schiedsvertrag nach Maßgabe von §§ 1025 ff. ZPO abschließen. Hierfür ist gem. 1031 ZPO Schriftlichkeit, aber nicht Schriftform i.S.v. § 126 BGB vorgeschrieben. Diese Formerleichterung gilt nur im gewerblichen, also auch kaufmännischen, und freiberuflichen Bereich. Ist ein Verbraucher (§ 13 BGB, nicht: Existenzgründer i.S.v. § 512 BGB[550]) beteiligt, bedarf die Schiedsvereinbarung der Schriftform oder elektronischen Form

546 OLG Karlsruhe, NJW 1996, 2041; a.A. Vorinstanz LG Karlsruhe, BB 1995, 2444 mit Komm. *Hensen*, EWiR § 9 AGBG 2/96, 5 sowie o. Rn. 380; Gerichtsstandsklausel in Konnossement (oben Rn. 476): BGH, NJW 2007, 2036.

547 EuGH, NJW 1997, 1431 zum EuGVÜ.

548 BGH, WM 1997, 1552; *Stöver*, Gerichtsstandsvereinbarungen nach Handelsbrauch, 1993, S. 86.

549 *Staudinger/Steinrötter*, JuS 2015, 1 (4); *Alio*, NJW 2014, 2395 (2398)

550 BGH, NJW 2005, 1273 mit Anm. *Artz*, LMK 2005 I, 82 und Komm. *Kulke*, EWiR § 13 BGB 1/05, 781 (Vorinstanz OLG Düsseldorf, NJW 2004, 3192).

(§§ 126a BGB, 1031 Abs. 5 ZPO[551]), andernfalls bleibt es bei der Zuständigkeit staatlicher Gerichte[552].

III. Kammer für Handelssachen

1. Privatrechtliche Streitigkeiten können von spezialisierten Spruchkörpern bei den Landgerichten, den Kammern für Handelssachen, entschieden werden (§§ 93 ff. GVG). Sie bestehen aus einem Berufsrichter als Vorsitzendem und zwei Laienrichtern als Beisitzern. Diese ehrenamtlichen Richter (Handelsrichter) können neben Organen von Handelsgesellschaften auch Kaufleute sein, soweit sie im Handelsregister eingetragen sind: § 109 GVG. Die Eintragung ist unabdingbare Ernennungsvoraussetzung: Wer sich als Ist-Kaufmann der Eintragungspflicht entzieht, ist des Ehrenamts nicht würdig. **694**

2. Die Kammer für Handelssachen entscheidet anstelle der Zivilkammer, wenn der Rechtsstreit eine Handelssache i.S.v. §§ 94, 95 GVG ist und der Kläger in der Klageschrift die Verhandlung vor der Kammer für Handelssachen beantragt (§ 96 GVG). Unterlässt er dies, kann der Beklagte gem. § 98 GVG Verweisung an die Kammer für Handelssachen beantragen, aber nur wenn er im Handelsregister eingetragen ist. Bei fehlender Handelsregistereintragung kann gem. § 97 Abs. 2 Satz 1 GVG von Amts wegen verwiesen werden[553]. **695**

IV. Vorlage im Rechtsstreit

Zur Pflicht der Vorlage von Handelsbüchern im Zivilprozess gem. § 258 s.o. Rn. 277. **696**

551 Hierzu BGH, WM 2011, 1434 mit Komm. *Vogl*, EWiR § 1031 ZPO 1/11, 791; BGH, NJW 2005, 1125 zu II.4. mit Anm. *Hau*, LMK 2005, 68.

552 Dies gilt auch dann, wenn sich der Verbraucher auf die vom Unternehmer vorformulierte Schiedsabrede beruft, BGH, WM 2011, 1824 = NJW 2011, 2976.

553 KG, NZG 2009, 159.

Gesetzesregister

Sachregister

Die Zahlen verweisen auf die Randnummern.